公司礼仪

GONGSI LIYI

金正昆 ◎ 著

（第三版）

首都经济贸易大学出版社

Capital University of Economics and Business Press

· 北 京 ·

图书在版编目（CIP）数据

公司礼仪／金正昆著. —3 版. —北京：首都经济贸易大学出版社,2013.8
ISBN 978 - 7 - 5638 - 2113 - 6

Ⅰ. ①公… Ⅱ. ①金… Ⅲ. ①公司—礼仪 Ⅳ. ①F276.6

中国版本图书馆 CIP 数据核字（2013）第 144993 号

公司礼仪（第三版）

金正昆 著

出版发行	首都经济贸易大学出版社	
地 址	北京市朝阳区红庙（邮编 100026）	
电 话	(010)65976483 65065761 65071505（传真）	
网 址	http://www. sjmcb. com	
E - mail	publish@ cueb. edu. cn	
经 销	全国新华书店	
照 排	首都经济贸易大学出版社激光照排服务部	
印 刷	北京地泰德印刷有限责任公司	
开 本	710 毫米 × 1000 毫米 1/ 16	
字 数	356 千字	
印 张	20.25	
版 次	2003 年 5 月第 1 版 2006 年 2 月第 2 版	
	2013 年 8 月第 3 版 2013 年 8 月总第 5 次印刷	
印 数	15 001 ~ 18 000	
书 号	ISBN 978 - 7 - 5638 - 2113 - 6/ F · 1206	
定 价	33.00 元	

内容提要

      本书由我国著名礼仪与公共关系专家、中国人民大学金正昆教授撰写,是国内正式出版的第一部以公司礼仪为内容的专著。

      本书以国内公司的广大员工为基本对象,侧重于介绍其日常工作中所须遵循的常规礼仪。本书不仅包括公司员工在国内外交往中所必须掌握的办公、仪式、礼宾、社交、衣饰、餐饮礼仪,而且还提供了当前公司员工所关注的涉外、沟通、化妆、网络、娱乐、运动礼仪。本书既具有权威性、规范性,又具有时尚性、实用性与可操作性。

前　言

现代公司制度是我国社会主义市场经济的重要特征,在社会经济生活的方方面面,各种形式的公司正在发挥着举足轻重的作用。

所谓公司,通常指的是一种现代化的生产、流通性经济组织。它在市场规则的指导下,主要从事产品的生产、技术的研发、服务的提供,以及商品的流转或某些文化、传播和建设事业。实际上,在当今我国经济生活的各个领域里,都活跃着各种形式的公司。

与其他社会组织相比,现代公司的经营管理独具特色。崇尚游戏规则,是现代公司的主要特色之一。游戏规则,简称规则,实际上就是指人们平时所说的规矩。具体而言,它指的就是在公司运行之中所必须自觉遵守的各种既定的标准、法则与习惯做法。人们在评价一家公司时,通常首先以其是否遵守游戏规则作为最重要的尺度。在行家眼里,一家公司是否讲究游戏规则有两方面的含义:第一,它懂不懂得游戏规则;第二,它到底遵守不遵守约定俗成的游戏规则。

在公司的各种游戏规则之中,公司礼仪始终居于重要的位置。公司礼仪,有时亦称商务礼仪,它通常是指公司员工在其正式的人际交往中所须遵守的基本规则,或曰公司员工在其商务交往中所须遵守的待人接物之道。

就公司礼仪的具体内容而言,公司礼仪主要包括办公礼仪、仪式礼仪、礼宾礼仪、衣饰礼仪、餐饮礼仪、社交礼仪等几个部分。

就公司礼仪的实际应用而言,公司礼仪的主要规定有如下两点:首先,公司礼仪应以公司员工为适用对象。对于其他各界人士,则不必以此苛求于人。其次,公司礼仪应以商务应酬为适用范围。在此范围之外,运用公司礼仪未必合适。

就公司礼仪的指导思想而言,公司礼仪主要有如下两个方面的具体要求:一方面是敬人。公司礼仪的方方面面,大到宗旨,小到细节,说到底,都是要求公司员工始终如一地尊敬其交往对象。做不到这一点,公司员工即可被视为失礼之人。另一方面是律己。在尊敬交往对象的同时,公司礼仪还要求公司员工要严于律己,要时时讲规矩、处处讲规矩、事事讲规矩。实际上,此即尊重自己。在日常工作与生活中,公司员工唯有敬人与律己二者并举,才会给人以表里如一之感。

当前,公司礼仪已成为国内公司及其广大员工学习的一大热点。学习与运用公司礼仪,主要有下述四个方面的作用。

首先,有助于提高公司员工的个人素质。一个人素质的高低,通常具体体现于其平时为人处世的种种细节之中。学习并遵守公司礼仪,将有助于提高公司员工待人接物的能力,并使员工的言行符合现代礼仪规范,这无疑有助于提高其个人素质。

其次,有助于增强公司员工的沟通能力。在商务交往中,交往双方之间的相互理解至关重要。没有相互之间的理解,便难言商务交往的成功。学习并遵守公司礼仪,从某种意义上讲,就是学习并运用商务交往中的沟通技巧,这自然有助于公司员工沟通能力的增强。

再次,有助于公司员工参与国际交往。我国加入世界贸易组织之后,国际交往日益频繁。在这一背景下,公司员工参与国际交往的机会将越来越多。学习并运用公司礼仪,无疑将直接有助于公司员工参与国际交往。

最后,有助于维护公司形象。在多数情况下,公司形象往往是指公众对一家公司的基本评价。实际上,公众对一家公司的基本评价,通常主要来自对该公司员工的直接印象。在日常工作与生活中,假使公司的广大员工均能自觉地、恰到好处地遵守公司礼仪,必将令公众对其产生良好的印象,进而会有助于对该公司形象的维护。

目　录

上编　日常工作的礼仪规范

上编 日常工作的礼仪规范

公司礼仪,主要适用于公司员工的正式工作场合。也就是说,员工日常工作中的礼仪规范乃是公司礼仪的基本内容。具体而言,公司员工所须了解的日常工作的礼仪规范主要包括办公礼仪、仪式礼仪、礼宾礼仪等等。

对于广大公司员工而言,日常工作的礼仪规范是其必须熟知且应自觉遵守的。

第一章
办公礼仪

在一家公司里工作，公司员工所做最多的事情就是在本公司的写字间内处理各式各样的公事，这就是所谓办理公务，亦称办公。从总体上讲，办公不仅是每一名公司员工日常工作的基本形式，而且也是其上班供职的常规形式。人们在与一家公司进行接触，尤其是初次与之打交道时，通常都会对其员工的办公礼仪是否规范给予高度关注。

办公礼仪，亦称公务礼仪，一般是指公司员工在其工作岗位上，特别是在写字间内处理公务时所应遵守的常规礼仪规范。概括地说，办公礼仪具有下述四个基本特征：

其一，规范性。办公礼仪，实际上就是公司员工在其工作中用以约束自己的标准化做法。它最为推崇的就是各种各样的"规矩"。讲不讲"规矩"，不仅事关员工个人素质的高低，而且也是所在公司是否规范的重要标准。这一点，不论公司大小，概莫能外。

其二，对象性。运用办公礼仪，讲究其"对象化"。一方面，办公礼仪只被用来严于律己，不宜以之苛求他人。另一方面，办公礼仪在具体运用时则要求因人而异，不可以死搬教条，对所有人均按同一个标准无条件地硬套。

其三，细节性。就具体内容而论，办公礼仪十分强调对公司员工日常工作之中每一环节的具体细微之处的规范。它强调的是：教养体现于细节，细节展示着素质。

其四，传统性。随着时代的进步，办公礼仪的形式与内容均会与时俱进，不断地充实、调整、发展。同时，办公礼仪是非常推崇传统的，并且将传统与办公礼仪的标准化、正规化直接联系在一起。

办公礼仪的主旨，就是要求公司的每一名员工在其具体的工作岗位上行事有法、待人有方、办公有道，使所有的公司员工均能恪尽职守、勤于公务，努力地提高自己的办事效率。简单地讲，就是以下三句话：一要严于律己；二要善待他人；三要尽职尽责。

一、行政

在日常工作中,每一名公司员工都必须严格地遵守行政礼仪。所谓行政礼仪,是指在公司的内部管理中所应遵循的最为基本的礼仪规范。

在运用行政礼仪时,对下述要求应予重视:其一,就适用对象而言,它仅仅适用于本公司内部;其二,就适用地点而言,它仅仅适用于写字间这种特定的办公地点;其三,就适用时间而言,它仅仅适用于正常的上班时间。超越上述特定的范围之外,行政礼仪通常就会失效。

管理对任何一家现代公司的重要性都是不言而喻的,然而所有公司在其运行之中都一定会使人意识到:管理首先是对人的管理。作为专司内部管理工作之职的行政部门,实际上主要任务是协调、处理好本公司内部的人际关系,以便使本公司全体员工上下一心、同心同德、团结友善。由此可见,行政礼仪的主要使命,就是要协调、处理好本公司的人际关系,增强本公司的向心力与凝聚力。

一般而言,在具体规范公司内部的人际关系时,行政礼仪的基本要求有二:一是约束自我;二是善待他人。

(一)约束自我

人,就其本质来说,是各种社会关系的总和。因此,每一个正常人不论置身何处,都应当自觉地、积极地、主动地处理好人际关系。在现代社会中,忽略人际关系,我行我素,率性而为,实际上是永远行不通的。

"要做好事,须先做好人"。处理不好人际关系,其实就是不懂做人之道。不懂得做人之道,反过来往往又会直接或间接地有碍自己的本职工作。

每一名公司员工,不论其职位高低,在处理公司的内部人际关系时,首先都要学会约束自我。所谓约束自我,主要就是要求其在待人接物方面一定要严于律己。在处理本公司内部的人际关系时,必须有意识地对自己有所要求。

按照常规的礼仪规范,每一名公司员工在自我约束方面,主要应当注意爱岗敬业、训练有素、保持自尊这三大要点。

1. 爱岗敬业。爱岗敬业,是对公司员工的基本要求。在工作中,每一名公司员工都应自觉自愿地对其身体力行。就目前而言,公司员工爱岗敬业主要应当表现在如下方面。

一是调整心态。所谓心态,是指一个人的心理状态。正所谓"心态决定状态,"在事业上,大凡获得成功的人士,都必定保持着良好的心态。作为一名公司员工,在工作岗位上,一定要善于调整心态:胜不骄,败不馁;能上能下,能进能退。

二是全心投入。常言说:"三百六十行,行行出状元。"要想在工作上有所成就,就一定要认真对待自己的工作。热爱是最好的老师,专心是最佳的途径。在工作上认真负责,锲而不舍,就一定会取得长足的进步。

三是努力进取。在工作上不仅要专心致志,而且也要奋发向上、不断进取。人生唯有目标明确,才不至于虚度。正如习近平同志所强调的一样:"打铁还得自身硬。"在工作中只有不断进步,才能使自己立于不败之地。在工作之中没有努力进取的精神,就会失去上进的动力,就有可能在激烈的竞争之中遭到淘汰。

四是坚忍不拔。在事业上与生活上,任何人都不可能一帆风顺,被他人误解、遭受挫折,甚至饱受委屈的事情也许会时有发生。此时此刻,应当坚忍不拔,甚至忍辱负重,经受住任何形式的考验。

五是以苦为乐。在自己的工作岗位上要想赢得他人的好评,不仅需要努力学习、勤于钻研,而且应能吃苦耐劳,不为名利所动,不计较一时一事的得失。

六是取长补短。毛泽东同志曾经说过:"虚心使人进步,骄傲使人落后。"在工作之中,既要承认自己的长处,更要正视自己的短处,并且还要善于取人之长、补己之短。

2. 训练有素。 在社会上,每一位受人尊重的人,都必定在其事业方面有所成就。在公司里,不论自己是一位上司,还是一名普通员工,都应当努力使自己拥有一技之长,使自己在工作的各方面都表现得训练有素。下述六点,尤须注意。

一是精通业务。公司员工如欲在工作中表现得训练有素,首先要精通业务。而要真正做到这一点,就必须从现在做起,从点滴做起,认真学习,努力实践,在钻研业务时既要有热心,更要有耐心。

二是学识渊博。公司员工除了要熟悉自己的业务外,还应当视野开阔,善于观察,勤于思考,努力学习掌握其他方面的新知识、新观点、新信息。

三是遵守法纪。在日常工作与生活之中,每一名公司员工都应做到在社会上遵守法律,遵守社会公德;在单位中遵守纪律,遵守职业道德。

四是守口如瓶。在各种工作岗位上,有时难免会掌握一定的行业秘密或者别人的隐私。而一名训练有素的公司员工的标志之一,就是在外人面前要对此守口如瓶。这不仅是一种个人素养,而且也是一种职业操守。

五是注重效率。在工作之中,既要认真做事,更要讲究效率,不但要追求质量,而且也要保证数量。假使公司员工在工作中拖拖拉拉,瞻前顾后,敷衍了事,必然会为其他后来居上者所赶超。

六是恪守承诺。在商场上,人们十分强调"一诺千金"。在商务交往中,一个有信用的人才有可能广交朋友,而一个不讲信用的人却往往举步维艰。有人曾说:"信用是每一家企业的最佳广告,也是现代人在商界的立足之本。"此言宜为每一名公司员工所谨记。

3. 保持自尊。 在处理各方面的人际关系时,公司员工都要有意识地保持自尊。尊重自己,才有可能获得他人的尊重。一个没有自尊的人,永远也不可能受到他人的尊重。每一名公司员工在维护其自尊时均应注意下列五条细则。

一是珍惜形象。在工作中,公司员工必须对个人形象倍加珍惜。公司员工的衣着、举止、谈吐,既反映着其精神风貌,又表现出其素养、品位与身份。在此方面稍有差错,就会使个人形象受到损害。

二是公私分明。处理公司事务时,公私分明是对每一名员工的起码要求。一方面,要分清公司大局与个人感情,不要将个人情感夹杂到工作关系之中;另一方面,则要爱惜公司的财物,自觉防止贪占公司财物的事情发生。

三是争分夺秒。在商界,时间就是生命、时间就是效率、时间就是资源、时间就是一切。在工作之中,每一名公司员工都应当善于有效地分配时间、利用时间,分秒必争,并且懂得珍惜别人的时间。

四是安排有方。公司里的日常工作,往往千头万绪。要想达到举重若轻的境界,就一定要善于对其进行合理安排。在安排各项事务时,一定要注意轻重有别、缓急有序、条理分明、有条不紊。

五是维护环境。在工作中要想给他人留下良好印象,还需认真地维护好自己的办公环境。具体而言,办公环境又有"大环境"与"小环境"之分。前者指的是办公室内外的整体环境,后者则是指个人的办公桌、文件柜等具体环境。对它们的基本要求是:干净、整齐、简朴、有序。

(二)善待他人

在公司内部从事任何一项具体的管理工作,往往都会涉及各种各样的人际关系。应当承认,协调、处理人际关系的能力,是一名公司员工所应具备的基本工作能力之一。在现实的人际交往中,一个人的人际关系如何,不仅反映着其个性如何,而且往往决定着其事业的成功与发展。

在商务交往中,要求每一名公司员工在协调与处理人际关系时都要始终不渝地善待他人。善待他人,一般又涉及下列五个层面的问题:其一,主动接受他人;其二,高度重视他人;其三,认真尊重他人;其四,努力体谅他人;其五,友善对待他人。

在公司的内部管理中,每一名员工所面临的最重要的人际关系不外乎与同事的关系、与上司的关系、与下属的关系、与异性的关系。若想在实际工作中真正做到善待对方,自然应根据交往对象的不同而有所区别。

1.与同事的关系。同事,在这里指的是在公司中共事的,朝夕相处的,或职级相近、业务相近的工作上的伙伴。在公司里供职时,自己的同事往往是不能由自己来选择的。唯有主动接受他们,并力争与其和睦相处,才有助于自己工作的顺利开展。必须牢记:尊重同事是一种本分。具体来讲,要处理好与同事的关系,应注意下列六点。

一是平等相待。与同事共处,要亲切友善,不能分亲疏远近。在一般情况下,对待同事应当一视同仁、不偏不倚。在同事之中拉山头、划圈子、搞宗派,或者过于偏向一部分人,虽有可能受到一些同事的青睐,但也可能由此而失去另外一些同事的好感。这些庸俗的做法最终只会损害同事之间的关系。

二是搞好团结。平时与同事打交道时,既要讲究公事公办,开诚布公,直言不讳,敢于开展批评与自我批评,又要注意具体的方式方法,不搞歪门邪道,不借题发挥、煽风点火、挑拨离间、破坏团结。

三是待人以诚。正常的同事关系,应当属于君子之交。此种君子之交的同事关系,要求彼此之间豁达大度、互信不疑、以诚待人。苏东坡曾经说过:"服人以诚不以言。"人与人之间最大的信任来自诚实无欺,同事之间的相互信任亦应以真诚为基础。对同事虚情假意、不讲诚信,必然会失去对方的信任,甚至伤害对方。

四是相互支持。既然同事是自己工作上的伙伴,那么在工作之中就应当主动地关心对方、帮助对方。当同事需要支持帮助时,应当挺身而出,鼎力相助,而不要附加什么条件、要求,也不能为此而有怨言。应当确认的是,支持同事的工作不仅会赢得对方的支持,而且也会直接地有助于公司的发展。

五是距离适度。不论帮助、关心、支持同事,还是对方主动有求于自己,都要注意就事论事,适可而止。处理自己与同事的关系时,始终都要把握好分寸,务必防止热情"越位"。违反规定,强人所难,干涉对方的私生活,甚至引起对方的反感。

六是戒骄戒躁。在工作之中,要虚心待人,善于向周围的同事取长补短。要真正地视同事为良师益友,认真地向对方学习。在同事面前,任何时候都要力戒自高自大、目空一切、忘乎所以。对同事指手画脚、盛气凌人、简单粗暴,都是要不得的。

2.与上司的关系。在公司里,上司指的就是自己在工作关系上的上级领导。妥善地处理好自己与上司的关系,通常被视为本职工作能否顺利开展的基本前提。必须牢记:尊重上司是一种天职。要处理好自己与上司的关系,下述五点均须谨记。

一是要服从领导。与上司共事,首先需要摆正自己的位置。既然在上司面前自己是下属，那么在工作之中就必须服从上司的领导。在工作上，允许员工以正当方式向上司提出意见或建议，但一旦上司做出了决策，就必须积极地遵照执行。对上司的指令阳奉阴违，任意曲解，甚至公然大唱反调，都是绝对不许可的。

二是要维护威信。在工作中，不论为了维护公司的形象，还是出自下级服从上级的纪律约束，每一名公司员工都必须有意识地维护上司的个人威信。一方面，不宜在背后议论、评论、指责上司的个人能力与基本决策；另一方面，在大庭广众面前，也不宜当众顶撞、指责上司，或者取笑、捉弄上司，使其当众出丑。

三是要敬重上司。不论自己与上司之间的私人关系如何，都要注意在工作场合，尤其是在外人面前时时、处处、事事以恭敬之心相待。要明确自己与上司在工作中所处位置的不同，该向上司请示时就要请示，该向上司汇报时就要汇报，对待上司的建议要认真考虑，对待上司的批评亦应虚心接受。称呼上司时要使用尊称，与上司交谈时要使用敬语，同上司外出时勿忘对对方"礼让三先"。

四是明确权限。在公司里，每一名员工不但分工不同，而且工作之中的权限范围也有所不同。在实际工作中，每一名公司员工对自己的具体工作既要开拓进取，积极主动，也要讲究量力而行、注意权限。一家公司犹如一部机器，要保证其正常运转，就要求其所有部件各就各位、恪守本分。假如公司员工在工作中率性而为，擅自做主，不懂得各司其职的重要性，往往就会导致公司这部机器"运行出轨"。

五是全力以赴。在日常工作中，公司员工对于上司的最佳的支持、最好的回报，就是要认认真真、尽心尽力地做好自己的本职工作。在平时，积极做好本职工作，实际上就是主动地配合上司，就是为上司分忧，同时也是对上司的最大支持。真正做到了这一点，无疑将会使上司对自己另眼相看。

3. 与下属的关系。 所谓下属，在公司内部一般是指在工作中归属自己管理、领导的部属。俗话说："一个好汉三个帮。"一名公司领导，不论其多么精明强干，如果失去了下属的支持、配合与拥戴，往往就会变为一事无成的孤家寡人。必须牢记：尊重下属是一种美德。要想处理好与下属的关系，对下列五点应予重视。

一是要充分信任。每一位有成就的公司领导，都懂得对于下属必须"用人不疑，疑人不用"。在实际工作中，一旦将某项具体任务交给了自己的下属，就要给对方以相应自主安排、自行发挥的空间，要充分信任下属的经验、能力与决断。除必要的指令之外，一般不要给予下属过多的限制与干涉。这种做法对对方既是一种信任，也是一种支持。

二是要量才使用。在向下属具体分配、下达任务时，首先应当对对方在工作上的能力、经验与潜质综合加以考虑，然后在此基础上量才使用。对下属量才使用而不是逼迫对方勉为其难，不仅有助于工作任务的顺利完成，而且也是现代管理科学对领导者提出的起码要求。

三是要礼贤下士。在工作中所存在的上下级关系,不过是由于分工不同而形成的一种普通的人际关系。在上司与下属之间,既存在一种领导与被领导的关系,又存在着一种同舟共济的同事关系。一名高明的公司领导必然懂得:尊重下属是一种做人的规则,礼贤下士是公司领导的一种必备素养。在任何时候,公司领导对其下属都要平等待人,态度温和,尤其要在人格上尊重对方。

四是要热情相助。在实际工作中,每一名公司领导都要积极而主动地对自己的部下给予一切力所能及的、必要的帮助。在下属需要帮助时,一定要尽力相助。当下属未曾要求帮助,而自己发现确有帮助对方的必要时,亦应出手帮助。对上司而言,为下属排忧解难属于其本职工作,帮助下属其实就是帮助自己。

五是要体谅保护。为下属所爱戴的上司,通常都是善于对下属体谅保护之人。在工作中处理人际关系时,上司不能搞任人唯亲;评估工作时,上司不应对下属求全责备;下属遭遇困境时,上司要敢于同下属风雨同舟;下属遇到挫折时,上司对下属要在生活上帮助、工作上支持、精神上理解;下属在工作中发生失误时,上司理当主动承担必要的责任。

4. 与异性的关系。在各家公司内部,人们在协调、处理人际关系时,通常均须考虑性别因素。在任何场合,男女之间的关系往往都是十分敏感的问题。在公司里,这一点当然也不会例外。必须牢记:尊重异性是一种常识。处理与异性之间的相互关系时,公司员工不可忽略以下四点。

一是要男女平等。在公司里,尽管男女之间分工有所不同,但其社会地位理当完全平等。要坚决反对在工作中所存在的性别歧视,尤其是要反对男尊女卑、重男轻女或女权至上、重女轻男的极端主义做法。

二是要彼此宽容。在坚持男女平等的同时应当承认,在具体能力方面男女确有差异;男性大都处事果断,但却往往为人粗犷、散漫;女性往往温柔细心,但却时常拘谨、敏感。因此,男女相处时要彼此宽容、忍让,彼此都不宜苛求对方。

三是要互相配合。在公司里要搞好工作,就要善于同异性搞好配合。在工作中,既要善于与同性进行合作,也要学会如何与异性打交道。总之,要在工作中充分调动各方面的积极性,在工作中,经常需要不同性别的员工相互配合,不论缺少了哪种性别的员工,往往都有可能造成整个公司工作上的损失。

四是要掌握尺度。与异性相处,要掌握好必要的分寸,对异性的关心和帮助都不要超过一定限度。与异性交往,切忌距离不当。男性不能对女性讲黄色故事,动手动脚,甚至进行性骚扰;女性也不应对男性恃宠而骄,以色诱人,以色事人。

二、销售

在一家公司的各项日常业务之中,销售永远处于十分重要的位置,公司员工的相当数量的工作都是为销售业务而服务。从根本上来说,每一家公司销售业绩的好坏,往往直接关系到它的生存与发展。

所谓销售,通常是指卖出自己的产品、技术与服务。任何成功的销售,往往既有赖于产品、技术、服务自身的特点,又有赖于相关人员的努力。

就礼仪规范而言,公司员工从事销售工作时,主要应当在接近客户、争取客户、影响客户等三个方面多加注意。

(一)接近客户

从事销售工作,必须以接近客户为出发点。接近客户,在此具体是指以一定的方式与客户进行直接接触。有时,又称为接触客户。只有接近客户,才有可能令对方注意到自己的公司及其产品、技术、服务的存在,才有可能令对方随之对此发生兴趣,并逐渐在今后成为自己潜在的或现实的消费者。假如销售人员连接近客户这一点都做不到,便没有任何成功的机会可言。

根据礼仪规范,销售人员在销售过程中如欲成功地接近客户,就务必自觉遵守"三T原则"。所谓"三T",是时机(Timing)、机智(Tact)、容忍(Tolerance)等三个英文单词的缩写。它的含义是:在接近客户时,销售人员务必掌握时机、灵活机智、善于容忍。只有认真遵守"三T原则",销售人员才能够真正地做到在空间距离与心理距离上同时接近客户。

1.掌握时机。 要想成功地接近客户,必须首先看准时机。假如不合时宜,销售人员的主观意图自然便难以兑现。一般而言,下列几种时机,都是销售人员主动接近客户的最佳选择。

一是客户产生兴趣之时。如果客户已经自发地对某项产品、技术或服务产生了兴趣,销售人员对对方的接近往往便会取得成功。

二是客户提出要求之时。有时,客户如果主动提出要求,希望对有关产品、技术、服务进行更深一步的了解,此刻销售人员接近对方便是顺理成章之事。

三是客户较为方便之时。有眼色的人都知道:对方若是不方便,接近对方则必然会碰壁。相反,若不会给其带来不便,且对方心情愉快之时,则接近对方便易于成功。

四是现场环境有利之时。倘若当时的现场及其周边环境对接近客户比较有利,则销售人员对对方的接近一般容易取得成功。

五是内外形势较好之时。在内外形势对本公司比较有利时,因势利导地主动接近客户,往往也有较大的胜算把握。

2. 灵活机智。接近客户,有时必须讲究一定的方式与策略。不论采用哪一种具体的接近方式,都要求销售人员必须灵活机智,既要知难而上,又要适可而止;既要设法引起客户的兴致,又要力戒勉强对方。

销售人员要想真正做到机智灵活这一点,关键是要因人而异,因物而异。因人而异,在此是指针对不同的销售对象,接近对方之时必须采取不同的对策,具体情况具体对待。因物而异,则是指销售人员在接近销售对象时,还须统筹考虑自己所销售的产品、技术、服务的特点。销售不同的产品、技术、服务时,应采用不同的推销方式。目前,常见的可以直接接近客户的推销方式主要有以下四种:

一是现场推销。它是指将欲售之物置于一定的场所,一边介绍,一边销售。此种推销方式的长处是受众具体、现身说法、易于调整,它的不足则是覆盖面较小。

二是上门推销。它是指销售人员直接登门拜访潜在的消费者,对自己所售之物进行推销。这种推销方式受外界干扰较少,但却容易遭到拒绝。

三是电子推销。它指的是利用目前通行的电子媒介,例如网络、传真、电话等等所进行的推销。这种推销方式的优点是可以节省各种资源,并且可以详尽地说明情况。它的缺点则是不易及时得到反馈,可信度较差。

四是传媒推销。它指的是利用电视、报纸、广播、杂志等大众传媒所进行的推销。传媒推销的覆盖面广、影响大,但所需费用较高,效果不好控制。

3. 善于容忍。由于销售工作是让消费者付款接受一种产品或服务的过程,所以当销售人员主动接近客户时,必须做好必要的思想准备,要学会被人拒绝,要容忍他人的怠慢,甚至要忍受常人难以忍受的种种委屈。

具体来说,在接近客户时要做到善于容忍,主要应当注意以下四点:

一是态度上要谦恭有礼。不论自己意欲接近的对象如何对待自己,都要自始至终地对对方以礼相待,友善、热忱、文明、谦恭。

二是口头上要有问必答。在自己接近客户的具体过程中,对对方及其周围之人所提出的任何问题,不论其是否专业、是否友善,均应来者不拒,有问必答。

三是语气上要不厌其烦。对别人的非议、质疑,甚至是讽刺、挖苦、刁难,都要以静制动,克制自己的情绪,不为其所动。对自己的本职工作,一定要表现出应有的素质。

四是表现上要不卑不亢。它要求销售人员在接近客户时,除了主动热情之外,要有一个克制与容忍的基本底线,即不应有损于人格,有辱于国格。在任何情况下,都不应当为了接近客户、促成销售,而对他人低三下四、摇尾乞怜,放弃做人的基本原则。

（二）争取客户

在销售过程中，销售人员一旦成功地接近了销售对象，就应当再接再厉，尽快与对方实现良性互动。这一过程，称做争取客户。争取客户的关键，是要求销售人员认真了解客户心理，积极见机行事，主动启发、引导对方，以促进双方交易的成功。

在争取客户的过程中，在礼仪规范上通常都要注意做到了解客户心理、临场反应敏捷、推介重视互动、讲究销售技巧等四大要点。

1.了解客户心理。在争取客户的过程中，不能不注意对方的心理变化。不仅如此，还应当努力适应对方，并且因势利导，争取变被动为主动。

针对客户的心理变化，销售人员在争取客户时，通常要做如下四件事情：

一是促使客户加深认识。在推介所售商品时，应针对客户的兴趣及疑虑，尽可能地向对方提供更多的资讯，以便对方对所售商品有更为全面的认识。

二是促使客户体验商品。在条件允许之际，应为销售对象提供一些直接接触所售商品的机会，让对方对其进行试看、试听、试穿、试玩、试用，以便亲自体验所售商品的优点。

三是促使客户产生联想。推介产品、技术、服务时，销售人员可以客观地突出其品牌、特征、知名度、消费圈等客户关心的要素，促使客户产生正面联想，引发消费冲动。

四是促使客户有所选择。进行消费前，客户往往要对拟购商品的品牌、型号、质量、功能、价格、优惠条件与售后服务反复权衡、比较。若销售者适时地向对方多提供几种选择，既可以满足客户需要，又可以赢得客户信任。

2.临场反应敏捷。面对客户时，销售者不但要观察细致，而且还要反应敏捷。做不到这一点，容易使自己经常失去客户。

要求销售人员面对客户时反应敏捷，主要是要求其具有一种反应迅速的综合能力。具体而言，它应当表现为以下"六快"：

一是眼快。它要求销售者善于察言观色，及时看清楚客户的神态、表情、举动。

二是耳快。它要求销售者能够耳听八方，及时听到、听清、听懂客户的要求、建议或意见。

三是脑快。它要求销售者思维敏捷，及时根据自己的所见所闻作出判断，并迅速做出必要的反应。

四是嘴快。它要求销售者能及时地说明、解释、答复客户所感兴趣的任何问题,在语言沟通上与对方不存在障碍。

五是手快。它要求销售者及时用双手为客户提供规范、周到的服务。

六是脚快。它要求销售者腿脚利索,行动迅速,办事效率高,不耽误客户的时间。

3. 推介重视互动。任何一次成功的销售,通常都离不开销售人员与销售对象双方之间的互动。作为争取客户的关键步骤之一,销售人员在推介所售商品时,一定要重视双方之间的互动。

销售人员在向销售对象推介所售商品时,能否实现真正的互动,关键在于销售人员在下述两个方面表现如何:

一是发现焦点。一般而言,消费者在购买产品、技术、服务时,主要关心档次、功能、价位等三大因素,它们被称做消费者购物的三大焦点。具体来说,不同层次的消费者在关注这三大焦点时,往往又有各自不同的侧重点:成功人士讲究的是档次,专业人员重视的是功能,工薪阶层注意的则往往是价位。

销售人员在面向销售对象进行推介时,一定要善于区别对象,善于发现不同对象所关注的不同焦点。

二是投其所好。推介产品、技术、服务时,销售人员往往还必须学会对销售对象投其所好。其中最常用的做法之一,就是要在所售商品的独特之处上大做文章:其一,要强调"人无我有"。若自己所售产品有同类其他产品所不具备的新功能时,必定就会令人注目。其二,要强调"人有我优"。当自己的产品、技术、服务在功能上与竞争者不相上下时,若强调其优质、优价,同样可以吸引广大消费者。其三,要强调"人优我新"。若自己的产品、技术、服务跟竞争者相比没有其他长处时,突出其在技术、设计、款式等方面的一个"新"字,亦可吸引不少追求新潮、新款的消费者。

4. 讲究销售技巧。从总体上讲,争取客户是一项十分复杂的工作。要做好这项工作,既需要销售人员具备高度的责任心,又需要面对销售对象时讲究一定的服务技巧,二者往往缺一不可。

直接面对客户时,销售人员所必须坚持的销售技巧有"四先四后",它们具体是指:

一是先易后难。销售人员向客户介绍产品、技术、服务时,务必先从客户易于理解之处入手,然后方能由浅入深,逐渐提高其难度、深度。

二是先简后繁。销售人员介绍产品、技术、服务的功能、设备、结构等专业性问题时,理应先从简单易解之处开始,随后再逐步向复杂繁琐之处过渡。

三是先急后缓。在一般情况下,推销人员在推介、展示产品、技术、服务时,均应首先考虑客户服务需求,从对方急于了解之处开始,然后再逐渐推进到对方并不急于了解的相关内容上。

四是先特殊后一般。推销人员在介绍、推广产品、技术、服务时,通常应先强调其特点,首先从其特别之处入手,然后再逐步涉及其较为普通的内容。

(三)影响客户

众所周知,在整个销售过程中,销售人员与销售对象往往相互影响。对销售人员而言,一定要尽最大的努力,向销售对象施加正面的、积极的、有益的影响,以争取销售的成功。

在任何时候,影响往往都具有一定的主观目的性。当销售人员主动在销售过程中影响客户时,其影响应具体体现在价值、诚信、真心、情感、形象等五个方面。它们又被称为"影响客户五要素"。

1. 以价值影响客户。客户购买产品、技术、服务时,首先希望的是等价交换,物有所值。因此,在影响客户时,销售人员始终应坚持以价值为基本导向。具体而言,下列三点尤应注意:

一是要强调真实价值。向销售对象讲清楚产品、技术、服务的真实价值,自然而然就会令对方感到自己所购物品物有所值。

二是要强调使用价值。客户购买产品、技术、服务的时候,最看重的是其使用价值,亦即对自己"需求的满足"。从科学的角度讲,使用价值又可分为物理性使用价值与心理性使用价值。前者指的是纯粹物质方面的用途,后者则是指对消费者精神方面的满足。强调所售商品的使用价值时,对其两个侧面应当并重。

三是要强调价格优势。价格是价值的表现形式,同时往往也会成为销售的一大障碍。在涉及价格问题时,销售人员要重点强调自己所售商品货真价实,同时要防止价格欺诈或过分地讨价还价。

2. 以诚信影响客户。孔子曾经说:与朋友交,言而有信。古罗马大政治家西塞罗则强调:没有诚实,何来尊严?他们对诚信的推崇,销售人员应当铭记于心。

在销售产品、技术、服务的具体过程之中,要真正做到诚信二字,对下列两点就必须加以注意:

一是要坚持以诚待人。所谓以诚待人,就是要求一个人为人处世要诚实、坦然,并且表里如一、言行一致。这一点讲起来很容易,真正付诸实施却有一定的难度。在销售过程中,要求销售人员以诚待人,主要应当表现为:所售商品在质量、功能、价格及售后服务方面,必须说到做到,不能够弄虚作假、欺骗他人。永远都不要忘记:诚实是做人的一种教养与美德。

二是要坚持取信于人。所谓取信于人,就是要求人们在日常的交往应酬之中,必须讲究信誉,遵诺守信,讲话算数。在任何时候,都不能在正式场合信口开河,言过其实,乱作承诺,开空头支票。在销售过程中,每一名销售人员都要充分认识到,取信于人,是公司员工都要遵守的职业道德。讲不讲信用,不仅是一名销售人员懂不懂规矩的原则问题,更反映了公司是否有严格的纪律约束,并直接涉及公司的形象。讲不讲信用,同时还是销售工作能否拥有良好口碑、是否可以持续发展的关键性问题。

3. 以真心影响客户。与其他性质的人际交往一样,在销售过程中,销售人员与销售对象之间也是十分讲究坦诚交心的。因此,销售人员与销售对象进行交往时,要始终对对方坦诚相见,待之以真心。具体来讲,对以下三点一定要高度重视:

一是要明确销售工作的终极目标。从总体上讲,销售工作拥有三大终极目标:让客户动心;让客户放心;让客户省心。真正做到了这三点,才算为客户服务,让客户满意。

二是要遵守销售工作的岗位要求。做好销售工作,从根本上要求销售人员在面对销售对象时要具备"三心":其一,细心。它指的是对客户进行耐心细致的观察了解。其二,实心。它指的是要实心实意地主动站在客户一方思考问题。其三,热心。它指的则是为客户提供服务时必须十分热忱。

三是要全心全意地提供优质服务。在销售工作中,为客户提供服务是否全心全意,往往至关重要。销售人员要想真正为客户提供全心全意的优质服务,不仅需要有高度的责任心、精湛的专业技术,而且必须注意以下三点:其一,应当善始善终。其二,应当面面俱到。其三,应当细致入微。

4. 以情感影响客户。高水准的销售人员,通常都会重视情感变化对销售过程的种种影响。所谓情感,一般指的是人们对于客观事物所持的具体态度,它往往体现为喜、怒、哀、乐等等。平时,一个人的情感往往会随着自己所处环境、所交往的对象的不同而不断发生变化,并且直接左右其待人接物的态度。

在销售过程中,销售人员必须在面对销售对象时学会以情感人。以情感人,在此即指要以情感去影响客户。它主要体现为以下三点:

一是情感要健康。销售人员只有拥有健康的情感,对为人处世才有可能抱有正确的态度。

二是情感要积极。在销售过程中,销售人员的个人情感一定要深厚持久、坚忍不拔、奋发向上。

三是情感要友爱。所谓友爱的情感,就是为人要具有爱心。具体而言,包括:其一,要有同情与恻隐之心。其二,要有宽容与体谅之心。其三,要有关怀与友善之心。其四,要有尊重与爱护之心。

5. 以形象影响客户。销售工作的各个环节,都与形象密切相关。不论是售前、售中还是售后，形象的好坏都会对销售工作产生重大影响。在售前阶段，所售产品、技术、服务的形象不好，人家不来买；在售中阶段，所售产品、技术、服务的形象不好，人家不想买；在售后阶段，所售产品、技术、服务的形象不好，人家则不再买。有鉴于此，一位著名企业家曾经指出：从本质上看，一家成功的公司销售的是其形象，而并非其产品、技术、服务。

以形象影响客户，具体要求销售人员注意以下三点：

一是树立良好的个人形象。在客户面前，个人形象欠佳的销售人员通常都不受欢迎。

二是塑造完美的产品、技术、服务的形象。面对客户时，销售人员一定要想方设法地为自己所销售的产品、技术、服务打造出尽可能完美的形象。

三是维护自己所在公司的形象。从根本上讲，维护自己所在公司的形象，是销售人员的基本职责与重要使命。

三、会议

在公司员工的职业生涯之中，会议往往具有重要的意义。它不仅可以传递信息、决断大事，而且还可以使公司员工广交朋友，为公司员工提供各种机会。在现代社会，虽然对许多人而言，商务会议如同家常便饭一般，但却绝对不容许对其稍加轻视。

会议，通常是指一些特定的人员被召集在一起，对某些规定的问题进行研讨、决定。而商务会议则是指以商务活动为主题的会议。虽然商务会议的具体内容与形式多有不同，但不论是组织会议还是出席会议都有一套既定的礼仪规范。

（一）组织会议

凡正式的商务会议，均须进行大量细致而具体的组织工作。在实际操作中，在会议进行前、会议进行中与会议进行后，具体的组织工作又多有不同。以下，仅就会议场地、会议期限、会议文件、会议证件、会议排位、会议议程、会议主持等最关键、最常用的会务礼仪规范问题加以介绍。

1. 会议场地。 举行会议，首先必须确定场地。会议场地，包括地点与场所等两个具体问题。

一是举行会议的地点。举行较为重要的商务会议，一定要慎重选择地点。选择会议举办地点的原则是安全、方便、幽静。在大多数情况下，商务会议都会安排在本公司所在地举行。

如欲在异地举行会议，条件允许的话，最好以全国性、地方性的经济中心、历史文化名城、旅游观光胜地等作为首选。

二是举行会议的场所。确定会议地点后,接下来便要选择其具体场所之所在。选择具体的会议场所时,对其位置、面积、设施、档次与口碑等因素应兼顾考虑。在正常情况下,商务会议应优先考虑在正规的会议中心、大礼堂或会议室举行。不应忽略的是,会议场所具体条件的好坏有时会直接影响到整个会议的气氛。

2.会议期限。一次正式的商务会议,自然会有时间方面的限制。具体来看,它又分为以下两个问题:

一是举行会议的日期。在确定何时举行会议时,往往需要兼顾会议的实际需要以及气候、环境、客流、节假日等因素。除非极有必要,不应在法定节假日或当地有重大活动时举行会议。

二是会议时间的长短。它又可分为两方面的问题:其一,整个会议持续的时间。一般而言,举行会议的总体时间不宜过久,绝大多数会议不宜长于 3 天。其二,每场会议所用的时间。根据经验,每场会议以举行 2～3 小时为佳。会议一旦开得太久,就会令人疲乏不堪、无精打采。

此外,还应当考虑会议中途的休息时间与会议进行中的发言时间。一般而言,每场会议长于两小时即应安排中途休息 20 分钟左右,会议的普通个人发言时间则大致不应长于半小时。

3.会议文件。要想开好一次商务会议,就必须认真准备好会议文件。会议文件在此是指提交会议讨论或有助审议事项的各类文书材料。按照其性质与功能,会议文件有以下几类。

一是主旨文件。在每次会议上,主旨文件都是最重要的文件。它包括主题报告、领导讲话、传达提纲、计划草案、决议草案以及开幕词与闭幕词等等。

二是议案文件。它通常是指交付会议审议的文件,包括各项议案及其说明等等。

三是信息文件。它指的是记录、反映会议概况与进程的各项文件,例如会议记录、会议简报等等。

四是议决文件。它是对会议议决结果的直接反映,例如纪要、决议、决定、公告、通知等等。

五是事务文件。它主要用来为会议服务,包括开会通知、会议细则、参会须知、日程安排、代表名单、生活安排等等。

准备上述各类会议文件时,均应由专人负责,会议文件应该格式规范并且须控制其数量。

4.会议证件。会议证件多见于重要的大型会议。它是发给与会人员佩戴、使用的一种身份证明。使用会议证件的目的,主要在于会务管理。具体来说,是为了识别身份、统计人数、维持秩序、保证安全,并维护会议的严肃性。会议证件通常分为下述两类。

一是出席证件。它指的是参加会议者所使用的会议证件,具体又可分为以下四种:

其一,代表证。它发给会议正式代表使用,是规格最高的出席证件,一般均应编号并贴有本人近照(见图1-1)。

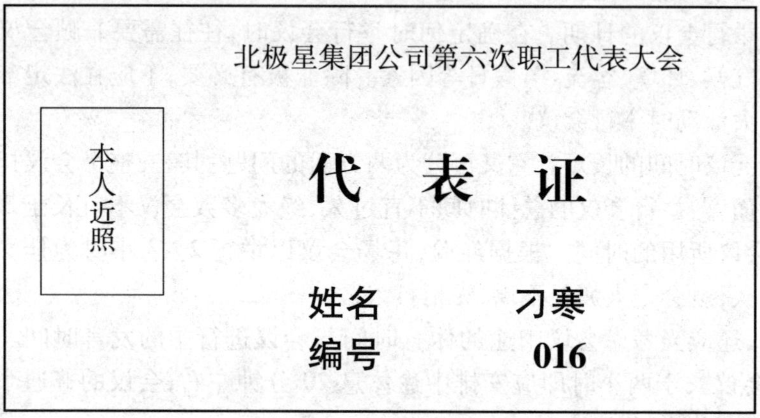

北极星集团公司第六次职工代表大会

代 表 证

本人近照

姓名　　　　　刁寒
编号　　　　　016

图1-1　代表证的式样

其二,出席证。它发给会议的正式出席者,持此可参加本次会议的各种活动。它一般不贴照片,但应标明席次(见图1-2)。

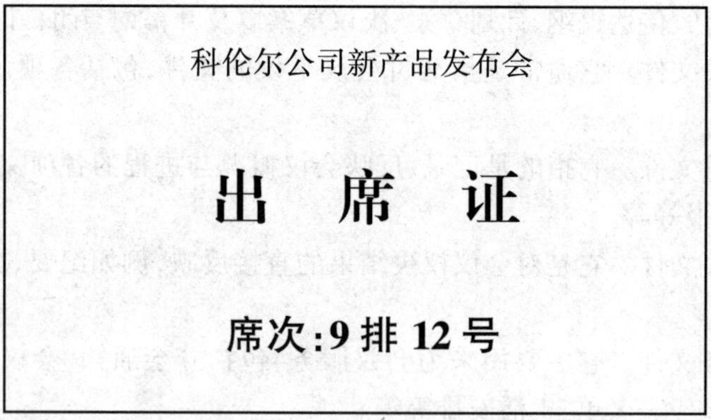

科伦尔公司新产品发布会

出 席 证

席次:9排12号

图1-2　出席证的式样

其三,列席证。它发给列席会议者。持证可以与会,但不享有正式代表所拥有的权利。列席证的格式与出席证相似。

其四,来宾证。它主要发给与会的嘉宾以及其他特邀代表,以保证其受到照顾。来宾证的格式亦与出席证相同。

二是工作证件。它是会议工作人员或其他为会议服务者与会时所使用的会议证件。具体分为三种:

其一,工作证。它发给会议工作人员专用,上面均印有姓名、编号,有时还须贴有本人近照(见图1-3)。

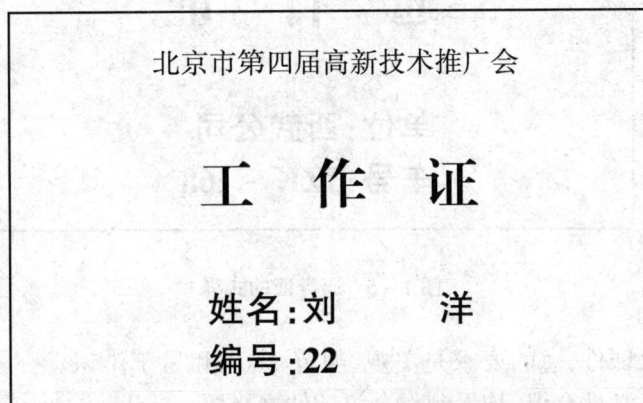

北京市第四届高新技术推广会

工 作 证

姓名:刘　　　洋

编号:22

图1-3　工作证的式样

其二,记者证。它发给前来采访会议的记者专用。一般均应注明其单位、姓名、编号(见图1-4)。

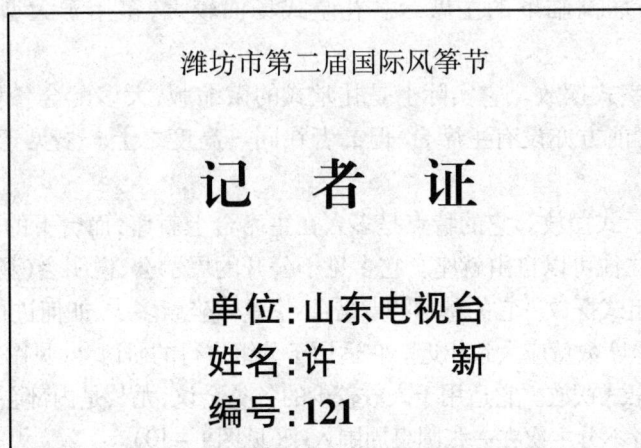

潍坊市第二届国际风筝节

记 者 证

单位:山东电视台

姓名:许　　　新

编号:121

图1-4　记者证的式样

其三,通行证。它专门发给配有汽车的单位或个人,供其车辆出入会场、住地时所使用,它要求注明单位与车号(见图1-5)。

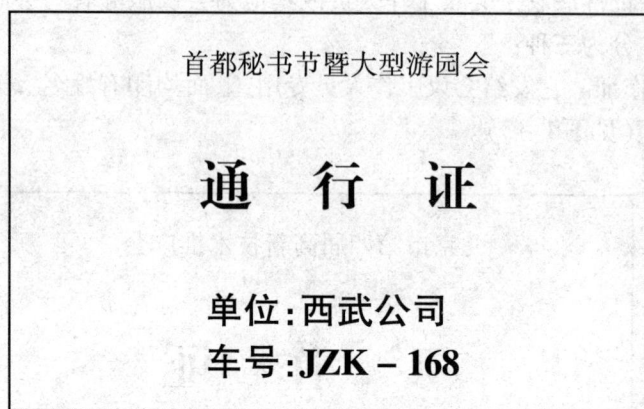

首都秘书节暨大型游园会

通 行 证

单位:西武公司
车号:JZK-168

图1-5 通行证的式样

制作会议证件,总的要求是美观、规范、实用和易于辨识。一般的小型会议与公司内部日常性会议,均无制作会议证件之必要。

5. 会议排位。在正式的商务会议上,通常均应讲究会议排位。会议的排位,具体又分为座位的摆放与座次的高低等两个问题。

一是座位的摆放。倘若会场的坐席可自由调动,则座位的摆放可有礼堂式、教室式、展示式、分组式、圆桌式、方桌式、U字式、E字式等几种选择。

其一,礼堂式摆放。它一般指利用正式礼堂的固定座席。其特点是在群众席正前方设有居高临下的主席台。礼堂式场面较大,多用于大型、特大型会议(见图1-6)。

其二,教室式摆放。它实际上是礼堂式的微缩版,大多配合各种会议室来摆放。在群众席前方亦设有主席台,但二者在同一高度之上。多见于中型会议(见图1-7)。

其三,展示式摆放。它的特点是多人在主席台上就座,而台下的群众席不仅较为简易,而且往往可以自由就座。它多见于公开的展示会、说明会(见图1-8)。

其四,分组式摆放。它的基本特点是:不论具体坐席多少、如何进行摆放,均应分为几组,每组坐席数量应大致相近。它适用于分组进行的研讨会(见图1-9)。

其五,圆桌式摆放。它适用于人数较少的各类会议,尤其是内部会议。具体做法是,所有与会者不分主次在一张圆桌周围入座(见图1-10)。

其六,方桌式摆放。它与圆桌式大体相似。二者区别在于,一为圆桌,一为方桌。它主要适用于内部、小型会议(见图1-11)。

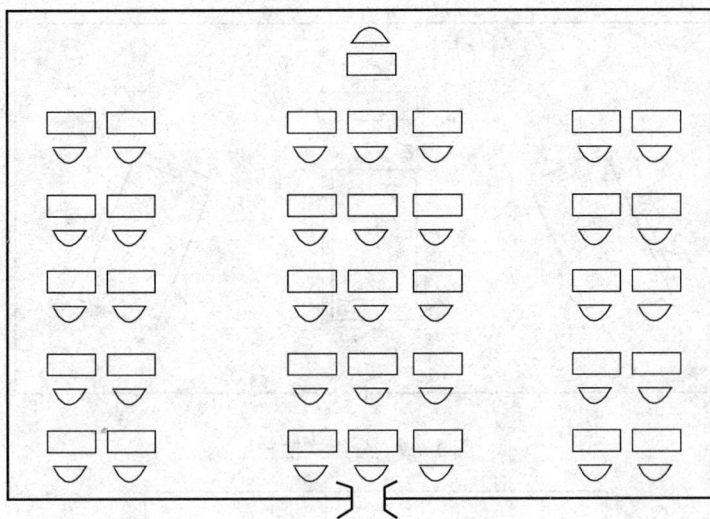

图 1-6　礼堂式摆放

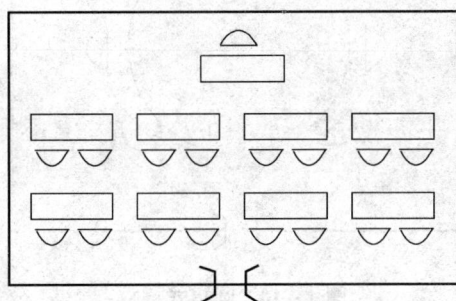

图 1-7　教室式摆放

图 1-8　展示式摆放

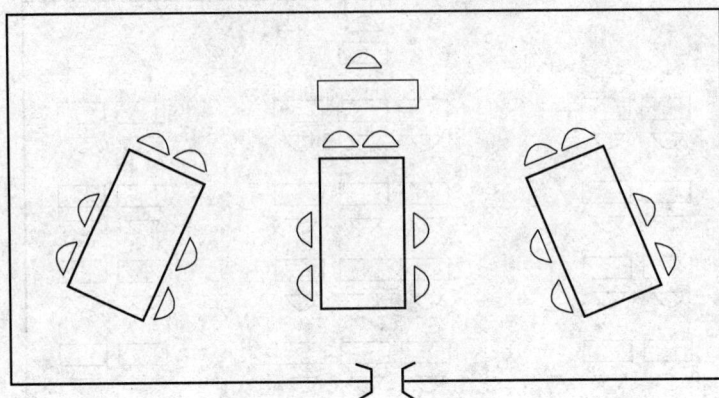

图 1-9　分组式摆放

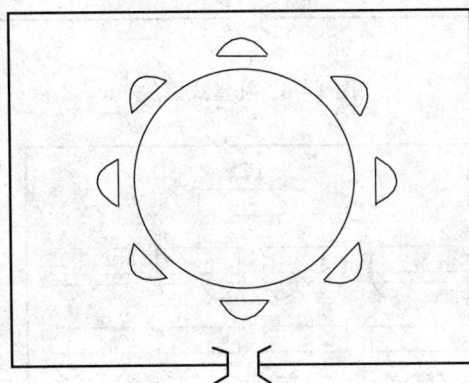

图 1-10　圆桌式摆放

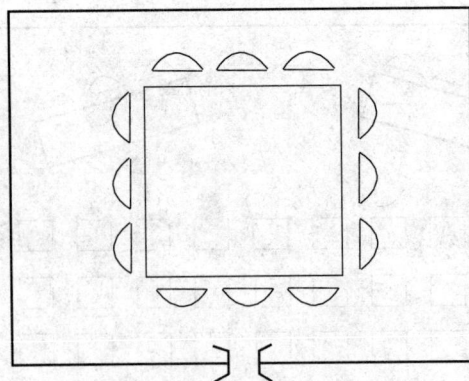

图 1-11　方桌式摆放

其七,U字式摆放。它的做法,是将坐席放置成英文字母"U"的形状。它主要适用于讲座及培训等小型讲习会(见图1-12)。

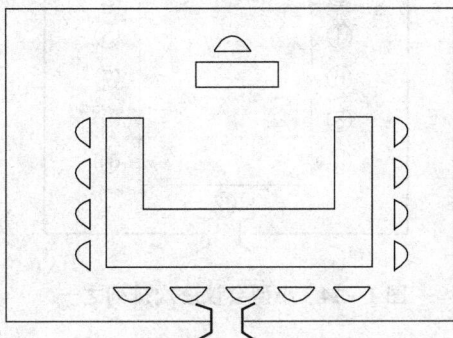

图1-12 U字式摆放

其八,E字式摆放。它的做法,则是将坐席摆放成横置的英文字母"E"的形状。它主要适用于规模不大的座谈会、讲习会、办公会(见图1-13)。

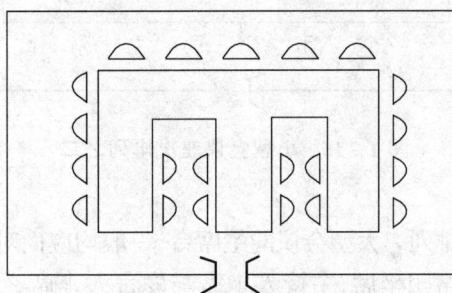

图1-13 E字式摆放

二是座次的高低。凡正式会议,往往需要具体确定座次的高低。具体而言,确定座次时,应兼顾下列两点:

其一,基本规则。商务会议的座次排列,主要有四条规则:面门为上,居中为上,以右为上,前排为上。以上四条规则,往往同时使用。

其二,区别对待。参加会议的具体人数不同时,座次的排列应有所区别。

举行小型会议时,通常不设主席台,而是全体与会者一起就座。会议主席之位要么设在面门之处(见图1-14),要么设在进门之时、以行进方向为准的右侧(见图1-15)。

大型会议的座次排列,往往非常讲究。具体而言,它又分为主席台座次排列与群众席座次排列等两种。前者必须认真排列,后者则可排可不排,下面分别介绍。

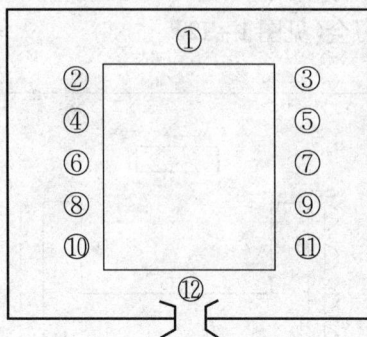

图 1-14 小型会议座次排列之一

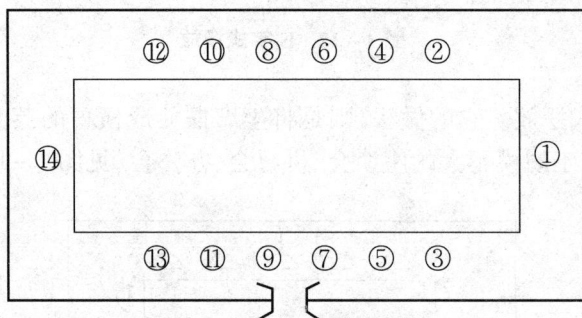

图 1-15 小型会议座次排列之二

首先,主席台座次排列。大型会议的主席台,一般均应面对会场主入口。主席台上的具体座次,又有主席团坐席、主持人坐席与发言人坐席之别。主席团坐席的排列,往往又有单数(见图 1-16)与双数(见图 1-17)的不同。主持人坐席,通常可有三种选择:第一,居于主席团前排正中央;第二,居于主席团前排右侧;第三,按其具体身份在主席团就座,但不宜令其就座于后排。发言人坐席,简称发言席。其常规位置有两种:第一,主席团正前方(见图 1-18);第二,主席团右前方(见图 1-19)。

其次,群众席座次排列。举行大型会议时,主席台之下的一切坐席均称为群众席。群众席座次排列方式有两种:自由择座和按单位就座。在群众席上按单位排列座次时,通常应以面对主席台为基准。既可以由前往后横向排列(见图 1-20),又可以自右而左进行竖排(见图 1-21)。

6.会议议程。开会是为了议事,议事自然需要程序。会议议程,指的就是举行会议的程序。它是会议进行的先后顺序与活动纲领,是对会议所做的有秩序的规范与引导。

具体而言,会议议程具体涉及会议的目的、任务、方法,一般应于会前确定。

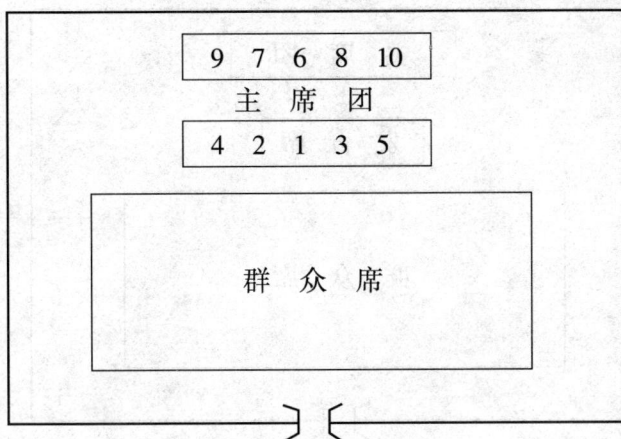

图 1-16 主席团的座次排列之一

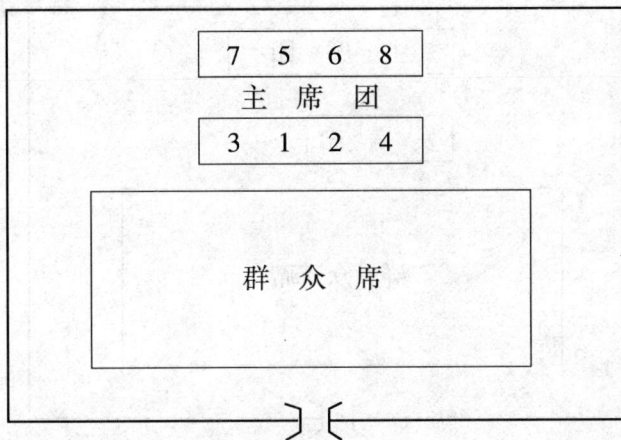

图 1-17 主席团的座次排列之二

它通常由会议组织、领导机构依据会议宗旨拟定,并应预先提交与会者。

会议的一般议程有三类:一是"报告—讨论—总结";二是"传达—部署—落实";三是"议题—议论—议决"。

一般来说,普通会议的具体议程包括以下六点:一是宣布会议开始;二是介绍会议任务与宗旨;三是大会报告;四是大会讨论或小组讨论;五是大会议决;六是散会。

倘若会议议程较多,会期较长,则不仅要向与会者印发具体的会议议程,而且宜将其具体内容列表(见表 1-1)。

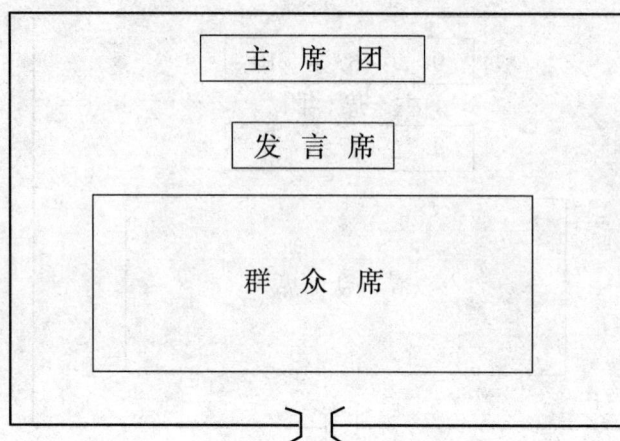

图 1-18 发言席的座次排列之一

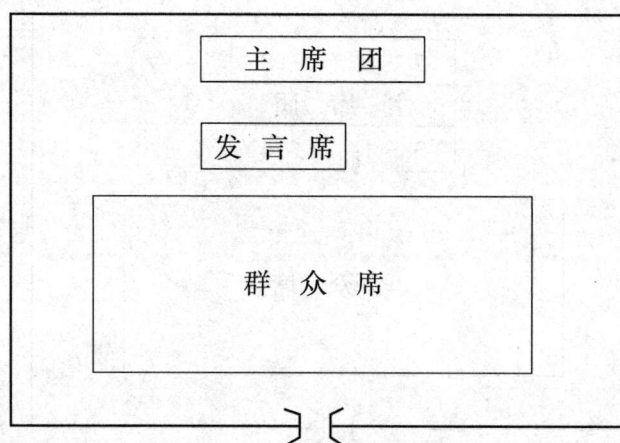

图 1-19 发言席的座次排列之二

表 1-1　　　　　　　　　诺亚总公司 2012 年度总结会日程表

时　间	内　容	地　点	召集人
12 月 25 日上午	开　幕　式 何总经理作大会报告	香格里拉饭店礼堂	李　某
12 月 25 日下午	分组讨论	驻地各会议室	各组组长
12 月 25 日晚上	主席团会议	香格里拉饭店第二会议室	齐某某
12 月 26 日上午	大会发言	香格里拉饭店礼堂	齐某某
12 月 26 日下午	大会总结 散　会	香格里拉饭店礼堂	李　某

主　席　台
群　众　席　1
群　众　席　2
群　众　席　3
群　众　席　4

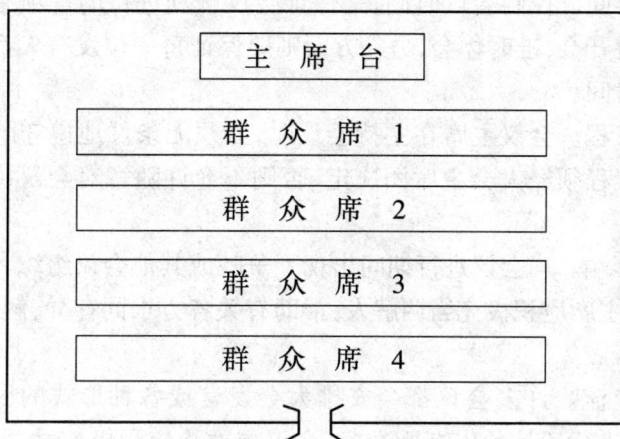

图 1-20　群众席的座次排列之一

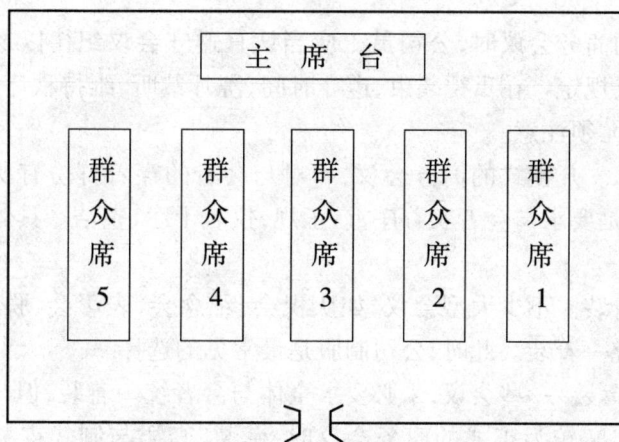

主　席　台

群众席 5	群众席 4	群众席 3	群众席 2	群众席 1

图 1-21　群众席的座次排列之二

　　7.会议主持。在商务会议上,主持人称为主席。会议主席主持的好坏,直接影响到会议的质量。正是这个原因,有人形象地称会议主席为"会议的领航员"。

　　在主持会议时,会议主席主要应当遵守以下六条基本的礼仪规则:

　　一是胸有成竹。在主持会议时,会议主席务必对会议的基本状况一清二楚。不仅要熟悉会议议程、会议文件、会议发言人,而且还要尽可能多地了解其他与会议相关的一切情况。

　　二是掌握全局。主持会议时,会议主席须善于把握全局,控制场面。要努力贯彻会议宗旨,采取一切行之有效的措施,保证会议的顺利进行。

三是控制时间。控制会议时间，是保证会议顺利进行的一项有效措施。一方面要保证准时开会，准时休会，另一方面则要保证每一位发言人都能够自觉遵守规定的发言时间。

四是遵守议程。会议主席在主持会议时，必须无条件地遵守既定的会议议程。变更会议议程须经大会主席团决定，否则不允许随意对会议议程进行任何增减、调整。

五是平息事端。当会议进行期间出现了争吵或其他会议组织者不希望出现的问题时，会议主席应积极充当调解人，帮助有关各方求同存异，解决争端，使会议继续顺利进行。

六是促进交流。许多会议都会安排大会发言或各种形式的讨论。不管讨论、发言是自由进行还是预先有所准备，会议主席均应积极鼓励、引导与会者在会议上畅所欲言，交流互动。

（二）出席会议

参加正式的商务会议时，公司员工应当认真遵守会议纪律以及与会议相关的其他各项会议规定。在重视装束、遵守时间、洗耳恭听、维持秩序、完成使命等五个具体方面，尤须注意。

1. 重视装束。凡正式的商务会议，均对与会者的穿着打扮有所要求。这方面的基本规范，是要求与会者衣着庄重、正规，仪表干净、整洁。具体又可分为两类情况：

一是统一着装。不少大型会议，如庆祝会、纪念会、表彰会、联欢会等等，往往要求与会者统一着装。此时，公司制服是最常见的选择。

二是自行择装。一些会议，未必要求全体与会者统一着装，但与会者自己尚需慎重对待。出席较为正式的商务会议时，套装、套裙与制式皮鞋均应优先考虑。过分摩登的时装以及过分随便的休闲装或便鞋，都不适合这种场合。

2. 遵守时间。参加会议时，不论是否有人监督，公司职员均应认真遵守会议时间。遵守时间具体又可分为以下三种表现：

一是到会准时。出席会议，一定要准时到达会场。必要时，还应早到一些，以留出一定的空余时间。以任何借口而迟到甚至缺席，都是对其他与会者的失敬。

二是发言守时。在会上发言时，公司员工应自觉限制时间。对于规定的发言时限，绝对不应违反。即便会议无此规定，亦应长话短说，不要浪费别人的时间。

三是离会适时。离开会场，宜待会议正式结束以后。若无特殊理由，不应在会议中途悄然离去。

3．洗耳恭听。当会议正式召开之后,每一名与会者皆应专心致志地听取各位发言人的发言。对别人的发言洗耳恭听,既是为了全面、准确地理解发言的实质,也是对发言者所应表现出来的一种尊重。那些准备在会议上发言的公司员工,尤其要对别人的发言认真聆听,不可以心不在焉。

公司员工在会议期间要做到洗耳恭听,就要避免自己犯以下两种错误:

一是不应交头接耳。当他人发言时,不论是高声喧哗还是窃窃私语,都会扰乱发言人的思路,并且影响四周与会者对发言的倾听。

二是不应搞小动作。在别人发言时,看书、看报、听音乐,或者接听、拨打移动电话,同样显得自己用心不专,缺少教养。

4．维持秩序。在会议举行期间,全体与会者均应自觉地维持会议的正常秩序。

一是不得四处走动。会议进行时,应在指定处就座,不得随意游走、四处乱窜。

二是不得打断发言。在任何人发言进行中,都不应将其中途打断。对其发言持有异议的,可在其发言完毕后请求发言。

三是不得不守顺序。若会议已对发言人的先后顺序有所规定,不得漠然视之,必须认真遵守。

四是不得制造噪音。与会人员不论是高兴、激动还是愤慨、反感,都不应以吹口哨、摔瓶子、击座椅、喝倒彩等方式制造噪音。即使正常鼓掌,也不应打断他人的发言。

五是不得退出会议。在一般情况下,不允许以任何借口在会议中途公然退出会议。

5．完成使命。参加会议者,通常都肩负着一定的使命。参加会议的公司员工,在会上切莫无所事事,虚耗时日,从而影响工作。

作为一般与会者,公司员工在会议上大都具有下述五项任务:

一是坦陈己见。公司员工在发言时,要敢于直言,以便别人了解自己的真实思想。

二是反映情况。在必要时,公司员工要及时向会议反映自己所了解到的各种实际情况。

三是掌握精神。公司员工在开会时要认真听讲,并做好记录,以便掌握会议的精神实质。做到了这一点,今后在传达会议精神、执行会议决议时,就不至于走样。

四是积极配合。在力所能及的前提下,公司员工要积极配合会议的各项工作,以保证会议圆满成功。

五是贯彻落实。会议结束后,公司员工要努力采取有效措施,积极贯彻落实会议所提出的各项方针与任务。

四、信函

信函,又称书信,它是人类最古老又最常用的一种沟通手段。时至今日,在商务交往中,信函依旧是公司员工所常用的有效而又实用的交流方式之一。

在一般情况下,公司及其员工在正式的商务交往中所使用的信函亦称商业信函。相对于普通书信,由于商业信函使用于正式场合,在礼仪方面通常有着更为标准而规范的要求。

总体而言,公司员工在使用商业信函时,应注意言词礼貌、表达清晰、内容完整、格式正确、行文简洁等五大要点。因为在英文里,礼貌(Courteous)、清晰(Clear)、完整(Complete)、正确(Correct)、简洁(Concise)等五个单词皆以字母"C"打头,故此这五大要点亦称做商业信函写作的"五C原则"。

具体来讲,使用商业信函时,主要应当在写作信函、应用信函等方面全面地运用礼仪规范,另外,对于电子信函也要注意遵守其礼仪规范。

(一)写作信函

写作商业信函时,一定要对信函的内容与格式斟酌再三。以下五个具体问题,尤须认真对待。

1.抬头。一般的商业信函均由抬头、正文、结尾三部分构成。作为一封商业信函的开端,抬头绝非可有可无,而是应当认真推敲。

抬头的基本内容包括称谓语与提称语,二者均应根据具体对象具体对待,力求恰如其分。

一是称谓语要准确。在写作信函抬头时,应以称谓语称呼收信之人。在称呼收信者时,下列四点必须注意:

其一,姓名与头衔必须正确无误。在任何商业信函中,写错收信者的姓名与头衔都是绝不允许的。称呼收信者,有时可以只称其姓,略去其名,但不宜直呼其名或者无姓无名。

其二,允许以直接致信的有关单位或部门作为抬头中的称谓语。在许多时候,以有关单位或部门直接作为收信者在礼仪上是许可的。

其三,可以使用中性名词称呼收信者。当不清楚收信者的性别时,以"经理"、"主任"、"首席代表"等无须辨别性别的中性称呼去称呼对方是比较稳妥的。

其四,切勿滥用称呼。初次致信他人时,千万不要滥用称呼。诸如"先生"、"小姐"一类的称呼,在不清楚收信者性别时就不宜采用。不能图省事,以"先生/小姐"去称呼收信者。不要乱用"阁下"、"老板"、"有关人士"这一类专用性称呼。

二是提称语要到位。在称谓语之前,有时需要使用提称语。所谓提称语,意即提高称谓语的词语。在商业信函里使用提称语,关键是要到位。

在一般情况下,商业信函里最标准的提称语是"尊敬的"。平常的商业信函,不使用提称语亦可。

在社交场合所使用的"尊鉴"、"台鉴"、"钧鉴"等古典式提称语以及在涉外场合所使用的"亲爱的"、"我的"等西洋式提称语,在普通的商业信函中一般均不宜使用。

2.正文。在商业信函里,正文是核心内容。写作正文时,一定要注意主题明确,合乎逻辑,层次清晰,语句通畅,文字正确,言简意赅。以下几处要点,在写作商业信函的正文时尤须注意。

一是注意人称的使用。在商业信函里,写作者所使用的人称颇为讲究。若为了表示亲切、自然,宜采用第一人称。若意在表示公事公办、严肃正规,则可以采用第三人称。

二是主要内容宜前置。一封标准商业信函的内容,应当像一座倒置的金字塔,越是重要的内容越应当置于前面。因此,在正文的开端,即应直言自己认为最应当告诉收信者的信息以及收信者最希望了解的信息。

三是篇幅应删繁就简。在任何情况下,一封拖沓冗长的商业信函都会使人感到无比乏味,所以在写作商业信函时,一定要注意控制其篇幅,力求简明扼要。一般而言,篇幅短、段落短、句子短、词汇短等"四短"是写作商业信函时所必须恪守的铁律。

四是一信应只议一事。为了确保商业信函发挥功效,并且尽量缩短其篇幅,最好一信只议一事。这样一来,不但可以突出主题,而且可以限制其篇幅。

五是语言应平易近人。尽管商业信函使用的是书面语言,写作者亦应尽量使之生动、活泼、亲切、自然,既不应令其过于粗俗,也不应使之曲高和寡。

六是信息应正确无误。商业信函所传递的信息,应确保正确无误。为此应做到:避免写错字、用错标点符号;防止滥用成语、典故、外语;过于生僻的词语或易于产生歧义的举例,也不宜采用。

七是书面应干净整洁。一般来说,正式的商业信函最好打印,而不是手写,这样可确保其书面的干净整洁。即使需要手写时,亦应避免随意涂抹、填补。另外,不要在行、格之外写字,不要掉字,不要以汉语拼音代替生字。

八是应防止泄密。普通的商业信函,不应在其字里行间直接或间接地涉及商业秘密。若打算将其邮寄或快递时,尤须注意此点。

3. 结尾。在商业信函里,作为最后一部分的结尾,写作上的基本要求是全面而具体。大体上说,商业信函的结尾又由下述六个具体部分所构成:

一是祝颂语。它是写信者对收信者所进行的例行祝福,其内容大都约定俗成,可酌情使用,但不宜空缺。

二是附问语。它是指写信者附带问候收信者周围人士,或代替自己周围人士问候收信者。附问语可用可不用。

三是补述语。它是正文写完后,尚需补充的内容,故又称附言。一般的商业信函,最好不用补述语。如需使用补充语时应注意三点:单字不成行;单行不成页;字数不宜多。

四是署名。在商业信函里,署名宜为写信者全名。必要时,亦可同时署上其行政职务与职称、学衔。若为打印信函,最好由署名者本人在信上亲笔签名。

五是日期。在署名之后,应注明写信的具体日期。为郑重其事,所署日期越具体越好。至少要写明“某月某日”,必要时还可注明“某年某月某日某时”。

六是附件。在一些商业信函的结尾,往往附有其他有关文件。附件通常应置于商业信函之后,但其具体件数、页数、名称均应在信中一一注明,以便收信者核对查阅。

4. 封文。交封邮寄、快递的商业信函均应书写封文。在写作封文时,不仅应当认真,而且必须遵守其基本规范。对以下五点尤应重视。

一是地址要详尽。写作封文时,为了保证收信者及时收到信函,或者信函退回时不至丢失,一定要将收信者与寄信者双方的具体地址仔细写明。不仅要写上省、市、区、街道、门牌号码,而且还应写上单位、部门。

二是姓名要正确。在封文上,收信者与寄信者的姓名均应书写正确。以单位、部门作为收寄者时,亦应注明其正确的全称。

三是慎用礼貌语。正式信函的封文上,往往要使用一些礼貌语。它们皆有一定之规,不可滥用。具体包括:其一,邮递员对收信者的称呼。它们写在收信者姓名之后,如“小姐”、“先生”、“老师”等。它并非写信者对收信者的称呼,故此不宜使用“大人”、“贤侄”之类。其二,启封词。它是敬请收信者拆启信封的礼貌语,如“启”、“钧启”、“收启”等,通常写在收信者姓名与邮递员对其称呼之后。其三,缄封词。它表示寄信者封闭信函时的恭敬之意,如“缄”、“谨缄”等等,缄封词均应写在寄信者姓名之后。凡不封口的信函,没有必要多此一举。

四是邮编不可缺。正式交付邮寄的商业信函,一定要正确注明收信地址与寄信地址的邮政编码。缺少邮编或邮编不正确的商业信函,有可能晚到甚至丢失。

五是格式宜标准。封文写作,通常都有一定的格式可依。横式信封有横式信封的写法,竖式信封有竖式信封的写法;国内信函有国内信函的封文格式,国际信函有国际信函的封文格式。写作商业信函的封文时,必须认真地照此办理。

5.工具。写作商业信函,尤其是手写信函时,必须借助于一些必要的工具。使用这些工具时,应符合基本的礼仪规范。下面,着重介绍一些手写信函对其所用工具的基本要求。

一是信笺。信笺又叫信纸。商业信函所使用的信笺,应当规格统一,纸质上乘,美观大方,统一印制。不要使用外单位信笺写作商业信函,也不要使用本公司信笺写作私信。

二是信封。商业信函所使用的信封,可以是市场上出售的标准信封,也可以是本公司统一印制的专用信封。不宜自制信封寄发商业信函,或是利用其他单位用过的信封寄发本公司的商业信函。商业信函信封的大小,宜与其容量相称。它的纸质、色彩,最好与信笺相匹配。

三是笔具。手写商业信函时,通常应使用钢笔或毛笔。如果以铅笔、圆珠笔来写,往往会令人感觉不够正式。

四是墨水。用毛笔写信,宜用黑色墨汁;用钢笔写信,则宜用黑色或蓝黑色墨水。纯蓝色的墨水因其字迹难以持久保存,故不应使用。使用其他彩色墨水,则有哗众取宠之嫌,亦不可取。

(二)应用信函

在商务交往中,信函应根据实际需要和具体情况来使用。因其具体用途不同,公司员工所常用的联络函、通知函、确认函、感谢函、推荐函、拒绝函等等,在写作上往往又有一些各自不同的要求。

具体应用不同类型的商业信函时,既要遵守其共同要求,又要兼顾其各自独具的特征。

1.联络函。联络函,又叫做保持接触函,它是平时用以培养客户关系、与客户保持联络的一种专用信函。使用联络函的目的,不仅意在证明自己的存在,而且也是为了与客户保持接触,并借此培养对方对自己的好感,加深对方对自己的印象。一般而言,应当定期向客户寄发联络函。

写作联络函,有以下五个要点应当注意:

一是寻找适当的去信借口。这样一来,就不会让对方觉得不可思议。祝贺节日、生日,寄送简报,都是不错的借口。

二是扼要介绍自己的状况。向对方通报自己及所在单位的发展变化，可以使对方对自己及所在单位加深了解。

三是要表达对对方的关注。在介绍自己的状况之前，可以先向对方表达自己诚挚的关心。例如，可告知自己对对方成就的了解，或为此祝贺对方等等。

四是相机表示合作的意图。在联络函中，不妨大致上介绍一下自己欲与对方进行进一步交往、合作的意图。

五是灵活掌握友善的分寸。联络函并非直奔主题的业务函，因此其篇幅宜短，语气宜友善，主题宜放在联络之上。

2. 通知函。通知函，又叫做告知函。它主要用以向外界通报某项事务处理的具体情况，或是某项业务的具体进展。从某种意义上讲，通知函往往可以在一定程度上发挥联络函的作用。

写作通知函时，应注意下列五个要点：

一是重在介绍客观情况。通知函的主要作用，是向有关方面通报事态的发展、变化，而并非就此展开讨论或进行争论。

二是注意介绍的连续性。在介绍当前状况时，通知函要注意与此前函件的呼应，以便使自己的情况介绍有头有尾，连贯一致。

三是通报己方今后计划。在介绍客观事态的同时，亦应告知收信者己方的对策以及已经采取的行动。

四是促进彼此合作。通知函的目的之一，就是要推动收信方与寄信方的合作。

五是表达含蓄委婉。不论是介绍己方举措，还是敦促对方参与，在表达上都要委婉含蓄。要力戒语气生硬，强人所难，或者唠唠叨叨。

3. 确认函。确认函，在此是指专为确认某事而向交往对象所寄送的信函。在商务交往中，确认函是最为常用的信函之一。因为确认函意在对某种事实、某种意向进行确定，所以它在写作上具有更高的规范性要求。

写作确认函，应对下列五点多加注意：

一是明确应予确认的有关事项。此项内容是确认函关键内容所在，故应反复核对，确保不发生任何差错。

二是逐一列出相应的附加条件。凡对所确认的事项附加各项具体条件的，在确认函里应向收信者予以明确。

三是陈述己方对此的基本立场。在确认函之中，确认方应再次承诺自己遵守约定，绝不随意对此反复，或是临场变卦。

四是要求收信方对此予以确认。在一般情况下，确认方均会在确认函中要求对方对此进行确认。具体的方式，可以是另行致函，也可以是在此信上签署意见。

五是在信函末尾正式署名。正规的确认函,均需有关人员或相关单位的负责人在其末尾亲笔签署自己的姓名。有时,往往需要联合署名,或由公司法人代表亲自署名。必要时,还须加盖本公司公章。

4. 感谢函。在商务交往中,感谢函是指专为感谢某人或某单位而写作的信函。一般而言,收到礼品、出席宴会、得到关照之后,均应寄出专门的感谢函。一封恰如其分的感谢函,往往可以显示写作者的教养。

写作感谢函,通常应注意以下四点:

一是要内容简练。一封感谢函,往往不必长篇宏论,喋喋不休。只要在信中将自己的感谢之意表达清楚了,即使只写三五句话亦可。

二是要面面俱到。很多时候,在感谢函中应当致谢的对象不止一人,那么一定要向所有应予感谢者一一致谢,千万不要有所遗漏。

三是要尽量手写。为了表示自己的真心实意,感谢函要尽量亲自动笔撰写,而不要打印。在任何时候,一封当事人的亲笔信,都会使人产生亲切感。

四是要尽早寄达。在一般情况下,感谢函时效性很强。它最好是在有关事件发生后 24 小时之内寄出,并应尽量使之早日寄达。

5. 推荐函。推荐函,在此是指专为向其他单位推荐某位人士而使用的信函。在求职应聘时,一封有力度的推荐函,往往有助于被推荐者脱颖而出。

写作推荐函,主要需要兼顾下述四个方面:

一是介绍自身情况。在推荐函的开始部分,写信者应简述一下自己的情况,并对自己与被推荐者之间的关系略加说明。

二是评价被推荐者。这部分是推荐信的主要内容,在此,应当全面而客观地介绍被推荐者的基本情况,尤其是其能力、阅历、特长与业绩。与此同时,还应对被推荐者做出自己的评价。

三是感谢收信之人。在推荐函中,不应忽略对收信者的问候与感谢。这一部分,绝对不可缺少。

四是附有背景材料。为了便于用人单位及其负责人对被推荐者有进一步的深入了解,在推荐函之后一般还应附有被推荐者的简历、证书等个人背景材料。

6. 拒绝函。拒绝函,在此是指为拒绝外人或外单位的某项请求而使用的信函。在所有的商业信函里,拒绝函大概算是最难写作的一种。它的难以把握之处在于,既要正式拒绝对方,又要保证不会因此而损害双方关系。

写作拒绝函,大致上有下列四点注意事项:

一是应当当机立断。使用拒绝函,一般非常讲究时效。若无特殊原因,应当当机立断,尽早拒绝对方。一拖再拖,往往会令对方产生其他想法。

二是应当具体说明。在拒绝函里,应当对拒绝的具体事项予以明确。不要一概而论,含糊不清,模棱两可,那样弄不好就会耽误事情。

三是应当阐明原因。对于拒绝对方的具体原因,最好要在拒绝函里认真地进行说明,以便使对方心服口服,不会为此而影响双方的关系。

四是应当表达歉意。必要的话,在拒绝函里应向被拒绝者表达己方的歉意。此外,还应恳请对方今后继续与自己保持联络。

(三)电子信函

随着现代科学技术的发展,商业信函中逐渐出现了一系列利用电子媒介的新的形式,例如电报、电传、传真、电子邮件等等,它们均可称为电子信函。除了遵守一般信函的礼仪规范之外,电子信函还有自己的一些独特要求。

下面主要对当今在商务交往中普遍应用的传真与电子邮件的相关礼仪略加介绍。

1. 传真。传真通常是指利用光电效应,通过专用的装置将信函、文件、图片等的真迹传递给远方联络对象的一种通讯方式。用以传真的专用装置,一般叫做传真机。传真的优点,主要是操作简便,传送迅速,可以直接输送真迹,因此颇受人们的青睐。

在商务交往中使用传真时,下列几个方面的礼仪规范务必遵守:

一是内容简单明了。与普通信函相比,传真所需费用较高,因此在撰写传真稿时,既要使之全面、具体,言之有物,又要使其简明扼要。正式发送传真之前,应将可有可无的词句统统删去。

二是字迹清晰易辨。出于技术上的原因,传真在传送过程中容易变得模糊不清,所以在准备传真稿时,一定要尽量使稿件的字体、行距、图表等清晰易辨,避免因人为原因而导致其"失真"。

三是形式规范得体。发送传真前,务必使之形式规范得体。未经允许,不要发送过长或保密的传真。若是正式传真,应首先标有名称,并在上面写明接收人所在单位、部门的名称,接收人姓名、职务、电话号码等等。发送传真所用的纸张,应为带有本公司名称的正式公文纸。在传真时,一般均应附有一页封面,并注明页码。若传送急件,应于封面之上注明。在传真最后,应注上发送的具体日期与时间。此外,还可以附有备注,例如"切盼2月10日15时之前答复。"

四是附有联络方式。为便于交往双方及时进行联络,在发送传真时,应在上面注有发送者的有效联络方式,例如,发送者单位、部门的名称,发送者的姓名与职务,发送者的传真与电话号码,传送传真过程之中一旦出现问题时可以使用的联系电话的号码等等。

五是提前进行通报。发送传真前,应先向接收者进行通报,并征得对方的同意。如果对方有规定的开启传真机的时间,一般应予遵守。如果对方正在等候其他重要传真,或者对方传真与电话使用同一线路且正在忙碌,尽量不要给对方忙中添乱。如果对方传真机无人值守,不预先通报而传送过去的传真就有可能不会被接收者及时收到。

六是谨防骚扰他人。发送传真,大都属于需要急办之事。若非紧急的文件、信函,最好不要使用传真。个人私事,亦不宜使用公司传真机对外传送。利用传真开展宣传、促销活动时,一定要把握好量与度。假使接收者对此不感任何兴趣,则有关的传真大可少发或不发。不要忘记,泛滥的"垃圾传真"是不受欢迎的。

七是及时进行处理。接收到外来的传真之后,应对其进行及时处理。首先,应告知发送者:传真业已收到。其次,应对传真所涉事项进行办理,或交由有关部门、有关人员办理。最后,鉴于传真件不宜久存,应对其重要的内容进行复制。

2. 电子邮件。电子邮件又叫电子函件,它是指利用互联网所传递的邮件。随着互联网的发展,电子邮件正在迅速普及,并且在商务交往中得到了越来越广泛的运用。

使用电子邮件时,下列三个方面的礼仪规范应当认真加以遵守:

一是认真准备。使用电子邮件,必须认真做好各项必要的准备:其一,主题要明确。与重要的普通信函一样,电子信函亦应每一封只有一个主题,并且最后标有令人一目了然的名称。其二,篇幅要短小。由于电子邮件需利用互联网传送和接收,为防止收发出现问题,电子邮件的内容应短小精悍。其三,语言要直白。商用的电子邮件并非网友们的网上聊天,因此其所用语言应通俗易懂。要少用生词、怪字或自造的网络用语。凡引用的数据、资料,应注明出处。

二是切勿滥用。互联网是一个虚拟世界,在网上发送电子邮件时,公司员工应保持清醒的头脑。要注意以下两个问题:其一,电子邮件并非万能。必须意识到,在绝大多数情况下,使用电子邮件进行沟通,并不一定比直接会面或使用电话进行沟通的效果更好。其二,不宜滥发"电子垃圾"。使用电子邮件时,公司员工必须注意,不宜利用工作之便,利用公司的网络向外界滥发电子邮件。泛滥的电子邮件俗称"电子垃圾",十分令人反感。

三是注意安全。在商务交往中使用电子邮件时,既要确保信息传送渠道畅通无阻,又要自觉维护网络安全。以下五点,公司员工需要谨记:其一,不要充当黑客。利用公司网络充当黑客,往往不仅不会受人钦佩,反而会影响公司的业务及形象。其二,不要滥交网友。互联网上鱼龙混杂,滥发电子邮件、乱交网友,往往于己不利。其三,不要弄虚作假。使用电子邮件,一定要讲究社会公德。切勿借此传播虚假信息,或是散布流言蜚语。其四,不要胡乱删除。对自己信箱之内的电子邮件应及时进行处理。该回复的回复,该删除的删除,但对重要单位或个人的电子邮箱地址一定要妥善保存。其五,不要涉及机密。利用电子邮件传递秘密资讯,其安全性难以保证。

五、交谈

人际交往始自交谈。所谓交谈,是指两个或两个以上的人所进行的对话。它是人们彼此之间交流思想情感、传递信息、进行交际、开展工作、建立友谊、增进了解的最为重要的一种形式。没有交谈,人与人之间几乎不可能进行真正意义上的沟通。

从总体上讲,交谈是人的知识、阅历、才智、教养和应变能力的综合体现。在中国古代,人们就讲究在人际交往中要对交往对象"听其言,观其行"。这是因为言为心声,只有通过交谈,交往对象彼此之间才能够了解对方,并且被对方所了解。交谈在人际交往中的重要位置,是其他任何交际形式都难以替代的。

在交谈的语言、主题和方式等三个具体方面,有着一系列的具体礼仪规范需要遵守。

(一)交谈的语言

在语言方面,交谈的总体要求是:文明、礼貌、准确。语言是组织交谈的载体,交谈者对它理当高度重视、精心斟酌。

1. 语言文明。作为有文化、有知识、有教养的现代人,在交谈中一定要使用文明优雅的语言。下述语言,绝对不宜在交谈之中采用:

一是粗话。有人为了显示自己为人粗犷,出言必粗。把爹妈叫"老头儿"、"老太太",把女孩子叫"小妞",把名人叫"大腕",把吃饭叫"撮一顿"。讲此种粗话,是很失身份的。

二是脏话。讲脏话,即口带脏字,讲起话来骂骂咧咧,出口成"脏"。讲脏话的人,非但不文明,而且属于自我贬低,十分低级无聊。

三是黑话。黑话,即流行于黑社会的行话。讲黑话的人,往往自以为见过世面,可以此唬人,实际上却显得匪气十足,令人反感厌恶,难以与他人进行真正意义上的沟通和交流。

四是荤话。荤话,即说话者时刻把艳事、绯闻、色情、男女关系之事挂在口头,说话"带色",动辄"贩黄"。爱说荤话者,只不过证明自己品位不高,而且也对交谈对象缺乏应有的尊重。

五是怪话。有些人说起话来怪里怪气，或讥讽嘲弄，或怨天尤人，或黑白颠倒，或耸人听闻，成心欲以自己谈吐之"怪"而令人刮目相看，一鸣惊人。这就是所谓说怪话。爱说怪话的人，往往难以令人产生好感。

六是气话。气话，即说话时闹意气、泄私愤、图报复、发牢骚、指桑骂槐。在交谈中常说气话，不仅无助于沟通，而且还容易伤害人、得罪人。

2. 语言礼貌。在交谈中多使用礼貌用语，是博得他人好感与体谅的最为简单易行的做法。所谓礼貌用语，简称礼貌语，是指约定俗成的表示谦虚恭敬的专门用语。

例如，初次见面，要说"久仰"；许久不见，要说"久违"；客人到来，要说"光临"；等待客人，要说"恭候"；探望别人，要说"拜访"；起身作别，要说"告辞"；中途先走，要说"失陪"；请人勿送，要说"留步"；请人批评，要说"指教"；请人指点，要说"赐教"；请人帮助，要说"劳驾"；托人办事，要说"拜托"；麻烦别人，要说"打扰"；求人谅解，要说"包涵"；等等。

在交际场合中，尤其有必要对下述礼貌用语经常加以运用，并且多多益善。

一是"您好"。"您好"是一句表示问候的礼貌语。遇到相识者与不相识者，不论是深入交谈，还是打个招呼，都应主动向对方先问一声"您好"。若对方先问候了自己，也要以此来回应。在有些地方，人们惯以"你吃了饭没有"、"最近在忙什么"、"身体怎么样"、"一向可好"等来打招呼或问候他人，但它们都没有"您好"简洁通行。

二是"请"。"请"是一句请托礼貌语。在要求他人做某件事情时，居高临下，颐指气使不合适，低声下气、百般乞求也没有必要。在此情况下，多用上一个"请"字，往往就可以逢山开路、遇水架桥，赢得主动，并得到对方的照应。

三是"谢谢"。"谢谢"是一句致谢的礼貌语。每逢获得理解、得到帮助、承蒙关照、接受服务、受到礼遇之时，都应当立即向对方道一声"谢谢"。这样做，既是真诚地感激对方，又是对于对方的一种积极肯定。

四是"对不起"。"对不起"是一句道歉的礼貌语。当打扰、妨碍、影响了别人，或是在人际交往中给他人造成不便，甚至给对方造成某种程度的损失、伤害时，务必要及时向对方说一声"对不起"。这将有助于大事化小、小事化了，并且有助于修复双方的关系。

五是"再见"。"再见"是一句道别礼貌语。在交谈结束、与人作别之际，道上一句"再见"，可以表达惜别之意与恭敬之心。

3. 语言准确。在交谈中，语言必须准确，否则不利于彼此之间的沟通。这方面要注意的问题主要有：

一是发音标准。在交谈之中要求发音标准，其含义有三：其一，发音要标准。

不能读错音、念错字,让人见笑或误会。其二,发音要清晰。要令人听得一清二楚,而不是口齿不清,含含糊糊。其三,音量要适中。音量过大令人震耳欲聋,音量过小则让人听来费劲,二者显然都不合适。

二是语速适度。语速,即讲话的速度。在讲话时,对语速应加以控制,使之保持匀速,快慢适中。交谈中语速过快、过慢或忽快忽慢,都会影响效果。

三是口气谦和。在交谈中,讲话的口气一定要平等、亲切谦和。不要端架子、摆派头;不要以上压下、以大欺小;不要倚老卖老、盛气凌人,或者随便教训、指责别人。

四是内容简明。在交谈时,应力求言简意赅,简单明白,节省时间,少讲废话。不要没话找话,短话长说,啰里啰唆,废话连篇,节外生枝,任意发挥,不着边际,让人听起来不明不白。繁言无要,要言不烦,这是交谈中不应被忘记的重要一点。

五是少用方言。交谈对象若非家人、乡亲,则最好在交谈之中别采用对方有可能听不懂的方言、土语。硬要那么做,就是对对方不尊重。在多方交谈中,即便只有一个人听不懂,也不要采用方言、土语交谈,以免使其产生被排挤、冷落之感。

六是慎用外语。在普通性质的交谈中,应当讲中文,讲普通话。若无外宾在场,则最好慎用外语。与国人交谈时使用外语,不能证明自己水平高,反而有卖弄之嫌。

(二) 交谈的主题

交谈的主题,又叫交谈的话题,它所指的是交谈的中心内容。一般而论,交谈主题的多少可以不定,但通常在某一特定时刻宜少不宜多,最好只有一个。唯有话题少而集中,才有助于交谈的顺利进行。话题过多、过散,将会使交谈者无所适从。

1. 宜选的主题。 在交谈之中,以下五类具体的话题都是适宜选择的:

一是既定的主题。既定的主题,即交谈双方业已约定,或者其中某一方先期准备好的主题。例如,求人帮助、征求意见、传递信息、讨论问题、研究工作一类的交谈,往往都属于主题既定的交谈。选择这类主题最好双方商定,至少也要得到对方的认可。它适用于正式交谈。

二是高雅的主题。高雅的主题,即内容文明、优雅,格调高尚、脱俗的话题。例如,文学、艺术、哲学、历史、考古、地理、建筑等等,都属于高雅的主题。它适用于各类交谈,但要求面对知音,忌讳不懂装懂,或班门弄斧。

三是轻松的主题。轻松的主题,即谈论起来令人轻松愉快、身心放松、饶有情趣、不觉劳累或厌烦的话题。例如,文艺演出、流行时装、美容美发、体育比赛、电影电视、休闲娱乐、旅游观光、名胜古迹、风土人情、名人轶事、烹饪小吃、天气状况等等。它适用于非正式交谈,往往允许人们各抒己见,对其任意进行发挥。

四是时尚的主题。时尚的主题,即以此时、此刻、此地正在流行的事物作为谈论的中心。此类话题适合于各种交谈,但其变化较快,在把握上有一定难度。

五是擅长的主题。擅长的主题指的交谈双方,尤其是交谈对象有研究、有兴趣、有可谈之处的主题。须知:话题选择之道,在于应以交谈对象为中心。例如,与医生交谈,宜谈健身祛病;与学者交谈,宜谈治学之道;与作家交谈,宜谈文学创作;等等。它适用于各种交谈,但忌讳以己之长对人之短,否则会"话不投机半句多"。因为交谈是意在交流的谈话,故不可只有一家之言,使之难以形成交流。

2.忌谈的主题。在各种交谈之中,有下列几类具体的主题理应忌谈:

一是个人隐私。个人隐私,即个人不希望他人了解之事。在交谈中,若双方是初交,则有关对方年龄、收入、婚恋、家庭、健康、经历等一类涉及个人隐私的主题,切勿加以谈论。

二是捉弄对方。在交谈中,切不可对交谈对象尖酸刻薄,油腔滑调,乱开玩笑,口出无忌,要么挖苦对方所短,要么调侃取笑对方,成心要让对方出丑,或是下不了台。俗话说:"伤人之言,重于刀枪剑戟。"以此类捉弄人的主题为中心展开交谈,定将损害双方关系。

三是非议他人。有人极喜欢在交谈之中传播闲言碎语,制造是非,无中生有,造谣生事,非议其他不在场的人士。其实,人们都知道,"来说是非者,必是是非人"。非议旁人,并不说明自己待人诚恳,反倒证明自己少调失教,是拨弄是非之人。

四是倾向错误。在谈话中倾向错误的主题,例如,违背社会伦理道德、生活堕落、思想反动、政治错误、违法乱纪之类的主题,亦应避免。

五是令人反感。有时,在交谈中因为不慎,会谈及一些令交谈对象感到伤感、不快的话题,以及令对方不感兴趣的话题,这就是所谓令人反感的主题。若此种情况不幸出现,则应立即转移话题,必要时要向对方道歉,千万不要没有眼色,将错就错,一意孤行。此类话题,常见的有凶杀、惨案、灾祸、疾病、死亡、挫折、失败等等。

(三)交谈的方式

进行交谈,还有必要注意具体的操作方式,往往有一些技巧可以被运用。

1.双向共感。交谈,究其实质乃是一种合作。因此在交谈中,切不可一味宣泄个人的情感,而不去考虑交谈对象的反应。

根据礼仪规范,在交谈中应遵循双向共感规则。这一规则,具有以下两重含义:

一是双向。它要求人们在交谈中,要注意双向交流,并且在可能的前提下,要尽量使交谈围绕交谈对象进行,无论如何都不要妄自尊大,忽略对方的存在。

二是共感。它要求在交谈中谈论的中心内容,应使彼此各方共同感兴趣,并能够愉快地接受,积极地参与,不能只顾自己而不看对方的反应。遵守这条规则,是使交谈取得成功的关键。

2. 神态专注。 在交谈中,各方都希望自己的见解为对方所接受,所以从某种意义上讲,"说"的一方并不难,往往难就难在"听"的一方。古人曾就此有感而发:"愚者善说,智者善听。"

"听"的一方在交谈中若能够表现得神态专注,就是对"说"的一方的最大尊重。要做到这一点,应重视如下三点:

一是表情认真。在倾听时,要目视对方,全神贯注,聚精会神,不要用心不专,"身在曹营心在汉",出现明显走神的情况。

二是动作配合。当对方观点高人一筹,为自己所接受,或与自己不谋而合时,应以微笑、点头等动作表示支持、肯定,或暗示自己与之"心有灵犀一点通"。

三是语言合作。在对方"说"的过程中,不妨以"嗯"声或"是"字,表示自己在认真倾听。在对方需要理解、支持时,应以"对"、"没错"、"真是这么一回事"、"我有同感"等加以呼应。必要时,还应在自己讲话时,适当引述对方刚刚所发表的见解,或者直接向对方请教高见。这些,都是以语言同对方进行合作。

3. 措辞委婉。 在交谈中,不应直接陈述令对方不快、反感之事,更不能因此伤害其自尊心。必要时,可在具体的表达上力求含蓄、婉转、动听,并留有余地,善解人意,这就是所谓措辞委婉。

例如,在用餐时要去洗手间,不宜直接说"我去方便一下",而应说"我需要出去一下"、"出去有点事",或者"出去打个电话"。若来访者停留时间过长,从而影响了本人的其他安排,需要请其离开,不宜直接说"你该走了"、"你待得太久了",而应当说"我不再占用你的宝贵时间了"等等,均属委婉语的具体运用。

在交谈中,运用委婉语可采用以下方式:其一,旁敲侧击;其二,比喻暗示;其三,间接提示;其四,先肯定,再否定;其五,多用设问句,不随便使用祈使句;其六,表达上留有余地。

4. 礼让对方。 在交谈之中,务必要争取以对方为中心,处处礼让对方、尊重对方,尤其是要做到以下几点:

一是不始终独白。既然交谈讲究双向沟通,那么在交谈中就要目中有人,礼让他人,要多给对方发言的机会,让大家相互都有交流。不要一人独白,侃侃而谈,"独霸天下",只管自己尽兴,而始终不给他人张嘴的机会。

二是不导致冷场。不允许在交谈中走向另一个反面,即从头到尾保持沉默,不置一词,从而使交谈变相冷场,破坏现场的气氛。不论交谈的主题与自己是否有关、自己是否对其感兴趣,都应热情投入、积极合作。万一交谈中因他人之故冷场"暂停",切勿"闭嘴"不理,而应努力"救场",可转移旧话题,引出新话题,使交谈"畅行无阻"。

三是不随意插嘴。出于对他人的尊重,在他人讲话时,尽量不要在中途予以打断,突如其来、不经允许地去插上一嘴。那种做法不仅干扰了对方的思绪,破坏了交谈的效果,而且会给人以自以为是、喧宾夺主之感。确需发表个人意见或进行补充时,应待对方把话讲完,或是在对方首肯后再讲。不过,插话次数不宜多、时间不宜长,与陌生人的交谈则绝对不允许打断或插话。

四是不与人抬杠。抬杠,它是指喜爱与人争辩、喜爱固执己见、喜爱强词夺理。在一般性的交谈中,应允许各抒己见、言论自由、不作结论,重在集思广益、活跃气氛、取长补短。若以"杠头"自诩,自以为一贯正确,无理辩三分,得理不让人,非要争个面红耳赤、你死我活,不仅大伤和气,而且有悖交谈主旨。

五是不否定他人。在交谈之中,要善于聆听他人的意见,若对方所述无伤大雅,无关大是大非,一般不宜当面否定。礼仪上有一条重要的原则,叫做"不得纠正"。它的含义是:对交往对象的所作所为,应当求大同、存小异,若其无关宏旨,不触犯法律,不违反道德,没有辱没国格人格,不涉及生命安全,一般没有必要判断其是非曲直,更没有必要当面对其加以否定。在交谈中不去任意否定对方的见解,就是该原则的具体运用。

5.适可而止。与其他形式的社交活动一样,交谈也必定受制于时间。虽然说亲朋好友之间的交谈往往是"酒逢知己千杯少",但是实际上它仍需要见好就收,适可而止。这样不仅可使下次交谈还有话可说,而且还会使每次交谈都令人回味。

普通场合的小规模交谈,以半小时以内结束为宜,最长不要超过一个小时。交谈的时间一久,交谈所包含的信息与情趣难免会被"稀释"。

在交谈中,一个人的每次发言最好不要长于3分钟,至多也不要长于5分钟。

令交谈适可而止,主要有四点好处:第一,它可以为大家节省时间,省得耽误正事;第二,它可以使每名参加者都有机会发言,以示平等;第三,它可以使大家在发言中提炼精华,少讲废话;第四,它还可以使大家对交谈意犹未尽,保持美好的印象。

凡此种种,都充分说明交谈适可而止不仅必要,而且必须付诸行动。

六、演讲

在商务交往中,绝大多数公司员工都经常需要对客户、对同事阐述见解,发表意见。因此,良好的口才是公司员工所应该具备的基本工作能力。

演讲,又叫做演说、讲演,是指当众所进行的一种正式而庄重的讲话,旨在就某一问题阐述个人见解,或论证某一观点、说明某种情况。简而言之,演讲就是当众所进行的正式发言。

正所谓"术业有专攻",与政治家的演讲偏重于宣传鼓动、科学家的演讲侧重于科学论证所不同的是,公司员工通常所进行的演讲则大多数属于礼仪、说明性质。例如欢迎词、欢送词、祝贺词、答谢词、解说词、介绍词等等。它们往往具有常规性、广泛性、应酬性、临时性等特点,故此又称为即席演讲。

进行即席演讲,一般仅需片刻时间,但它却是对演讲者个人综合素质的一种最有效的测试。以下,将从演讲的要求与演讲的类型这两个方面来分别介绍相关的礼仪规范。

(一)演讲的要求

同样都是运用语言进行交流,演讲却与交谈大有不同。交谈的主要特征是:谈话双方需要双向沟通,双向交流;而演讲的主要特征则是:演讲者在演讲时完全可以单向思维、单独表达,而不受外界的任何影响。但是,这并不意味着演讲可以不讲规则、随意表述。实际生活中,健谈者多矣,成功的演说家却并不常见。

从礼仪规范上来讲,演讲的基本要求是精心准备、善始善终、循规蹈矩、即席发挥。

1. **精心准备**。尽管许多演讲都是即席而为,但要令其"出彩",就不能不在平时为之进行一些必要的准备。有道是:"冰冻三尺,非一日之寒。"唯有平日的认真积累,才有演讲的成功。准备演讲,大致上应注意下列几点:

一是积累素材。在日常工作与生活中,要多看、多想、多问、多记,为演讲积累必要的素材。

二是撰写提纲。并非每一次演讲皆应成文,但任何一次出色的演讲却往往少不了事先认真撰写的提纲的帮助。一份要点明确、层次清晰的提纲,是演讲必不可少的提要与骨架。

三是进行演练。如果条件允许,应在准备演讲的过程中进行几次必要的预演。进行预演时,可以请人到场观摩,也可以自我演练。演练的最大好处,是可以提前发现漏洞。

四是精力充沛。进行重要演讲前,应进行充分的休息,以保证自己在演讲时精神焕发,神采奕奕。

五是仪表整洁。演讲前,一定要精心修饰仪表,细心选择服饰。一位服饰得体、仪表整洁的演讲者,是到处都受欢迎的。

2. 善始善终。此处的善始善终,就是指在平时锻炼自己的演讲能力时,公司员工一定要重视演讲的开场与结局。在正式演讲之中,它们被称为"至关重要的上下场"。要做好这一点,应当注意:

一是要精心安排好开场。"万事开头难",一次演讲如果不能拥有出色的开场白,就可能意味着失败。因此,演讲时一定要安排好开场白,以求先声夺人。具体要做到下面几条:

其一,要设法抓住听众。演讲的开端,最忌陈词滥调,平淡无奇,所以在其开始时,即应引起听众的好奇与注意。

其二,要尽快进入状态。开始演讲时,应尽快阐明要点,直奔主题。切勿东拉西扯、不着边际。

其三,要促使听众参与。高明的演讲者,一定要让自己的开场白引发听众的共鸣,从而使听众与自己积极配合、主动呼应。

二是要认真设计好结局。一场优秀的演讲,不仅要有良好的开端,而且忌讳虎头蛇尾的结局。要防止留下一个失败的结局,关键应注意三点:

其一,适可而止。任何演讲,都忌讳耗时过长。一般的演讲,应控制在一刻钟之内,最长也不宜超过一小时。适时结束演讲,是对演讲的基本要求。

其二,留下空间。结束演讲时,不但时间上要限制,而且内容上也忌讳反复铺陈、说来道去。高明的演讲者在演讲结束时往往都要留下一定空间,使听众意犹未尽,回味无穷。

其三,概括要点。为了完成演讲的基本任务,在演讲结束之际,应对其要点进行必要的小结,以便强化听众的印象。

3. 循规蹈矩。在进行任何性质的演讲时,都有一些基本规矩需要演讲者自觉加以遵守。

一是要讲政治。不论在内部演讲还是公开演讲,都要注意其政治导向。绝对不允许演讲内容有悖宪法与法律,或者非议国家、非议民族、非议党或政府。

二是要有思想。任何演讲,都应当力求具有新思想、新观点、新视野。一场没有思想、无的放矢甚至是无病呻吟的演讲,只会给听众留下不好的印象。

三是要选内容。成功的演讲,讲究"以理服人"与"以例服人"。前者指的是演讲要有思想,后者则是要求演讲必须内容充实、材料丰富、旁征博引、言之有物。

四是要重语言。演讲的语言,应当生动、形象、风趣、幽默。为此,可以多举案例、多打比方,但不应庸俗无聊、格调低下。与此同时,演讲者还应控制自己演讲的节奏与声调,力求使之悦耳动听、抑扬顿挫。

五是要看表现。进行演讲时,高明的演讲者往往都善于声情并茂,以适当的表情、神态、语调、动作与演讲的内容相互配合。应当注意的是,演讲时表情、神态、动作过度夸张,与面无表情、神态漠然、动作呆板一样,都是不适当的。

六是要守时间。前面已经说过,在时间上对演讲提出的要求是短而又短,适可而止。即席演讲,尤其需要时间越短越好。进行限时演讲时,千万不要超过规定时间,否则被别人"叫停",会令自己颜面无光。

4.即席发挥。公司员工经常会遇到应邀发表即席演讲的情况。与常规演讲所不同,即席演讲通常没有准备,有时难免令人措手不及。

一般而言,尽管即席演讲讲究的是即兴发挥,但又绝对不允许演讲者无所顾忌,不讲分寸。下列几点,均应引起即席演讲者的充分注意。

一是泰然自若。应邀进行即席演讲时,应当神态自如、大大方方、高高兴兴。这样一来,就会使自己在听众之中赢得出场的高分。如果出现推辞、勉强等积极性不高的情况,甚至手足无措,则颇为不妥。

二是即兴有度。即兴,是即席演讲的主要特征。所谓即兴,一般是指对眼前的景物有所感触,临时发生兴致而抒发感慨。要令自己的即兴感触与听众产生共鸣,就一定要使演讲内容与现实的场景、气氛彼此协调,深浅适度,庄谐结合。无条件地即兴发挥,是即席演讲之大忌。

三是形象说法。为避免演讲枯燥乏味,演讲者一定要做到使演讲深入浅出,坚持理论联系实际,善于采用现实生活中的生动事例对深奥的理论进行形象的诠释。要是动辄名词术语,要么条条框框,纵使有满腹经纶,也难以为自己的演讲找到听众。

四是借题发挥。即席发表演讲,往往要求演讲者善于借题发挥,善于将演讲的主题与听众身边的人与事相联系。必要时,还可以巧用身边的实物、图表,或是对众所周知的成语、典故借题发挥。

（二）演讲的类型

在商务往来中,公司员工所进行的演讲通常存在着许多具体的类型。依其功能而论,演讲可以分为欢迎性演讲、欢送性演讲、祝贺性演讲、答谢性演讲、解说性演讲、介绍性演讲、总结性演讲、汇报性演讲等等。在礼仪规范上,它们各自都有一些与众不同的具体要求。

1.欢迎性演讲。欢迎性演讲,又称致欢迎词。在商界,每逢来宾光临或者新同事加入,通常都应当适时地致欢迎词。致欢迎词时,重点应放在"欢迎"二字上,并且应当始终热情洋溢。除此之外,还有以下几点注意事项:

一是要看对象。具体对象不同时,欢迎词应在语气上有所区别:对前来公司检查业务的上司,应当谦恭;对初来乍到的客户,应当诚恳;对新近加入的同事,则应当热情。

二是要看内容。在内容方面,欢迎词均应包括自我介绍、欢迎之意的表达、对被欢迎者的建议与希望等等。其中尤其不可缺少致词者对本人及其所在单位的自我介绍。

三是要看态度。在态度上,致词者在致词时必须落落大方,充满自信;面带微笑,热情友善;朴实无华,平易近人。与此同时,还应注意与听众"等距离沟通",以免厚此薄彼。

四是要看场合。致欢迎词,通常宜选择较为正式的地点。经过布置的大礼堂、会议室、接待室以及宴会厅,都是最佳的选择。饭店的大堂、公司的门口等处因人来人往,较为嘈杂,一般不宜在此处致欢迎词。

2. 欢送性演讲。欢送性演讲,又称致欢送词或送别词。每逢同事离职、朋友远去,或者同行、客户告别之际,为了对其表示惜别之意,一般都要致欢送词。

致欢送词,实际上就是郑重其事地施以临别赠言。在正式的欢送会上,一篇恰到好处的欢送词不仅可以表达致词者的情意,而且也可以令被欢送者备觉温馨。

撰写欢送词时,重点应当放在充分地表达致词者的惜别之意以及对交往双方之间友谊的无比珍视上。具体来说,应兼顾以下五点:

一是可以适当地回忆既往与被欢送者共处的美好时光。

二是应当恰到好处地对被欢送者进行高度评价,或是回顾被欢送者在工作上所取得的成果。

三是必须真心实意地向对方表达自己的依依惜别之意。

四是需要向对方致以诚挚的敬意与美好的祝福。

五是应使欢送词富有文采,充满真情实意。

3. 祝贺性演讲。祝贺性演讲,又叫致祝贺词。每当适逢交往对象喜庆之事,或者出席庆祝会、纪念会、嘉奖会以及开业、剪彩、庆典之时,公司员工往往免不了要向对方致祝贺词。祝贺词亦称贺词,其基本要求是:恰如其分地表达祝贺之意。既要力求使之具有新意,可以为受贺者锦上添花,又要避免例行公事式的官样文章或者词不达意。

具体来说,准备祝贺词时,需要兼顾以下四点事项:

一是要以"恭喜"为全篇的中心。在一篇祝贺词的字里行间,自始至终都要充满热烈、喜悦、愉快、感人的气息。一切与此无关之事,千万不要随便提及。

二是要对受贺者进行客观评价。在祝贺词中,要着重肯定受贺者的成绩,赞美对方的优点,称颂对方取得的进步。在扬长的同时,千万不宜揭短。

三是要祝福受贺者再接再厉。在一篇祝贺词里,最后总应充满对受贺者未来的良好祝愿。

四是要力戒无限度地恭维受贺者。致祝贺词时,重在表达真情实感,并且应当充满激情,不过切勿无限度地对受贺者大唱颂歌。

4. 答谢性演讲。答谢性演讲,亦称致答谢词。在商务交往中许多获得荣誉、嘉奖的场合,或者在取得成功、受到祝贺之际,通常都应当适时地致答谢词。

准备答谢词时,必须将其重点置于"感谢"之上。与此同时,亦应对自己做出适当的评价。二者缺一不可,否则就会令一篇答谢词失之于完整。

具体来说,一篇成功的答谢词应注意如下五点:

一是要正视自身成绩。在答谢词中,不妨先客观而全面地回顾一下自己或本单位所取得的进步。这样,答谢词中的有感而发才不会显得突兀,令人莫名其妙。

二是要敢于自我肯定。在回顾自己或本单位的发展、进步时,应当实事求是、大大方方地肯定自己的成绩。这样做的后果,不但说明自己充满自信,而且也表明自己具备一定的实力。

三是要发现不足之处。致答谢词,应坚持一分为二的观点。不但要肯定自身之所长,而且要不忘自身之所短,这样才可能再接再厉、不断进步。

四是要谦虚谨慎。在答谢他人时,切莫自吹自擂、得意忘形。英国人丁尼生说过:"真正的谦虚是最崇高的美德。"这一美德理应为公司员工所具备。

五是要感谢各方。在致答谢词时,对于各界各方给予自己的支持,均应不厌其烦地一一致谢,必须面面俱到,不得丢三落四。

5. 解说性演讲。解说性演讲,亦称致解说词。它指的是应他人的请求,或是为了满足他人的需要,而对某一事物所进行的专门说明或解释。在各种新产品、新技术或新项目的陈列会、推广会、展示会、发布会上,有关的公司员工往往需要致解说词。

致解说词时,一般应当对以下四点加以注意:

一是应当熟悉业务。在准备解说词时,务必对与解说对象相关的业务有尽可能多的了解。这样做,会使自己充满信心地解说相关产品的性能,避免出现被人问倒的尴尬局面。

二是应当强调特征。对某一事物进行解说时,一定要抓住其功能、设计、外观、价位等方面的特征广而告之,这样便会牢牢抓住听众。

三是应当实事求是。解说某一事物时,固然应讲究扬长避短,但同时坚持实事求是则是永恒的原则。借致词之机向听众扩散虚假信息,甚至公然"坑、蒙、诈、骗",则是绝对要不得的。

四是应当有备而至。准备解说词时,应考虑听众届时可能产生的反应以及可能提出的问题,并且提前做好准备。只有这样,才能临阵不慌。

6. 介绍性演讲。介绍性演讲,亦称致介绍词。当来宾参观、宾主见面、新人加入时,往往需要由专人致介绍词,对公司有关人员及公司有关情况进行简单介绍。

就具体内容而言,介绍词与解说词既有共同之处,又有一定差异。二者的共性在于它们都侧重于进行情况说明;二者的差别则是:解说词以新产品、新技术、新服务等"物"为对象,介绍词则以个人或单位等"人"为对象。

平时,介绍性演讲既可以单独进行,又可以作为一个部分与欢迎性演讲、祝贺性演讲等合并进行。当致介绍词单独进行时,下述三点应予注意:

一是详尽具体。不论是介绍个人还是介绍单位,均应尽可能地全面、充实、详尽、具体。总之,介绍得越是详细,才会给听众留下越深刻的印象。

二是突出重点。在撰写介绍词时,应力求突出被介绍者的优点、专长、业绩以及其他与众不同的独特之点。若是平淡无奇,没有特色,便难以抓住听众。

三是诚实自信。进行介绍时,应坚持诚实的原则。在任何情况下,都不应当在介绍词之中弄虚作假、自欺欺人。此外,还应当充满自信。若是自惭形秽、底气不足,往往会直接有损介绍的效果。

7. 总结性演讲。总结性演讲,又叫致总结词。每逢各类会议或各种活动的结尾,都少不了要由负责人致总结词。它的具体内容,既可以是对会议、活动的总结,也可以是对个人或本单位工作的总结。

所谓总结,一般指的是将某一阶段内的工作、学习以及思想上的各种情况进行分析研究,归纳出经验与教训,并作出具有指导作用的结论。由此可见,致总结词时,有三点事项应着重予以注意:

一是全面回顾。进行总结时,有必要认真、全面、系统地对自己个人或单位的基本情况进行回顾。所谓"温故而知新",回顾过去是为了未来有所发展、有所进步。具体回顾时,既要看到成绩,又要承认不足。

二是总结经验。"前事不忘,后事之师。"必须清醒地认识到,进行总结的目的,就是为了获得宝贵的经验。

三是汲取教训。在总结经验的同时,亦应及时地从自己个人或单位过去的失误中汲取教训,防止未来犯同样的错误。

8. 汇报性演讲。汇报性演讲,又叫致汇报词,简称汇报。它通常是指综合材料,向上级或群众报告。每当上级检查、进行述职、考查评估或反映情况时,公司员工向他人进行汇报往往属于例行公事。进行汇报时,主要应注意以下四点:

一是目的明确。进行汇报,必须有其明确而具体的目的。为准备汇报而收集材料时,应有的放矢。

二是有主有次。在汇报中,各类情况与材料均应主次分明、条理清晰、逻辑性强。

三是真实无欺。进行汇报时,应坚持实事求是、一分为二。不能"报喜不报忧",或"报忧不报喜"、弄虚作假、欺上瞒下。

四是准备全面。准备汇报时,应尽量收集各种资讯,以便完善汇报内容,积极应对他人对汇报的质疑以及其他问题。

七、电话

目前,电话是各类公司与外界进行联络与沟通的基本工具之一。在工作岗位中使用电话时,公司员工既要传递信息,维护本公司的利益,同时,还应当恰到好处地运用自己的聪明才智,表现出自己的职业素养与做人的美德。

就礼仪规范而言,打电话时公司员工需要对通话的内容、态度及其表现形式等三大要点加以注意。此三大要点又称"打电话三要素"。打电话时所涉及的具体问题,均与此三要素直接相关。

商务往来中的电话交流,可分为拨打电话、接听电话、代接电话与使用手机等四个方面的问题。在礼仪规范上,这四个具体方面往往又有各自的一些规定。

(一) 拨打电话

拨打电话,一般是指在打电话时自己处于主动的一方,是由自己首先把电话打给别人的行为。此时,拨打电话的一方叫做发话人,而接听电话的一方则称为受话人。当一名公司员工作为发话人拨打电话给别人时,下述十个方面都是需要注意的:

1. 慎选时间。倘若并非紧急事务必须立刻通报,那么打电话最好选择一下具体的时间:一是要主动回避对方精力或许松懈的时间,例如周五下午、周一上午、上班后的头半个小时、下班前的最后几分钟;二是要努力避开影响对方生活或休息的时间,例如假期、午休、凌晨、深夜或就餐时间。打国际长途时,还应事先考虑一下两地的时差。

2. 做好准备。打电话给别人时,公司员工应争取给对方以干脆利索、惜时如金之感。因此,打电话之前,尤其是拨打重要的公务电话之前,一定要有所准备,以免仓促上阵,打电话时现说现想、东拉西扯、反复絮叨。一般来讲,拨打电话前,最好在专用的便笺上——列出诸如电话号码、备用号码、通话要点、强调之处、疑难点等诸多问题,以便通话时有所参考。应强调的是,拨打办公电话时,不宜假公济私、大谈私事。

3. **礼貌待人。**打电话给外单位或外人时,一定要在通话之初便对对方以礼相待。为此,既要首先问候对方,又要随即自报家门。通常,问候语"你好"应作为通话时的开始语,少了这句话就算失礼。接下来,为了让受话人明了自己的身份,即应自报家门。其具体方式有以下七种:一是报出姓名;二是报出单位;三是报出部门;四是报出单位与部门;五是报出单位与姓名;六是报出部门与姓名;七是报出单位、部门与姓名。凡此种种,以最后一种方式最为正式。

4. **条理清晰。**在打电话时,不论通报一般性事务,还是进行重要的商务洽谈,均应不慌不忙,条理清晰。在电话上进行具体陈述时,要注意有主有次、有点有面、有先有后、有因有果。凡事均应一一道来,循序而行,讲究逻辑。唯有如此,才能令受话人完整、准确、及时地理解发话人所要表达的意思。

5. **确认要点。**一般而言,打任何一次电话都有一定的要点。为了保证通话效果,务必注意在电话里对要点加以确认。常用的有效做法有三:一是通话要点宜少忌多,每打一次电话最好只有一个要点;二是通话之时应明确地对要点加以强调;三是通话结束前须再次对要点进行复述,以强化受话人对此的印象。

6. **适可而止。**在通话时,作为发话人,一名训练有素的公司员工理应长话短说,废话不说,更要切忌没话找话,尽量精简通话内容,缩短通话时间。在正常情况下,最好有意识地将每一次普通通话的时间限定在三分钟以内。此项要求,在电话礼仪中被称为"通话三分钟原则",平时打电话时就应自觉遵守。万一情况特殊,通话时间可能较长,须向受话人提前说明,并征得对方同意。

7. **善始善终。**需要结束通话时,发话人应当在下述几个方面表现出应有的礼貌:一是先要询问一下受话人是否还有事需要相告;二是要以"再见"等道别语作为通话的结束语;三是当自己挂断电话时,应双手轻轻放下话筒或轻轻按下通话终止键,切勿突如其来地挂断或用力摔掉,令受话人产生误解。

8. **有错必纠。**有时在通话的过程中,往往会出现一些意想不到的差错。不论是否与己相关,发话人均应有错必纠。一是拨错电话号码时,要即刻向对方道歉,不要一言不发、挂断了事;二是线路发生故障,出现噪音、串线、掉线时,发话人应首先挂断电话,然后再主动拨打一次。电话接通后,发话人还应就此向受话人做出必要的解释。

9. **善待他人。**在电话打通后的第一时间,发话人有可能并未遇到自己要找的对象,而是碰上了其他人士充当受话人。他们可能是电话接线员、办公室工作人员或者受话人的同事、家人等等。当确认对方不是自己要找的人之后,应请求对方帮助,同时问候对方并感谢对方的帮助。

10. 及时反馈。在打电话的整个过程中,通话双方的相互配合十分重要。打电话时,发话人一定要善于观察受话人的反应,并及时予以反馈。例如,在电话接通后,不妨先询问一下受话人"现在打电话是否方便";发现受话人正在接待他人,则不妨改时再打。

(二)接听电话

接听电话,通常指的是自己在打电话中处于被动的一方,通话是接听别人所打来的电话的行为。作为受话人,尽管在通话时未必可以任意操控电话,但却依然需要以礼待人。

根据电话礼仪规范,在接听电话时,受话人务必要对以下十大要点加以重视:

1. 来话必接。在上班时,不论工作再忙再累,都不允许拒绝接听打进来的电话。当有他人在场时,此点尤须注意,不然便可能令别人产生不好的联想。即使当时不宜通话,亦应先接电话,并随之说明原因,然后再告诉对方,请其指定一个时间,由自己到时候把电话打过去。

2. 接听及时。电话礼仪规范不但要求保证有电话必接,而且还要求及时接听。按照常规,接听打进来的电话,应在电话铃声响起三声左右时进行。过早接听,可能使发话人措手不及;接听过迟,则又有可能怠慢发话人。此种规定,在电话礼仪中称做"铃响不过三声原则"。遵守这一原则,被视为是受话人通话时最基本的教养。

3. 认真确认。接听电话之初,受话人应进行规范化的确认:一是要以问候对方来确认有人接听电话;二是以自报单位、部门确认对方没有找错地方;三是要以自报姓名确认对方没有找错对象。进行确认的具体方式,可以比照发话人"自报家门"的做法进行。务必记住,接听电话时进行确认这一程序,任何时候都不可以被省略。

4. 善待错拨。由于种种原因,平时接到别人错拨的电话属于司空见惯之事。碰到此种情况时,不仅不能气恼,而且还应善待对方。通常,应态度和蔼地告知对方打错了电话,然后再帮助对方核对一下错在何处。必要时,还可帮助对方查找其所要拨打的电话的正确号码。

5. 专心致志。接听任何电话,均应全力以赴、聚精会神,不允许在接听电话时心不在焉。例如,在接听电话时,不应当同时仍与别人交谈,或者手头仍在从事别的活动,诸如看电视、看书报、抽烟、喝水等,否则难以确保自己对对方所言之事听得清、记得准。

6. 少用免提。按照惯例,在办公室里接听电话时,不允许使用免提功能。因为那样就等于将发话人所传递的信息公布于众,此种做法其实是极不尊重对方的。即便当无人在场时使用此项功能,亦应提前向发话人通报,并在取得对方认可后再去使用。使用免提时,只顾自己省事,而不考虑发话人的感受,是一种很无礼的做法。

7. 认真兼顾。有时当别人打来电话时,受话人可能还在伏案工作、接待客户或者正在接听另外一个电话。此刻,能否进行兼顾,是很能考验一个人的。忙于工作时,通常不能对外面打进来的电话予以拒绝。正在接待客户或接听另外一个电话时,亦应立刻接听新打进来的电话,但此刻不能厚此薄彼,而应尽快告诉对方自己正在忙于何事,在寒暄之后约定自己过后打电话给对方的时间,然后将其挂断,回过头来再继续处理刚才所做的事情。

8. 反复核实。接听公务电话时,一定要及时对电话里的关键之点予以核实。没有听清楚的地方,一定要问清楚;没有记清楚的地方,亦应请求发话人进行复述。即使不存在类似问题,在通话结束前,最好还是扼要地向发话人复述一下刚才通话的要点。这样做,既可以避免差错,又可以显示自己的态度认真。

9. 终止有方。终止通话时,具体由哪一方首先挂断电话,在礼仪上很有讲究。按照规范,当通话双方具体地位相仿时,通常应由主叫方即发话人挂断电话,被叫方即受话人是不宜首先终止通话的。当通话双方具体地位存在较大差异时,则应由其中地位较高的一方首先挂断电话。例如,与上司通话时,应由上司先挂断电话;与客户通话时,则应由客户先挂断电话。

10. 及时回复。有时,外面打来电话之际,对方所找之人却不在现场。当时的电话由别人代为接听,或是发话人以录音的方式向自己所找之人留下留言。碰上这类情况,被找之人应尽快地回复对方的电话。必要时,还应具体说明自己当时未能在场的原因。

(三)代接电话

在工作时,公司员工经常会代接别人的电话。在代接别人的电话时,除了要遵守接听电话的基本礼仪外,还有下述七条规则必须予以遵守。

1. 表明身份。代替他人接听电话时,首先应当向发话人具体说明本人的身份,千万不要对此不置一词,令对方发生误会。在向发话人表明身份时,关键之点是要告之对方本人的具体职务以及与对方所找之人的关系,以便对方斟酌是否可请自己代劳或由自己代为转达。

2. 区别情况。发话人所找之人不在的情况,可区分为以下三种:一是正在忙于他事,不能立即接听电话;二是不在现场,不过一会儿有可能回来;三是因事外出,一段时间之内不可能返回。代接电话时,接听者应详尽地向发话人说明其所找之人不能接听电话的具体原因,以便对方了解情况。此刻,仅仅说一句"你找的人不在",不仅过于生硬,有时难免还会引起误会。

3. 主动帮助。 在发话人同意的前提下,代接电话者可在力所能及的范围之内为发话人或其所找之人代劳。具体的做法是:在告知发话人其所找之人不能亲自接听电话的原因,并表明本人的身份后,可诚恳地告之对方:"需要的话,我可以帮助你",或者"方便的话,我可以代为传达。"假如对方对此予以拒绝,则不必勉强。

4. 认真记录。 为保证不耽误工作,代替他人接听电话时,接听者最好做好笔录。笔录的基本内容,按惯例应为"五 W 一 H"。所谓"五 W",指的是何人(Who)、何事(What)、何因(Why)、何时(When)、何地(Where);所谓"一 H",则是指如何做(How to do)。进行笔录时应一丝不苟,对上述要点要一一记录清楚,不应遗漏。对一些关键性的内容,诸如数据、金额、人数、姓名、时间等,应认真与对方核实。

5. 不使久候。 倘若发话人所找之人不在现场,但可能就在附近时,征得对方同意后,代接电话者可立刻替对方去找人。不过如果把握不大,或者可能要走较远时,最好先请发话人挂断电话,过一会儿再打过来,或由受话方稍后打过去。千万不要让对方拿着话筒一等再等。在任何情况下,都不应该让对方所等的时间超过两分钟。当对方打长途电话或使用手机时,尤须谨记此点。

6. 及时办理。 代接电话之后,接听电话者应尽量处理自己向发话人承诺的各项事务。需要自己处理的事情,要马上处理;需要自己转达的事情,要及早转达;需要自己代劳的事情,亦须认真办理。一旦在通话时答应了发话人,就不应当言而无信。无故拖延时间,也是大忌。

7. 保守秘密。 自己代接的电话,不论涉及公务还是私事,代接者均有义务保守秘密。除发话人指定的传达对象之外,不应擅自向其他人直接或间接地扩散与此相关的任何信息。不仅不能随意向外人透露通话的具体内容,即使是对方的姓名、单位与电话号码,也不宜四处宣扬、广而告之。

(四)使用手机

当前,俗称手机的移动电话在国内已基本普及。在任何一家公司,员工几乎人人持有手机,并且在工作中广泛使用。使用手机时,既要遵守普通的电话礼仪规范,又要遵守下述几条特殊的礼仪规范。

1. 区分场合。 在工作中,使用手机的场合多有讲究。一般而言,在写字间工作时,应尽量少使用手机,而要多利用座机。在接待客户、向领导汇报工作时,也不宜使用手机。为了防止商业秘密的泄露,在参加重要的会晤、谈判或会议时,不但不宜使用手机,而且最好不要随身携带手机。

2. 防止噪音。 使用手机固然可以为公司员工提供诸多方便,但在方便自己的同时切莫忘记方便他人。必须牢记,在任何公共场合,尤其是在美术馆、音乐厅、影剧院、咖啡屋、图书馆、俱乐部、候机楼等人员较多却又相对要求安静的地方,都应令手机静音,并且不宜当众接听、拨打手机,否则就可能使自己成为惹人讨厌的噪音制造者。

3. 安全第一。 使用手机时,应充分考虑自己与他人的安全问题。按照有关规定,驾驶汽车、乘坐飞机或者置身病房、油库时,禁止使用手机,否则就可能发生重大事故。除此之外,在军事要地、博物馆内以及新产品发布会、新技术研讨会上,为了安全或保密等方面的原因,手机也通常禁用。为了个人信息的安全,私人手机号码通常都是不宜公布于众的。

4. 通报变更。 目前,移动通信技术发展迅速。公司员工在使用手机时,往往在机型、制式、卡号等方面存在多种选择。在现实生活中,人们更换手机号码之事时有发生。为了不使工作受到影响,保持联络的通畅,一旦自己更改了手机号码,应立即向重要的交往对象通报。如果自己拥有两个以上的手机号码,还应向交往对象确认对方联络自己时应以哪个号码为主。不过应当注意,别人出于信任所告知自己的手机号码,是不宜随便对外公开的。

5. 巧用短信。 在手机的多种功能里,有不少人对短信息情有独钟。在商务交往中,往往可以使用短信息与他人进行联络、沟通。但在使用短信息时,有下述五条禁忌:一是忌滥,不应以短信息骚扰别人;二是忌骗,不应利用短信息四处欺诈;三是忌假,不应使他人的手机充斥着自己制造的弄虚作假的短消息;四是忌黄,不应利用短信息宣扬低级趣味;五是忌黑,不应扩散反动、封建、违法、犯罪的短信息。使用智能手机上网,或发布微博、微信时,亦应回避上述禁忌。

6. 遵守法律。 在任何地方、任何国家使用手机,都应自觉地遵守有关法律。凡明文规定禁止使用手机或规定禁用手机某些功能的地方,公司员工都绝对不能贸然犯禁。平时亦应注意:未经正式允许,不应使用手机偷偷进行录音、拍照、摄像、上网或以其他方式向外界传递公司内部信息。利用手机窃取情报,属于违法行为。

7. 不宜借用。 手机纯属私人用品。它不仅本身往往价格昂贵,而且通话费用也相对较高,所以在一般情况下,绝对不应当向别人借用手机。至于向陌生之人借用手机,则更属不当。万不得已借用了他人的手机,一定要少用早还,并且应当事后诚恳地感谢对方。

8.置放到位。 在较为正式的场合,手机不宜乱拿、乱放。不论是直接握在手里,还是将其挂在手腕、胸前、腰间,看起来都不甚美观。方便的话,还是把手机放入公文包或手袋内为宜。有时,如不有碍服装外观,亦可把它放在上衣衣袋之内。

八、题字

题字,在一般意义上指的是,在人际交往中,应他人之邀,或出于某种考虑主动要求,而为对方所亲笔书写一些文字。通常认为,题字是一种与其他人进行交际应酬的高雅而又易行的方式。

从具体形式上说,题字可长可短;可以是古文,也可以是白话;可以是中文,也可以是外文;可以是"古已有之"的诗词、成语、名言、典故,也可以是自行创作,直抒个人的胸襟抱负。总体上,可以将其归结为两类:一类是签名,另一类是赠言。

以下,将分别介绍签名和赠言这两种人际交往中最常见的题字形式的礼仪规范。

(一)签名

在日常生活里,人们经常有机会到处留下本人的"尊姓大名"。签名,就是"人过留名"的主要方式之一。

在一般情况下,签名即指在指定的地方写下本人的姓名。在人际交往中所说的签名,则大多是指应他人之邀,出于留做纪念的目的,而特意为对方写下本人的姓名。

就礼仪规范而言,尽管签名仅是举手之劳,可以一挥而就,但却不能违背约定俗成的习惯。否则,不仅会有损本人的声誉,而且还有可能失敬于人。

签名的礼仪规范,主要分为签名的字体规范与签名的表现规范两个部分。

1.签名的字体。 从字数方面来说,签名的字数通常很少。虽然如此,但却不能对签名不加重视,完完全全地自作主张、自行其是。就拿签名时所用的字体而言,其礼仪规范面面俱到,要求严格,丝毫不允许犯规违禁。

在正常情况下,签名就是认真地写下本人的名字。由此可见,自己所写的本人姓名,亦即签名的全部内容。既然人的姓名往往一成不变,那么,在签名中最能体现个人特征的,便莫过于签名时所用的字体了。因此,要使自己的签名"名副其实"、尽善尽美,就首先要把关注的重点放在签名的字体之上。

要想使自己的签名字体符合社交礼仪的要求,应当在以下五个方面下一些工夫：

一是清楚。签名清晰易辨，是第一位的要求。在书写签名时，必须要采用规范的文字、规范的写法，不要自视不同凡响地信笔乱划，让人感到犹如天书一般难以辨识。

二是完整。书写签名之时，若无特殊考虑，应努力使签名完整无缺，要做到这一条，一是要使名字完整无缺，二是要使名字的笔画完整无缺。无论如何，都不要丢三落四、"缺斤短两"。

三是真实。签名的时候所签的名字，应为本人现用名，或交往对象所熟知的笔名、艺名、字号。千万不要一时兴起，随手签以本人的化名、假名、小名以及对方一无所知的笔名，更不能以他人的姓名"李代桃僵"。

四是美观。古人云："字如其人。"就一个人来说，本人的姓名就是他的个人代表符号。一个人的字写得如何，充分反映了他的个人素质。一个人的姓名写得如何，则更能间接地展示其个人修养。因此，签名的字体要力求美观、工整、大方，并且一丝不苟。一定要将签名作为个人的脸面来看待，切勿自取其辱。

五是个性。一般而言，个人的签名字体可以独具特色，与众不同，具有鲜明的个性化特征。做到了这一点，将有助于增强签名的艺术性。为此，平日不可不练习签名，练习签名时不可不努力使之体现出自己的个人特色。

2. 签名的表现。签名之时，除了应重视字体外，还有其他一系列的具体问题需要慎而又慎，它们主要涉及下述几点：

一是签名的请求。绝大多数签名，均系应邀而为。请求他人为自己签名，首先要看时间、地点、场合是否合适，对方是否方便，同时还要表现自己的耐心，并且要有礼貌地请求，有礼貌地道谢。切勿为了得到签名而死缠硬磨，不顾一切。

他人请求为其签名，对自己无疑是一种尊重。通常，应当尽量满足其要求，不要置之不理，甚至反唇相讥，或敷衍了事。

二是签名的态度。和做其他事情一样，任何一位有教养，并且懂得自爱、敬人的人，在替别人签名时，都应当注意自己的态度，切不可怠慢于人。

替别人签名时，不要大笔一挥了事，显得过分草率。不要把自己的名字签得过大，洋洋自得，但也不宜签得字迹过小。满足他人签名的要求时，要一视同仁，不要挑三拣四，尤其是不搞"同性相斥"，而只热衷于为异性签名。

三是签名的顺序。有的时候会出现多人同时应邀为某一个人签名的情况，这就出现了签名时的具体先后顺序问题。处理这一问题的常规是：尊长优先，也就是说，应当先请长者、上级签名，字迹随后而行。

身份、地位相差不多的人一同为某一个人签名时，彼此相互礼让为佳，切勿争先恐后。

四是签名的位置。为他人进行签名时,必须选择好适宜的签名位置。一般来说,合乎礼仪的常规签名位置有三处:

其一,请求者本人所指定的位置。此种情况最为多见。

其二,适宜签名的空白位置。要是替人所写的签名有碍其他,如有损文字、画面和他人的题字,则大为不妥。

其三,礼让他人的位置。在多人同时于一处签名时,不要所占"地盘"过大,或是不自量力地抢先将本人姓名签于正中或抬头等应请尊长落笔的地方。

五是签名的保存。得到他人签名后,理当妥善地进行保存、收藏。不要动辄展示于人,企图以其抬高个人身价。不要利用他人的签名进行商业性活动,借机为自己营利。不要对他人的签名说三道四,不要将他人的签名乱扔、乱丢、乱放。

(二)赠言

在人际交往中,赠言时常为人们所采用。在题字的具体形式之中,赠言的重要性大大高于签名。在适当之时赠人以言,在升华个人情感、鞭策激励他人等方面所起的作用,往往是其他任何一种礼仪文字所难以代劳的。

赠言,在这里主要是指为了惜别、留念或者相互勉励,而为别人所写下来的一段文字。在一般情况下,它主要适用于私人交往的场合,尤其多见于相互关系较为亲密的亲朋好友之间。

古人尝言:"赠人以言,重于金石珠玉。"要使赠言在人际交往中真正发挥它本应发挥的作用,那么至少有以下四个方面是绝对不可轻视的:

1. 赠言的内容。 赠言的内容是其核心之所在。在确定赠言的具体内容时,务必要因人、因事、因时而异,尤其要着重考虑拟赠对象的性别、年龄、职业、身份、爱好、阅历以及本人与双方之间关系的现状等问题。唯有如此,方能使赠言"有的放矢"。

具体来说,对于赠言的内容,最好思之再三、反复推敲,切莫临阵磨枪、随想随写。一般认为,赠言的内容必须合乎下列三点要求。此外,可以引用他人语句,亦可自行独创。

一是品位高雅。撰写赠言,最忌格调低下,内容低级、庸俗、消沉、颓废,或是又"黑"又"黄"又"脏"。

倘若选择适当的内容,令人耳目一新、别致脱俗,又催人向上、振奋人心,那么不仅会使赠言读起来品位高雅,而且也会起到让人刮目相看题写者的效果。

二是思想健康。用以送人的赠言,在内容上不但要讲艺术性,而且要讲思想性。一则好的赠言,应当充满着真情实感。它既反映着题写者的思想水准,也体现着题写者对受赠者思想状况的个人判断。

举例来讲，以"及时行乐"书赠他人者，自己的思想境界自不待言，在受赠对象一方看来，恐怕也会对其产生"玩世不恭"的不良感受。

三是言之有物。好的赠言，通常都有感而发、真实自然、言之有物。为他人书写赠言时，千万不要无病呻吟、生编滥造。宁肯使之短而又短、耐人寻味，也绝不能把它搞成长篇大论、空洞无物。从某种意义上讲，浓缩赠言的内容，使其宁短勿长，是写出一则好赠言的先决条件之一。

2. 赠言的形式。 从具体形式而言，赠言有多种多样的选择。在为人题写赠言、选择其具体形式时，有三点需要一并加以考虑：一是意欲以其表达什么内容，二者是否协调；二是本人是否擅长此种形式，切勿勉为其难；三是此种形式是否适用，即受赠对象对此是否喜欢、书写时有无具体困难，等等。

在一般情况下，常见的赠言形式有如下五种。在书写赠言时，可从中择善而行。

一是格言式。格言大都历经千锤百炼，言简意赅。只要引用得当，均可给人以有益的启迪。格言式赠言，即直接书以格言，相赠与人。赠人的格言可借用于古人，或略作改造，但不宜完全自造。

二是名句式。名句式赠言，指的是直接利用名人名言，或名著里的名句，作为赠言的内容。选择这一形式，既可以诲人不倦，又可令自己免除好为人师之嫌。

三是诗词式。诗词式赠言，就是引用或撰写诗词，并书以赠人。此种形式的赠言颇有感染力，但并非人人擅长此道。不懂诗词格律的人，千万不要随便赋诗赠人。

四是对偶式。对偶式赠言，又叫对联式赠言。显然，它指的是以对偶句作为赠言的具体形式。它一般对仗工整、朗朗上口、容易记忆，往往很受欢迎。

五是公式式。所谓公式式赠言，即将赠言的具体内容，通过类似于公式的形式出现。这一赠言较为新颖，而且会给人留下十分深刻的印象。

3. 赠言的格式。 从具体内容方面来说，一则书写完整的赠言，通常应包括赠言主体内容、受赠者姓名、赠言缘由、书赠者姓名、书赠时间等部分。

受赠者姓名与赠言缘由叫做赠言的上款，书赠者姓名、书赠时间则被称做赠言的下款。在书写赠言时二者可略去其中之一，亦可同时被省略不写。

不论赠言在书写时具体内容是多是少，它都可被分为横式与竖式两种格式。

一是横式。横式的赠言，即将赠言横写。在具体书写时，通常应在左上方顶格写上受赠者的姓名与赠言缘由，在下一行正中央书写赠言主体，而将书赠者姓名与书赠时间另起一行写在右下方(见图1-22)。

钱凤帆先生毕业志贺

上德若谷

张惟 2013 年 5 月 10 日

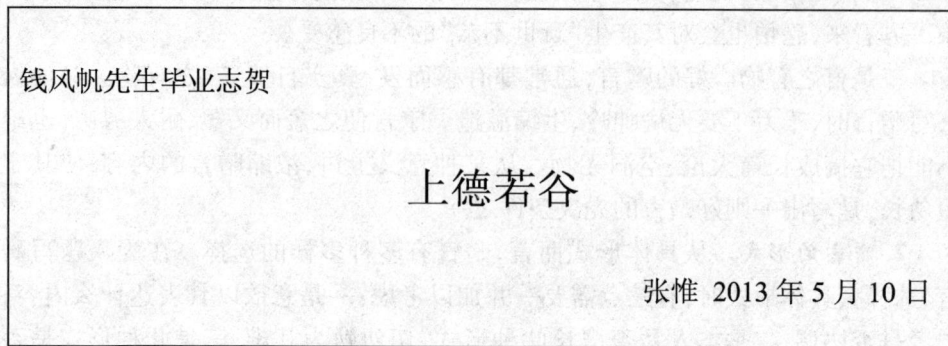

图 1－22　横式赠言一则

在日常交往中,横式赠言最为常用。

二是竖式。竖式的赠言,即将赠言竖写。其具体方法是:先于右上方顶格自上而下书写受赠者姓名、赠言缘由,再自上而下、自右而左地书写赠言主体,最后再将书赠者姓名、书赠时间另起一行自上而下地写于左下方(见图 1－23)。

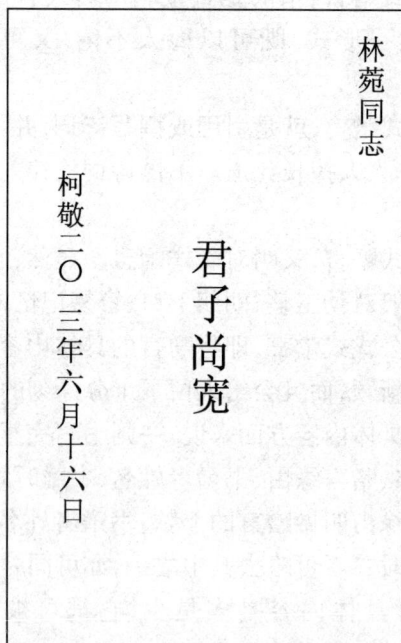

林菀同志

君子尚宽

柯敬二○一三年六月十六日

图 1－23　竖式赠言一则

在民间交往中,尤其是与长者或海外华人打交道时,此种格式较为适用。在采用诗词式、对偶式赠言时,也以采用竖式为佳。

4. **赠言的用具**。书写赠言时,对于使用的工具不可不慎。在力所能及的前提下,应当尽量使自己所用的笔具和纸张合乎常规。

一是笔具。书写赠言时,出于保存字迹的考虑,最好是根据个人的条件,从毛笔、钢笔、签字笔之中选择其一。在正常情况下,最好不要选用铅笔、蜡笔或圆珠笔。此外,还要切记,不要在书写同一条赠言时使用两种不同类型的笔具,或是使用两种不同色泽的墨水。

倘若擅长书法,最好选用毛笔书写赠言。但不擅此道者,切勿勉为其难。

使用钢笔书写赠言时,最好用蓝色或蓝黑色的墨水,不要使用不宜保留的纯蓝墨水,或色泽过分鲜亮的红色、绿色、紫色墨水。

二是纸张。在一般情况下,赠言均被书写于一定规格的纸张之上。用于书写赠言的纸张,应当平净、平整、耐折、吸墨。在肮脏、粗糙、残破的纸张上留言,通常都是不合适的。

在许多时候,赠言亦可写在书籍、影集、日记簿、纪念册、明信片以及照片之上。在受赠者指定要求之处书写,也是可以的。例如,有人就爱请人在手帕、丝绢、书画、服装、帽子上书写赠言。

书写赠言,应充分考虑到纸张面积的大小,切勿涂改,或是出现遗漏,或是超出"规划区"。写错字的情况更要避免出现。

第二章

仪式礼仪

从字义上看,礼仪实际上是礼节与仪式的组合。由此可知,仪式在礼仪之中居于非常重要的位置。

在商务交往中,所谓仪式指的是在一些较为重要、盛大的场合,依据规定的程序,所按部就班地举行的隆重而热烈的活动形式。谈判、签字、开业、剪彩、交接、庆典等等,都是商界常见的仪式。举行适当的仪式,既可以提高公司自身的知名度与美誉度,又可以培养本公司广大员工的集体荣誉感、归属感与自豪感。

仪式礼仪,在此特指公司举行仪式时所须遵守的基本规范。仪式礼仪的基本要求有以下三点:

第一,隆重。仪式的基本特征是隆重,它通常既庄严而又盛大。唯有如此,仪式才名副其实。

第二,适度。仪式的适度,一方面是指仪式不宜多搞,三天两头为此兴师动众,无任何必要;另一方面则是指不宜动辄大搞,而须量力而行。

第三,俭省。举办仪式时,必须始终坚持勤俭节约、"大礼必简"的原则。那些不必要的、浪费人财物的冗杂环节,均可予以删除。

一、谈判

公司员工在商务交往中,或多或少地都有过一些参加商务谈判的经历。甚至对一些公司而言,其在商场上的成败得失,往往就取决于一场场商务谈判的结果。正是在这个意义上,"商界无处不谈判"才成了公司员工的一句格言。

公司员工所进行的谈判,又称商务谈判,是最重要的商务活动之一。所谓谈判,是指在商务交往中,彼此存在着某种关系的有关各方,为了保持接触、建立联系、进行合作、达成交易、拟定协议、签署合同、要求索赔,或是为了处理争端、消除分歧,而坐在一起进行面对面的讨论与协商,以求达成某种程度上的妥协。

按照常规,商务谈判一向被视为一种利益之争,是有关各方为了争取或维护自己的切身利益,所进行的艰苦细致的讨价还价的过程。因此,在谈判中,如欲"克敌制胜",那就不可能不讲究洽谈的谋略。

与此同时,也应当看到,大凡正规、正式的谈判,都是很注重礼仪的。绝大多数正式的商务谈判,本身就是按照一系列约定俗成的礼仪和程序而进行的庄重的会晤。在商务谈判中,正确的态度应当是:既要讲谋略,又要讲礼仪。倘若只讲谋略而不讲礼仪,或是只讲礼仪而不讲谋略,都无助于谈判的成功。

下面,将从公司礼仪的角度来具体讨论一下谈判的有关事项。一般来说,它主要体现在谈判的筹划与谈判的方针等两大方面。它们互为表里、不可分割,共同决定着一次谈判的成功与否。

(一)谈判的筹划

在现实生活中,谈判的具体形式可谓多种多样。不论面对的是何种形式的谈判,都有必要做好充分的准备,以求有备无患。

公司员工在为进行谈判而着手准备时,重点要对技术性准备和礼仪性准备等两个方面的具体问题加以注意。

1.技术性准备。为商务谈判而进行的技术性准备,是要求谈判者们事先充分地掌握有关各方的情况,进行谈判的"谋篇布局",构思、酝酿正确的谈判手法与谈判策略。否则,公司员工在谈判中就完全可能"两眼一抹黑",出现目标不明、方法不当、顾此失彼等问题,最终导致谈判功败垂成。

公司员工在准备商务谈判时,应当谨记以下四项基本原则:

一是客观的原则。所谓客观的原则,即在准备洽谈时,所准备的资料要客观,决策时的态度也要客观。

占有的资料要客观,就是要求谈判者尽可能地取得真实而准确的资料,不要以道听途说或是对方有意散布的虚假情报来作为自己决策时的依据。

决策时的态度要客观,则是要求谈判者在决策时,态度要清醒而冷静,不要为感情所左右,或是意气用事。

二是预审的原则。所谓预审的原则,含义有二:其一,是指准备进行谈判的公司员工,应当对自己的谈判方案预先反复审核、精益求精。其二,则是指准备进行谈判的公司员工,应当将自己提出的谈判方案,预先报请上级主管部门或主管人士审查、批准。

虽说负责谈判的公司员工拥有一定的授权,在某种特殊的情况下可以"先斩后奏",但这并不等于说可以忘乎所以,一意孤行。在谈判之前,对自己的方案进行预审,既可以减少差错,又可以群策群力,集思广益,使方案更臻完美,减少做出不确定性决策的几率。

三是自主的原则。所谓自主的原则,是指公司员工在准备谈判以及在谈判进行之中,要发挥自己的主观能动性,要相信自己,依靠自己,鼓励自己,鞭策自己,在合乎规范与惯例的前提下,力争"以我方为中心"。

坚持自主的原则,主要有两大好处:其一,可以调动有关公司员工的积极性,使其在谈判中有更好的表现。其二,可以争取主动权,或是变被动为主动,在谈判中为自己一方争取到较为有利的位置。

四是兼顾的原则。所谓兼顾的原则,是要求公司员工在准备谈判以及在谈判过程中,在不损害己方根本利益的前提下,应当尽可能地替谈判对手着想,主动为对方保留一定的利益。

有谈判经验的公司员工都清楚,最理想的谈判结局,不应当是"你死我活"、"鱼死网破",而应当是有关各方的利益和要求都得到了一定程度的兼顾,最终达成相互妥协,形成"双赢"或"多赢"的局面。在谈判中为对手留下余地,不搞"赶尽杀绝",不但有助于保持与对手的正常关系,而且还会使商界同仁对自己刮目相看。

在技术上为谈判进行准备的时候,谈判者应当争取做好以下三个方面的工作。

首先,知彼知己。孙子曰:"知己知彼,百战不殆"。在谈判之前,如能对谈判对手有所了解,并就此有所准备,则在谈判中,谈判者就能够扬长避短,避实就虚,从而取得更好的成绩。

对谈判对手的了解,应集中在如下方面:在谈判对手中,谁是真正的决策者或负责人;谈判对手的个人资讯、谈判风格和谈判经历;谈判对手在政治、经济以及人际关系方面的背景情况;谈判对手的谈判方案;谈判对手的主要商业伙伴、对手,以及他们彼此之间相互关系的演化等等。

其次,熟悉程序。谈判桌不比课堂,可以边学边用。虽说谈判的经验需要积累,但是因为许多谈判事关重大,所以它往往不允许人们轻率对待,不允许人们在"知其一,不知其二"的情况下仓促上阵。

从纯理论上来讲,谈判的过程是由以下"七部曲"一环扣一环、一气呵成的。这"七部曲"是指探询、准备、磋商、小结、再磋商、终结以及谈判的重建等七个具体的步骤。在其中的每一个谈判的具体步骤上,都有自己特殊的"起、承、转、合",都有一系列台前与幕后的准备工作要做,并且需要当事人具体问题具体分析,随机应变。因此公司员工在准备谈判时,一定要多下工夫,多做案头的准备工作,尤其是要精心细致地研究谈判的常规程序及其变化,以便在谈判中能够胸有成竹、处变不惊。

最后,掌握策略。公司员工在进行谈判时,总的指导思想是平等、互利,但是这并不排斥努力捍卫或争取己方的利益。事实上,任何一方在谈判中的成功,不仅要凭借实力,更要依靠对谈判策略的灵活运用。

在商务谈判中,对于诸如以弱为强、制造竞争、火上浇油、出奇制胜、利用时限、声东击西等策略,任何行家里手都不会不清楚,但是关键是对这些谈判策略的"活学活用",这一点并非每个人都能做到。比如,在谈判时,应当何时报价,就是一个策略性极强的重要问题。如果想要先入为主、赢得主动权,那么率先出价则是可行的。要是不明就里,指望以逸待劳,后发制人,那么不妨后于对手报价。就此而论,单纯地讲先报价好,还是后报价对,都没有什么意义。只有就事论事,才能分出优劣。

2. 礼仪性准备。谈判的礼仪性准备,是要求谈判者在安排或准备谈判时,应当注重自己的仪表,慎选谈判的场所、安排好谈判的座次,并且以此来显示我方对于谈判的郑重其事以及对于谈判对象的尊重。

在进行谈判准备时,礼仪性准备的效果虽然一时难以显现,但是却必不可少。与技术性准备相比,礼仪性准备同等重要。

一是仪表方面的准备。对己方正式出席谈判的人员在仪表上务必要有严格的要求和统一的规定。男士应当理发、剃须、吹头发,不准蓬头垢面,不准留胡子或留大鬓角。女士应选择端庄、素雅的发型,并且化淡妆,但是不可做过于摩登或超前的发型,不可染彩色头发,不可化艳妆或使用香气过于浓烈的化妆品。

在仪表方面,服装无疑是最值得出席谈判的公司职员重视的。由于谈判事关大局,所以谈判者理应穿着传统、简约、高雅、规范的最正式的服装。

有时,在谈判桌上,常常会见到这样一些人:男的穿夹克衫、牛仔裤、短袖衬衫、T恤衫,配旅游鞋或凉鞋;女的则穿紧身装、透视装、低胸装、露背装、超短装、牛仔装、运动装或休闲装,并浑身上下戴满各种首饰,从耳垂一直"武装"到脚脖子。此种打扮的人,留给他人的印象不仅是不尊重别人、不重视谈判,而且也是不尊重自己。

二是谈判场所的选择。根据商务谈判举行地点的不同,可以将其分为客座谈判、主座谈判、主客座轮流谈判以及第三地点谈判。客座谈判,即在谈判对手所在地进行的谈判;主座谈判,即在己方所在地进行的谈判;主客座轮流谈判,即在谈判双方所在地轮流进行的谈判;第三地点谈判,即在不属于谈判双方任何一方的地点所进行的谈判。

以上四种谈判地点的确定,应通过谈判双方协商而定。倘若己方担任东道主,出面安排谈判,即进行主座谈判,那么一定要在各方面打好礼仪这张"王牌"。人们常说:"礼多人不怪。"其实在谈判中,又何尝不是如此呢! 在谈判的台前幕后,恰如其分地运用礼仪来迎送、款待、照顾对手,都可以赢得信赖,获得理解与尊重,有利于谈判的顺利进行。

三是谈判座次的安排。在谈判中,如果己方身为东道主,那么不仅应当布置好谈判厅的环境,预备好相关的用品,而且还应当特别重视礼仪性很强的座次问题。

在某些小规模谈判或预备性谈判的进行过程中,座次问题可以不必拘泥。在举行正式谈判时,对座次问题则必须重视,因为它既涉及谈判者对规范的尊重,也是谈判者给予对手的礼遇。

举行双边谈判时,应使用长桌或椭圆形桌子,宾主应分坐于桌子两侧。若桌子横放,则面对正门的一方为上座,应属于客方;背对正门的一方为下座,应属于主方。若桌子竖放,则应以进门的方向为准,右侧为上,属于客方;左侧为下,属于主方。

在进行谈判时,各方的主谈人员应在自己一方居中而坐。其余人员则应遵循右高左低的原则,依照职位的高低自近而远地分别在主谈人员的两侧就座。假如需要译员,则应安排其就座于仅次于主谈人员的位置,即主谈人员之右(见图 2-1、图 2-2)。

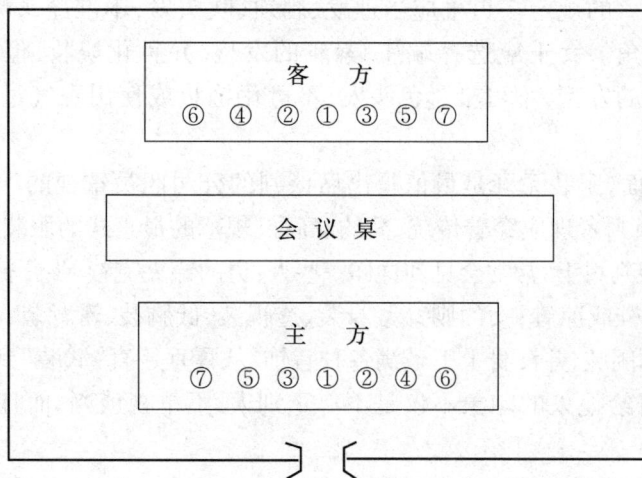

图 2-1　横桌式谈判的座次排列

举行多边谈判时,为了避免失礼,按照国际惯例,一般均以圆桌为谈判桌。这样一来,尊卑的界限就被淡化了。即便如此,在具体就座时,依旧讲究有关各方的与会人员尽量同时入场,同时就座。至少,主方人员也不应在客方人员之前就座。

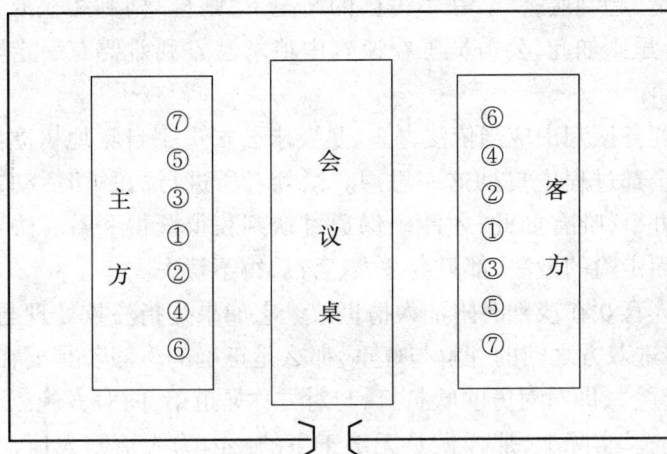

图 2-2 竖桌式谈判的座次排列

（二）谈判的方针

在谈判的过程中，双方人员的态度、心理、方式、手法等等，无不对谈判构成重大的影响。

公司礼仪规定，公司员工在参加谈判时，首先要更新意识，树立正确的指导思想，并且以此来指导自己的谈判表现，这就是所谓谈判的方针。谈判方针的核心，依旧是一如既往地要求谈判者在庄严肃穆、剑拔弩张的谈判桌前，以礼待人，尊重别人，尊重自己。具体来说，它又分为以下六点：

1. 礼敬对手。 礼敬对手，就是要求谈判者在谈判的整个过程中，要排除一切干扰，始终如一地对自己的谈判对手讲究礼貌，时时、处处、事事表现出对对方不失真诚的敬意。

在谈判过程中，不论发生了何种情况，都始终坚持礼敬对手，这无疑能给对方留下良好的印象，而且在今后的进一步商务交往中，还能发挥潜移默化的功效。

调查结果表明，在谈判中，能够面带微笑、态度友好、语言文明礼貌、举止彬彬有礼的人，有助于消除对手的反感、漠视和抵触心理。在谈判桌前，保持"绅士风度"或"淑女风范"，有助于赢得对手的尊重与好感。

与此相反，假如在谈判的过程中，举止粗鲁，态度刁蛮，表情冷漠，语言失礼，不知道尊重和体谅对手，则会大大加强对方的防卫性或攻击性，无形之中伤害或得罪对方，不自觉地为自己增添阻力和障碍。

2. 依法办事。 在商务谈判中，利益是各方关注的核心。对任何一方来说，大家讲究的都是"趋利避害"。在不得已的情况下,则会"两利相权取其大,两害相权取其轻"。虽则如此,公司员工在谈判中追求己方利益要有一定限度,即必须谨记依法办事。

所谓在商务谈判中应当依法办事,是要求公司员工自觉地树立法制意识,并且在谈判的全部过程中贯彻这一思想。谈判者所进行的一切活动,都必须依照国家的法律办事,唯有如此,才能确保通过谈判获得既得利益。法盲作风、侥幸心理甚至铤而走险的做法,都只会害人、害己,得不偿失。

有一些人喜欢在谈判时附加人情世故。它如果是指注重处理与对手的人际关系,争取促进双方之间的理解与尊重,那么是正确的。假若是要在谈判中搞过度的"人情公关",即对对方吹吹打打,与对方称兄道弟,向对方施以小恩小惠,则是非常错误的。实际上,那样做是无济于事的。因为人情归人情,生意归生意,任何有经验的商界人士,都是不会在谈判桌上让情感战胜理智的。在谈判中,过多地附加人情,甚至以此为重点,实在是误入歧途。那样做,其实是不懂谈判规则,也是缺乏法制观念的表现。

3. 平等协商。谈判是什么? 就基本质而言,谈判就是有关各方在合理、合法的情况下进行讨价还价的一种行为。由此可见,谈判实际上是观点各异的各方经过种种努力,从而达成某种程度上的共识或一致的过程。换言之,谈判只会进行于观点各异的有关平等各方之间,所以假如离开了平等协商,难以设想会有成功的谈判。

在谈判中要坚持平等协商,重要的是要注意以下两个方面的问题:一方面,是要求谈判各方在地位上要平等一致,相互尊重。不允许仗势欺人,以大欺小。如果在谈判的一开始,有关各方在地位上便不平等,那么是很难达成让各方心悦诚服的协议的。另一方面,则是要求谈判各方在谈判中要通过相互商量,求得谅解,而不是通过强制、欺骗等手段来达成一致。

4. 求同存异。有位谈判大师曾说过:所谓谈判,就是一连串的不断要求和一个又一个的不断妥协。他的这句话,有助于参加谈判的公司员工深化对谈判本质的理解。

在任何一次正常的谈判中,都没有绝对的胜利者和绝对的失败者。相反,有关各方通过谈判,多多少少都会获得一定的利益,也就是说,大家在某种程度上达成了妥协,彼此都会"山重水复疑无路,柳暗花明又一村"。

有谈判经验的公司员工都清楚,有关各方既然同意坐下来进行谈判,那么在谈判桌前,就绝对不可以一味坚持己方的某一立场,并一意孤行。否则就是作茧自缚,自欺欺人。原因十分简单,在谈判桌上的一切议题,都是大可一谈的。

在谈判中,妥协是通过有关各方的相互让步来实现的。所谓相互让步,意即有关各方均有所退让。但是这种相互让步，并不等于有关各方的对等让步。在谈判桌上所达成的妥协，对当事的有关各方只要公平、合理、自愿，只要尽最大限度维护或争取了各自的利益，就是可以接受的。

5. 互利互惠。 最理想的谈判结局，是有关各方达成了大家都能够接受的一致意见。说到底，就是要使有关各方通过谈判，都能够互利互惠。

在商务交往中，谈判一直被视为一种合作或为合作而进行的准备。因此一场商务谈判最圆满的结局，应当是谈判的所有参与方都能各取所需，都取得了一定的成功，获得了更大的利益。也就是说，商务谈判是讲究"双赢"或"多赢"的。如果把争取以自己的大获全胜和对手的彻底失败来作为谈判的最终结果，则必将危及己方与对方的进一步合作，并且使外界社会上对己方产生"心狠手辣"、"不能容人"的恶劣印象。

现代的商界社会，最讲究的是伙伴、对手之间同舟共济。各个公司之间既要讲竞争，更要讲合作。自己所获得的利益，不应当建立在有害对手或伙伴的基础上，而是应当彼此共赢。对于这种商界的公德，公司员工在谈判中务必遵守。

6. 人事分开。 在谈判中，谈判者在处理己方与对手之间的相互关系时，必须要做到人事分离，各自分别而论。

在谈判时要将对手的人与事分开，是要求公司员工与对方相处时，务必切记朋友归朋友、谈判归谈判的道理，对于二者之间的界限不能混淆。

正确的认识有二：一方面在谈判桌前，大家彼此对既定的目标都志在必得、全力以赴。因此，既不要指望对手中的老朋友能够对自己"手下留情"，或是"里通外国"；也不要责怪对方"见利忘义"、"不够朋友"。在谈判中，应当理解谈判对手的处境，不要对对方提出不切实际的要求，或是一厢情愿地渴望对方向自己施舍或回报。

另一方面，商务谈判并不是一场你死我活的战争，因此公司员工应当就事论事，不要让自己对谈判对手主观上的好恶，来妨碍自己解决现实问题。在谈判时务必牢记：对"事"要严肃，对"人"要友好。对"事"不可以不争，对"人"不可以不敬。

在商界，有一句行话，叫做"君子求财不求气"。它告诫人们：意气用事，在商务交往的任何场合包括谈判在内，都是弊大于利的。

商界同行还流行着另外一句名言，叫做"君子爱财，取之有道"，将其应用于谈判之中，同样也是合情合理的。它告诉商界的人士，要想在商务谈判中尽可能地维护己方的利益，减少己方的损失，就应当在谈判的方针、策略、技巧上下工夫，从而名正言顺地在谈判之中获得成功。要是心思用到了其他方面，甚至指望以见不得阳光的邪门歪道出奇制胜，不是痴心妄想，便是自欺欺人。

二、签约

签约,即合同的签署。在商务交往中,签约被视为一项标志着有关各方的相互关系取得了更大的进展,以及为消除彼此之间的误会或抵触而达成了一致性见解的重大阶段性、标志性成果。因此,它极受商界人士的重视。

在商务交往的实践中,尽管君子协定、口头承诺在一定程度上起着作用,但是更有效的取信于人的做法,则是签订"口说无凭,立字为据"的文字性合同。

商务合同,是指有关各方在进行某种商务合作时,为了确定各自的权利和义务,而正式依法订立的、并且经过公证的、必须遵守的条文。在许多情况下,合同又被叫做合约。而在另外一些时候,人们所说的合约则是指条文比较简单的合同。在商务往来中,带有先决条件的合同,如等待律师审查、有待正式签字、需要落实许可证的合同,被叫做准合同。严格地说,准合同是合同的前身,是最终达成合同的一个步骤。

为了方便,在一般场合,人们往往将合同、合约与准合同统统都叫做合同。

根据仪式礼仪的规定:对签署合同这一类称得上有关各方关系发展史上"里程碑"式的重大事件,应当严格地依照规范来讲究礼仪,应用礼仪。为郑重起见,在具体签署合同之际,往往会依例举行一系列程式化的活动,即所谓签约仪式。在具体操作时,它又分为草拟阶段与签署阶段等两大部分。

(一)草拟阶段

在现实生活中,公司员工所接触到的合同种类繁多。常见的有购销合同、借贷合同、租赁合同、协作合同、加工合同、基建合同、仓保合同、保险合同、货运合同、责任合同等等,这些合同在草拟时均须注意相关的仪式礼仪。以下,先来介绍一下草拟合同的正规做法。

从格式上讲,合同的写作有一定之规。它的首要要求,是目的要明确、内容要具体、用词要标准、数据要精确、项目要完整、书面要整洁。违反了上述各项要求中的任何一点,都有可能会给合作双方带来严重的后果。

从具体的写法上来说,合同大体上有条款式合同与表格式合同等两类。所谓条款式合同,指的是以条款形式出现的合同。所谓表格式合同,则是指以表格形式出现的合同。

一般来说,标的、费用与期限被称做合同内容的三大要素。在任何一项合同中,都应当三者齐备,缺一不可。如果从具体的条款撰写上来讲,则一项合同至少需要具备标的、数量或质量、价款或酬金、履约的期限与地点及其方式、违约责任等五大基本内容。此外,条款式合同与表格式合同在写作上均有各自的具体规范,对于这种规范,商界人士必须自觉地遵照执行。

在草拟合同时,除了在格式内容上要标准、规范之外,同时还必须注意以下四个关键性的问题。

1. 遵守法律。在商务交往中,所有正式合同都具有法律约束力。它一旦订立,任何一方都不可擅自变更或解除。因此,有关人员必须熟悉国家的有关法律与法规,以便充分地运用法律来维护自身的正当权益。

从操作中的实际情况来看,在拟定合同时,必须遵守的有关法律、法规,主要涉及商品生产、技术管理、外汇管制、税收政策以及商检科目等五个具体方面。

在草拟涉外商务合同时,还必须遵循我国法律与相关的国际法。遵循我国法律,是国家主权原则的体现,是为了不损害我国的社会公共利益。遵循国际法,则是为了在对外交往中更好地与国际社会接轨,在国际经济合作中有规可循。

2. 符合惯例。在草拟合同时,必须优先遵守法律、法规,尤其是必须优先遵守我国的法律、法规。遇上有关法律、法规尚未规定的,则可采用公认的国际惯例。

所谓商务交往中的国际惯例,是指那些为国际社会所普遍接受的、约定俗成的常规做法。例如,在商务交往中政治与经济应当分开,不允许借商务往来之便干涉他国的内部事务或是伺机影响他方的内政。

又如,买方在签署合同后,应当按照合同规定的期限,向银行开立信用证。开立信用证,应当填写申请书,当银行同意接受后,将按交易金额收取一定比例的开证费,并根据客户的资信收取一定数额的押金,然后按进口方的要求向出口方开出信用证。若信用证开出后,对方要求某种程度的改动,只有确系开证时有疏漏之处,方可同意修改。反之,则是不宜贸然应允的。

一般而言,国际惯例是维系商务交往正常化的重要基石,所以公司员工在草拟合同时应当以它来协调自己的行动,对此不甚了解而贸然行事,必定会吃大亏。

3. 合乎常识。在草拟合同时,有关公司员工有必要使合同的一切条款合乎常识,不要犯常识性错误。

公司员工在草拟合同时应当具备的常识,是指与其业务有关的专业技术方面的基本知识,它们包括商品知识、金融知识、运输知识、保险知识和商业知识等等。

商品知识,其实是一个整体性的概念,它包括从产品的研发到商品的售后服务等一系列的内容。金融知识,是指与货币的发行、流通、回笼有关的一切知识。在此具体是指货币、汇率、信贷等与商务相关的金融知识。运输知识,包括具体运输方式的选择、运输中商品形态的具体要求、运输的特殊条件以及运输的责任方等等内容,它们与仓储一样,都是必须予以考虑的。保险知识,包括险别的选择以及办理程序等内容,保险对商务交易的意义是显而易见的。商业知识,则是指与商品流通各环节有关的知识,它对合同的草拟也是不可缺少的。

掌握上述各方面的知识,将有助于公司员工在工作中得心应手,并且为交往对象所敬重。在商务交往中,知识是实力的象征,没有知识就等于缺乏实力。

4. 兼顾对手。正式合同的一大特征,是有关各方面必须协商一致。合同一向都是有关各方真实意图的具体体现。如果有一方恃强凌弱,仗势压人,把自己的意志强加对方,强迫他人与自己订立"城下之盟",那么合同即使勉强签署,事后亦会不断地发生纠纷,那样对有关各方都不会有任何好处。

因此,在草拟合同的具体条款时,既要"以我为中心",优先考虑自己的切身利益,又要替对手着想,要顾全对方的脸面,并且力求合作共赢,尽可能照顾对方的利益,这是促使合同为对方所接受的最佳途径。

进行与合同有关的谈判时,在确定具体条款之际,公司员工不仅要讲原则性,也要讲灵活性。在坚持根本利益的前提下,往往有必要灵活地变通,适当地让步,这样双方都会受益。

通常,合同的成立生效,需要履行一定的手续。依照我国的有关法律规定:当事人就合同条款的书面形式达成协议,并且签字,即为合同成立。假如通过信件、电报、传真、电传达成了协议,一方当事人要求签订确认书的,则签订确认书时,方为合同成立。

此种规定,实际上具有双重含义。一方面,我国只承认书面的合同。另一方面,唯有经过有关当事人正式签字,合同才正式成立并生效。由此可见,签字好比胎儿出世时的出生证,是正式合同的一种不能缺少的"批准书"。

(二) 签署阶段

仪式礼仪规定:为了使有关各方重视合同,遵守合同,在签署合同时,应举行郑重其事的签字仪式,即所谓签约。

在商务交往中,人们签署合同之前,通常会竭力做好以下几个步骤的准备工作。

1. 布置签字厅。签字厅有常设专用的,也有临时以会议厅、会客室来代替的。布置签字厅的总体原则是:庄重、整洁、清静。

一间标准的签字厅,应当在室内满铺地毯,除了必要的签字用桌椅外,其他一切的陈设都不需要。正规的签字桌应为长桌,其上最好铺设深绿色的台呢。

按照仪式礼仪的规范,签字桌应当横放于室内。在其后,可摆放适量的座椅。签署双边性合同时,可放置两张座椅,供签字人就座。签署多边性合同时,可以仅放一张座椅,供各方签字人签字时轮流就座;也可以为每位签字人都各自提供一张座椅。签字人在就座时,一般应当面对正门。

在签字桌上,循例应事先安放好待签的合同文本以及签字笔、吸墨器等签字时所用的文具。

与外商签署涉外商务合同时,还需在签字桌上插放有关各方的国旗。插放国旗的位置与顺序,必须按照礼宾序列而行。例如,签署双边性涉外商务合同时,有关各方的国旗须插放在该方签字人座椅的正前方。

2. 安排座次。在正式签署合同时,各方代表对于礼遇均非常在意。因而公司员工对于在签字仪式上最能体现礼遇高低的座次问题,应当认真对待。

签字时各方代表的座次,是由主方代为先期排定的。合乎礼仪的做法是:在签署双边性合同时,应请客方签字人在签字桌右侧就座,主方签字人则应同时就座于签字桌左侧。双方各自的助签人,应分别站立于各自一方签字人的外侧,以便随时对签字人提供帮助。双方其他的随员,可以按照一定的顺序在己方签字人的正对面就座。也可以依照职位的高低,依次自左至右(客方)或是自右至左(主方)地列成一行,站立于己方签字人的身后,如图2-3、图2-4所示。当一行站不完时,可以按照以上顺序并遵照"前高后低"的惯例,排成两行、三行或四行。原则上,双方随员人数应大体上相近。

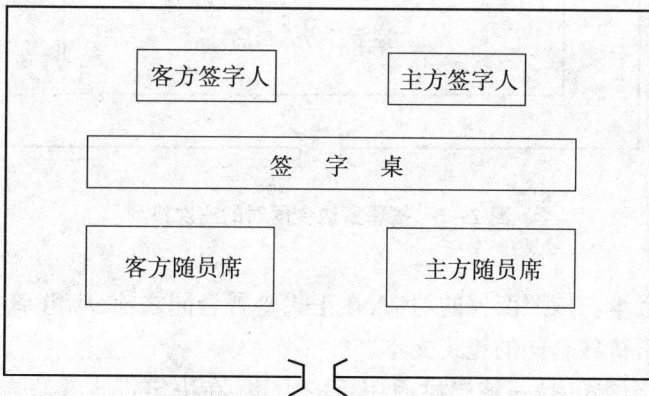

图2-3 签署双边合同时的座次排列之一

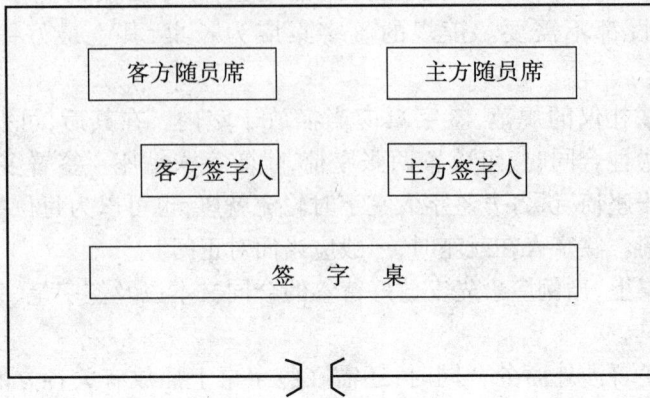

图 2 - 4　签署双边合同时的座次排列之二

　　在签署多边性合同时,一般仅设一个签字椅。各方签字人签字时,须依照有关各方事先同意的先后顺序,依次上前签字。他们的助签人,应随之一同行动。在助签时,依"右高左低"的规矩,助签人应站立于签字人的左侧。与此同时,有关各方的随员,应按照一定的序列,面对签字桌就座或站立,如图2-5所示。

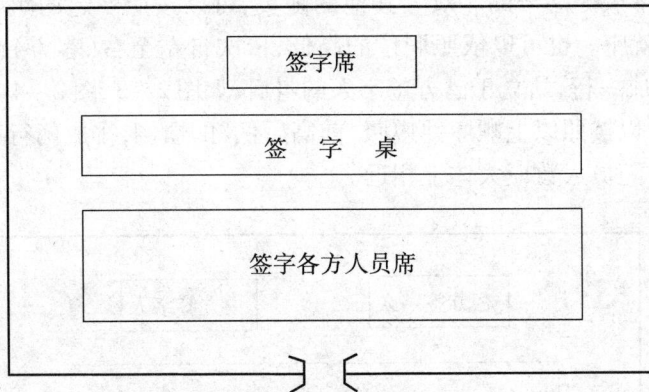

图 2 - 5　签署多边合同时的座次排列

　　3. 预备文本。依照商界的习惯,在正式签署合同之前,应由举办签字仪式的主方负责准备待签合同的正式文本。

　　举行签字仪式,是一桩严肃而庄重的大事,在决定正式签署合同时,就应当拟定合同的最终文本,以避免出现临近签字时有关各方还在为某些细节而纠缠不休的情况。最终签署的文本,应当是正式的、不再进行任何更改的标准文本。

负责为签字仪式提供待签合同文本的主方,应会同有关各方一道指定专人负责合同的定稿、校对、印刷与装订。按常规,应当为在合同上正式签字的有关各方,均提供一份待签的合同文本。必要时,还可以再向各方提供一份副本。

签署涉外商务合同时,比照国际惯例,待签的合同文本,应同时使用有关各方法定的官方语言,或是使用国际上通行的英文、法文。此外,亦可同时并用有关各方法定的官方语言与英文或法文。使用外文撰写合同时,应反复推敲,字斟句酌,切忌望文生义,乱用词汇。

待签的合同文本,应以精美的白纸印制而成,按大八开的规格装订成册,并以高档质料如真皮、金属、软木等作为其封面。

4. 规范服饰。按照规定,签字人、助签人以及随员,在出席签字仪式时,应当穿着具有礼服性质的深色西装套装、套裙或中山装套装,并且配以白色衬衫与深色制式皮鞋。男士还必须系上单色领带,以示正规。

在签字仪式上露面的礼仪人员、接待人员,可以穿自己的工作制服,或是旗袍一类的礼仪性服装。

5. 制定程序。签字仪式是签署合同的高潮,它的时间不长,但程序规范,气氛庄重而热烈。签字仪式的正式程序一共分为以下四项,它们分别是:

一是签字仪式正式开始。有关各方人员进入签字厅,在既定的位次上各就各位。

二是签字人正式签署合同文本。通常的做法,是首先签署己方保存的合同文本,然后接着签署他方保存的合同文本。

仪式礼仪规定:每位签字人在由己方保留的合同文本上签字时,按惯例应当名列首位。因此,每位签字人均应首先签署己方保存的合同文本,然后再交由他方签字人签字。这一做法,在礼仪上称为"轮换制"。轮换制的含义,是指在位次排列上,应轮流使有关各方均有机会居于首位一次,以显示各方平等。

三是签字人正式交换已经有关各方正式签署的合同文本。此时,各方签字人应热烈握手,互致祝贺,并相互交换各自一方刚才使用过的签字笔,以志纪念。全场人员应鼓掌,表示祝贺。

四是共饮香槟酒,互相道贺。交换已签的合同文本后,有关人员,尤其是签字人当场饮一杯香槟酒,是国际上通行的用以增添喜庆色彩的做法。

在一般情况下,商务合同在正式签署后,应提交有关方面进行公证,此后才正式生效。

应该说明的是:签字仪式不一定非搞不可,尽管它可以制造声势,扩大影响。但即便不举行签字仪式,有关各方对于签字本身也是必须郑重对待的,切切不可草率行事。

三、开业

在商界,任何一个单位的创建、开业,或是本单位所经营的某个项目、工程的完工、落成,都是一项可喜可贺的成就,例如公司建立、商场开张、分店开业、写字楼落成、新桥通车、新船下水,等等。按照惯例,在这种情况之下,有关的公司都要为此而专门举办一次开业仪式。

开业仪式,是指在单位创建、开业,项目完工、落成,某一建筑物正式启用,或是某项工程正式开工之际,为了表示庆贺或纪念,而按照一定的程序隆重举行的专门的仪式。有时,开业仪式亦称开业典礼。

开业仪式一直颇受公司的重视,倒不是公司要为自己讨上一个吉利,而是因为通过这么一个仪式,对于公司自身事业的发展裨益良多。一般认为,举行开业仪式,至少可以起到下述五个方面的作用。第一,它有助于塑造出本公司的良好形象,提高本公司的知名度与美誉度。第二,它有助于扩大本公司的社会影响,吸引社会各界的重视与关心。第三,它有助于将本公司的建立或成就"广而告之",借以为本公司招徕顾客。第四,它有助于让支持过本公司的社会各界与本公司一同分享成功的喜悦,进而为日后的进一步合作奠定良好的基础。第五,它有助于增强本公司全体人员的自豪感与责任心,从而为本公司或者某一项目创造出一个良好的开端,或是开创一个新的起点。

开业礼仪,一般指的是在开业仪式筹备与运作的具体过程中所应当遵从的礼仪惯例。通常,它包括两项基本内容:其一,开业仪式的筹备;其二,开业仪式的运作。

(一)开业的筹备

尽管开业仪式进行的时间极其短暂,但要营造出现场的热烈气氛,并取得良好的效果,却绝非一桩易事。由于开业仪式牵涉面甚广,影响面巨大,所以要对其进行认真的筹备。筹备工作认真、充分与否,往往决定着一次开业仪式能否真正取得成功。对于这一点,主办单位务必给予高度重视。

筹备开业仪式,首先在指导思想上要遵循"热烈"、"节俭"与"缜密"等三原则。

其一,"热烈"。所谓"热烈",是指主办单位要想方设法在开业仪式的进行过程中营造出一种欢快、喜庆、隆重而令人激动的氛围,而不应使其过于沉闷、乏味。有人曾说过:开业仪式理应删繁就简,但却不可以缺少热烈与隆重。与其平平淡淡、草草了事,或者偃旗息鼓、灰溜溜地走一个过场,反倒不如索性将其略去不搞。

其二,"节俭"。所谓"节俭",是要求主办单位勤俭持家,在举办开业仪式以及为其进行筹备工作的整个过程中,在经费的支出上要量力而行,节制、俭省。反对铺张浪费,暴殄天物。该花的钱要花,不该花的钱绝不要花。

其三,"缜密"。所谓"缜密",则是指主办单位在筹备开业仪式时,既要遵守礼仪惯例,又要具体情况具体分析,认真策划,注重细节,分工负责,一丝不苟。力求周密、细致,严防百密一疏,临场出错。

具体而论,筹备开业仪式时,对于舆论宣传、来宾邀请、场地布置、接待服务、礼品馈赠、程序拟定等六个方面的工作,尤其需要事先认真做好安排。

1. 舆论宣传。既然举办开业仪式的主旨在于塑造公司的良好形象,那么就要对其进行必要的舆论宣传,以吸引社会各界的注意,争取社会公众对本公司的认可或接受。为此要做的常规工作有:一是选择有效的大众传播媒介,对其进行集中性的广告宣传。宣传的内容包括:开业仪式举行的日期、开业仪式举行的地点、开业之际对顾客的优惠、开业单位的经营特色等等。二是邀请有关大众传媒人士在开业仪式举行之时到场进行采访、报道,以便对本公司进行进一步的正面宣传。

2. 来宾邀请。开业仪式的影响大小,往往取决于来宾的身份高低与其数量的多少。在力所能及的条件下,要力争多邀请一些来宾参加开业仪式。地方领导、上级主管部门与地方职能管理部门的领导,合作单位与同行业单位的领导,社会团体的负责人,社会贤达,媒体人员,都是邀请时应予优先考虑的重点。为慎重起见,用以邀请来宾的请柬应认真书写,并装入精美的信封,由专人提前送达对方手中,以便对方早做安排。

3. 场地布置。开业仪式多在开业现场举行,其场地可以是正门之外的广场,也可以是正门之内的大厅。按惯例,举行开业仪式时宾主一律站立,故一般不布置主席台或摆放座椅。为了隆重与敬客的目的,可在来宾尤其是贵宾站立之处铺设红色地毯,并在场地四周悬挂横幅、标语、气球、彩带、宫灯等衬托之物。此外,还应当在醒目之处摆放来宾赠送的花篮、牌匾。来宾的签到簿、本公司的宣传材料、待客的饮料等等,亦须提前备好。对于音响、摄录、照明设备,以及开业仪式举行时所需使用的用具、设备,必须事先认真进行检查、调试,以防其在使用时出现差错。

4. 接待服务。在举行开业仪式的现场,一定要有专人负责来宾的接待服务工作。除了教育本公司的全体员工在来宾面前要以主人翁的身份热情待客、有求必应、主动相助之外,更重要的是要分工负责,各尽其职。在接待贵宾时,需由本公司主要负责人亲自出面。对于其他来宾,可由本公司的礼仪小姐或其他工作人员负责接待。若来宾较多时,须为来宾准备好专用停车场、休息室,并应为其安排好饮食。

5. 礼品馈赠。 举行开业仪式时赠予来宾的礼品,一般均出于宣传或纪念的目的。若能选择得当,必定会产生良好的效果。根据常规,向来宾赠送的礼品,应具有如下三大特征:一是宣传性。可选用本公司的产品,也可在礼品外包装上印有本公司的企业标志、广告用语、产品图案、开业日期等等。二是荣誉性。要使礼品具有一定的纪念意义,拥有者对其珍惜、重视,并为之感到光荣和自豪。三是独特性。礼品应当与众不同,具有本公司的鲜明特色,使人能够对其留下深刻印象。

6. 程序拟定。 从总体上来看,开业仪式大都由开场、过程、结局等三大基本程序所构成。开场,包括奏乐、邀请来宾就位、宣布仪式正式开始并介绍主要来宾。过程,是开业仪式的核心内容,它通常包括本公司负责人讲话、来宾代表致词、启动某项开业标志等等。结局,则包括开业仪式结束后,宾主一道进行现场参观、联欢、座谈等等,它是开业仪式必不可少的尾声。为使开业仪式顺利进行,在筹备时,必须认真草拟具体的程序,并选定称职的仪式主持人。

(二)开业的运作

从仪式礼仪的角度来看,开业仪式其实只不过是一个统称。在不同的适用场合,它往往有其他一些名称,例如开幕仪式、开工仪式、奠基仪式、破土仪式、竣工仪式、下水仪式、通车仪式、通航仪式等等。它们的共性,都是要以热烈而隆重的仪式,来为本公司的发展创造一个良好的开端。它们的个性,则表现在仪式的具体运作上存在着不少的差异,需要有所区别。

以下,将从仪式运作方面来简介一下各种常见的开业仪式的主要特征,以供公司员工在工作实践中有所参照。

1. 开幕仪式。 在名目众多的开业仪式之中,公司员工平日接触最多的,大约要首推开幕仪式了。正是出于这种原因,在不少人的印象中,开业仪式与开幕仪式往往是被划等号的。

严格地讲,开幕仪式仅仅是开业仪式的具体形式之一。通常它是指公司、企业、宾馆、商店、银行正式启用之前,或是各类商品的展示会、博览会、订货会正式开始之前所举行的相关仪式。开幕仪式举行之后,公司、企业、宾馆、商店、银行将正式营业,有关商品的展示会、博览会、订货会将正式接待顾客与观众。

依照常规,举行开幕仪式需要较为宽敞的活动空间,所以门前广场、展厅门前、室内大厅等处,均可用做开幕仪式的举行地点。

开幕仪式的主要程序共有六项:

一是仪式宣布开始。全体肃立,介绍来宾。

二是邀请专人揭幕或剪彩。揭幕的具体做法是:揭幕人行至彩幕前恭立,礼仪小姐双手将开启彩幕的彩索递交对方。揭幕人随之目视彩幕,双手拉启彩索,令彩幕展开。全场目视彩幕,鼓掌并奏乐。剪彩仪式将在后面介绍,此处不再重复。

三是在主人亲自引导下,全体到场者依次进入幕门。

四是主人致词答谢。

五是来宾代表发言祝贺。

六是主人陪同来宾进行参观。开始正式接待顾客或观众,对外营业或对外展览宣告开始。

2. 开工仪式。开工仪式,即工厂准备正式开始生产产品、矿山准备正式开采矿石时,所专门举行的庆祝性、纪念性活动。

为了使出席开工仪式的全体人员均能有身临其境的感受,比照惯例,开工仪式大都讲究在生产现场举行。即以工厂的主要生产车间、矿山的主要矿井等处,作为举行开工仪式的场所。

除司仪人员按惯例应着礼仪性服装之外,东道主一方的全体职工均应穿着干净而整洁的工作服出席仪式。

开工仪式的常规程序主要有五项:

一是仪式宣布开始。全体起立,介绍各位来宾,奏乐。

二是在司仪的引导下,本公司的主要负责人陪同来宾行至开工现场肃立。例如,在机器开关或电闸附近立定。

三是正式开工。届时应请本公司职工代表或来宾代表来到机器开关或电闸旁,首先对其躬身施礼,然后再动手启动机器或合上电闸。全体人员此刻应鼓掌志贺,并奏乐。

四是全体职工各就各位,上岗进行操作。

五是在主人的带领下,全体来宾参观生产现场。

3. 奠基仪式。奠基仪式,通常是指在一些重要的建筑物,比如大厦、场馆、亭台、楼阁、园林、纪念碑等等,动工修建之初所正式举行的庆贺性活动。

对于奠基仪式现场的选择与布置,有一些独特的规矩。奠基仪式举行的地点,一般应选择在建筑物的施工现场。而奠基的具体位置,则按常规均应选在建筑物正门的右侧。在一般情况下,用以奠基的奠基石应为一块完整无损、外观精美的长方形石料。在奠基石上,文字通常应当竖写。在其右上款,应刻有建筑物的正式名称。在其正中央,应刻有"奠基"两个大字。在其左下款,则应刻有奠基单位的全称以及举行奠基仪式的具体年月日。奠基石上的字体,大都讲究以楷体字刻写,并且最好是白底金字或黑字。

在奠基石的下方或一侧,还应安放一只密闭完好的铁盒,内装与该建筑物相关的各项资料以及奠基人的姓名。届时,它将同奠基石一道被奠基人等培土掩埋于地下,以志纪念。

通常,在奠基仪式的举行现场应设立彩棚,安放该建筑物的模型或设计图、效果图,并使各种建筑机械就位待命。

奠基仪式的程序大体上共分五项:

一是仪式正式开始,介绍来宾,全体起立。

二是奏国歌。

三是主人对该建筑物的功能以及规划设计进行简要介绍。

四是来宾致词道贺。

五是正式进行奠基。此时,应演奏喜庆乐曲或以具有传统喜庆色彩的锣鼓声烘托气氛。首先由奠基人双手持握系有红绸的新锹为奠基石培土。随后,再由主人与其他嘉宾依次为其培土,直至将其埋没为止。

4.破土仪式。 破土仪式,亦称破土动工。它是指在道路、河道、水库、桥梁、电站、厂房、机场、码头、车站等建设工程正式开工之际,专门为此而举行的动工仪式。

破土仪式举行的地点,大多应当选择在工地的中央或某一侧。举行仪式的现场,务必事先进行认真清扫和装饰,至少要防止出现道路坎坷泥泞,场地飞沙走石或者蚊蝇扑面的状况。

倘若来宾较多,尤其是高龄来宾较多时,最好在现场附近临时搭建一些供休息使用的帐篷或活动房屋,使来宾免受风吹、日晒、雨淋,并能稍事休息。

破土仪式的具体程序共有五项:

一是仪式宣布开始,介绍来宾,全体肃立。

二是奏国歌。

三是主人致词。以介绍和感谢为其发言内容的重点。

四是来宾致词祝贺。

五是正式破土动工。其常规的做法是:首先众人环绕破土之处的四周肃立,并且目视破土者,以示尊重。接下来,破土者须双手执系有红绸的新锹垦土三次,以示良好的开端。最后,全体在场者一道鼓掌,并演奏喜庆音乐,或燃放鞭炮。

一般而言,奠基仪式与破土仪式在具体程序方面大同小异,而其适用范围亦大体相近。故此,这两种仪式不宜同时在一处举行。

5.竣工仪式。 竣工仪式,有时又称落成仪式或建成仪式。它是指本公司所属的某一建筑物或某一项设施建设、安装工作完成之后,或者是某一纪念性、标志性建筑物——纪念碑、纪念塔、纪念堂、纪念像、纪念雕塑等等——建成之后,以及某种意义特别重大的产品生产成功之后,所专门举行的庆贺性活动。

举行竣工仪式的地点,一般应以现场为第一选择。例如新建成的厂区之内、新落成的建筑物之外,以及刚刚建成的纪念碑、纪念塔、纪念堂、纪念像、纪念雕塑的旁边。

应予重视的是,在竣工仪式举行时,全体出席者的表现应与仪式的具体内容相适应。比方说,在庆贺工厂、大厦落成或重要产品生产成功时,应当表现得欢快而喜悦。在庆祝纪念碑、纪念塔、纪念堂、纪念像、纪念雕塑建成时,则须表现得庄严而肃穆。

竣工仪式的基本程序通常有以下七项:

一是仪式宣布开始,介绍来宾,全体起立。

二是奏国歌,并演奏本公司标志性歌曲。

三是本公司负责人发言,以介绍、回顾、感谢为主要内容。

四是进行揭幕或剪彩。

五是全体人员向竣工仪式的"主角"——刚刚竣工或落成的建筑物,郑重其事地恭行注目礼。

六是来宾致词。

七是进行参观。

6.下水仪式。所谓下水仪式,自然是指在新船建成下水之时所专门举行的仪式。准确一些讲,下水仪式乃是造船厂在吨位较大的轮船建造完成、验收完毕、交付使用之际,为其正式下水起航而特意举行的庆祝性活动。

按照国际上目前所通行的做法,下水仪式基本上都在新船码头上举行。届时,应对现场进行一定程度的美化。比如说,在船坞门口与干道两侧,应装饰有彩旗、彩带。在新船所在的码头附近,应设置专供来宾观礼与休息之用的彩棚。

对下水仪式的主角——新船,需要认真进行装饰。一般的讲究,是要在船头上扎上由红绸结成的大红花,并且在新船的两侧船舷上竖起彩旗、系上彩带。

下水仪式的主要程序共有五项:

一是仪式宣布开始,介绍来宾,全体起立,乐队演奏乐曲,或锣鼓齐奏。

二是奏国歌。

三是由主人简介新船的基本状况,例如船名、吨位、马力、长度、高度、吃水、载重、用途、工价等等。

四是由特邀掷瓶人行掷瓶礼,砍断缆绳,新船正式下水。

行掷瓶礼,是下水仪式上独具特色的一个节目。它在国外由来已久,现已传入我国。其目的,是要渲染出喜庆的气氛。行掷瓶礼,就是由身着礼服的特邀嘉宾双手持握一瓶正宗的香槟酒,用力将瓶身向新船的船头投掷,使瓶破之后酒香四溢,酒沫飞溅。在嘉宾掷瓶以后,全体到场者须面向新船行注目礼,并随即热烈鼓掌。此时,还可在现场再度奏乐或演奏锣鼓、施放气球、放飞信鸽,并且在新船上撒彩花、落彩带。

五是来宾代表致词祝贺。

7. 通车仪式。通车仪式,大都是在重要的交通建筑完工并验收合格之后所正式举行的启用仪式。例如,公路、铁路、地铁以及重要的桥梁、隧道等等,在正式交付使用之前,均会举行以示庆祝的通车仪式。有时,通车仪式又叫开通仪式。

举行通车仪式的地点,通常均为公路、铁路、地铁新线路的某一端,新建桥梁的某一头,或者新建隧道的某一侧。

在现场附近以及沿线两旁,应当适量地插上彩旗、挂上彩带。必要时,还应设置彩色牌楼,并悬挂横幅。在通车仪式上被装饰的重点,应当是用以进行"处女航"的汽车、火车或地铁列车。在车头之上,一般应系上红花。在车身两侧,则可酌情插上彩旗,系上彩带,并且悬挂上醒目的大幅宣传性标语。

通车仪式的主要程序一般共有六项:

一是仪式宣布开始,介绍来宾,全体起立。

二是奏国歌。

三是主人致词。其主要内容是,介绍即将通车的新线路、新桥梁或新隧道的基本情况,并向有关方面谨致谢意。

四是来宾代表致词祝贺。

五是正式剪彩。

六是首次正式通行车辆。届时,宾主及群众代表应一起登车而行。有时,往往还须由主人所乘坐的车辆行进在最前方开路。

8. 通航仪式。通航仪式,又称首航仪式。它是指飞机或轮船在正式开通某一新航线之际,所正式举行的庆祝性活动。一般而言,通航仪式除去主要的角色为飞机或轮船之外,在其他方面,尤其是在具体程序的操作上,往往与通车仪式大同小异。因此,在此不再赘述。对通航仪式进行实际操作时,一般均可参照通车仪式的具体做法进行。

四、剪彩

剪彩仪式,严格地讲,指的是商界的有关单位,为了庆贺公司的设立、企业的开工、宾馆的落成、商店的开张、银行的开业、大型建筑物的启用、道路或航线的开通、展销会或博览会的开幕等等，而隆重举行的一项礼仪性程序。因其主要活动内容是约请专人使用剪刀剪断被称之为"彩"的红色缎带，故被人们称为剪彩。

在一般情况下，在各式各样的开业仪式中，剪彩都是一项极其重要的、不可或缺的程序。尽管剪彩往往可以被单独地分离出来，独立成项，但是在更多的时候，它是附属于开业仪式的，这是剪彩仪式的重要特征之一。

剪彩仪式上有诸多的惯例、规则必须遵守，其具体的程序亦有一定的要求。剪彩的礼仪，就是对剪彩一系列的具体做法所进行的基本规范。

具体而言，剪彩一直长盛不衰并且依然被业内人士所看好，主要是基于如下三个方面的原因：第一，剪彩活动比较热闹，既能给主人带来喜悦，又能使人产生吉祥如意之感。第二，剪彩不仅是对主人既往成绩的肯定和庆贺，而且也可以对其进行鞭策与激励，促使其再接再厉，继续进取。第三，可借剪彩活动的良机，向社会各界通报自己的"问世"，以吸引各界人士的关注。正所谓"知名度决定美誉度"。在这三条原因之中，最后一条至关重要。正因为如此，可以说，规模适度的剪彩，其实是一种业务宣传活动，而并非只是铺张浪费，毫无任何收益。在剪彩活动中，量力而行地进行适当的投入，绝对是值得的。

当然，在组织剪彩仪式时，没有必要一味地求新、求异、求轰动，使之脱离了自己的实际能力。勤俭持家，无论何时何地都是公司员工所必须铭记在心的。

从操作的角度来进行探讨，目前所通行的剪彩礼仪主要包括剪彩的准备、剪彩的人员、剪彩的程序、剪彩的做法等四个方面的内容。

（一）剪彩的准备

与举行其他仪式相同，剪彩仪式也有大量的准备工作需要提前做好。其中主要涉及布置场地、环境卫生、灯光与音响的准备、邀请媒体、人员培训等等。在进行这些方面的准备时，必须认真细致，精益求精。

除此之外，尤须对剪彩仪式上所需使用的某些特殊用具，诸如红缎带、新剪刀、白手套、大托盘以及红地毯等等，仔细地进行选择与准备。

1. 红缎带。红缎带，即剪彩仪式之中的"彩"。作为主角，它自然是万众瞩目之物。按照传统做法，它应当由一整匹未曾使用过的红色绸缎在中间结成数朵花团而成。目前，有些公司为了厉行节约，代之以长度为两米左右的细窄的红色缎带，或者以红布条、红线绳、红纸条作为其变通之法，这些做法都是可行的。一般来说，红色缎带上所结的花团，不仅要生动、硕大、醒目，而且其具体数目往往还同现场剪彩者的人数直接相关。循例，红色缎带上所结花团的具体数目有两类模式可依：一是花团的数目较现场剪彩者的人数多一个；二是花团的数目较现场剪彩者的人数少一个。前者可使每位剪彩者总是处于两朵花团之间,尤显正式。后者则不同常规,具有新意。

2. 新剪刀。新剪刀,是专供剪彩者在剪彩仪式上正式剪彩时所使用的。它必须是每位现场剪彩者人手一把,而且必须崭新、锋利而顺手。事先,一定要逐把检查一下将被用以剪彩的剪刀是否已经开刃,好不好用。务必确保剪彩者在正式剪彩时顺利地一举成功,切勿一再补剪。在剪彩仪式结束后,主办方可将每位剪彩者所使用的剪刀经过包装之后,送给对方以资纪念。

3. 白手套。白色薄纱手套,是专门为剪彩者所准备的。在正式的剪彩仪式上,剪彩者剪彩时最好每人戴上一副白色薄纱手套,以示郑重其事。在准备白色薄纱手套时,除了要确保其数量充足之外,还须使之大小适度、崭新平整、洁白无瑕。有时,亦可不准备白色薄纱手套。

4. 大托盘。大托盘,在剪彩仪式上是托在礼仪小姐手中,用做盛放红色缎带、剪刀、白色薄纱手套的。在剪彩仪式上所使用的托盘,最好是崭新洁净的,通常首选银色的不锈钢制品。为了显示正规,可在使用时上铺红色绸布或红色绒布。就其数量而论,在剪彩时,可以一只托盘依次向各位剪彩者提供剪刀与手套,并同时盛放红色缎带;也可以为每一位剪彩者配置一只专为其服务的托盘,同时使红色缎带专由一只托盘盛放。后一种方法显得更加正式一些。

5. 红地毯。红地毯,主要用于铺设在剪彩者正式剪彩时的站立之处。其长度可视剪彩者人数的多少而定,其宽度则不应在一米以下。在剪彩现场铺设红色地毯,主要是为了提升剪彩仪式的档次,营造一种喜庆的气氛。有时,亦不必铺设。

(二)剪彩的人员

剪彩仪式上,剪彩人员无疑是最易引起注意的。因此,必须对剪彩人员认真进行选择,审慎选定,并于事先进行必要的培训。

除主持人之外,剪彩的人员主要是由剪彩者与助剪者所构成的。以下,就分别来简介一下对于二者的主要礼仪性要求。

1. 剪彩者。在剪彩仪式上,担任剪彩是一种很高的荣誉。剪彩仪式档次的高低,往往同剪彩者的身份密切相关。因此,在确定剪彩的人员时,最重要的是要把剪彩者选好。

剪彩者,即在剪彩仪式上手持剪刀剪彩之人。根据惯例,剪彩者可以是一个人,也可以是几个人,但是一般不应多于五人。通常,剪彩者多由上级领导、合作伙伴、社会名流、员工代表或客户代表所担任。

确定剪彩者名单必须是在剪彩仪式正式举行之前,名单一经确定,即应尽早告知对方,使其有所准备。在一般情况下,确定剪彩者,必须尊重对方个人的意见,切勿勉强对方。需要由数人同时担任剪彩者时,应分别告知每位剪彩者届时他将与何人同担此任,这样做是对剪彩者的一种尊重。千万不要"临阵磨枪",在剪彩开始前方才强拉硬拽,临时找人凑数。

必要时,在剪彩仪式举行前,可将剪彩者集中在一起,告知有关的注意事项,并稍事排练。按照常规,剪彩者应着套装、套裙或制服,并将头发梳理整齐。不允许戴帽子或者戴墨镜,也不允许穿着便装。

若剪彩者仅为一人,则其剪彩时居中即可。若剪彩者不止一人,对他们同时上场剪彩时位次的尊卑就必须予以重视。一般的规则是:中间高于两侧,右侧高于左侧,距离中间站立者越远位次便越低,即主剪者应居于中央的位置。需要说明的是,之所以规定剪彩者的位次"右侧高于左侧",主要是因为这是一项国际惯例,理当遵守。其实,若剪彩仪式并无外宾参加时,执行我国"左侧高于右侧"的传统做法亦无不可。

2. 助剪者。助剪者指的是在剪彩者剪彩的一系列过程中从旁为其提供帮助的人员。一般而言,助剪者多由东道主一方的女职员担任。现在,人们对她们的常规称呼是礼仪小姐。

具体而言,在剪彩仪式上服务的礼仪小姐,又可以分为迎宾者、引导者、服务者、拉彩者、捧花者、托盘者。迎宾者的任务,是在活动现场负责迎来送往。引导者的任务,是在进行剪彩时负责带领剪彩者登台或退场。服务者的任务,是为来宾尤其是剪彩者提供饮料,安排休息之处。拉彩者的任务,是在剪彩时展开、拉直红色缎带。捧花者的任务,是在剪彩时手托花团。托盘者的任务,则是为剪彩者提供剪刀、手套等剪彩用品。

在一般情况下,迎宾者与服务者应不止一人。引导者既可以是一个人,也可以为每位剪彩者各配一名。拉彩者通常应为两个人。捧花者的人数则需要视花团的具体数目而定,一般应为一花一人。托盘者可以为一人,亦可为每位剪彩者各配一人。有时,礼仪小姐亦可身兼数职。

礼仪小姐的基本条件是:相貌姣好,身材窈窕,年轻健康,气质高雅,音色甜美,反应敏捷,机智灵活,善于交际。礼仪小姐的最佳装束应为:化淡妆,盘起头发,穿款式、面料、色彩协调的单色旗袍,配肉色连裤丝袜、黑色高跟制式皮鞋。除戒指、耳环或耳钉外,不应佩戴其他任何首饰。有时,礼仪小姐穿深色或单色的套裙亦可。但是,她们的穿着打扮必须尽可能地整齐划一。必要时,可向外单位临时聘请礼仪小姐。

(三)剪彩的程序

在剪彩时,应按剪彩的程序有条不紊地进行。

在正常情况下,剪彩仪式应在行将启用的建筑、工程或者展销会、博览会的现场举行。正门外的广场、正门内的大厅,都是可以优先考虑的。对活动现场,可略作装饰,在剪彩之处悬挂写有剪彩仪式具体名称的大型横幅更是必不可少。

一般来说,剪彩仪式宜紧凑,忌拖沓,耗时越短越好,短则一刻钟即可,长则至多不宜超过半个小时。

按照惯例,剪彩既可以是开业仪式中的一项具体程序,也可以独立出来,由其自身的一系列程序所组成。独立进行的剪彩仪式,通常应包含如下六项基本程序。

1. 来宾就位。在剪彩仪式上,通常只为剪彩者、来宾和本公司的负责人安排坐席。在剪彩仪式开始时,即应敬请大家在已排好顺序的座位上就座。在一般情况下,剪彩者应就座于前排。若其不止一人时,则应使之按照剪彩时的具体顺序就座。

2. 宣布开始。在主持人宣布仪式开始后,乐队应演奏音乐,现场可燃放鞭炮,全体到场者应热烈鼓掌。此后,主持人应向全体到场者介绍到场的重要来宾。

3. 奏唱国歌。奏唱国歌时,须全体起立。必要时,可随即演奏本公司标志性歌曲。

4. 宾主发言。发言者依次应为东道主单位的代表、上级主管部门的代表、地方政府的代表、合作单位的代表等等。发言应言简意赅,每人不超过三分钟,重点分别为介绍、道谢与致贺。

5. 开始剪彩。此刻,全体人员应热烈鼓掌,必要时还可奏乐或燃放鞭炮。在剪彩前,须向全体到场者介绍剪彩者。

6. 进行参观。剪彩之后,主人应陪同来宾参观剪彩项目。仪式至此宣告结束。随后,东道主可向来宾赠送纪念性礼品,并以自助餐款待全体来宾。

(四)剪彩的做法

进行正式剪彩时,剪彩者与助剪者的具体做法必须合乎规范,否则就会使其效果大受影响。

1. 列队登场。当主持人宣布剪彩开始之后,礼仪小姐即应率先登场。在上场时,礼仪小姐应排成一行行进。从两侧同时登台,或是从右侧登台均可。登台之后,拉彩者与捧花者应当站成一行,拉彩者处于两端拉直红色缎带,捧花者各自双手捧一朵花团。托盘者须站立在拉彩者与捧花者身后一米左右之处,并且自成一行。

2. 各就各位。在剪彩者登台时,引导者应在其左前方进行引导,使之各就各位。剪彩者登台时,宜从右侧登场。当剪彩者均已到达既定位置后,托盘者应前行一步,到达前者的右后侧,以便为其递上剪刀、手套。

3. 列成一行。 剪彩者若不止一人,则其登台时亦应列成一行,并且使主剪者行进在前。在主持人向全体到场者介绍剪彩者时,后者应面含微笑向大家欠身或点头致意。剪彩者行至既定位置之后,应向拉彩者、捧花者含笑致意。当托盘者递上剪刀、手套时,亦应以微笑向对方道谢。

4. 协调行动。 在正式剪彩前,剪彩者应首先向拉彩者、捧花者示意,待其有所准备后,集中精力,右手手持剪刀,表情庄重地将红色缎带一刀剪断。若多名剪彩者同时剪彩时,其他剪彩者应注意主剪者的动作,与其保持协调一致,力争大家同时将红色缎带剪断。

5. 鼓掌示意。 按照惯例,剪彩之后,红色花团应准确无误地落入托盘者手中的托盘里,而切勿使之坠地。为此,需要捧花者与托盘者的合作。剪彩者在剪彩成功后,可以右手举起剪刀,面向全体到场者致意。然后放置剪刀、手套于托盘之内,举手鼓掌。接下来,可依次与主人握手道喜,并列队在引导者的引导下退场。退场时,一般宜从右侧下场,引导者应行进于剪彩者左前方。

6. 依次退场。 待剪彩者退场后,其他礼仪小姐方可列队由右侧退场。不论剪彩者还是助剪者在上下场时,都要注意井然有序、步履稳健、神态自然。在剪彩过程中,更是要表现得不卑不亢,落落大方。

五、交接

在商务交往之中,商务伙伴之间合作的成功,是值得有关各方共同庆贺的一桩大事。因为在激烈的竞争环境以及变幻莫测的商界风云中,商务伙伴之间的成功合作来之不易,理应受到有关各方的高度重视。举行热烈而隆重的交接仪式,就是在商务往来中通常用以庆贺商务伙伴彼此之间合作成功的一种常见的活动形式。

交接仪式,在商界一般是指施工单位依照合同将已经建设、安装完成的工程项目或大型设备,例如厂房、商厦、宾馆、办公楼、机场、码头、车站,或飞机、轮船、火车、机械、物资等等,经验收合格后正式移交给使用单位之时所专门举行的庆祝典礼。

举行交接仪式的重要意义在于,它既是商务伙伴对于所进行过的成功合作的庆贺,是对给予过自己关怀、支持、帮助和理解的社会各界的答谢,又是接收单位与施工、安装单位巧妙利用时机,为提高知名度和美誉度而进行的一种公关宣传活动。

交接的礼仪,一般是指在举行交接仪式时所须遵守的有关规范。通常,它具体包括交接仪式的准备、交接仪式的程序、各方的现场表现等三个方面的内容。

（一）仪式的准备

准备交接仪式,主要应关注下列三件事:邀请来宾、布置现场以及准备物品。

1.邀请来宾。 来宾的邀请,一般应由交接仪式的东道主——施工、安装单位负责。在具体拟定来宾名单时,施工、安装单位亦应主动征求自己的合作伙伴——接收单位的意见。接收单位对于施工、安装单位所草拟的名单不宜过于挑剔,但可以酌情提出自己的一些合理建议。

在一般情况下,参加交接仪式的人数越多越好。如果参加者太少,难免会使仪式显得冷清,但是还要从整个仪式的角度考虑,必须兼顾场地条件与接待能力,不要一味贪多。

从原则上来讲,交接仪式的出席人员应当包括:施工、安装单位的有关人员,接收单位的有关人员,上级主管部门的有关人员,当地政府的有关人员,相关行业组织、社会团体的人员,各界知名人士,新闻界人士,以及协作单位的有关人员等。

在上述人员中,除施工、安装单位与接收单位的有关人员之外,对于其他人,均应提前送达或寄达正式的书面邀请,以示对对方的尊重之意。

邀请上级主管部门、当地政府、行业组织的有关人员时,虽不必勉强对方,但却必须心诚意切,努力争取,使对方接受邀请。因为利用举行交接仪式这一良机,使合作双方与上级主管部门、当地政府、行业组织进行多方接触,不仅可以宣传自己的工作成绩,也有助于各方之间进一步地实现相互理解和相互沟通。

若非涉密或暂且不宜公开的情况,在举行交接仪式时,东道主要争取多邀请新闻界的人士参加,并为其尽可能地提供一切便利。对于不邀而至的新闻界人士,亦应认真接待。若需邀请海外的媒体人员参加交接仪式,则必须认真遵守有关的外事规则与外事纪律,事先履行必要的报批手续。

2.布置现场。 举行交接仪式的现场,亦称交接仪式会场。在选择交接仪式会场时,通常应视交接仪式的重要程度、全体出席者的具体人数、交接仪式的具体程序与内容,以及是否要求对其进行保密等几个方面的因素而定。

根据常规,一般可将交接仪式的举行地点安排在已经建设、安装完成并已验收合格的工程项目或大型设备所在地的现场。有时,亦可将其酌情安排在东道主单位本部的会议厅,或者由施工、安装单位与接收单位双方共同认可的其他场所。

将交接仪式安排在业已建设、安装完成并已验收合格的工程项目或大型设备所在地的现场举行,最大的好处是可使全体出席仪式的人员身临其境,获得对被交付使用的工程项目或大型设备直观而形象的了解,掌握较为充分的第一手资料。倘若在交接仪式举行之后须安排来宾进行参观,也更为方便可行。不过,若是在现场举行交接仪式,往往进行准备的工作量较大。此外,由于被交付的工程项目或大型设备归接收单位所有,故东道主事先要征得对方的首肯,仪式进行当中还需取得对方的配合。

将交接仪式安排在东道主单位本部的会议厅举行,可免除大量的接待工作,会场的布置也十分便利。特别是在将被交付的工程项目、大型设备不宜为外人参观,或者暂时不方便外人参观的情况下,以东道主单位本部的会议厅作为举行交接仪式的现场,不失为一种较好的选择。此种选择的主要缺陷是:全体来宾对于将被交付的工程项目或大型设备缺乏身临其境的直观感受。

如果将被交付的工程项目或大型设备的现场条件欠佳,或是因为东道主单位的本部不在当地以及将要出席仪式的人员较多,经施工、安装单位提议,并经接收单位同意后,交接仪式也可在其他场所举行。宾馆的多功能厅、外单位出租的礼堂或大厅等处,都可用来举行交接仪式。在其他场所举行交接仪式,尽管开支较高,但可省去大量的安排、布置工作,而且还可以提升仪式的档次。

3.准备物品。在交接仪式上,有不少需要使用的物品,应由东道主一方提前做好准备。首先,是作为交接象征之物的有关物品。它们主要包括:验收文件、一览表、钥匙等等。验收文件,此处是指已经公证的、由交接双方正式签署的接收证明性文件。一览表,是指交付给接收单位的全部物资、设备或其他物品的名称、数量明细表。钥匙,则是指用来开启被交接的建筑物或机械设备的钥匙。在一般情况下,交接仪式上使用的钥匙仅具有象征意义,故预备一把即可。

除此之外,主办交接仪式的单位,还需为交接仪式的现场准备一些用以烘托喜庆气氛的物品,并应为来宾略备一份薄礼。

在交接仪式的现场,可临时搭建一处主席台,必要时,还可在上面铺设一块红地毯,另外要预备足够数量的桌椅。在主席台上方,应悬挂一条红色巨型横幅,上书交接仪式的具体名称,如"某某工程交接仪式",或"热烈庆祝某某工程正式交付使用"。

在举行交接仪式的现场四周,尤其是在正门入口之处、干道两侧、交接物四周,可酌情悬挂一定数量的彩带、彩旗、彩球,并放置一些色泽艳丽、花朵硕大的盆花,用以美化环境,烘托气氛。但是,它们均宜少而精,并且可以省略。

若来宾所赠送的祝贺性花篮较多,可依照约定俗成的顺序,如"先来后到"、"不排名次"等,将其呈一列摆放在主席台正前方,或是分成两行摆放在现场入口处门外的两侧。在这两处同时摆放也是可以的。不过,若是来宾所赠的花篮甚少,则不必将其公开陈列在外。

在交接仪式上用以赠送给来宾的礼品,应突出其纪念性与宣传性。被交接的工程项目、大型设备的微缩模型,或以其为主角的画册、明信片、纪念章、领带针、钥匙扣等等,皆为上佳之选。

(二)交接的程序

交接仪式的程序,具体指的是交接仪式进行时的各个步骤。不同内容的交接仪式,其具体程序往往各有不同。主办单位在拟定交接仪式的程序时,必须注意两个方面的重要问题:其一,在大的方面必须参照惯例执行,尽量不要标新立异,另搞一套;其二,必须实事求是、量力而行,不要处处贪大求全。从总体上来讲,几乎所有的交接仪式都少不了下述五项基本程序。

1. 宣布开始。此刻,全体与会者应以较长时间的掌声来表达对于东道主的祝贺之意。在此之前,主持人应邀请有关各方人士在主席台上就座,并以适当的方式暗示全体人员保持安静。

2. 演奏歌曲。即奏国歌,并演奏东道主单位的标志性歌曲。此刻全体与会者必须肃立。该项程序有时亦可略去。不过若能安排这一程序,往往会使交接仪式显得更为庄严而隆重。

3. 进行交接。具体的做法,主要是施工、安装单位的代表,将有关工程项目、大型设备的验收文件、一览表或者钥匙等等象征性物品,正式递交给接收单位的代表。此时,双方应面带微笑,双手递交、接收物品。之后,还应热烈握手。至此,标志有关的工程项目或大型设备已经被正式移交给了接收单位。假如条件允许,在该项程序进行的过程中,可在现场演奏或播放节奏欢快的喜庆性歌曲。

在有些情况下,为了进一步营造出一种热烈而隆重的气氛,这一程序亦可由上级主管部门或地方政府的负责人为有关的工程项目、大型设备的启用而剪彩所取代。

4. 各方发言。按惯例,在交接仪式上,须由有关各方的代表进行发言。发言者依次应为:施工、安装单位的代表,接收单位的代表,来宾代表等等。这些发言,一般均是礼节性的,并以喜庆欢快为主要特征。发言通常宜短忌长,只需要点到即可,原则上来讲,每个人的发言应以三分钟为限。

5. 正式结束。宣告仪式结束时,全体与会者应再次较长时间地热烈鼓掌。随后,可安排全体来宾进行参观或观看文艺表演。

按照仪式礼仪的总体要求,交接仪式同其他仪式一样,在时间上应该简短。在正常情况下,每一次交接仪式从头至尾所用的时间,大体上不应当超过一小时。为了做到这一点,就要求交接仪式在具体程序上讲究少而精,一些原本应当列入正式程序的内容,例如进行参观、观看文艺表演等等,均被视为正式仪式结束之后所进行的辅助性活动而另行安排。

如果方便的话,正式仪式一结束,东道主与接收单位即应邀请各方来宾一道参观有关的工程项目或大型设备。东道主一方应为此专门安排好富有经验的陪同、解说人员,使各方来宾通过现场参观,进一步深化对有关的工程项目或大型设备的认识。

若是由于某种原因,不便邀请来宾进行现场参观,则可以通过组织其参观有关的图片展览或向其发放宣传资料的方式,来适当地满足来宾的要求。不论是布置图片展览,还是印制宣传资料,在不泄密的前提条件下,均应尽可能地使之内容翔实,资料充足,图文并茂。通常,它们应当包括有关工程项目或大型设备的建设背景,主要功能,具体规格,基本数据,开工与竣工的日期,施工、安装、设计、接收单位的情况,与国内外同类项目、设备的比较等等内容。

在仪式结束后,若不安排参观活动,还可为来宾安排一场综艺类的文艺表演,以助雅兴。表演者可以是东道主单位的员工,也可以邀请专业人士。表演的主要内容应为轻松、欢快、娱乐性强的节目。

需要说明的是,有关的工程项目或大型设备的交接,自然是与其完工验收相互衔接的。对于交付接收单位验收的工程项目、大型设备,施工、安装单位理当精心设计、精心施工、精心安装、保质保期地完成任务。而接收单位也应当公事公办,严把质量关,切不可为图一己之私利而手下留情,致使后患无穷。由于验收工作极其严肃复杂,而且颇耗时日,所以不应为赶时间、走过场、凑内容,而将其列为交接仪式上的一项正式程序。

也就是说,验收工作与交接仪式由于性质不同,故应有所区别,分别而论。正式的验收工作应当安排在交接仪式之前进行,而交接仪式则必须安排在验收工作全部完成之后举行。因为交接仪式一旦举行之后,有关的工程项目或大型设备即被正式交付给了接收单位。此后它们倘若出现了质量问题,就不如在验收过程之中解决起来那么容易。

（三）各方的表现

在参加交接仪式时,不论是东道主一方还是来宾一方,都存在一个表现是否得体的问题。假如有人在仪式上表现失当,往往会使整个仪式黯然失色。有时,甚至还会因此影响到有关各方的相互关系。

1. 东道主的表现。对东道主一方而言,需要注意的主要问题包括如下内容:

一是仪表整洁。东道主一方参加交接仪式的人员,应当是本单位的"精兵强将"、"有功之臣",他们的形象代表着本单位的形象。为此,必须要求他们妆容规范、服饰得体、举止有方。

二是保持风度。在交接仪式举行期间,不允许东道主一方的人员东游西逛、交头接耳、打打闹闹。在为发言者鼓掌时,不允许厚此薄彼。当来宾向自己道喜时,切勿嚣张放肆、得意忘形。

三是待人友善。不论自己是否专门负责接待、陪同或解说工作,东道主一方的全体人员都应当自觉地树立起主人翁意识。一旦来宾向自己提出问题或需要帮助时,一定要鼎力相助,不允许出现一问三不知、借故推脱、拒绝帮忙,甚至胡言乱语、大说风凉话的情形。即使自己力不能及,也要向对方说明原因,并且及时向有关方面进行反映。

2. 来宾的表现。 对于来宾一方而言,在应邀出席交接仪式时,主要应当重视如下四个方面的问题:

一是致以祝贺。接到正式邀请后,被邀请者即应尽早以单位或个人的名义发出贺电或贺信,向东道主表示热烈祝贺。有时,被邀请者在出席交接仪式时,将贺电或贺信面交东道主,也是可行的。不仅如此,被邀请者在参加仪式时,还须郑重其事地与东道主一方的主要负责人一一握手,并再一次口头道贺。

二是略备贺礼。为表示祝贺之意,可向东道主一方赠送一些贺礼,如花篮、牌匾等等。时下,以赠花篮最为流行。花篮一般需要在花店订制,用各色鲜花插装而成,并且应在其两侧悬挂特制的红色缎带,右书"恭贺某某交接仪式隆重举行,"左书本公司的正式全称。花篮可由花店代为先期送达,亦可由来宾在抵达现场时面交主人。

三是准备贺词。假若自己与东道主关系密切,则还须提前准备一份书面贺词,供被邀请发言时之用。其内容应当简明扼要,主要是要向东道主一方道喜祝贺。

四是准点到场。若无特殊原因,接到邀请后,应务必牢记在心,届时正点抵达,以便为主人捧场。此点至为关键。若不能出席,则应尽早通知东道主,以防在仪式举行时来宾稀少,使主人难堪。

六、庆典

庆典,是各种庆祝仪式的统称。在商务活动中公司员工参加庆祝仪式的机会是很多的,既有可能奉命为本公司组织庆祝仪式,也可能应邀去出席外单位的庆祝活动。

就内容而论,在商界所举行的庆祝仪式大致可以分为四类:第一,本公司成立周年庆典。通常,它都是逢五、逢十进行的,即在本公司成立五周年、十周年以及它们的倍数时进行。第二,本公司荣获某项荣誉的庆典。当公司荣获了某项荣誉称号、公司的"拳头产品"在国内外重大展评中获奖之后,基本上均会举行庆典。第三,本公司取得重大业绩的庆典。例如,较长时期的连续安全生产、生产某种产品的数量突破一定量以及经销某种商品的销售额达到一定数额等等,这些来之不易的成绩,往往都是需要庆祝的。第四,本公司取得显著发展的庆典。当本公司建立集团、确定新的合作伙伴、兼并其他单位、分公司或连锁店不断发展时,自然都值得庆祝一番。

就形式而论,各公司所举行的各类庆祝仪式,都有一个最大的特色,那就是要务实而不务虚。若通过庆典活动能增强本公司全体员工的凝聚力与荣誉感,提升公司的知名度,那么大张旗鼓地举行庆典,多投入一些人力、财力、物力,任何理智、精明的商家都会在所不惜。反之,若是庆典活动对于宣传公司的形象、增强公司员工的凝聚力和自豪感起不到什么作用,那就没有必要好大喜功,非要去庆祝一番不可。

对公司员工来讲,组织庆典与参加庆典时,往往会有多方面的不同要求。庆典的礼仪,即有关庆典的礼仪规范,就是由组织庆典的礼仪与参加庆典的礼仪这两项基本内容所组成的。下面,对其分别予以介绍。

组织筹备一次庆典,如同进行生产和销售一样,首先要制定一个总体的计划。公司员工如果受命完成这一任务,需要记住两大要点:其一,要体现出庆典的特色。其二,要安排好庆典的具体内容。

毋庸多言,庆典既然是庆祝活动的一种形式,那么它就应当以庆祝为中心,把每一项具体活动都尽可能组织得热烈、欢快而隆重。不论是举行庆典的具体场合、庆典进行过程中的某个具体场面,还是全体出席者的情绪、表现,都要体现出红火、热闹、欢愉、喜悦的气氛。唯有如此,庆典的宗旨——塑造公司的形象、显示公司的实力、扩大公司的影响,才能够真正地得以贯彻落实。

庆典所具有的热烈、欢快、隆重的特色,应当在其具体内容的安排上得到全面的体现。

如果站在组织者的角度来考虑,庆典的内容安排,至少需要注意出席者名单的确定、来宾的接待、现场的布置、庆典的程序、东道主规范等五大问题。

(一)确定出席者

组织一次庆典活动,首先应当精心确定好庆典的出席人员名单。确定庆典的出席者不应当使对方勉为其难,也不应当寻找滥竽充数者。确定庆典的出席者名单时,始终应当以庆典的宗旨为指导思想。一般来说,庆典的出席者通常应包括如下人士:

1. 上级领导。 地方党政领导、上级主管部门的领导,大都对单位的发展给予过关心、指导。邀请他们参加,主要是为了表示感谢。

2. 社会名流。 根据公共关系学中"名人效应"的原理,社会各界的名人对于公众最具有吸引力。如果能够请到他们,将有助于更好地提高本公司的知名度。

3. 大众传媒。 在现代社会中,报纸、杂志、电视、广播等大众媒介,被称为仅次于立法、行政、司法三权的社会"第四权力"。邀请他们并主动与他们合作,将有助于他们公正地介绍本公司的成就,进而加深社会对公司的了解和认同。

4. 合作伙伴。 在商务活动中,合作伙伴是与自己休戚与共的。邀请他们来与自己分享成功的喜悦,是完全应该并且绝对必要的。

5. 社区单位。 社区单位是指那些与本公司处于同一区域、对本公司具有种种制约作用的社会实体。例如,公司周围的居民委员会、街道办事处、医院、学校、幼儿园、养老院、商店以及其他单位等等。请这些单位参加公司的庆典活动,会使对方进一步了解公司、尊重公司、支持公司,或是给予公司更多的方便。

6. 公司员工。 员工是公司的主人。公司每一项成就的取得,都离不开他们的兢兢业业和努力奋斗。所以在组织庆典时,绝不容许将他们排斥在外。

以上人员的具体名单一旦确定,就应尽早发出邀请或通知。鉴于庆典的出席人员甚多,牵涉面极广,故不到万不得已,不应将庆典取消、改期或延期。

(二) 来宾的接待

精心安排好来宾的接待工作是非常必要的。与一般商务交往中的来宾的接待相比,对出席庆典仪式的来宾接待工作,更应突出礼仪性。不但应当热情细致地照顾好全体来宾,而且还应当通过接待工作,使来宾感受到主人真挚的尊重与敬意,要想方设法使每位来宾都能心情舒畅。

做好接待工作最好的办法,是庆典一经决定举行即成立对此全权负责的筹备组。筹备组成员,通常应当由各方面的有关人士组成。筹备组应根据具体的需要,下设若干专项小组,在公关、礼宾、财务、会务等各方面"分兵把守",各管一项。其中负责礼宾工作的接待小组,尤其不可缺少。

接待小组成员的具体工作主要有以下几项:其一,来宾的迎送。即在举行庆祝仪式的现场迎接或送别来宾。其二,来宾的引导。即由专人负责为来宾带路,将其送到既定的地点。其三,来宾的陪同。对某些年事已高或非常重要的来宾,应安排专人始终陪同,以便关心与照顾。其四,来宾的招待。即指派专人为来宾送饮料、上点心以及提供其他方面的关照。

凡应邀出席庆典的来宾,绝大多数人对公司都是关心和友好的。因此,当来宾光临时,主人没有任何理由不使他受到热烈而且合乎礼仪的接待,否则会伤害来宾的自尊。

（三）现场的布置

举行庆祝仪式的现场,是庆典活动的中心地点。对它的安排、布置是否恰如其分,往往会直接地关系到庆典留给全体出席者的整体印象的好坏。依据仪式礼仪的有关规范,公司员工在布置举行庆典的现场时,需要通盘考虑的主要问题有:

1. 地点的选择。在选择具体地点时,应结合庆典的规模、影响力以及本公司的实际情况来决定。本公司的礼堂、会议厅、本公司内部或门前的广场,以及外借的大厅等等,均可相机予以选择。不过在室外举行庆典时,切勿因地点选择不慎而制造噪声、妨碍交通或治安,顾此而失彼。

2. 环境的美化。在反对铺张浪费的前提下,应量力而行,着力美化庆典举行现场的环境。为了烘托出热烈、隆重、喜庆的气氛,可在现场张灯结彩,悬挂彩灯、彩带,张贴一些宣传标语,并且张挂标明庆典内容的大型横幅。如果有能力,还可以由本公司员工组成的乐队、锣鼓队届时演奏乐曲或敲锣打鼓,热闹热闹。但是这类活动应当适度,不要热闹过了头,或者“喧宾夺主”。千万不要请少先队员来扮演这类角色,不要使孩子们为这类与他们无关之事而影响了学业。

3. 场地的大小。在选择举行庆祝仪式的现场时,应当牢记场地并非越大越好。从理论上说,现场的大小应与出席者人数的多少成正比。也就是说,场地的大小,应同出席者人数的多少相适应。人多地方小,拥挤不堪,会使人心烦意乱。人少地方大,则会使来宾对公司产生“门前冷落车马稀”的错觉。

4. 音响的准备。在举行庆典之前,务必要把音响设备准备好。尤其是供来宾们讲话时使用的麦克风和传声设备,在关键时刻,绝不允许出现问题,让大家难堪。在庆典举行前后,播放一些喜庆、欢快的乐曲,只要不抢占“主角”的位置,通常是可以的。但是对于播放的乐曲,应先期进行审查。切勿届时让工作人员自由选择,随意播放背离庆典主题的乐曲,甚至是一些凄凉、哀怨,让人心酸和伤心落泪的乐曲,或是不够庄重的诙谐曲和爱情歌曲。

（四）庆典的程序

在进行庆典的准备工作时,应当精心拟定好庆典的具体程序。一次庆典举行的成功与否,与其具体的程序不无关系。仪式礼仪规定,拟定庆典的程序时,有如下两条原则必须坚持:第一,时间宜短不宜长。大体上讲,它应以一个小时为其极限。这既是为了确保其效果良好,也是为了尊重全体出席者,尤其是为了尊重来宾。第二,程序宜少不宜多。程序过多,不仅会加长时间,而且还会分散出席者的注意力,并给人以庆典内容过于凌乱之感。总之,不要使庆典成为内容杂乱的"马拉松"。

依照常规,一次庆典大致上应包括下述几项程序:

1.预备工作。此时,应请来宾就座、安静,介绍嘉宾。

2.宣布庆典开始。此时全体人员应起立,奏国歌,唱本公司标志性歌曲。

3.主人致辞。在仪式上,本公司主要负责人通常要致辞。其内容是,对来宾表示感谢,介绍此次庆典的缘由等等。其重点应是报捷以及庆典的可"庆"之处。

4.嘉宾讲话。大体上讲,出席此次的上级主要领导、协作单位及社区关系单位,均应有代表讲话或致贺词。不过应当提前约定好,不要当众推来推去。对外来的贺电、贺信等等,可不必一一宣读,但对其署名单位或个人应当公布。在进行公布时,可以其"先来后到"为序,或是按照其具体名称的汉字笔画的多少进行排列。

5.文艺演出。这项程序可有可无,如果准备安排,应当慎选内容,注意不要有悖于庆典的主旨。

6.进行参观。如有可能,可安排来宾参观本公司的有关展览或车间等等。当然,此项程序有时亦可省略。

在以上几项程序中,前四项必不可少,后两项可以酌情省略。

参加庆典时,不论是主办单位的人员还是外单位的人员,均应注意自己临场之际的举止表现。其中,主办单位人员的表现尤为重要。

(五)东道主规范

在举行庆典仪式之前,主办单位应当对本公司的全体员工进行必要的礼仪教育。对于本公司出席庆典的人员,须规定好有关的注意事项,并要求大家在临场时务必严格遵守。在这一问题上,公司的负责人,尤其是出面迎送来宾和就座于主席台的人士,只能够"身先士卒",而绝不允许有任何例外。因为在庆祝仪式上,真正令人瞩目的,还是东道主方面的出席人员。假如这些人在庆典中精神风貌不佳,穿着打扮散漫,举止行为失当,很容易为本公司形象进行"反面宣传"。

按照仪式礼仪的规范,作为东道主的公司员工在出席庆典时,应当严格注意以下七个问题:

1.仪容整洁。所有出席本公司庆典的人员,事先都要洗澡、理发,男士还应刮光胡须。无论有什么原因,届时都不允许本公司的人员蓬头垢面、胡子拉碴、浑身汗臭,从而给本公司的形象"抹黑"。

2.服饰规范。有统一式样制服的单位,应要求以制服作为本公司人士的庆典着装。无制服的公司,应规定届时出席庆典的本公司员工必须穿着礼仪性服装。即男士应穿深色的中山装套装或深色西装套装,配白衬衫、素色领带、黑皮鞋;女士应穿深色西装套裙,配长筒肉色丝袜、黑色高跟皮鞋,或者穿深色的套裤,或是穿花色素雅的连衣裙。绝不允许在服饰方面任其自然,自由放任,把一场庄严隆重的庆典,搞得像一场万紫千红的时装或休闲装的"博览会"。倘若有可能,将本公司出席者的服饰统一起来,则是最好的选择。

3. 遵守时间。遵守时间,是基本的公司礼仪之一。对本公司庆典的出席者而言,更不得小看这一问题。上到本公司的最高负责人,下至级别最低的员工,都不允许迟到、无故缺席或中途退场。如果庆典的起止时间已有规定,则应当准时开始,准时结束。要向社会证明本公司言而有信,此其时也。

4. 表情庄重。在庆典举行期间,不允许嬉皮笑脸、嘻嘻哈哈,或是愁眉苦脸、一脸晦气、唉声叹气,否则会使来宾产生很不好的印象。在举行庆典的整个过程中,都要表情庄重,全神贯注,聚精会神。假若庆典之中安排了升国旗、奏国歌、唱"厂歌"的程序,一定要依礼行事:起立,脱帽,立正,面向国旗或主席台行注目礼,并且认认真真、表情庄严肃穆地和大家一起唱国歌、唱"厂歌"。此刻,不许可不起立、不脱帽、东张西望、不唱或乱唱国歌与"厂歌"。在起立或坐下时,把座椅搞得乱响,一边脱帽一边梳头,或是在此期间走动和与人交头接耳,都应被视为严重危害本公司形象的表现。

5. 态度友善。这里所指的,主要是对来宾态度要友好。遇到来宾,要主动热情地问好。对来宾提出的问题,要立即予以友善的答复。不要围观来宾,指点来宾,或是对来宾持有敌意。当来宾在庆典上发表贺词时,或是随后进行参观时,要主动鼓掌表示欢迎或感谢。在鼓掌时,不要对来宾"挑三拣四",不要"欺生"或是"杀熟"。即使个别来宾在庆典中表现得对主人不甚友善,也不应当当场"仗势欺人",或是非要跟对方"讨一个说法"不成。不论来宾在台上台下说了什么话,主方人员都应为保持克制,不要吹口哨、"鼓倒掌"、敲打桌椅、胡乱起哄。不允许打断来宾的讲话,向其提出挑衅性质疑,与其进行辩论,或是对其进行人身攻击。

6. 行为自律。既然参加了本公司的庆典,主方人员就有义务以自己的实际行动,来确保庆典的顺利与成功。要避免因为自己的举止失当,而使来宾对庆典做出不好的评价。在出席庆典时,主方人员在举止行为方面应当注意的问题有:不要"想来就来,想走就走",或是在庆典举行期间到处乱走、乱转;不要与周围的人说"悄悄话"、开玩笑,或是朝自己的"邻居"甚至主席台上的人挤眉弄眼、出怪样子;不要有意无意地做出对庆典毫无兴趣的姿态,例如看报纸、读小说、听音乐、打扑克、做游戏、打瞌睡、织毛衣等等;不要让人觉得自己心不在焉,比方说,寻呼机"一鸣惊人",移动电话打来打去,探头探脑,东张西望,一再看手表,或向别人打听时间。当本公司的会务人员对自己提出批评和要求时,需要"有则改之,无则加勉"。不要产生逆反心理,或是为了显得自己玩世不恭,一时冲动,做出有损于公司形象的事来。

7. 发言简练。倘若公司员工有幸在本公司的庆典中发言,则务必谨记以下四个重要的问题:一是上下场时要沉着冷静。走向讲坛时,应不慌不忙,不要急奔过去,或是慢吞吞地"起驾"。在开口讲话前,应平心静气,不要气喘吁吁、面红耳赤、满脸是汗,急得讲不出话来。二是要讲究礼貌。在发言开始,勿忘说一句"大家好"或"各位好"。在提及感谢对象时,应目视对方。在表示感谢时,应郑重地欠身施礼。对于大家的鼓掌,则应以自己的掌声来回礼。讲话结束时,应当说一声"谢谢大家"。三是发言一定要在规定的时间内结束,而且宁短勿长,不要随意发挥,信口开河。四是应当少做手势。尤其是含义不明的手势,在发言时应坚决不用。

外单位的人员在参加庆典时,应"既来之,则安之",以自己上佳的临场表现,来表达对于主人的敬意与对庆典本身的重视。倘若在此时表现欠佳,是对主人的一大伤害。所以宁肯坚辞不去,也绝不可去而失礼。

外单位的人员参加庆典时,若是以本单位代表的身份而来,而不仅仅只是代表自己个人的话,更是特别要注意自己的临场表现,不可对自己的所作所为有丝毫的自由放任。

第三章

礼宾礼仪

在公司的日常工作中,接待来宾通常居于十分重要的位置。在任何情况下,来宾的接待工作都要求礼仪当先、以礼待客。所谓礼宾,即礼待来宾的简称。对一家公司来讲,它的礼宾工作通常是指在本公司正式接待来自社会各界的客人,尤其是那些远道而来的宾客或者是身份重要的宾客。

一般而言,要想做好公司的礼宾工作,主要需要注意如下三点:

其一,高度重视。礼宾工作,要求全公司从上而下人人对其予以高度重视。唯有上上下下都高度重视礼宾工作,才有可能把它真正做好。

其二,以礼待客。礼宾工作的宗旨是以礼待客。以礼待客的具体要求有三:第一,尊重来宾;第二,照顾来宾;第三,标准划一。

其三,主随客便。礼宾工作从来都讲究一定的规矩,但对其具体进行运作时,务必优先考虑来宾的个人要求,始终不忘主随客便这一原则。

一、迎送

对每一次具体的礼宾活动而言,善始善终十分重要。善始,往往会使来宾对接待方留下良好的第一印象。善终,则有助于每次礼宾工作"功德圆满",令来宾对接待方的美好印象始终保持。

对礼宾接待工作的具体参与者来说,一次礼宾活动要真正做到善始善终,迎送工作进行得好坏至关重要。迎,是指对来宾的迎接。送,则指的是对来宾的送别。二者好比一部音乐作品的"前奏曲"与"结束曲",通常都不可或缺。

从事具体的迎送工作时,礼仪上的主要要求有了解对方、制定计划、陪同引导等三项。

(一)了解对方

不论迎接还是送别来宾,都要求有关人员首先对对方的具体情况有尽可能多的了解。所谓"知彼知己,百战不殆"。一般来看,来宾的来访意图、具体要求、基本概况、行动方案等等,都是做好迎送工作非常有价值的重要资讯。对此一无所知、知之甚少或者一知半解,都有可能直接或间接地有碍迎送工作的顺利开展。

1. 来访意图。凡正式的来访,来宾必定是有备而来、抱有一定的主观意图。对自己的来访意图,有的来宾会告知接待方,有的则会半遮半掩,甚至含而不露、声东击西。

对于来宾来访的意图及其来访目的,接待方应多多了解,掌握得越早越好,了解得越全面、越具体越好。唯有如此,接待方才有可能在迎送对方时采取正确的方案,表现得恰到好处,不卑不亢。

2. 具体要求。来宾与接待方进行有关来访的沟通时,可能会明确来访意图,但来访的具体要求却未必提及。在准备迎送活动时,若有必要,一般应主动征求对方对此的意见。对于对方率先所提出的具体要求,通常应当尽量考虑并努力给予满足。

有些时候,在迎送活动结束后,来宾还有可能对其个别环节持有异议或提出这样那样的意见、建议。此刻,接待方应本着"有则改之,无则加勉"的原则,对对方虚心相向,诚恳相待,并且及时地总结经验,修正错误,改进不足。

3. 基本概况。不论接待来宾,还是具体负责来宾的迎送活动,均应对对方的基本概况了如指掌。做到了这一点,就会使己方的准备工作适应对方,并且尽可能地满足对方的需要。

了解对方的基本概况,大致上包括以下两个方面:一是对方的总体状况。它包括被迎送者的具体人数、性别构成、年龄分布、来访性质以及宾主双方之间的关系如何等等内容。二是对方的主宾简况。在了解来宾总体状况的同时,必须对对方主宾的主要情况进行尽可能多的了解,包括主宾的姓名、性别、年龄、籍贯、民族、家庭、单位、职务、职称,以及性格特点、工作能力、政治信仰、文化程度、业余爱好、社会评价等等。

4. 行动方案。在迎送来宾时,有必要就迎送的行动方案与对方进行必要的沟通。一般情况下,迎送活动应由东道主一方负责组织,来宾可以对是否搞、怎样搞等具体环节性问题提出建议,但决定权通常由东道主所掌握。除此之外,东道主在组织迎送活动时,对来访者的自身行动也要予以重点考虑。

实际上,来宾来去的具体时间、乘用的交通工具、前后的工作安排、特殊的习俗要求等等,均属于其行动方案的关键之点,迎送者不可不察。

(二)制定计划

一次具体的迎送活动要想按部就班、循序渐进、一帆风顺地进行,制定一份详尽而完备的计划通常必不可少,在实践中,计划将发挥十分重要的作用。

为迎送活动而制定专门的计划,主要限于十分正式的接待。这种接待活动规格一般较高,其对象十分重要,宾主双方的关系非常密切。为重要的迎送活动而专门制定的计划,主要包含两大基本内容。

1. 总体要求。制定一份正式的迎送活动计划时,必须要有一系列原则性的总体要求。这些总体要求是迎送计划制定过程中的指导方针,应当在具体的迎送活动中得以贯彻执行。

制定迎送活动计划的总体要求,应当兼顾下列六个要点:

一是区别对待。迎送来宾,自然应以来宾为中心,但是,接待方应酌情考虑所有来宾的基本情况,对来宾切切不可不加任何区分地一概而论。对来宾尤其是主宾的特点,必须一清二楚,并且有意识地区别对待。

二是细致周详。迎送活动尽管时间较短,但却引人注目。因此,对活动的每一处细节,都要认真讨论,反复推敲,慎之又慎,真正做到细致入微。

三是规模适度。在接待来宾时,应始终坚持节俭务实,反对任何形式的铺张浪费。对于可搞可不搞的迎送活动,最好取消;非搞不可的迎送活动,则应当尽量控制其规模,适度节约其开支。

四是有张有弛。迎送计划的制定,应在总体上留有一定的调整余地。既要易于操作,又要便于随机应变,可以应付临时发生的变故。在具体的细节安排上,亦应疏密有致,环环相扣,不给人以疲于奔命或无所事事之感。

五是宾客至上。举行迎送活动,始终应当以来宾为中心,处处体现出接待方对对方的尊重、热情、友善与诚意。

六是切实可行。迎送计划作为迎送活动的具体行动方案,要具有一定的可操作性,并注意量力而行,与具体情况相适应。

2. 具体内容。一般来看,每一份正式制定的迎送计划,都应当包括一些不可缺少的具体内容。它们实际上涉及迎送活动的每一项具体程序,并且决定着一次迎送活动的规模与成败。

迎送计划中必须包括的具体内容,大致涉及人员、人数、场地、时间、设备、保卫、报道等几项。

一是人员。制定迎送计划时,接待方到达现场的具体人员应当首先确定。要确保接待方到场者分工明确,责任具体,并能各司其职。

在安排接待方到达现场的具体人员时,对下列人员尤须在计划中予以明确:其一,主人。此处的主人,是指迎送活动的主持者。通常他也是接待方到场人员中的身份最高者。其二,翻译。迎送外宾或少数民族人士时,翻译人员自然不可缺少。其三,陪同。接待重要来宾或外地来宾时,往往应为之安排陪同人员。

二是人数。在迎送活动中,出场人数的多少通常比较敏感。在具体制定计划时,接待方对此须认真考虑决定。

一般而言,具体决定迎送人数多少的因素有三:宾主的双边关系;接待方对迎送活动的重视程度;迎送活动现场具体容纳人数的能力。

在此还有两点必须予以强调:其一,若无必要,迎送活动中接待方到场的人数并非多多益善。其二,接待方参加迎送活动的人数一旦确定后,必须予以保证。

三是场地。在正常情况下,一家公司用以迎送来宾的正式场地,大体上可有以下三种选择:其一,办公地点。在公司所在地的楼前、门口或会客室迎送来宾,往往最为多见。其二,住宿之处。有时,迎送活动可安排在来宾住宿地点进行。其三,交通枢纽。迎送远道而来的客人时,多在其抵达或离去的车站、码头或机场举行活动。

安排迎送的具体场地时要注意:场地的环境应当优美而整洁,场地的空间大小应与到场的具体人数相协调,场地的基本条件应符合安全要求,场地的温湿度与通风条件应与常规要求相适应。

四是时间。从某种意义上讲,迎送活动的成功与否,往往与具体时间的安排直接相关。在制定迎送计划时,具体的时间安排涉及两点:其一,活动拟于何时举行。其二,活动拟进行多久。对这两点均应加以明确。

在具体进行操作时,对下述三点应予注意:其一,应当宾主两便。因此,双方应提前进行必要的协商,以求两厢情愿。其二,应当精确具体。在具体计划中,迎送活动的每一项具体程序均应精确到以分为基本计时单位,并应标明具体的年、月、日。其三,应当认真遵守。具体操作迎送活动时,有关的时间安排要认真恪守,必要时还应请来宾确认。

五是设备。具体准备迎送活动时,对一些重要的、必需的设备,一定要考虑在内。诸如车辆、通讯、视听等必备的设备,尤其不可或缺。

准备用于迎送活动的具体设备时,以下三点必须注意:其一,要有备无患,不可现场东凑西拼。其二,要提前进行调试,保证正常使用。其三,要有专人负责,做到责任明确。

六是保卫。准备迎送活动,一定要对安全问题高度重视,尤其是筹备规模较大的迎送活动时,安全保卫工作必须列入正式的计划之中。

就重大的迎送而言,保卫工作的重点有四点:其一,要提前向当地公安机关报告。其二,要做好现场的秩序维护。其三,要预防各种突发性事件的发生。其四,要对重点人员进行随身警卫。

七是报道。必要时,重大的迎送活动可通过媒体对外进行报道,以扩大其影响。

安排媒体进行采访报道时,下述四项工作必须认真做好:其一,要对外统一口径,最好备有正式的新闻稿供媒体参考。其二,要指定专人负责,不论先期联络还是现场接待,都最好由专人出面。其三,要以诚相待,给媒体提供的任何信息均应诚实无欺。其四,要积极配合,对媒体的采访报道一定要认真给予合作。

(三)陪同引导

与政府所举行的迎送活动所不同,公司对来宾的迎送不仅要隆重、热烈,更要展示本公司的良好形象。为此,从事具体迎送活动的每一位员工,在直接与来宾接触尤其是在陪同或引导来宾时,都要以自己的言行举止体现公司的良好形象和自身的良好教养。

就一般情况而言,在迎送来宾的整个过程中,引导或陪同人员务必重视下列四点:

1. 待客三声。在迎来送往之时,东道主一方的全体人员,尤其是每一名直接接触来宾的陪同或引导人员,绝对不宜始终默默无语。在面对来宾时,有三句基本的礼貌用语,必须由大家认真地、不厌其烦地向每一位来宾直接道来,此所谓"待客三声"。

一是来有迎声。当来宾抵达之时,迎接者必须主动迎上前去,向对方致以热情问候。陪同或引导人员尤须注意的是,应首先确认一下对方的身份,免得张冠李戴。

二是问有答声。在引导或陪同来宾的具体过程中,除需要相机向来宾介绍有关情况外,不提倡与对方主动攀谈,但对于来宾的提问,必须"有问必答"、不宜说"不"。当时难以作答的问题,则应当限时回答。"限时"一到,还应确保按时予以回答。

三是去有送声。当来宾离去时,不论是否远送,均应向其正式道别。因故不能到场者,亦应打电话或委托他人向来宾道别,以示自己在礼待来宾上"有始有终"。

2. 文明五句。与来宾相处时,陪同或引导人员必须令自己的所作所为文明而礼貌。此时的一项具体要求,就是在语言上必须使用基本的文明用语。其中有五句最基本的文明用语,俗称"文明五句",更是必须自觉地坚持使用。

一是问候语。在任何情况下,与来宾进行接触时,均应主动向对方致以问候。一般可用"你好"或"您好"问候对方,有时亦可采用"上午好"、"周末好"等时效性问候语。

二是请托语。如果需要来宾与自己进行配合,或者需要对方协助时,通常应使用必要的请托语。标准的请托语是一个"请"字。有时,亦可采用"拜托"、"劳驾"等明显含有求助之意的请托语。

三是感谢语。当来宾肯定自己的行为表现，或者在帮助、支持、理解自己之后，即应运用"谢谢"或"非常感谢"等感谢语，向对方正式表达自己的感谢之意。

四是道歉语。在陪同、引导来宾时，有关人员难免会有一些失误之处。若自己的行为有碍对方，给对方造成了麻烦，或者未能满足对方的要求时，应及时以"抱歉"、"对不起"、"失礼了"等抱歉语向对方进行道歉。

五是道别语。与来宾正式话别时，应当以"再见"、"保重"、"后会有期"、"一路平安"、"一路顺风"等道别语向对方表达友善与惜别之意。

3. 热情三到。在迎送的实际操作中，向来宾道"三声"、讲"五句"往往较为容易。但要想使对方真正感受到接待方的热情之意，"三到"则往往必不可少。

一是眼到。在直接接触来宾，尤其是在为对方服务或与对方交谈时，一定要以专注、友善、谦恭的目光同对方进行交流。不注视对方，目光游走不定，斜视、盯视或者俯视对方，均为失礼之举。

二是口到。当陪同、引导人员为来宾服务时，在具体的语言交流方面应注意两点：其一，要消除沟通障碍，通常应讲普通话，或对方所熟悉的语言。其二，要因人而异，与来宾交流时具体内容要根据对方的情况区别对待。

三是意到。陪同、引导人员的表情与神态均应与当时的情形相符，此即所谓"意到"。具体而言，在迎送来宾时，有关的陪同、引导人员要神态自然、表情大方、善于互动。

4. 讲究位次。具体进行接待操作时，宾主双方的前后、左右等位次均有所讲究。作为专司其职者，陪同、引导人员对于下列基本规则尤其应予重视。

一是并排行进。在宾主并排行进时，位次排列的主要规则有二：其一，中央高于两侧。当三人或三人以上并排行进时，通常应使来宾居中而行，因为中央的位置高于两侧的位置。其二，内侧高于外侧。当宾主二人并行时，一般应请来宾在内侧行进，因为内侧较少受到过往之人的影响。

二是单行行进。当宾主呈单行状态行进时，位次排列的主要规则也有两条：其一，常规做法。按照常规，人们在单行行进时，前方高于后方，故此通常应当由来宾行进在前，即把"选择前进方向"的权利交给对方。其二，特例做法。在某些特殊情况下，如来宾不认路或对道路状况不明时，一般应由主人率先行进，以便为来宾充当"开路先锋"。主方为来宾带路即为引导。通常，引导者在行进之中的标准位置是行进队列的左前方，而来宾则应居于其右后方。

二、称呼

人与人打交道时，相互之间免不了要使用一定的称呼。不使用称呼，或者使用称呼不当,都是一种失礼的行为。所谓称呼,通常是指在日常交往应酬中,人们彼此之间所使用的称谓语。公司员工需要注意的是,选择正确、适当的称呼,不仅反映着自身的教养和对被称呼者尊重的程度,而且在一定程度上还体现着彼此双方之间关系的亲疏。从某种意义上讲,当一个人称呼另外一个人时,实际上意味着自己主动地对彼此之间的关系进行定位。

在商务交往中,一名公司员工要想对他人采用正确、适当的称呼,通常必须兼顾下述四项规则:一是必须符合常规;二是必须区分场合;三是必须考虑双方关系;四是必须坚持入乡随俗。

与此同时,对于工作中的称呼、生活中的称呼、涉外交往中的称呼以及正式场合的忌称,均应有所区别。公司员工对以上各点均应认真对待。

（一）工作中的称呼

在工作岗位上,公司员工所采用的称呼应正式、庄重而规范。它们大体上可分为下述四类。

1. 职务性称呼。在工作中,以交往对象的行政职务相称,以示身份有别并表达敬意,是商务交往中最为常见的。在实践中,它具体又可分为如下三种情况:

一是仅称行政职务。例如,"董事长"、"总经理"、"主任"等等。它多用于熟人之间。

二是在行政职务前加上姓氏。例如,"谢董事"、"周经理"、"白秘书"等等。它适用于一般场合。

三是在行政职务前加上姓名。例如,"刘小平董事长"、"滕树昀副总经理"、"王伊娜经理"、"杨盛萱主任"等等。它多见于极为正式的场合。

2. 职称性称呼。对于拥有中、高级技术职称者,可在工作中直接以此相称。如果在有必要强调对方的技术水准的场合,尤其需要这么做。通常,它亦可分为以下三种情况:

一是仅称技术职称。例如,"总工程师"、"研究员"、"会计师"等等。它适用于熟人之间。

二是在技术职称前加上姓氏。例如,"马教授"、"叶律师"等等。它多用于一般场合。

三是在技术职称前加上姓名。例如,"盛杰研究员"、"王红工程师"、"吕佳律师"等等。它常见于十分正式的场合。

3. 学衔性称呼。在一些有必要强调科技或知识含量的场合,可以学衔作为称呼,以示对对方学术水平的认可和对知识的强调。它大体上有下面四种情况:

一是仅称学衔。例如,"博士"。它多见于熟人之间。

二是在学衔前加上姓氏。例如,"任博士"。它常用于一般性交往。

三是在学衔前加上姓名。例如,"任浩淼博士"。它仅用于较为正式的场合。

四是在具体化的学衔之后加上姓名。即明确其学衔所属学科,例如,"经济学博士齐琦"、"工学硕士李响"、"法学学士白雪"等等。此种称呼显得最为郑重其事。

4. 行业性称呼。在工作中,若不了解交往对象的具体职务、职称、学衔,有时不妨直接以其所在行业的职业性称呼或约定俗成的称呼相称。它多分为下述两种情况:

一是以其职业性称呼相称。在一般情况下,常以交往对象的职业称呼对方。例如,可以称教员为"老师",称医生为"大夫",称驾驶员为"司机",称警察为"警官"等等。此类称呼前,一般均可加上姓氏或姓名。

二是以其约定俗成的称呼相称。例如,对公司、服务行业的从业人员,人们一般习惯于按其性别不同,分别称之为"小姐"或"先生"。在这类称呼前,亦可冠以姓氏或姓名。

(二) 生活中的称呼

在日常生活中所使用的称呼应当亲切、自然、合理,一方面不可肆意而为,另一方面又不能煞有介事,不然都会弄巧成拙。公司员工在生活中所常用的称呼,大致上有如下三类。

1. 对亲属的称呼。对亲属的称呼,早已约定俗成,关键是要使用准确,切忌乱用。不过,有时为表示亲切,也不一定非得符合标准。例如,儿子对岳父、岳母,儿媳对公公、婆婆,均可称为"爸爸"、"妈妈",以示自己与对方"不见外"。

2. 对朋友、熟人的称呼。称呼朋友、熟人时,既要亲切、友善,又要不失敬意。大体上应区分下列三种情况:

一是敬称。对于有地位、有身份的朋友、熟人或长辈,通常应当采用必要的敬称。

对长辈或有地位、有身份者,大都可以称之为"先生"。其前,有时亦可加上姓氏。例如,"曾先生"、"邹先生"。

对科技界、教育界、文艺界人士,以及其他在某一领域有一定成就者,往往可称之为"老师"。同样,在其前面也可以加上姓氏。例如,"夏老师"、"卫老师"。

对同行中的前辈或社会上的德高望重者,通常可称之为"公"或"老"。具体做法是在称呼前加上对方的姓氏。例如,"罗公"、"洪老"。

二是亲近性称呼。对邻里、至交,有时亦可采用"大爷"、"大妈"、"大叔"、"阿姨"等类似的称呼。它往往会给人以亲切、信任之感。此类称呼前,还可以加上姓氏。例如，"聂叔叔"、"于大姐"、"孙阿姨"等。

三是姓名性称呼。在平辈人之间或长辈称呼晚辈时，朋友、熟人可以直接称呼对方姓名。例如，"郭小帅"、"唐莉"、"池玲"、"刘珊"，但晚辈却不宜如此称呼长辈。

有时，朋友、熟人还可只呼其姓而不称其名，仅在前宜冠以"老"、"大"、"小"。具体做法是：对年长于己者或平辈称"老"、称"大"，对年幼于己者或晚辈称"小"。例如，"老黄"、"大刘"、"小姚"。

对关系较为密切的同性或晚辈，朋友、熟人之间还可以直呼其名而不称其姓，例如，"秀远"、"芷君"、"一苇"等等。不过对异性一般不宜如此称呼。

3. 普通性称呼。在日常交往中，对仅有一面之交、关系普通的交往对象，可酌情使用下述几种称呼：

一是以其职务、职称或学衔相称。

二是以其行业性称呼相称。

三是以约定俗成的"泛尊称"相称。例如，"同志"、"小姐"、"夫人"、"女士"、"先生"等等。

四是以当时所在地流行的称呼相称。

（三）涉外交往中的称呼

由于国情、文化、习俗与宗教等方面的差异，在对外交往中所宜采用的称呼，往往与国内交往中常用的称呼有所不同。对此，每一位有可能参与对外交往的公司员工均应引起重视。

在一般性的涉外交往中，根据交往对象的职业或其他属性的不同，对对方的称呼应有所区别。

1. 商界人士。需要称呼商界人士时，通常均应称呼对方为"小姐"、"女士"或者"先生"。有时，可以同时加上对方的姓氏或姓名。例如，"史密斯小姐"、"保罗·莫里亚先生"等等。在许多国家，人们并不习惯于称呼交往对象的行政职务。

2. 政界人士。与政界人士打交道时，一般亦可以"小姐"、"女士"或"先生"相称。此外，还有两种方式可行：

一是称呼行政职务。有时，还可同时加上"小姐"、"女士"或"先生"等称呼。例如，"市长先生"。

二是称呼职务较高者为"阁下"。在多数情况下，"阁下"这一称呼，可与职务及"小姐"、"女士"、"先生"等称呼同时使用。例如，"总理先生阁下"、"大使阁下"等等。不过，在美国、德国、墨西哥等国，并无"阁下"之称。

3. 军界人士。在国外，人们称呼军界人士时，大都习惯于只称呼其军衔，而不称呼其职务。其基本方式有四种：

一是只称呼军衔。例如，"将军"、"中校"、"少尉"等等。

二是在军衔之后加上"先生"。例如，"少校先生"、"上尉先生"等等。

三是在军衔之前加上姓氏。例如，"马歇尔元帅"、"沙龙将军"等等。

四是军衔与姓氏"先生"一起相称。例如，"布莱德雷上将先生"，此种全称最为正规。

4. 宗教界人士。对宗教界人士，一般只宜称呼其神职。具体方式大致上有三种：

一是仅称其神职。例如，"牧师"、"阿訇"、"大主教"等等。

二是神职加上姓氏。例如，"马丁神父"。

三是神职加上"先生"。例如，"传教士先生"。

5. 教育界、科技界、卫生界、司法界人士。在称呼此类人士时，一般应以其职称、学衔为主要内容。其惯用方式主要有四种：

一是直接称呼其职称或学衔。例如："教授"、"工程师"、"研究员"、"医生"、"法官"、"律师"等等。

二是在其职称或学衔前加上姓氏。例如，"施马尔教授"、"福柯大律师"等等。

三是在其职称或学衔后加上"先生"、"小姐"之类的称呼。例如，"法官先生"、"博士小姐"等等。

四是在其职称或学衔前后同时加上姓氏及"先生"或"小姐"。例如，"科尔博士先生"。

6. 服务业人士。称呼服务行业的从业人员时，一般有下述两种常用方式：

一是称呼对方为"小姐"或"先生"。倘若了解对方的姓氏，有时亦可一并相称。

二是称呼对方为"服务生"。此种称呼，在饭店、餐馆、歌厅、商店大都可以使用。

7. 社交界人士。在一切社交场合，"小姐"、"女士"、"先生"等称呼均最为适用。在一些国家里，称呼妇女时必须谨慎：已婚者应称之为"夫人"，未婚者应称之为"小姐"，而"女士"则多在不知其婚否时使用。在大多数情况下，"小姐"、"夫人"、"女士"、"先生"均可与姓氏或姓名一并称呼。与姓氏合称，适用于一般场所。与姓名合称，则显得非常正式。

8. 王公贵族。称呼来自君主制国家的王公贵族时，必须采用其规范性称呼。对国王、王后，一般应称为"陛下"。

对王子、公主及国王的兄妹,通常应称为"殿下"。

对拥有爵位、封号者,则必须直接以其爵位、封号相称。例如:"大公"、"勋爵"、"爵士"等等。

对国君之母,应称之为"王太后"或"太后"。

有时,可在王公贵族的头衔之前加上其姓氏或姓名相称。在某些国家,拥有爵位的贵族亦可被称为"阁下"或"先生"。

9. 社会主义国家或兄弟党人士。对这类人士,一般可以称之为"同志"。"同志"这一称呼,大都可与姓氏或姓名构成合称。例如,"卡斯特罗同志"、"阮文灵同志"等等。必须注意的是,"同志"这一称呼不宜滥用。

(四)正式场合的忌称

在商务交往中,有一些称呼是公司员工所忌讳使用的。它们的共同之处是:失敬于被称呼者。这类忌称主要有下述五种。

1. 错误性的称呼。它们均是称呼者粗心大意、用心不专所致。常见的有两种情况:

一是误读。其原因在于不认识被称呼者的姓名,或者念错了对方的姓名。诸如我国人名中的一些姓氏,如"江"、"郇"、"眭"等等,就很容易被人误读。

二是误会。在此,它是指对被称呼者的职务、职称、学衔、辈分、婚否做出了错误的判断。例如,把一名未婚妇女称做"夫人",显然就属于重大的失误。

2. 不适当的称呼。有一些称呼如果在正式场合使用,均为不适当的称呼。此类称呼主要有以下几种:

一是替代性的称呼。在正式场合,若以"下一个"、"十五号"等替代性称呼去称呼他人,亦为不适当的做法。

二是跨行业的称呼。学生喜欢互称"同学",军人往往互称"战友",工人可以互称"师傅",专业造诣高者可称之为"大师"。但此种行业性极强的称呼一旦被用来称呼"界外"之人,通常会有不伦不类之感。

三是不恰当的简称。某些同事之间使用的非正式的简称,例如,把"范局长"简称为"范局",把"沙司长"简称为"沙司",把"瞿校长"简称为"瞿校",均不可使用于正式场合。

另外,与他人打交道时,不使用任何称呼,也是极不礼貌的表现。

3. 不通行的称呼。有一些称呼,仅仅适用于某一地区,或者仅仅适用于国内。一旦它超出一定范围,就有可能产生歧义。此类非通行称呼主要有两种:

一是仅适用于某一地区。北京人爱称别人为"师傅",山东人爱称呼别人为"伙计",这类地区称呼在其他地区往往难以"畅行无阻"。

二是仅仅适用于国内。一些中国人常用的称呼，例如，"同志"、"爱人"等等，绝对不宜用于称呼一般的外国人。

4. 庸俗性的称呼。 在商务交往中，一些庸俗而档次不高的称呼，绝对不能使用。动不动就对他人以"朋友"、"兄弟"、"死党"、"哥们儿"、"姐们儿"相称，往往只会贬低自己的身份。

应当指出的是，在正式场合，不论对外人还是自己人，最好都不要称兄道弟。要是张口闭口"张哥"、"李姐"、"王叔"，不仅不会使人感到亲切，反而会让别人觉得称呼者的格调不高。

5. 绰号性的称呼。 在一般情况下，一名有教养的人绝对不可擅自以绰号性称呼去称呼别人。不管是自己为别人起绰号，还是道听途说而来的绰号，都不宜使用。一些对他人具有侮辱性质的绰号，则更是应被禁止使用的。

三、介绍

在商务往来中，每一位公司员工都需要同他人进行良好的沟通。一名公司员工沟通能力的强弱，往往直接关系到其个人形象与公司形象。而在公司员工所应具备的基本沟通能力中，"介绍"绝对不宜被忽略。

所谓介绍，通常指在人们初次相见时，经过自己主动沟通，或者借助第三者的帮助，从而使原本不相识者彼此之间有所了解，相互结识。由此可见，人际沟通大都始于介绍。在商务活动中，如能正确地利用介绍，既可以使自己多交朋友，广结善缘，扩大交际圈，又可以适当地展示自我，促进自己与交往对象之间的相互沟通。

根据介绍者具体身份的不同，介绍可分为介绍自己、介绍他人、介绍集体等三种，它们的具体操作方式各有其不同。

（一）介绍自己

介绍自己，亦称自我介绍，顾名思义，就是当自己与他人初次相见时，由自己充当介绍者，自己把自己介绍给别人，以便使对方认识自己，或者借此认识对方。在人际交往中，介绍自己是人们所用最多的一种介绍方式。

对公司员工而言，在介绍自己时，在礼仪规范方面主要应注意下述三个方面的问题。

1. 介绍自己的时机。 在商务交往中，何时有必要向他人介绍自己呢？掌握自我介绍的时机，是一个颇为复杂的问题，它具体涉及时间、地点、气氛、当事人、旁观者及其相互之间的互动等种种因素。不过就一般状况而言，在下述时机，每一名公司员工都有必要向他人介绍自己：

一是希望他人结识自己。让他人了解自己的最佳方式，就是主动把自己介绍给对方。此种自我介绍称做主动型自我介绍。

二是他人希望结识自己。当别人表现出想了解自己的意图时，就有必要进行自我介绍。此种自我介绍叫做被动型自我介绍。

三是希望自己结识别人。所谓"将欲取之，必先与之。"想要结识别人的一大妙法，就是先向对方介绍自己，以取得对方的呼应。此种自我介绍称做交互型自我介绍。

四是确认他人熟悉自己。有时，担心他人健忘或不完全掌握自己的情况，则不妨再次向对方扼要介绍一下本人的简况。这一类自我介绍叫做确认型自我介绍。

2. 介绍自己的内容。介绍自己时，其具体内容往往多有不同。在一般情况下，自我介绍的内容应当兼顾实际需要、双边关系、所处场合，并应具有一定针对性。若以基本内容进行区分，自我介绍可分为下述四种：

一是应酬式。有时，面对泛泛之交、不愿深交者，或有必要再次向他人确认自己时，可使用应酬式自我介绍。其内容最为简洁，通常只有姓名一项即可。

例如，"你好！我的姓名是刘昕慧"。

"我叫任媛媛。"

二是问答式。在一般性的人际交往中，对于他人需要了解的本人情况，必须有问必答。此即所谓问答式自我介绍。它的要求是：问什么，答什么。

例如，某甲问："先生，你好！你如何称呼？"某乙答："你好！我叫谢梦。"

再如，某甲问："小姐，你在哪里高就？"某乙答："我在科海集团人力资源部供职，我是那里的总经理助理。"

三是交流式。在社交场合里，需要与他人进行进一步交流时，不妨就交往对象有可能感兴趣的问题，向对方择要介绍。其主要内容有籍贯、学历、兴趣等等。有时，它也被称为交际式自我介绍。

例如，"我叫韩迎，上海人。我见你在用 CD 机听评弹，我想你也是上海人吧？"

"我名叫肖雅，毕业于中国人民大学。听说我们是校友，是吗？"

四是工作式。在工作场合，自我介绍亦应"公事公办"。其主要内容应包括单位、部门、职务、姓名等四项。它被称做工作式自我介绍，亦称公务式自我介绍。

例如，"你好！我是飞马公司销售部副经理冯玉。"

"我叫付敏，天择股份有限公司董事长。"

3.介绍自己的方式。进行自我介绍时,对下述几点必须认真注意,如此方能使自己表现出众,不失分寸。

一是见机行事。自我介绍一定要见机行事,当交往对象有此兴趣、情绪良好,或外界影响较少时,都是进行自我介绍的良机。

二是实事求是。自我介绍必须实事求是。介绍自己时,既不宜过分谦虚,贬低自己,也没有必要自吹自擂,夸大其词。必要时,不妨在进行自我介绍前先向交往对象递上一张自己的名片,以供对方参考。

三是态度大方。在介绍自己时,介绍者一定要保持大方而自然的态度,以求给人以见多识广、训练有素之感。为此,在自我介绍时,语气要平和,语音要清晰,语速要正常。切勿显得敷衍了事、生硬冷漠,或矫揉造作、虚张声势,或畏首畏尾、小里小气。

四是控制长度。介绍自己时,必须有意识地控制其具体内容。若无特殊要求,自我介绍的内容一定要力求简明扼要,努力做到长话短说,废话不说。大体上讲,一般的自我介绍在时间上应限定在一分钟之内结束。

(二)介绍他人

在商务交往中,除了介绍自己之外,往往还有必要介绍他人。介绍他人,又称第三者介绍,它指的是由第三者替彼此不相识的双方所进行的介绍。在介绍他人时,替他人所进行介绍的第三者为介绍者,而被介绍的双方则为被介绍者。

在绝大多数情况下,介绍者应对被介绍者双方一一进行具体的介绍。在个别时候,亦可只将被介绍者中的一方介绍给另外一方,但那样做的前提是:前者认识后者,而后者却不认识前者。

在商务交往中,介绍他人大都应当对以下四个方面的具体问题予以重视。

1. 谁充当介绍者。需要介绍他人时,由谁来充当介绍者是颇有讲究的。在一般情况下,商务交往中的介绍者应由下述人员担任。

一是专司其职者。在绝大多数时候,介绍者应由本公司专门负责此项事宜的有关人员担任,如秘书、办公室主任、公关礼宾人员或专职接待人员等等。

二是业务对口者。有时,在外单位人员来访,而对方又与我方其他人员互不相识的情况下,则与对方有业务联系的公司员工,有担任介绍者的义务。

三是身为主人者。当来自不同单位的客人互不相识时,则主方人员一般均应主动充当介绍者。

四是身份最高者。倘若来访的客人身份较高,本着"身份对等"的惯例,一般应由东道主一方在场人士中的身份最高者来担任介绍者,以示对被介绍者的重视。

2.被介绍者意愿。替他人进行介绍之前,介绍者有时需要事先征得被介绍者双方的首肯,以防止被介绍者双方早已认识,不需要再介绍,或者被介绍者之中的一方不希望结识另外一方等情况出现。

有的时候,被介绍者之中的一方可能会主动要求介绍者把自己介绍给另外一方。此刻,介绍者一定要想方设法,玉成此事。

在正常情况下,征求被介绍者双方有关"是否乐于被介绍给某人"的意见时,通常应当先征求身份较高者的意见,后征求身份较低者的意见,并且应当优先考虑前者的个人意愿。

3.介绍时的顺序。替他人作介绍时,被介绍双方的前后顺序往往最为讲究。根据礼仪规范,处理这一问题时,应遵循"尊者拥有优先知情权"的原则,即在介绍他人时,应首先介绍身份较低者,然后介绍身份较高者,以便使后者优先了解前者的具体情况。

根据以上原则,替他人进行介绍时的具体顺序大致分为以下几种:

一是在公务场合。在公务场合,需要介绍职务较高者与职务较低者时,应先介绍职务较低者,后介绍职务较高者;需要介绍上级与下级时,应先介绍下级,后介绍上级。

二是在社交场合。在社交场合,需要介绍女士与男士时,应先介绍男士,后介绍女士;需要介绍长辈与晚辈时,应先介绍晚辈,后介绍长辈;需要介绍已婚者与未婚者时,应先介绍未婚者,后介绍已婚者。

三是接待来访者。在接待来访者时,倘若需要为宾主双方之中的互不相识者进行介绍,一般均应先介绍主方人士,后介绍客方人士,而不必兼顾其他因素。

4.介绍时的内容。为他人进行介绍时,不仅应注意前后顺序,而且还应当斟酌介绍的具体内容。通常,替他人进行介绍的具体内容有以下几种基本模式:

一是标准式。它主要适用于各种正规场合,基本内容应包括被介绍双方的单位、部门、职务与姓名。

例如,"我来介绍一下,这位是洋浦集团副总经理端木华先生,这位是新为公司董事长朱珠小姐。"

二是简介式。它适用于一般性的交际场合,其内容往往只包括被介绍者双方的姓名,有时甚至只提到双方的姓氏。

例如,"我想替两位作作介绍。这一位是小侯,这一位是老吕。大家认识一下吧。"

三是引见式。它多用于普通的社交场合。介绍者在介绍时只需要将被介绍者双方引导到一块儿,而往往不需要涉及任何具体的实质性内容。

例如,"两位想必还不认识! 大家其实都是同行,只不过以前不曾相识。现在请你们自报家门吧!"

四是强调式。它多见于一些交际应酬之中,其内容除被介绍者双方的姓名外,通常还会刻意强调其中一方或双方的某些特殊之点。

例如,"这位是美国大新公司的王大卫先生,这位是《经济日报》的记者刘琳小姐。顺便提一下,刘琳小姐是我的外甥女。"

(三) 介绍集体

介绍集体,又叫做集体介绍,实际上是介绍他人的一种特殊情况。它指的是介绍者在具体介绍他人时,被介绍者之中的一方或双方不止一人。在实践中,集体介绍大致上又可分为下述两种:其一,被介绍者双方均不止一人;其二,被介绍者一方不止一人。

介绍集体时,通常应重视下列两个方面的具体问题。

1. 介绍的顺序。 介绍集体时,其先后顺序大都可以比照介绍他人时的规则进行。此外,还有下述几种方法可以参考:

一是单向式。单向式介绍,有时亦称"少数服从多数"。其含义是:当被介绍者双方一方为一人,另一方为多人时,往往应当前者礼让后者,即只将前者介绍给后者,而不必再向前者一一介绍后者。

二是笼统式。当被介绍者双方均人数较多,而又确无必要或可能对其逐一加以介绍时,不妨酌情扼要地介绍一下双方的概况。这就是笼统式介绍。

例如,"介绍一下:这些人都是我的家人,这几位是我生意上的伙伴。"

三是尊卑式。尊卑式多见于十分正规的商务交往中。它的具体要求是:在为双方均不止一人的被介绍者进行介绍时,不仅需要先介绍位卑的一方,后介绍位尊的一方,而且在介绍其中任何一方时,均应由尊而卑地逐一介绍其具体人员。

例如,"各位来宾:这些都是我们上海荣丰公司的负责人。这位是荣丰公司的副总经理何一达先生,这位是荣丰公司的总经理助理陈小云小姐,这位是荣丰公司的财务总监杨林先生……各位同仁,这些都是来自厦门汇源集团的客人们。这位是汇源集团的 CEO 欧阳春先生,这位是汇源集团销售部经理李静小姐……"

2. 介绍的态度。 进行集体介绍时,介绍者在态度上应注意两点:

一是平等待人。进行具体介绍时,对被介绍者双方一定要平等对待。不论是介绍的态度、内容还是其他具体方面,均应有规可循,切忌厚此薄彼。

二是郑重其事。介绍集体时,一定要表现得庄重大方,给人以郑重其事之感。此刻不宜乱开玩笑,或显得过于随意。

四、握手

在交际应酬中,相识者之间与不相识者之间往往都需要在适当的时候向交往对象行礼,以示自己对对方的尊重、友好、关心与敬意。此种礼仪,即所谓相见礼,也就是人们会面时约定俗成互行的礼仪。

在不同的历史时期、不同的文化背景之下,人们所采用的相见礼往往千差万别,互不相同。其中为人们所熟知的,就有点头礼、举手礼、致意礼、脱帽礼、拥抱礼、亲吻礼、鞠躬礼、合十礼、吻手礼、吻足礼、碰鼻礼、拱手礼、叩头礼、跪拜礼、屈膝礼等等。但是,当今在我国乃至世界各国最为通行的相见礼却是人们在日常生活中经常采用的握手礼。

握手礼简称握手。学习握手礼,应掌握的要点有握手的时机、握手的次序、握手的方式、握手的禁忌等等。另外,对国内外目前常见的其他相见礼,也应略知一二。

(一)握手的时机

何时宜行握手礼?这是一个十分复杂而微妙的问题,它通常取决于交往双方的关系、现场的气氛,以及当事人个人的心情等诸多因素,所以不能一概而论。不过一个人若要在人际交往中显得彬彬有礼,那么就应了解在什么时候是应当握手的,在什么时候是不必握手的,否则即为失礼。

1. 应当握手的场合。下列时刻,一般应与别人握手:

遇到较长时间未曾谋面的熟人,应与其握手,以示为久别重逢而万分欣喜。

在比较正式的场合同相识之人道别,应与之握手,以示自己的惜别之意以及希望对方珍重之心。

在家中、办公室里以及其他一切以本人作为东道主的交际场合,迎接或送别来访者之时,应与对方握手,以示欢迎或欢送。

拜访他人之后,在辞行之时,应与对方握手,以示"再会"。

被介绍给不相识者时,应与之握手,以示自己乐于结识对方,并为此深感荣幸。

在社交性场合,偶然遇上了同事、同学、朋友、邻居、长辈或上司时,应与之握手,以示高兴与问候。

他人给予自己一定的支持、鼓励或帮助时,应与之握手,以示衷心感激。

向他人表示恭喜、祝贺之时,如祝贺生日、结婚、生子、晋升、升学、乔迁、事业成功或获得荣誉、嘉奖时,应与之握手,以示贺喜之诚意。

他人向自己表示恭喜、祝贺之时,应与之握手,以示谢意。

对他人表示理解、支持、肯定时,应与之握手,以示真心实意。

应邀参加社交活动,如宴会、舞会、音乐会之后,应与主人握手,以示谢意。

在重要的社交活动,如宴会、舞会、沙龙、生日晚会开始前与结束时,主人应与来宾握手,以示欢迎与道别。

得悉他人患病、失恋、失业、降职、遭受其他挫折或家人过世时,应与之握手,以示慰问。

他人向自己赠送礼品或颁发奖品时,应与之握手,以示感谢。

向他人赠送礼品或颁发奖品时,应与之握手,以示郑重其事。

2. 不必握手的场合。在下述一些时刻或场合,因种种原因,不宜同交往对象行握手礼。此时,可采用对方理解的方式向其致意。

一是对方手部负伤。

二是对方手部携带物品。

三是对方手中忙于他事,如打电话、用餐、喝饮料、主持会议或与他人交谈等等。

四是对方与自己距离较远。

五是对方所处环境不适合握手。

(二)握手的次序

在比较正式的场合,行握手礼时最为重要的礼仪问题,是握手的双方应当由谁先伸出手来"发起"握手,即握手的先后次序问题。倘若对此一无所知,在与他人握手时,轻率地抢先伸出手去而得不到对方的回应,那种场景是令人非常尴尬的。

1. "尊者决定"原则。根据礼仪规范,握手时双方伸手的先后次序,应当在遵守"尊者决定"原则的前提下,具体情况具体对待。

"尊者决定"原则的含义是:当两人握手时,首先应确定握手双方彼此身份的尊卑,然后以此而决定伸手的先后。通常应由位尊者首先伸出手来,即尊者先行。位卑者只能在此后予以回应,而决不可贸然抢先伸手,否则就是违反礼仪的举动。

在握手时,之所以要遵守"尊者决定"的原则,既是为了恰到好处地体现对位尊者的尊重,也是为了维护在握手之后的寒暄应酬中位尊者的自尊。因为握手往往意味着进一步的交往的开始,如果位尊者不想与位卑者深交,便大可不必伸手与之相握。换言之,如果位尊者主动伸手与位卑者相握,则表明前者对后者印象不坏,而且有意与之深交。

2. 具体的情况。根据具体情形而言,握手时双方伸手的先后次序大体包括如下几种情况:

一是年长者与年幼者握手,应由年长者首先伸出手。

二是长辈与晚辈握手,应由长辈首先伸出手。

三是老师与学生握手,应由老师首先伸出手。

四是女士与男士握手,应由女士首先伸出手。

五是已婚者与未婚者握手,应由已婚者首先伸出手。

六是社交场合的先至者与后来者握手,应由先至者首先伸出手。

七是上级与下级握手,应由上级首先伸出手。

八是职位、身份较高者与职位、身份较低者握手,应由职位、身份较高者首先伸出手。

3. 特殊的情况。若是一个人需要与多人握手,则握手时应讲究先后次序,由尊而卑,即先年长者后年幼者,先长辈后晚辈,先老师后学生,先女士后男士,先已婚者后未婚者,先上级后下级,先职位、身份高者后职位、身份低者。

在公务场合,握手时伸手的先后次序主要取决于职位、身份。而在社交、休闲场合,它则主要取决于年纪、性别、婚否。

在接待来访者时,这一问题则较为特殊一些:当客人抵达时,一般应由主人首先伸出手来与客人相握。而在客人告辞时,则应由客人首先伸出手来与主人相握。前者是表示"欢迎",后者则表示"再见"。若这一次序颠倒,则极易让人发生误解。

应当强调的是:上述握手时的先后次序可以用来律己,却不必用来处处苛求于人。如果当自己处于尊者之位,而位卑者抢先伸手要求相握时,最得体的做法还是应与之配合。若是过分拘泥于礼仪,对其视若不见,置之不理,令对方进退两难,当场出丑,也是失礼于对方的表现。

(三) 握手的方式

握手的标准方式,是行礼时行至距握手对象约一米处,双腿立正,上身略向前倾,伸出右手,四指并拢,拇指张开与对方相握。握手时应用力适度,上下稍许晃动三四次,随后松开手来,恢复原状。

具体来说,握手时应加以注意的问题有以下几点:

1. 神态。与人握手时,理当神态专注、热情、友好、自然。在通常情况下,与人握手时,应面含笑意,目视对方双眼,并且口道问候。

在握手时,切勿显得自己三心二意、敷衍了事、傲慢冷淡。如果在此时迟迟不握他人早已伸出的手,或是一边握手,一边东张西望,甚至忙于跟其他人打招呼,都是极不礼貌的。

2. 姿势。 向他人行握手礼时,只要有可能,就应起身站立。除非是长辈或女士,否则坐着与人握手是不合适的。

握手之时,双方彼此之间的最佳距离为一米左右,因此握手时双方均应主动向对方靠拢。若双方距离过大,显得像是一方有意讨好或冷落另外一方。若双方握手时距离过小,手臂难以伸直,也不大雅观。

最好的做法,是双方将要相握的手各向侧下方伸出,伸直相握后形成一个直角。

3. 手位。 在握手时,手的位置至关重要。常见的手位有两种:

一是单手相握。以右手单手与人相握,是最常用的握手方式。

单手与人相握时,手掌垂直于地面最为适当。它称为"平等式握手",表示自己不卑不亢的态度。

与人握手时掌心向上,表示自己谦恭、谨慎,这一方式叫做"友善式握手"。

与人握手时掌心向下,则表示自己感觉甚佳、自高自大,这一方式叫做"控制式握手"。它是通常不宜采用的。

二是双手相握。双手相握,即用右手握住对方右手后,再以左手握住对方右手的手背。这种方式,适用于亲朋故旧之间,可用以表达自己的深厚情谊。一般而言,此种方式的握手不适用于初识者与异性,因为它有可能被理解为讨好或失态。这一方式,有时亦称"手套式握手"。

双手相握时,左手除握住对方右手手背外,还有人以之握住对方右手手腕、握住对方右手手臂、按住或拥住对方右肩,这些做法除非是至交之间的交往,最好都不要滥用。

4. 力度。 握手时,为了向交往对象表示热情友好,应当稍许用力,大致握力以在两公斤左右为宜。与亲朋故旧握手时,所用的力量可以稍大一些;与异性以及初次相识者握手时,则千万不可用力过猛。

总之,在与人握手时,不可以毫不用力,不然就会使对方感到缺乏热忱与朝气。但也不宜矫枉过正,如果在握手时拼命用力,不将对方握得龇牙咧嘴不肯罢休,则难免有示威或挑衅之嫌。

5. 时间。 在普通情况下,与他人握手的时间不宜过短或过长。大体来讲,握手的全部时间应控制在 3 秒钟以内,握上一两下即可。

握手时两手稍触即分,时间过短,好似在走过场,又像是对对方怀有戒意。而与他人握手时间过长,尤其是拉住异性或初次见面者的手长久不放,则会被人误解。

（四）握手的禁忌

在人际交往中,握手虽然司空见惯,看似寻常,但是由于它可被用来传递多种信息,因此在行握手礼时应努力做到合乎规范,并且避免下述握手的禁忌。

第一,不要用左手与他人握手,尤其是在与阿拉伯人、印度人打交道时需要牢记此点,因为在他们看来左手是不洁的。

第二,不要在握手时争先恐后,应当遵守秩序,依次而行。特别要记住,与基督教信徒交往时,要避免两人握手时与另外两人相握的手形成交叉状。那种形状类似十字架,在基督教信徒眼中是很不吉利的。

第三,不要在握手时戴着手套,只有女士在社交场合戴着薄纱手套与人握手,才是被允许的。

第四,不要在握手时戴着墨镜,只有患有眼疾或眼部有缺陷者方能例外。

第五,不要在握手时将另外一只手插在衣袋里。

第六,不要在握手时另外一只手依旧拿着东西而不肯放下,例如仍然拿着香烟、报刊、公文包、行李等等。

第七,不要在握手时面无表情,不置一词,好像根本无视对方的存在,纯粹是为了应付。

第八,不要在握手时长篇大论,点头哈腰,热情过度,显得过于客套。过于客套,有时会使对方不自在、不舒服。

第九,不要在握手时仅仅握住对方的手指尖,好像有意与对方保持距离。正确的做法,是要握住整个手掌,即使对异性,也要这么做。

第十,不要在握手时只递给对方一截冷冷的手指尖,像是迫于无奈似的。此种握手方式在国外叫做"死鱼式握手",被公认是失礼的做法。

第十一,不要在握手时把对方的手拉过来、推过去,或者上下左右抖个没完。

第十二,不要以肮脏不洁或患有传染性疾病的手与他人相握。

第十三,不要在与人握手之后,立即擦拭自己的手掌,好像与对方握一下手就会使自己受到"污染"。

第十四,不要拒绝与他人握手。在任何情况下,都不能这么做。

（五）常见的其他相见礼

在国内外交往中,除握手之外,以下几种相见礼也颇为常见。

1. 点头礼。 点头礼,又叫颔首礼,它所适用的情况主要有:路遇熟人;在会场、剧院、歌厅、舞厅等不宜与人交谈之处;在同一场合碰上已多次见面者;遇上多人而又无法一一问候时。

行点头礼时,一般应不戴帽子。具体做法是,头部向下轻轻一点,同时面带微笑,不宜反复点头不止,也不必点头的幅度过大。

2. 举手礼。行举手礼的场合,与行点头礼的场合大致相似,它最适合向距离较远的熟人打招呼。

行举手礼的正确做法是:右臂向前方伸直,右手掌心向着对方,指尖朝上,其他四指并齐,拇指叉开,轻轻向左右摆动一两下。不要将手上下摆动,也不要在手部摆动时用手背朝向对方。

3. 脱帽礼。戴着帽子的人,在进入他人居所、路遇熟人、与人交谈、握手或行其他相见礼,进入娱乐场所,升挂国旗,演奏国歌等等一些情况下,应自觉主动地摘下自己的帽子,并置于适当之处,这就是所谓脱帽礼。

女士在社交场合可以不脱帽子。

4. 注目礼。注目礼的具体做法是:起身立正,抬头挺胸,双手自然下垂或贴放于身体两侧,笑容庄重,双目正视行礼对象,或随之缓缓移动。

在升国旗、游行检阅、剪彩揭幕、开业挂牌等情况下,适用注目礼。

行注目礼时,不可歪戴帽子、衣衫不整、身体东斜西靠、嬉皮笑脸、大声喧哗、打打闹闹。

5. 拱手礼。拱手礼是我国民间传统的相见礼,而今它所适用的场合,主要包括过年时举行团拜活动,向长辈祝寿,向友人恭喜结婚、生子、晋升、乔迁,向亲朋好友表示无比感谢,以及与海外华人初次见面时表示久仰大名等时刻。

拱手礼的行礼方式是:起身站立,上身挺直,两臂前伸,双手在胸前高举抱拳,自上而下或者自内而外,有节奏地晃动两三下。

6. 鞠躬礼。鞠躬礼目前在国内主要适用于向他人表示感谢、领奖或讲演之后、演员谢幕、举行婚礼或参加追悼活动等场合。

行鞠躬礼时,应脱帽立正,双目凝视受礼者,然后上身弯曲前倾。男士双手应贴放于身体两侧裤线处,女士的双手则应下垂搭放在腹前。下弯的幅度越大,所表示的敬重程度就越大。鞠躬的次数,可视具体情况而定。

在日本、韩国、朝鲜,鞠躬礼应用十分广泛。

7. 合十礼。合十礼,亦称合掌礼,即双手十指相合为礼。其具体做法是:双掌十指在胸前相对合,手指并拢向上,掌尖与鼻尖基本持平,手掌向外侧倾斜,双腿直立站立,上身微欠低头。一般而论,行此礼时,合十的双手举得越高,越体现出对对方的尊重,但原则上不可高于自己的额头。

行合十礼时,可以口颂祝词或问候对方,亦可面含微笑,但不准手舞足蹈、反复点头。

在东南亚、南亚信奉佛教的地区以及我国傣族聚居区,合十礼最为通用。

8.拥抱礼。 在西方,特别是在欧美国家,拥抱礼是十分常见的相见礼与道别礼。在人们表示慰问、祝贺、欣喜时,拥抱礼也经常使用。

正规的拥抱礼,讲究两人正面面对站立,各自举起右臂,将右手搭在对方左肩后面,左臂下垂,左手扶住对方右腰后侧。首先各向对方左侧拥抱,然后各向对方右侧拥抱,最后再一次各向对方左侧拥抱,通常一共拥抱三次。

在普通场合行此礼,不必如此讲究,次数也不必要求如此严格。

在我国,除某些少数民族外,拥抱礼不常采用。

9.亲吻礼。 亲吻礼,也是一种西方常用的相见礼。有时,它会与拥抱礼同时采用,即双方相见时既拥抱,又亲吻。

行亲吻礼时,通常忌讳发出亲吻的声音,而且不应将唾液弄到对方脸上。

在行礼时,双方关系不同,亲吻的部位也会有所不同。长辈吻晚辈,应当吻额头;晚辈吻长辈,应当吻下颌或吻面颊;同辈之间,同性应当贴面颊,异性应当吻面颊;接吻即吻嘴唇,仅限于夫妻与恋人之间,而不宜滥用,尤其不宜当众进行。

10.吻手礼。 吻手礼主要流行于欧洲国家。它的做法是:男士行至已婚妇女面前,首先垂首立正致意,然后以右手或双手捧起女士的右手,俯首以自己微闭的嘴唇,去象征性地轻吻一下其手背或是手指。行吻手礼的地点,宜在室内为佳。

吻手礼的受礼者,只能是妇女,而且应是已婚妇女。手腕及其以上部位,则是行礼时的禁区。

五、名片

名片,是当代商务交往中一种最为经济实用的介绍性媒介。由于名片具有印制规范、文字简洁、使用方便、便于携带、易于保存等特点,而且不讲尊卑、不分职业,不论男女老幼均可使用,因此其用途广泛,颇受欢迎。

作为一种自我的"介绍信"和社交的"联谊卡",名片在人际交往中可用以证明身份,广结良缘。鉴于名片的种种重要功能,所以应把它提高到本人脸面、个人形象乃至单位形象的直接化身这一高度来加以充分的重视。

在商务交往中,如欲正确使用名片,就应对名片的制作、名片的分类、名片的用途、名片的交换以及名片的存放等五个方面的具体问题有所了解,并且尽可能地在这五个方面做到合乎礼仪规范。

(一)名片的制作

目前,在国内印制名片,一般均可委托名片制作商承办,所以很方便。然而为了使自己的名片规范实用,还是应当精心设计、仔细斟酌,以求使名片体现本人的风格,不可对制作名片随意而为,听任名片制作商自行设计,致使自己的名片被粗制滥造。

1. 规格。目前国内最通用的名片规格为 9.0×5.5,即长 9 厘米,宽 5.5 厘米。这是制作名片时应当首选的规格。

如无特殊需要,不应将名片规格随意扩大,或者有意搞成折叠式,免得给人以标新立异、有意摆谱的感觉。

2. 质材。印制名片时要注意纸张的选用,以耐折、耐磨、美观、大方的白卡纸、再生纸、合成纸、布纹纸、麻点纸、香片纸为佳。至于高贵典雅、纸质挺括的刚古纸、皮纹纸,可量力而行,酌情选用。必要时,还可以覆膜。

在一般情况下,没有必要选用布料、塑料、皮革、光纤、钢材、木材、黄金、白银等其他质材印制名片,它们或价格昂贵,或不甚实用。

3. 色彩。印制名片的纸张,宜选庄重朴素的白色、米色、淡蓝色、淡黄色、淡灰色,并且一张名片以一色为好。

最好不要印制杂色名片,它会令人看得眼花缭乱。也不要用黑色、红色、粉色、紫色、绿色印制名片,它们往往会给人以失之于庄重的感觉。

4. 图案。在名片上,允许出现的图案除纸张自身的纹路外,还有公司标识、企业蓝图、所在方位、主导产品等等,但以少为佳。

不提倡在名片上印人像、漫画、花卉、宠物。那些东西并无实用价值,还会给人以华而不实的印象。

5. 文字。在国内使用的名片,宜用简体汉字,不要故弄玄虚,使用繁体汉字。在国内少数民族聚居区、外资企业以及境外使用的名片,则可酌情使用少数民族文字或外文。

最佳的做法,是在一枚名片的两面,分别以简体汉字和另外一种少数民族文字或外文印制相同的内容。切勿在一枚名片上采用两种以上的文字,也不要将两种文字交错印在同一面。

6. 字体。不论使用何种文字印制名片,均应采用清晰、标准、易识的印刷体。

尽量不要采用行书、草书、篆书或花体字印制名片,更不要亲自手写。要记住,只有他人看懂了自己的名片,它才会发挥作用。

7. 印法。名片最好不要自制,也不要以复印、油印、影印的方法制作名片,那些方法制作出来的名片均不够正规。

名片一般铅印即可,若是胶印,则显得档次更高一些,而价格也会比铅印高出许多。

8.版式。印制名片,通常有两种版式可以选择。一是横式。其行序由上而下,字序由左而右(见图 3-1)。二是竖式。其行序由右而左,字序由上而下(见图 3-2)。

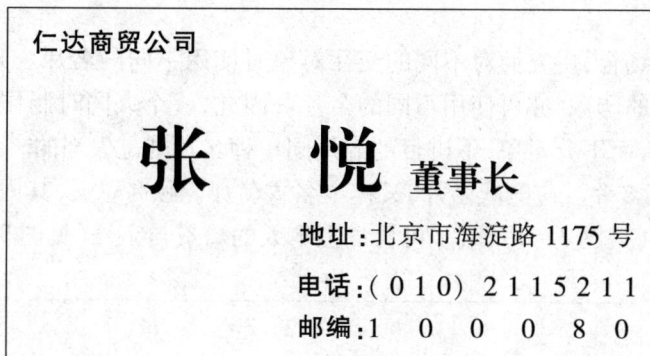

```
┌─────────────────────────────────────┐
│ 仁达商贸公司                          │
│                                       │
│    张    悦 董事长                    │
│                                       │
│            地址:北京市海淀路 1175 号  │
│                                       │
│            电话:( 0 1 0 ) 2 1 1 5 2 1 1 │
│                                       │
│            邮编:1  0  0  0  8  0      │
└─────────────────────────────────────┘
```

图 3-1 横式名片

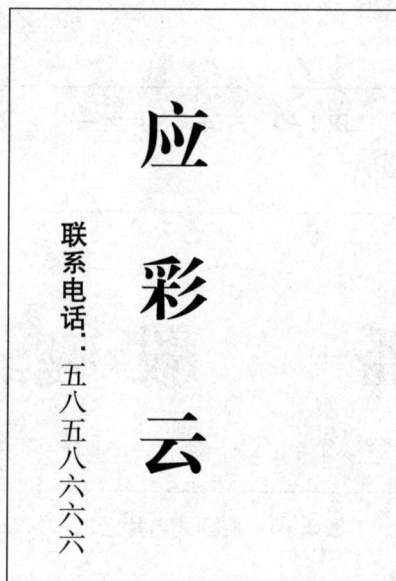

```
┌─────────────────────────┐
│                           │
│        应                 │
│    联                     │
│    系  彩                 │
│    电                     │
│    话                     │
│    :  云                  │
│    五                     │
│    八                     │
│    五                     │
│    八                     │
│    六                     │
│    六                     │
└─────────────────────────┘
```

图 3-2 竖式名片

一般认为,中文名片以采用横式为佳,因为它易辨识、易收藏。而竖式名片虽然风格古朴,却不具备这些优点。若以两种文字印制同一枚名片,则应避免一面横式,一面竖式。

（二）名片的分类

因为内容、用途各有不同,日常生活与工作中所用的名片可分为应酬式名片、社交式名片、公务式名片、单位式名片等四类。前三类又统称为个人名片。

在正式的场合,讲究面对不同的交往对象时使用不同的名片。此外,如果希望给人以不同的印象,亦可使用不同的名片。因此,一个人同时制作并携带多种名片不足为怪,而不分对象、不讲目的滥用同一种名片则是失当的。

1. 应酬式名片。应酬式名片,又称本名式名片。顾名思义,其内容通常只有个人姓名一项(见图3-3),最多可再加上本人的籍贯与字号(见图3-4)。

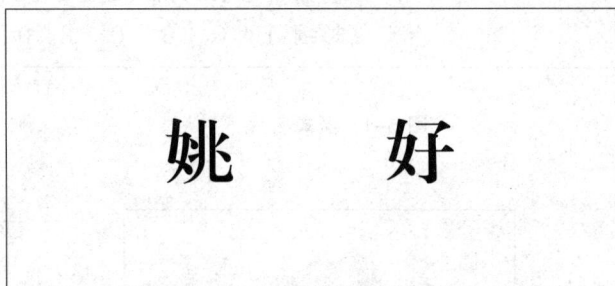

姚 好

图3-3 应酬式名片之一

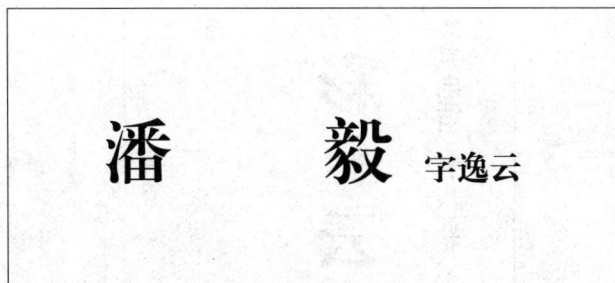

潘 毅 字逸云

图3-4 应酬式名片之二

应酬式名片,主要适合在社交场合应付泛泛之交,拜会他人时说明身份,馈赠时替代礼单,以及用做便条或短信。

2. 社交式名片。社交式名片,特指主要适用于社交场合,用做自我介绍与保持联络之用的个人名片。其内容有两个:一是个人姓名。应以大号字体印于名片中央;二是联络方式。应以较小字体印于名片右下方(见图3-5)。

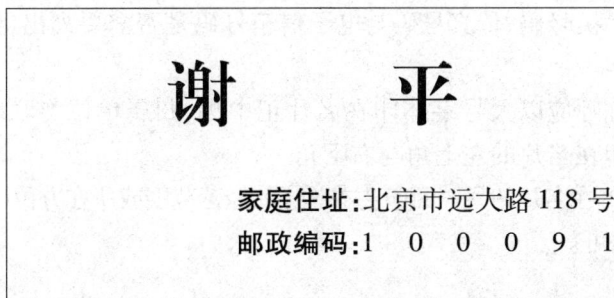

图3－5　社交式名片

　　社交式名片的联络方式一项,主要包括家庭住址、邮政编码等内容,必要时还可加印住宅电话号码。它一般不会印办公地址,以示"公私分明"。若不喜欢被人上门打扰,还可只印住宅电话号码,而不印家庭住址与邮政编码。

　　3.公务式名片。公务式名片,指的是在商务、政务、学术、服务等正式的业务交往中所使用的个人名片。它是目前最为常见的一种个人名片。

　　一枚标准的公务式名片应由归属单位、本人称呼、联络方式等三项内容构成(见图3－6)。

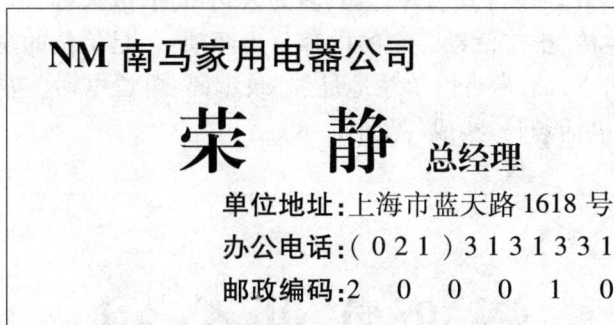

图3－6　公务式名片

　　一是归属单位。此项内容由公司标识、供职单位、所在部门等三个部分组成,可酌情加减。但供职单位与所在部门均不宜多于两个,免得给人以用心不专的印象,必要时可多印几种专用的名片。另外,供职单位与所在部门均应采用全称。

　　二是本人称呼。本人称呼由本人姓名、所任职务以及学术头衔等三个部分组成,后两项可有可无,但不宜过多。在本人姓名后加注"先生"、"小姐"、"夫人"等称呼,是没有必要的。

　　三是联络方式。本项内容由单位地址、办公电话、邮政编码等三个部分组成,因其均不可或缺,故又称"联络方式三要素"。在此,不宜提供家庭住址与住宅电话。至于手机号码、传真号码与电子信箱号码是否需要列出,则应根据自己的实际情况而定。

通常本人称呼应以大号字体印在名片正中央,归属单位与联络方式则应分别以小号字体印在名片的左上角与右下角。

如有必要,可在名片的另一面印上本单位的经营范围或所在方位(见图3-7),而不必非印外文不可。

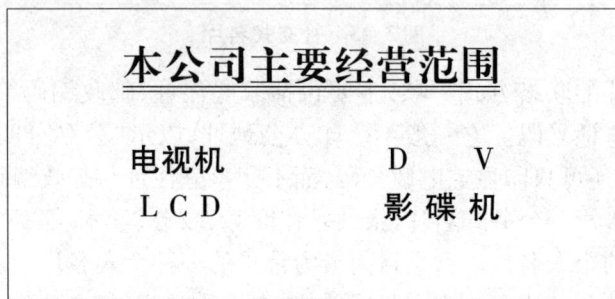

本公司主要经营范围

电视机　　　　　　D　V
L C D　　　　　影 碟 机

图3-7　公务式名片背面

4.单位式名片。 单位式名片,因其多为公司所用,故又称公司名片,它主要用于单位对外宣传、推广活动。它的内容分为两项:一是单位的全称及其标识;二是单位的联络方式。后者由单位地址、邮政编码、单位电话(包括总机号码或公关部、销售部电话号码)构成(见图3-8)。

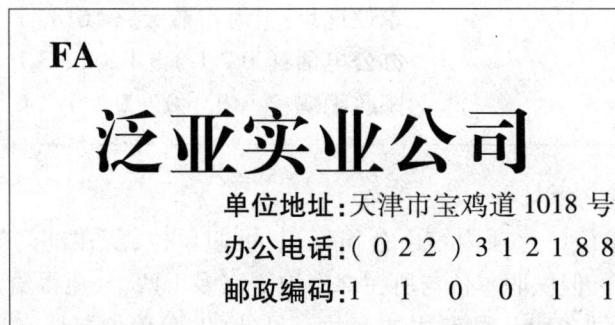

FA

泛亚实业公司

单位地址:天津市宝鸡道 1018 号
办公电话:(0 2 2) 3 1 2 1 8 8
邮政编码:1 1 0 0 1 1

图3-8　单位式名片

(三)名片的用途

对公司员工而言,名片绝非可有可无,而是一种物有所值的实用型交际工具。在常规的人际交往中,名片的具体用途有如下几种。

1. 自我介绍。 初次会见他人,以名片作辅助性自我介绍,通常效果最佳。它不但可以说明自己的身份,强化效果,使对方难以忘怀,而且还可以节省时间,避免啰唆,含糊不清。

2. 结交朋友。主动把名片递给别人,便意味着对对方的友好、信任和希望深交之意。没有必要每逢遇见陌生人,便上前递上自己的名片。也就是说,巧用名片,可以为结交朋友"铺路架桥"。

3. 维持联系。名片犹如"袖珍通讯录",利用它所提供的资料,即可与名片的提供者保持联系。正因为有了名片上所提供的各种联络方式,人们的来往才变得更加现实和方便。

4. 业务介绍。公务式名片上列有归属单位等项内容,因此利用名片亦可为本人及所在单位进行业务宣传,扩大交际面,争取潜在的合作伙伴。

5. 通知变更。利用名片,可以及时地向老朋友通报本人的最新情况,如晋升职务、乔迁新居、变换单位、电话改号等。以变更后的新名片向老朋友打招呼,还可以使彼此的联系畅通无阻,使对方对自己的有关情况了解得更充分。

6. 拜会他人。初次前往他人居所或工作单位进行拜访时,可将本人名片交由对方的门卫、秘书或家人,转交给被拜访者,以便对方确认"来系何人",并决定见与不见。此种做法比较正规,可避免冒昧的造访。

7. 简短留言。拜访他人不遇,或者需要请人转达某件事情时,可在名片上写下几行字,然后将它留下,或托人转交。这样做,会使对方"如闻其声,如见其人",不至于误事。

8. 用做短信。在名片的左下角,以铅笔写下几行字或短语,寄交或托人转交,如同一封长信一样正式。若内容较多,也可写在名片背面。在国外,流行以法文缩略语写在名片左下角,以慰问、鼓励、感谢、祝贺他人(见图3-9)。这里仅列举常用的一些法文缩略语:

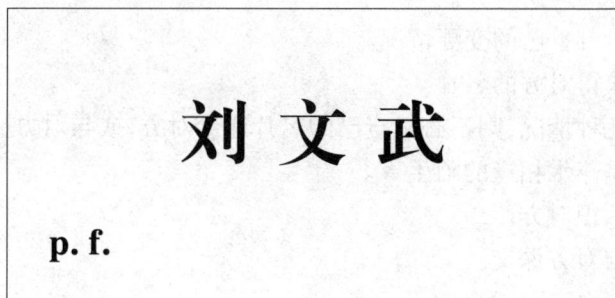

刘 文 武

p. f.

图3-9 名片信件一则

n. b. ——提请注意;

p. f. ——祝贺;

p. r. ——感谢;

p. c.——谨唁;

p. p.——介绍;

p. p. c.——辞行;

p. f. n. a.——贺年。

9. 用做礼单。 向他人赠送礼品时,可将本人名片放入其中,或将之装入一个不封口的信封中,然后再将该信封固定于礼品外包装的上方。从而说明"此乃何人所赠"。

10. 替人介绍。 介绍某人去见另外一个人时,可用回形针将本人名片(居上)与被介绍人名片(居下)固定在一起,必要时还可在本人名片左下角写上意即"介绍"的法文短语缩写"p. p",然后将其装入信封,再交予被介绍人。这是一封非常正规的介绍信,按惯例会受到他人的高度重视。

(四)名片的交换

欲使名片在人际交往中正常地发挥作用,还须在交换名片时做法得体。交换名片时,需要注意的问题有以下几方面:

1. 交换的时机。 遇到以下几种情况,需要将自己的名片递交他人,或与对方交换名片:

一是希望认识对方。

二是表示自己重视对方。

三是被介绍给对方。

四是对方提议交换名片。

五是对方向自己索要名片。

六是初次登门拜访对方。

七是通知对方自己的变更情况。

八是打算获得对方的名片。

碰上以下几种情况,则不必把自己的名片递给对方,或与对方交换名片:

一是对方是萍水相逢的陌生人。

二是不想认识对方。

三是不愿与对方深交。

四是对方对自己并无兴趣。

五是经常与对方见面。

六是双方之间地位、身份、年龄差别悬殊。

2. 交换的方法。 交换名片也有一定之规,其具体做法包括:

一是递交自己的名片。递名片给他人时,应郑重其事。最好是起身站立,走上前去,使用双手或者右手,将名片正面面对对方,交予对方。切勿以左手递交名片,不要将名片背面面对对方或是颠倒着面对对方,不要将名片举得高于胸部,不要以手指夹着名片给人。若对方是少数民族或外宾,则最好将名片上印有对方认得的文字的那一面面对对方。

将名片递给他人时,口头上应有所表示。可以说:"请多指教"、"多多关照"、"今后保持联系"、"让我们认识一下吧",或是先做一下自我介绍。

与多人交换名片,应讲究先后次序,由近而远,或由尊而卑。一定要依次进行,切勿挑三拣四,采用"跳跃式"方法。当然,也没有必要滥发自己的名片。双方交换名片时,最正规的做法是,位卑者应当首先把名片递给位尊者。不过一般也不必过分拘泥于这一规定。

二是接受他人的名片。当他人表示要递名片给自己或交换名片时,应立即停止手中所做的一切事情,起身站立,面含微笑,并目视对方。接受名片时,宜双手捧接,或以右手接过,切勿单用左手接过。

"接过名片,首先要看",此点至为重要。具体而言,就是在接过名片后,当即要用一分钟左右的时间,从头至尾将其认真默读一遍。若有疑问,则可当场向对方请教,此举意在表示重视对方。若接过他人名片后看也不看即手头把玩,或弃之桌上,或装入衣袋,或交予他人,都算失礼的行为。

接受他人名片时,应口头道谢,或重复对方所使用的谦词敬语,如"请您多关照"、"请您多指教",切不可一言不发。

若需要当时将自己的名片递过去,则最好在收好对方的名片后再做,不要一来一往同时进行。

3. 索要名片。如果没有必要,最好不要强索他人的名片。若有心索要他人名片,则应采用以下几种方法:

一是向对方提议交换名片。

二是主动递上本人名片,此所谓"将欲取之,必先与之"。

三是询问对方:"今后如何向您请教?"此法适用于向尊长索取名片。

四是询问对方:"以后怎样与您联系?"此法适用于向平辈或晚辈索要名片。

4. 婉拒他人索取名片。当他人索取本人名片,而自己不想给对方时,不宜直截了当,而应以委婉的方法表达此意。可以说:"对不起,我忘记带名片。"或者说:"抱歉,我的名片用完了。"但若手中正拿着自己的名片,并且已被对方看见了,则那样讲显然不合适。

若本人没有名片,而又不想明说时,亦可以上述方法委婉地表述。

如果自己名片真的没有带或是用完了,自然也可以这么说,不过不要忘记加上一句"改日一定补上",并且一定要言出必行,付诸行动。否则会被对方理解为自己没有名片,或故意不想给对方名片。

(五)名片的存放

要使名片的交换合乎礼仪,并且使其在人际交往中充分发挥作用,则还应注意如下三个问题。

1. 名片的放置。在参加交际应酬之前,要像准备化妆一样,提前准备好名片,并进行必要的检查。

随身所带的名片,最好放在专用的名片包、名片夹里,此外也可以放在上衣口袋之内。不要把它放在裤袋、裙兜、提包、钱夹里,那样做既不正式,又显得杂乱无章。在自己的公文包以及办公桌抽屉里,也应经常备有名片,以便随时使用。

在交际场合,如需要用名片,则应事先预备好,不要在使用时再临时翻找。

接过他人的名片看过之后,应将其精心放入自己的名片包、名片夹或上衣口袋里,切勿放在其他地方。

2. 名片的收藏。参加过交际应酬以后,应立即对已收到的他人的名片加以整理收藏,以便今后使用方便。不要将它们随意夹在书刊、材料里,或压在玻璃板下,或是扔在抽屉里面。

整理他人名片的方法大体上有如下四种,它们均可交叉使用。

一是按姓名的外文字母或汉语拼音字母顺序分类。

二是按姓名的汉字笔画的多少分类。

三是按行业或部门分类。

四是按国别或地区分类。

3. 名片的利用。随着人际交往的不断深入,还可以在收藏的他人名片上随手记下可供本人参考的资料,使其充当社交的记事簿、备忘录。在收藏的他人名片上,可记的有利于人际交往的资料有:

一是收到名片时的具体情况。包括收到名片的地点、时间,以及是否与对方亲自交换等等。在国外有一种做法,即把名片的右上角向下折,然后再使其恢复原状,它表示该名片是对方亲自与自己交换的。

二是交换名片者的个人资料。例如,性别、年龄、籍贯、学历、专长、嗜好等等。

三是交换名片者在交换名片后变化的情况。例如,单位、部门的变化,职业的变动、调任、职务、学衔的升降,联络方式的改变等等。

有一位名人曾经十分认真地说过:“现代生活中,一个没有个人名片,或是不会正确地使用个人名片的人,就是一个缺乏现代意识的人。”他的这句话并非小题大做,而是非常切中要害的。可以说,此话充分地说明了名片的重要性。

六、会晤

所谓会晤,亦称礼节性会面,是指在商务往来中宾主双方的正式会面。在商务交往中,宾主双方的正式会面通常备受关注。在一般情况下,一次普通性质的商务往来只需安排一次会晤。倘若某次商务往来十分重要,则亦可安排数次会晤。

既然会晤属于正式的会面,显而易见,它与普通的会面便多有不同。从礼宾接待的角度来看,会晤礼仪具体涉及会晤的时间、会晤的地点、会晤的内容、会晤的准备等四个基本方面。

(一)会晤的时间

在外人眼里,某一次会晤是否重要,会晤的时间往往是一个重要的尺度。会晤的时间,主要包括会晤的时机与会晤的长度等两方面的具体问题。

1. 会晤的时机。会晤的时机,在此指的是会晤应于何时举行。一般而言,选择会晤的时机,既要考虑双边关系,又要兼顾会晤安排的实际情况,并且还需征得来宾一方的首肯。

会晤的具体时机,大体上来说可以有如下三种选择:

一是即刻会晤。即刻会晤,是指当来宾抵达后,随即安排宾主双方举行会晤。在一般性的商务接待中,即刻会晤最为多见。有时,为了表示对远道而来的贵宾的高度重视,亦可安排即刻会晤。

二是稍后会晤。所谓稍后会晤,通常多见于东道主一方与远道而来的客人之间的会晤。它指的是,当客人抵达后,应为之安排适当的休息、洗漱或更衣的时间,然后再举行会晤。

三是择日会晤。有些时候,由于宾主双方或其中一方有不方便的情况,或是出于其他原因,会晤需推迟到双方均可接受的某一时间举行,此所谓择日会晤。

2. 会晤的长度。会晤的长度,一般是指某一次会晤自始至终所用时间的具体长度。任何符合礼仪规范的正式会晤,都不允许随意耗费时间,而必须有意识地控制其具体长度。

在正常情况下,一次会晤的具体长度大体上应当被控制在十五分钟至半小时之内,最长一般也不宜超过一小时。一次会晤的时间过短,会给人以敷衍了事之感;而时间若是过长,则又有可能令人无所事事。

在实际操作中,任何一次会晤都要力求使宾主双方相见甚欢,意犹未尽。因此,主方人员要有意识地掌握时间,注意适可而止。一再拖延时间,双方无话可谈,或者主人墨守成规,粗暴无礼地打断对方,甚至公然向来宾下逐客令,都是极不礼貌的。

(二) 会晤的地点

为了体现商务会晤的郑重其事,绝对有必要对会晤的具体地点认真斟酌。

选择商务会晤的具体地点时,通常要兼顾下列四项基本规则:其一,干净整洁。其二,优雅肃静。其三,干扰较少。其四,交通便利。根据惯例,会晤的具体地点大都由负责接待的东道主一方定夺,来宾一般均应"悉听尊便"。

按照礼仪规范,商务会晤的具体地点大致上有如下三种选择。

1. 主座会晤。在正常情况下,绝大多数的商务会晤都被安排在东道主一方的办公地点举行。这就是所谓主座会晤。主座会晤通常又有下列两种具体选择:

一是在贵宾室举行会晤。在专门的贵宾室或接待室举行会晤,既有助于宾主双方在会晤时免受干扰,专心致志,又可体现出接待方对此次会晤的重视。一般而言,凡是重要的会晤或会晤重要的客人,均应在本公司的贵宾室或接待室进行。

二是在办公室举行会晤。在平时会晤普通的客人或者常来常往的客人,可安排在接待方参与会晤的有关人员的办公室里举行。在自己的办公室里会晤客人,尽管有可能受到一定程度的干扰,但却往往可以体现出宾主双方关系的非同一般。

2. 客座会晤。有些时候,东道主一方为了体现出对自己所接待的来宾的重视,往往会将会晤地点选择在对方的临时性居所,这就是所谓客座会晤。客座会晤通常也存在两种基本选择:

一是共享的空间。东道主一方人士前往正式拜会来宾时,可将会晤安排在对方临时下榻的宾馆、饭店的会客室、咖啡厅或者茶室等公用共享的空间举行。此种选择一般较为正式。

二是私用的空间。倘若宾主双方较为熟悉,有时亦可将客座会晤直接安排在来宾临时性居所的客房客厅之内举行。此种选择往往令人感到亲切、自然。

3. 异地会晤。异地会晤,又称第三地会晤,它是指出于某些原因,会晤的具体地点既非东道主一方的办公地点,亦非来宾一方的办公地点或临时性居所,而是某一处宾主双方所接受的其他地点。

在一般情况下,异地会晤的具体地点多为俱乐部、咖啡厅或宾馆、饭店、茶室,有时也有可能选择宾主双方或其中某一方朋友的办公地点或私人居所进行。

应当说明的是,为了表现得郑重其事,一般正式的商务会晤均不应安排在东道主一方某位人士的私宅举行。换言之,私宅所举行的会晤只能称为私人会晤,它往往不及正式会晤正规。

(三) 会晤的内容

在一次正式的商务会晤中,会晤的具体内容十分重要。它的选择,往往在一定程度上直接关系到会晤的成败。

在考虑会晤的具体内容时,东道主一方主要需要关注参加人员与基本议题等两个主要方面。

1. 参加人员。任何正式会晤,均应排斥无关人员的介入。因此,东道主一方有必要审慎地考虑己方参加会晤人员的具体名单。在正常情况下,会晤的主要参加人员应当包括下述几个方面的有关人士:

一是公司的负责人。在一般情况下,正式的商务会晤均应有本公司负责人参加。参加会晤的本公司负责人越多,其具体职务、地位越高,越能反映出本公司对此次会晤的重视程度。

二是业务相关人员。尽管礼仪性的商务会晤大都不会深入涉及实质性内容,但还是需要安排一些业务人员参加,以便双方早接触、多了解。

三是易沟通的人员。有时,可安排来宾一方的故旧好友,或者与其民族、习俗、宗教相似者参加会晤。此种安排的主要目的,是为了有助于宾主双方的沟通。

四是辅助工作人员。翻译、陪同、服务人员作为会晤必不可少的辅助者,自然也要参与会晤。

有必要指出的是,正式的商务会晤应限制规模。以其具体规模大小而论,正式的商务会晤可以分为两类:其一,全体会晤。它指的是宾主双方有关人员全体参加的会晤。其二,小范围会晤。它是指宾主双方核心人员所参加的会晤。前者礼节性较强,而后者则多具有实质性内容。

2. 基本议题。在普通的会晤中,宾主双方的议题应当轻松、愉快,属于一般性沟通,往往不会涉及实质性问题。处理实质性问题的谈判,与纯属礼节性的会晤有着本质上的不同。

会晤的基本议题,既可以提前正式设定,也可以临场确定或自由发挥。但是其内容大体上不外乎下述几个方面:

一是情况介绍。介绍的具体内容,可以是双方有关人员的简况,也可以是双方各自单位的历史或现状。此类内容,通常被视为双方进一步沟通的基础。

二是日程安排。在会晤时,可由主方简介今后有关工作的具体日程安排,也可以由宾主双方共同就此问题进行协商讨论。

三是相互结识。不少礼节性会晤的主要目的,意在使宾主双方的有关人员尤其是其中的主角相互结识,以便其日后加强来往与合作。

（四）会晤的准备

欲使一次会晤获得成功,进行一定的准备通常是十分必要的。越是重要的会晤,就越需要做好必要的准备工作。为正式的商务会晤进行准备工作时,对下述四个关键之处应当予以重视。

1. 会客室。用以专门进行会晤的会客室,往往会给来宾留下深刻印象,因此必须在力所能及的前提下尽量使之规范化。会客室的规范,主要应当注意下述六点:

一是位置。若有可能,一定要使本单位的会客室处于相对安静之处。诸如临街的房间,临近大门口、电梯间、洗手间以及其他往来人员较多之处的房间,均不宜用做正式的会客室。若本单位拥有多间会客室,则宜应使它们相对独立,各自绝对密闭。

二是光照。会客室不仅要光照充足,而且还应光线柔和。处于阳面的会客室,要安装窗帘或百叶窗。处于阴面的会客室,亦应安装必要的照明设备。

三是温度。一般而言,会客室均应安装空调。在正常条件下,室温以摄氏 24 度左右为佳。夏季室外气温较高时,则可将室温设定在与室外温差约低 10 摄氏度左右。

四是湿度。有条件的话,在会客室内应放置加湿器,令室内的相对湿度保持在 50% 左右。相对湿度高于 70% 或低于 30% ,都会使人感觉不舒适。

五是保洁。正规的会客室,一定要有专人负责保洁工作。具体的保洁内容有三方面:其一,平面保洁。指的是地面、墙面、桌面的清洁卫生。其二,用具保洁。指的是会客室内专用器具的整理与卫生。其三,空气保洁。指的是会客室的通风或换气。三者往往缺一不可。

六是装饰。装饰会客室的基本要求有两个:其一,简洁。在会客室内,用具忌多、忌满、忌杂、忌乱,少而精最好。其二,雅致。在会客室内,一切装潢设计都要力求庄重大方,特别要防止色彩过多,图案过乱,一般来讲,一间会客室内的主色调应被限定在两种之内。

2. 座次。凡是正式的会晤,宾主双方都会对其具体座次的安排极其重视。在商务会晤中,正式的座次排列主要有并列式、分列式、相对式、居中式、主席式、自由式等六种。其具体操作方式存在着一定差异,其具体适用的场合亦有所不同。

一是并列式。并列式会晤,一般指的是会晤之时宾主双方并排就座。这种"平起平坐",往往显示着双方关系密切,地位相近。它具体又分为两种情形:其一,宾主双方共同面对房间正门而坐。这一做法,符合"面门为上"的座次排列规则。双方共同面门而坐时,则应注意"以右为上",即主人应请客人在自己的右侧就座(见图3-10)。其二,宾主双方一同在室内右侧或左侧就座。这时,应根据"以远为上"的规则,请客人就座于距房门较远之处,而由主人在距房门较近之处落座(见图3-11、图3-12)。

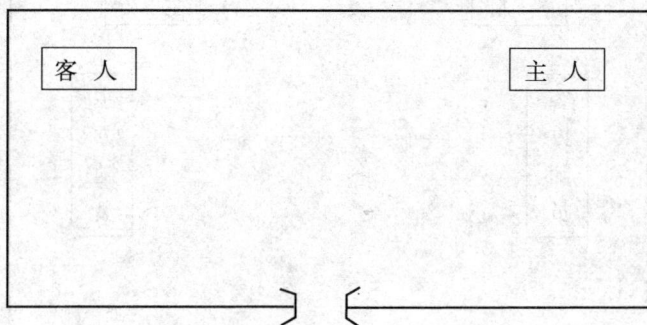

图 3-10　并列式会晤的排座之一

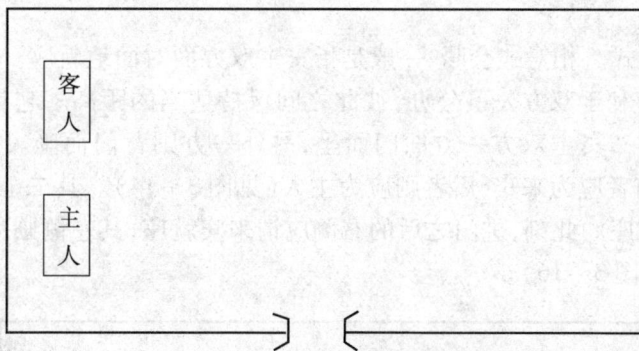

图 3-11　并列式会晤的排座之二

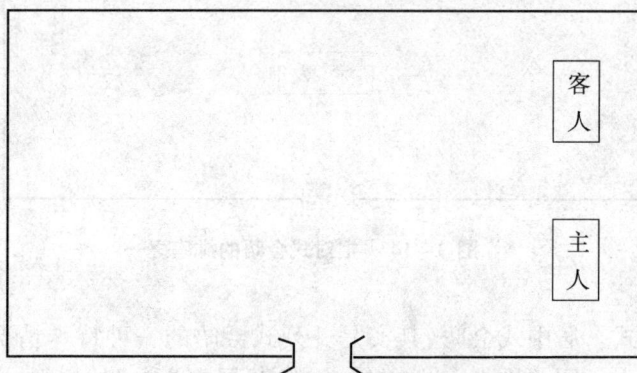

图 3-12　并列式会晤的排座之三

二是分列式。分列式会晤,乃属并列式会晤的一种特例。它指的是当主人居左、主宾居右面对会客室房间正门就座时,双方的其他随员按照一定的礼宾顺序,自高而低地分别在其一侧面对面地就座(见图3-13)。

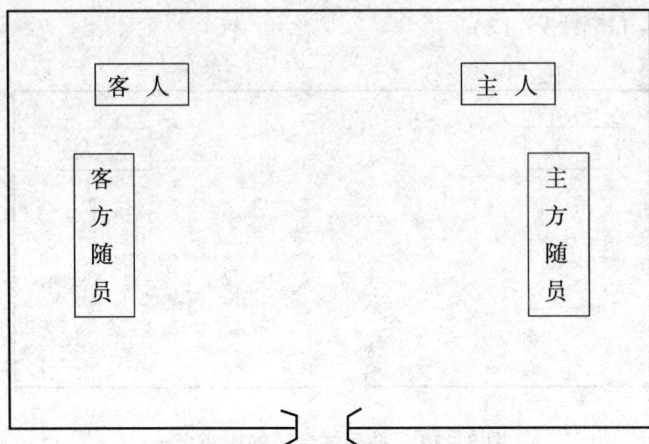

图3-13 分列式会晤的排座

三是相对式。相对式会晤,一般是指宾主双方面对面地就座。这种"两军对垒"的阵容,有利于双方公事公办,彼此之间保持适当的距离。它具体分为下列两种情况:其一,宾主双方一方面门而坐,另外一方则背门而坐。按照"面门为上"的规则,前者应为来宾,后者则应为主人(见图3-14)。其二,宾主双方在室内左右两侧就座。此刻,进门之后的右侧应请来宾就座,其左侧则应由主人就座(见图3-15、图3-16)。

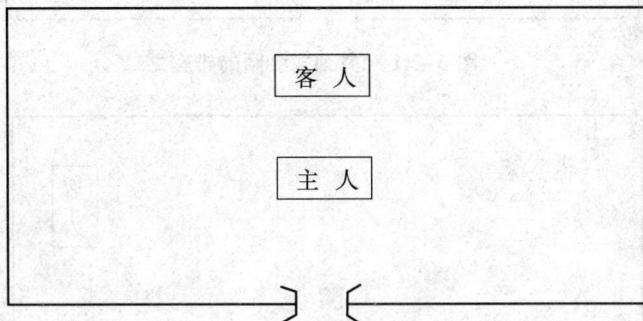

图3-14 相对式会晤的排座之一

四是居中式。居中式会晤,其实是并列式会晤的一种特殊情况。它指的是当宾主双方多人一同并排就座时,通常应遵守"居中为上"的规则,请来宾居中而

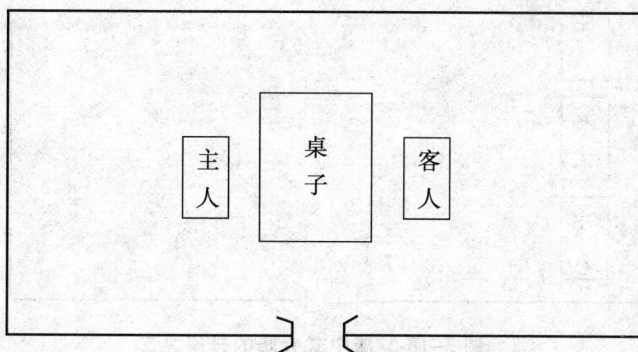

图 3-15 相对式会晤的排座之二

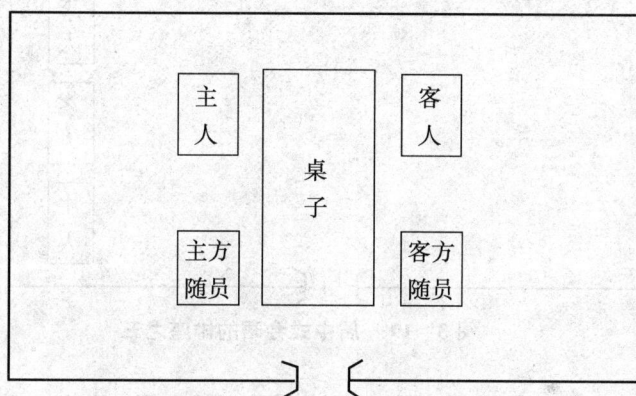

图 3-16 相对式会晤的排座之三

坐。其两侧的位置,则应由主方人员就座(见图 3-17、图 3-18、图 3-19)。

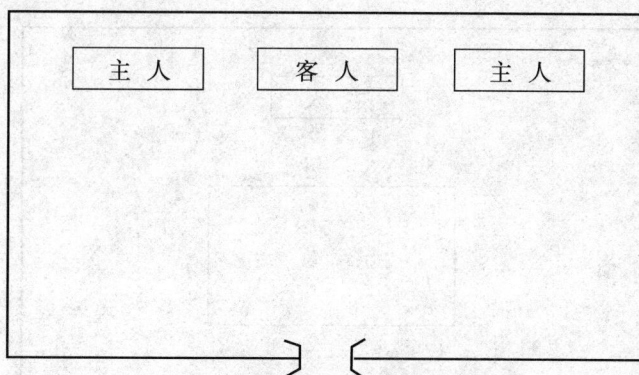

图 3-17 居中式会晤的排座之一

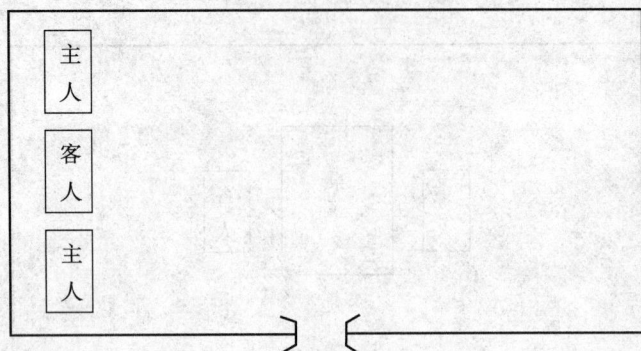

图 3-18　居中式会晤的排座之二

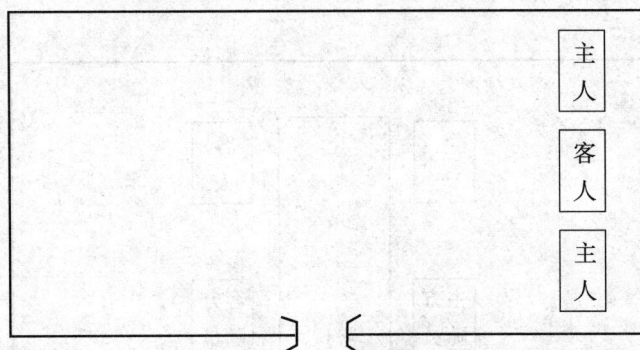

图 3-19　居中式会晤的排座之三

五是主席式。主席式会晤,多见于主方在同一时间、同一地点会晤两方或两方以上的来宾。此时,主人一般面门而坐,其他各方来宾则在其对面背门而坐(见图 3-20)。有时,主人亦可就坐于长桌的一端,而请各方来宾在其两侧就座(见图 3-21)。

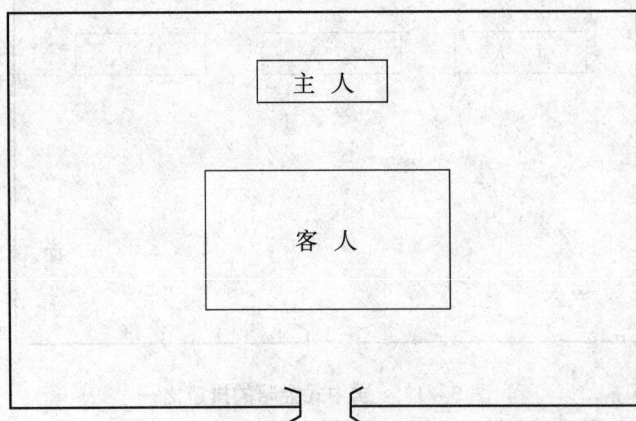

图 3-20　主席式会晤的排座之一

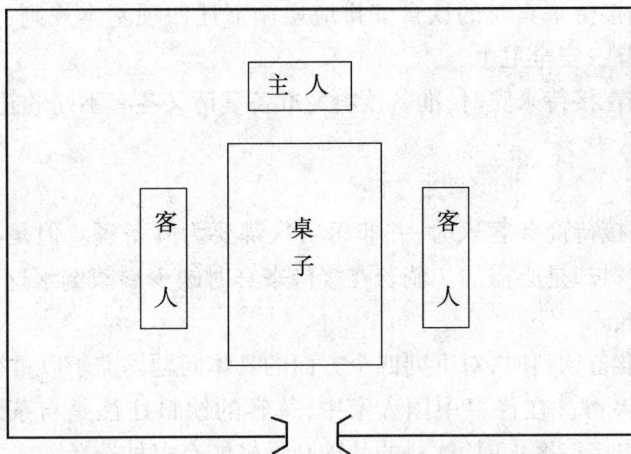

图 3 – 21　主席式会晤的排座之二

六是自由式。自由式会晤,通常是指举行会晤时各方人员的座次不进行具体的排列,而由大家自由、随意地选择座位,它多用于正式的多边会晤或非正式的双边会晤。

3. 名签。 名签,又叫桌签或姓名签,它指的是举行会晤时放置于有关人员面前桌面之上、写有其姓名的特制卡片,其作用是使他人对其姓名一目了然。

准备名签时,下列三点务必要予以高度重视。

一是工整正确。书写名签时,不仅要使字迹清晰工整,而且还要确保正确无误。

二是易于识别。名签所使用的字体,最好是大而规范的楷书,并且应在两面同时书写。在进行涉外会晤时,面对外方人员的一面宜为印刷体外文,面对中方人员的一面则宜为印刷体中文。

三是反复核对。进行会晤时,须将每一名会晤的正式参加者与其名签一一予以核对,确保彼此对应,避免张冠李戴或者书写、拼写出现明显的差错。

4. 衣着。 在日常生活里,一个人完全可以认为“穿衣戴帽,各有所好”。而在商务交往中,尤其是当自己以主人的身份初次会晤重要来宾时,绝对不允许随意穿着。人们的习惯性看法是:会晤他人时的衣着,与自己对对方的态度相关。

参与商务会晤时,衣着的款式应当庄重、大方,衣着的外观应当干净、整洁,衣着的搭配应当中规中矩。从整体上讲,需要一丝不苟地对待会晤时的个人衣着问题。

七、饮食

在比较正规的场合,不论是就餐还是饮用饮料,均有其适用的礼仪规范。在商务交往中款待来宾时,饮食虽非重中之重,但对此却绝对不能掉以轻心。

一般而言,接待来宾时的饮食安排应遵循下述四项基本规则:主随客便;量力而行;隆重简洁;安全卫生。

具体来说,在接待来宾时,准备饮料与准备宴请又各有不同的礼仪规范。

(一)饮料

众所周知,接待商务客人时,并非每一次都要为其备餐。但是,在任何情况下,为其准备饮料却是必需的。倘若在接待来宾时缺少斟茶倒水这一环节,难免就会失礼于客人。

在为来宾准备饮料时,对下列四个方面的具体问题均需予以重视。

1. 饮料的品种。在许多中国人家中,待客的饮料往往是与茶水划等号的。而在商务交往中接待客人时,饮料的品种则最好能有多种选择。

准备饮料的基本考虑应当是:既能为客人补水解渴,又较为时尚、有利健康,并且饮用方便。为此,主要需要重视如下两点:

一是备齐常规品种。倘若本公司商务交往十分频繁,经常高朋满座,那么不妨尽量多备上几种饮料,以满足来宾的不同需要。

根据一般经验,用以招待商务客人的常规饮料应当包括茶水、咖啡、可乐以及矿泉水等等。备齐上述各种饮料,通常就可以适应来宾的不同口味要求了。

在正常情况下,经常接待来宾的公司或部门,至少都要备有茶水、矿泉水这两种饮料,以保证来宾需要时可以有所选择。如果仅给来宾提供一种饮料,难免会出现对方不适应的情况。

二是照顾来宾需要。与用餐相似,在饮料需求方面,人与人之间也多有不同。具体而言,在对饮料的偏好上,人们既有共性,又有个性。

就共性来讲,从地域来划分,北京人爱喝花茶,上海人爱喝绿茶,新疆人爱喝奶茶,福建人爱喝乌龙茶。而除去个别国家的人士接受红茶、奶茶或柠檬茶之外,绝大多数西方人实际上对中国人所嗜好的热茶是不敢恭维的。对他们来说,一杯咖啡、一听可乐或一瓶冰水,才真正适得其所。

就个性来讲,人与人之间在对饮料的偏好上千差万别。接待来宾时,若能对对方在这方面的特殊要求予以满足,则必定会使对方有备受重视之感。

2. 饮具的卫生。在现代社会中,健康颇受人们的关注。在商务往来中为来宾准备饮料时,饮料的卫生特别是饮具的卫生问题,接待人员必须认真对待。

处理饮具的卫生问题时,通常有如下四个要点应予重视。

一是使用专用的饮具。不同的饮料,往往对饮具有不同的要求。在选择饮具时,若能使其与饮料相配套,无疑会提升档次。

二是使饮具完好无损。在为来宾选择饮具时,务必对其事先认真加以检查。凡是外观上存在明显缺损的饮具,一定要加以剔除。

三是对饮具严格消毒。凡为来宾准备的饮具,必须依照规范的程序定期进行消毒保洁。一定要做到,不向来宾提供未曾消毒保洁的饮具以及消毒保洁不严格的饮具。

四是推广一次性饮具。在不影响饮料口味及饮用的前提下,应当提倡在招待来宾时尽量选用一次性饮具。它们相对而言比较卫生,也不会使来宾担心自己重复使用别人所用过的饮具。

3. 饮用的方式。在正式接待来宾时,供来宾享用饮料的具体方式多有讲究。一般来说,常见的方式有下述三种。

一是提前备好。此种方式指的是,在来宾抵达前,已将准备的饮料提前摆放于现场。当来宾需要时,自行取用即可。它通常适用于来宾较多的场合,或是诸如谈判、会议等忌讳外界干扰的场合。

二是现场添加。所谓现场添加的方式,指的是在客人到场落座后,再由专门的服务人员随时为之斟倒、添加饮料。它多适用于一些比较轻松的场合,诸如礼节性会晤等等。它的好处是可以随时满足客人需要,其不足则是有可能频频打扰对方。现场为客人添加饮料的具体做法,可以是始终为之提供某一种饮料,随喝随续;也可以是同时为对方提供多项选择,令其自行定夺。添加饮料时,讲究"杯满七分",切忌满杯使饮料溢出。

三是用者自助。有时,为了减少服务人员对宾主交谈的打扰,或是为了保证饮料的新鲜,可以在待客现场的某处放置多种饮料及其饮具,由需要之人届时自行取用,此种方式称为用者自助。举行商务会议时,它往往是一种极好的选择。

4. 提供的顺序。在较为正式的场合,由主方人员负责向在场之人一一提供饮料时,其具体顺序有着一定之规。按照惯例,提供饮料的顺序应兼顾如下三条规则。

一是先宾后主。当宾主同时在场时,出于对来宾的尊重,通常在提供饮料时应当优先考虑来宾。其后,才应向主方人士提供。

二是先高后低。倘若宾主双方需要饮料者均不止一人时,不论是为哪一方人员服务,均应以其具体地位的高低为序,自高而低地循序而行。

三是先近后远。若是不了解服务对象的具体身份时,向其提供饮料时可自距自己最近者开始,由近而远地依次进行。

在社交场合里,往往讲究主人亲自为来宾尤其是贵宾斟茶续水。在商务交往中,此项工作通常由专门的服务人员或秘书代劳,主人一般没有必要亲自动手。

(二) 宴请

不论接待远道而来的客人,还是接待较为重要的客人,东道主一方均有义务为对方备餐。凡较为正式的、用以专门招待来宾的饭菜,均可称为宴请。在商务交往中宴请来宾时,东道主一方在礼仪方面主要需要考虑气氛、形式、菜肴、席位四个方面的具体问题。

1. 气氛。一次宴请能否成功,现场气氛的好坏通常至关重要。凡是成功的宴请,其现场的气氛必定轻松而愉快,热烈而隆重。下列三点对宴请的气氛有很大的影响:

一是人员。在商界,人们往往将"聚会"视为宴请的本质。所谓"酒逢知己千杯少,话不投机半句多"。要确保宴请的气氛良好,东道主一方在拟定出席者名单时必须三思而行。

在一次正式的宴请中,谁来主持、谁来作陪、有多少人到场等诸多问题,均直接关系到此次宴请规格的高低。在考虑此类问题时,应尽量邀请与来宾身份相近、志趣相投、关系较好者到场。最重要的是,千万不要邀请与来宾尤其是与主宾存在矛盾纠葛者出席。

二是环境。一般来说,商务宴请与自家用餐有所不同。如果说自家用餐是重在"内容",那么则可以说商务宴请这一"形式"则非常重要。在商务宴请中,现场环境的优劣既决定着此次宴请的档次,又直接影响到宴请现场的气氛,这一问题是东道主必须认真考虑的。

宴请现场的环境,在此主要是指宴请的地点及其周边地带的具体条件与状况。宴请宾客时,对现场环境的具体要求主要有三点:其一,环境要安全。本着"安全至上"的原则,若宴请现场环境不够安全,则宁肯将其取消或易地进行。其二,环境要卫生。若就餐者对宴请现场的环境卫生感到不满时,往往会大倒胃口。其三,环境要优雅。如果宴请现场的环境幽静、雅致、优美,无疑会为宴请平添一种高雅的气氛。

三是话题要到位。在宴请进行时,缄默寡言或信口开河均是不合适的。此刻,往往需要由主人出面,有意识地对餐桌上的话题进行引导。

一般而言,人们在餐桌上所选择的话题应当是"轻"、"乐"、"远"的话题。"轻"是要求话题轻松,"乐"是要求话题可以令人开心一笑,"远"则是要求话题应当远离业务。在餐桌上选择过于严肃的话题、存在争议的话题或者庸俗低级的话题,都是不明智的。

万一有人在餐桌上选择了不适当的话题或者酒醉乱讲,主人不仅不应参与,而且还应当设法将其引开。

2. 形式。任何一次宴请,都有其特定的具体形式。宴请的具体形式不同,往往直接关系到宴请的档次。考虑宴请的具体形式时,通常必须兼顾下列三点:其一,来宾的身份。其二,双方的关系。其三,商界的惯例。

目前,就国内所通行的习惯做法来说,公司宴请来宾的具体形式主要有以下几种:

一是工作餐。工作餐,通常是人们在工作进行中所用的便餐。它多见于午餐,并且大多以套餐或自助餐为基本形式。一般来说,工作餐讲究的是简单、方便、随意与适量。除相关人员之外,招待来宾用工作餐时,不需要邀请其他人士作陪。在具体内容上,通常不安排高档菜肴与烈性酒水。

二是招待会。招待会,一般指的是规模较大、用以招待多方来宾的一种较为正式的宴请。它大都在节庆日或者重要的商务活动中举行,并且拥有一定的主题。比较而言,招待会所重视的是形式而不是内容。它的举办地点通常都比较讲究,其具体内容不论是桌餐还是自助餐,往往都比较简单,一般均不安排正餐。

三是便宴。有时,东道主一方会在本单位内部餐厅或社会上的营业性餐馆宴请来宾。便宴的参加人数较少,但菜肴档次较高;它不讲究程序、座次或衣着,但却要求一定的就餐环境。便宴一般适用于款待较为正式的客人。从某种意义上讲,便宴属于一种内部宴请。

四是正式宴会。在各类宴请中,正式宴会是最正式、最隆重的一种。它多于傍晚举行,适合较为正式的场合。它对于菜肴、酒水、座次、环境、音乐乃至参加者及其衣着,均有一定之规,它多在重大活动或招待重要人物时举行。在一般性的商务接待中,并非每次都要安排正式宴会。

需要强调的是,为了体现出商务交往中的公私有别,在接待来宾时,民间常见的家宴并不为公司所看重。

3.菜肴。在各种形式的宴请之中,菜肴都是当仁不让的主角。因此,每一家公司在宴请来宾时,均应对菜肴的安排认真加以推敲。对下列三个问题,一定要加以特别的重视。

一是菜肴宜适量。宴请客人时,既要讲究热情友善,又要反对大吃大喝,铺张浪费。在安排具体的菜肴时,一定要力求少而精,没有必要过分地追求菜肴的档次与道数,关键是要确保质量与分量,量力而行。应当指出的是,适量是商务宴请的第一要求,它是商界所推崇的"务实为本"这一基本理念的具体体现。

二是菜肴要可口。常言道:"食无定味,适口者珍。"在宴请来宾时,要尽量使所选菜肴适应对方的口味,为此要认真了解对方在口味上的偏好与禁忌。这一问题,实际上又具体涉及下列两个方面:其一,要照顾来宾对菜肴的特殊偏好。其二,要回避来宾在菜肴方面的独特禁忌。诸如个人禁忌、健康禁忌、职业禁忌、民族禁忌、宗教禁忌等等,均不宜触犯。

三是菜肴有特色。在力所能及的前提下,宴请客人时所上的菜肴一定要具备自身特色。大凡宴请,除了讲究"吃环境"之外,推崇的就是"吃特色"。在涉外宴请中,讲究的是"国家特色";在国内宴请中,讲究的是"地方特色";在跨民族宴请中,讲究的则是"民族特色"。只要真正使所选菜肴具有特色,宴请往往就有可能获得极大成功。

4. 席位。在正式宴会上,通常对席位都有特定的要求。正式宴会上席位的排列,实际上涉及席次与座次等两个具体问题。

一是席次。席次又称桌次,它指的是赴宴者需分桌就座时,各桌具体顺序的高低。排列席次的礼仪惯例有四点:

其一,以右为上。当宴会厅内餐桌有左右之分时,一般应以面对正门时的右侧一桌为上桌(见图3－22)。

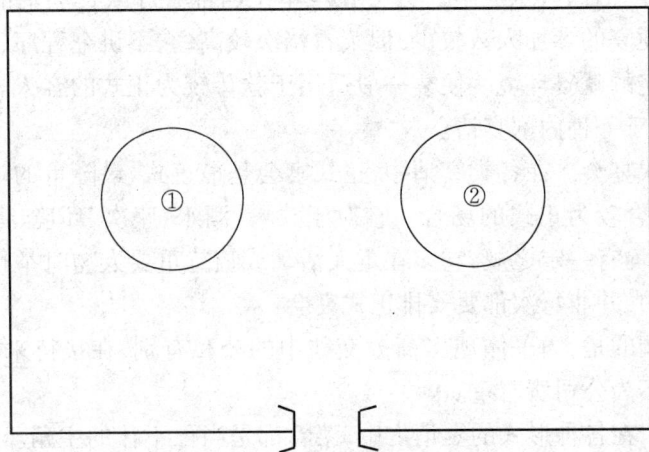

图 3－22　宴会席次的排列之一

其二,内侧为上。当餐桌距离宴会厅正门有远近之分时,通常以距其较远者为上桌(见图3－23)。

其三,中央为上。当多张餐桌一起排列时,大都应以居于其中央显著地位的一桌为上桌(见图3－24、图3－25)。

其四,近高远低。当主桌确定后,其他席次均据此而定,一般距主桌近者席次较高,距其远者席次较低。

在排列席次的具体实践中,上述四条规则往往是交叉在一起运用的(见图3－26、图3－27、图3－28、图3－29、图3－30、图3－31、图3－32、图3－33)。

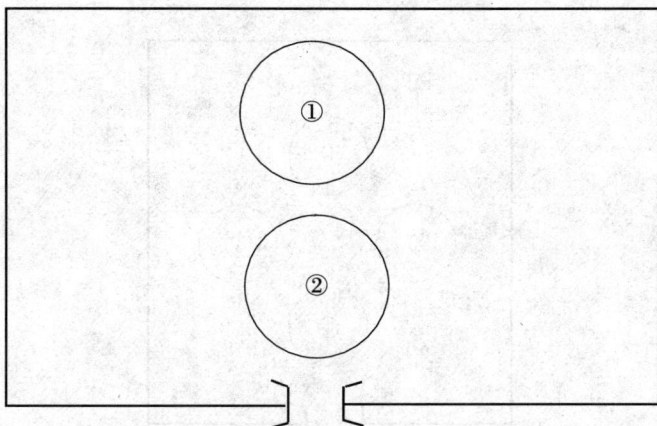

图 3-23 宴会席次的排列之二

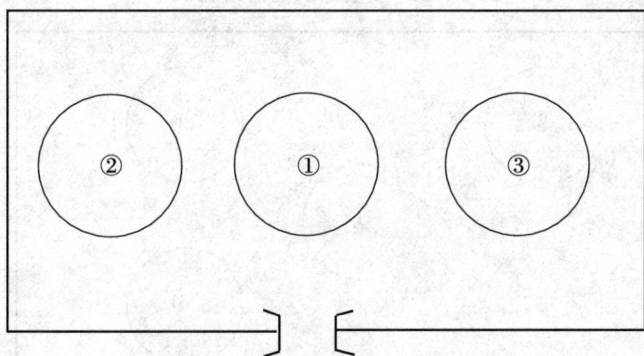

图 3-24 宴会席次的排列之三

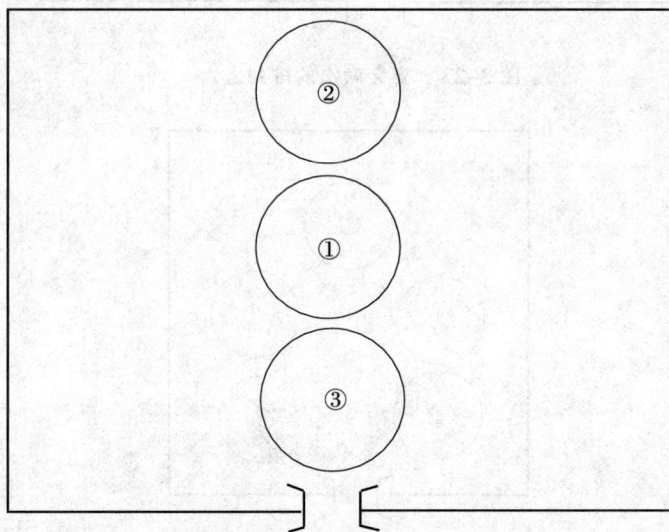

图 3-25 宴会席次的排列之四

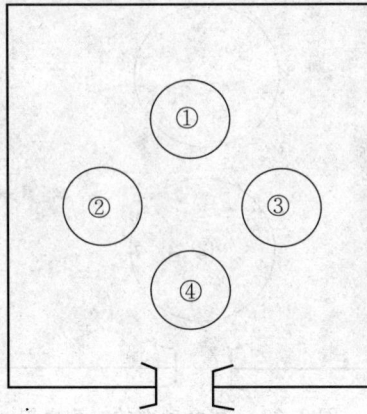

图 3-26 宴会席次的排列之五

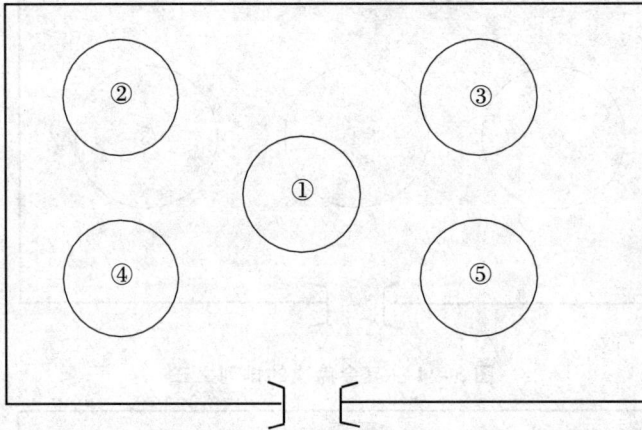

图 3-27 宴会席次的排列之六

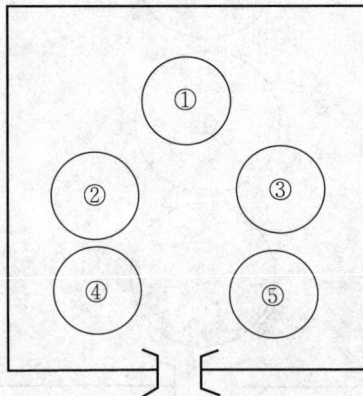

图 3-28 宴会席次的排列之七

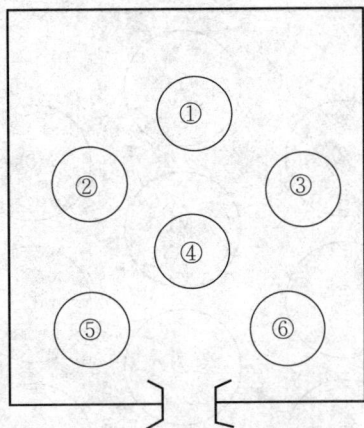

图 3−29　宴会席次的排列之八

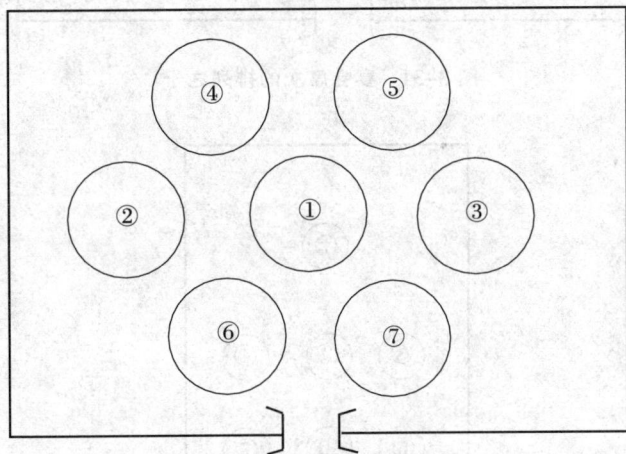

图 3−30　宴会席次的排列之九

二是座次。在正式宴会上,不仅餐桌讲究顺序,而且座次亦有差别。在排列每一张餐桌上的具体座次时,大都应遵循下述规则:

其一,主人面门。在一般情况下,一张餐桌上面对宴会厅正门并且居中之位应由主人就座。

其二,主宾居右。商务交往要求遵守国际惯例,而根据"右高左低"的国际惯例,主人右侧之座宜请主宾就座。

其三,分侧排列。在餐桌上,为了便于宾主双方进行交际应酬,经常有意识地按主左客右的惯例将其分成两侧安排。若交叉排列,有时并不便于宾主双方用餐。

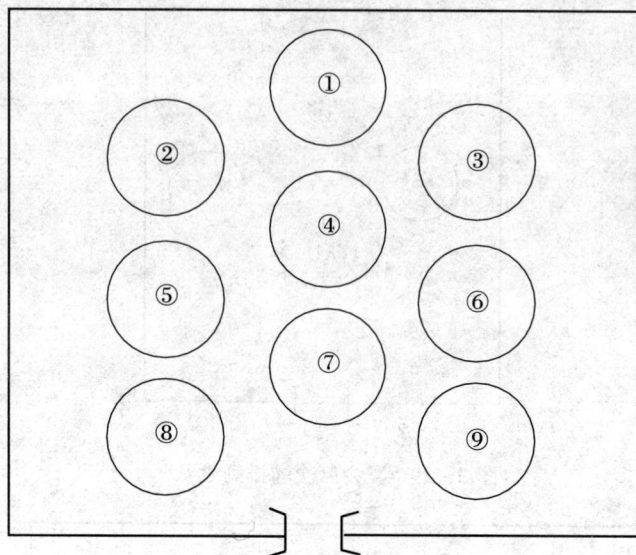

图 3-31　宴会席次的排列之十

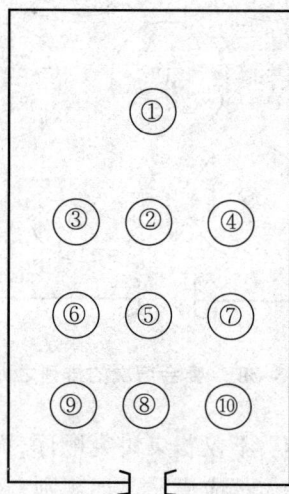

图 3-32　宴会席次的排列之十一

其四，主桌为重。当宴会的餐桌数量较多时，排列座次的重点应为主桌。其余各桌的座次可以排列，也可以由大家自由就座。

其五，身份相仿。当来宾较多时，一定要有意识地将身份、地位相近者安排在一起，以防其身份、地位较为悬殊而导致沟通障碍。

在具体排列座次时，不仅应将以上规则予以综合运用，而且还应当兼顾圆桌、长桌与方桌在排列座次时各自的差异之处。

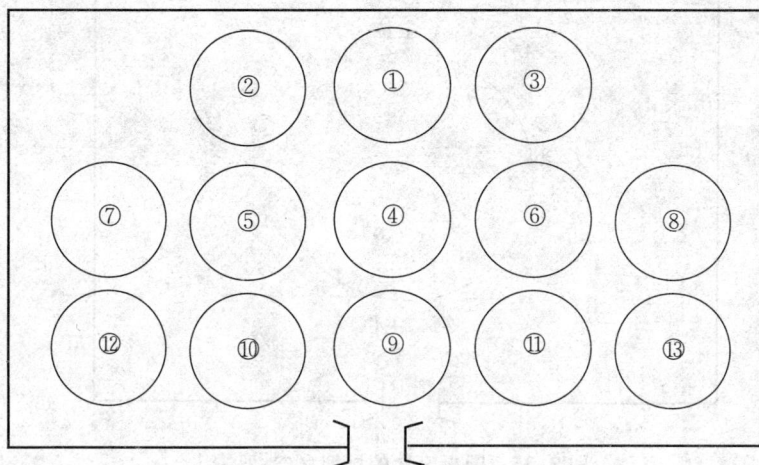

图3-33 宴会席次的排列之十二

圆桌在目前国内的正式宴会上最为多见。圆桌的座次排列,又有"一个主人"与"两个主人"之别(见图3-34、图3-35、图3-36)。

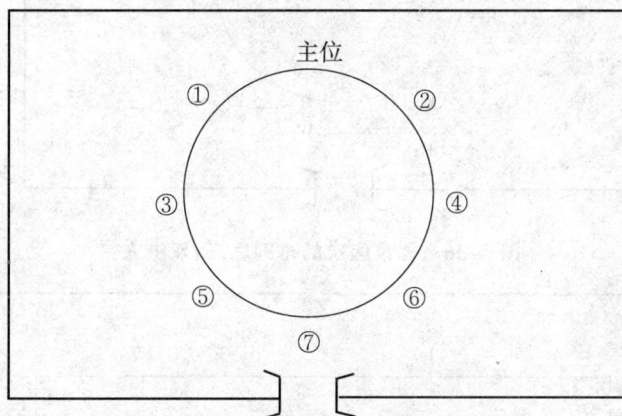

图3-34 圆桌座次的排列之一:单一主人

长桌在一般宴请之中也时有所见。排列长桌时,既可以单独排列一桌,亦可将多桌摆放在一起,构成其他图形,但长桌比较适合双主人的情形(见图3-37、图3-38、图3-39、图3-40、图3-41、图3-42、图3-43)。

主位

① ③

⑤ ⑦

⑧ ⑥

④ ②

第二主位

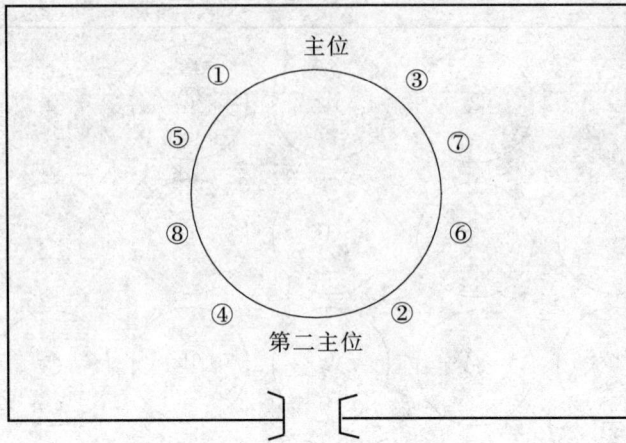

图 3-35 圆桌座次的排列之二:双主人

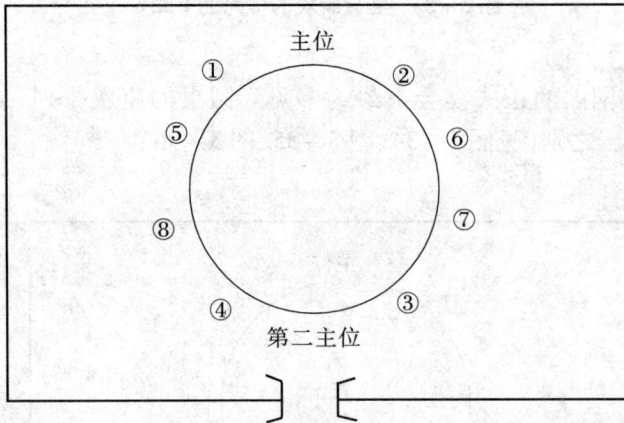

主位

① ②

⑤ ⑥

⑧ ⑦

④ ③

第二主位

图 3-36 圆桌座次的排列之三:双主人

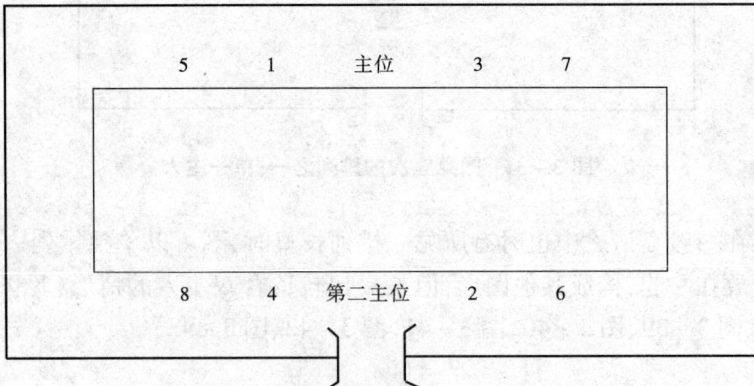

5	1	主位	3	7
8	4	第二主位	2	6

图 3-37 长桌座次的排列之一:双主人

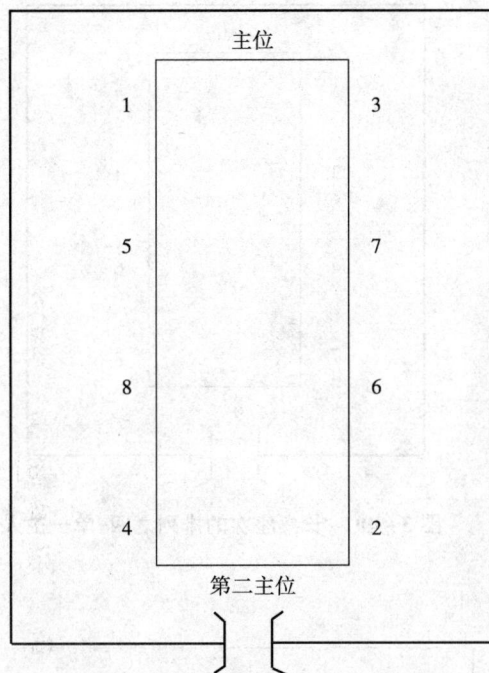

图 3-38 长桌座次的排列之二:双主人

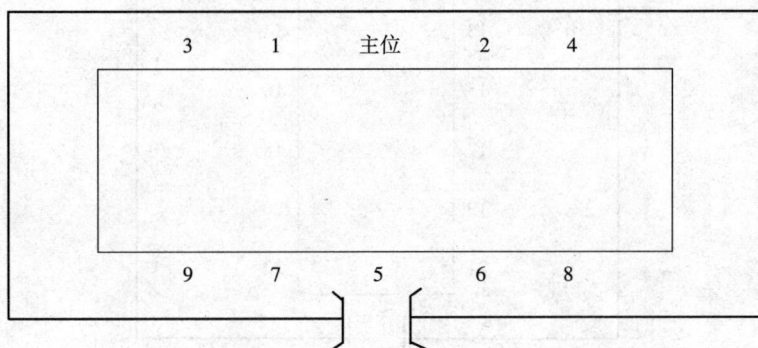

图 3-39 长桌座次的排列之三:单一主人

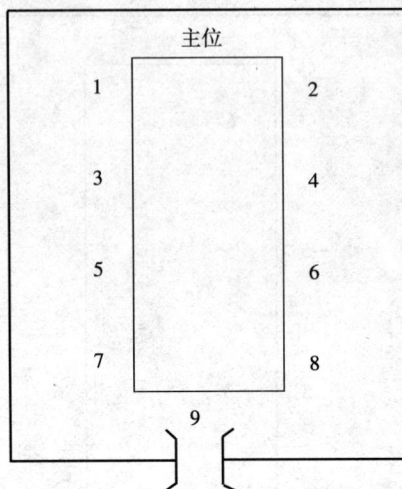

图 3 – 40   长桌座次的排列之四：单一主人

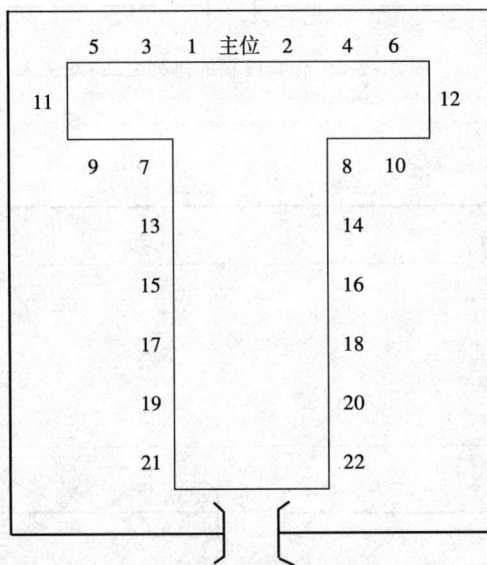

图 3 – 41   长桌座次的排列之五：单一主人"T"形

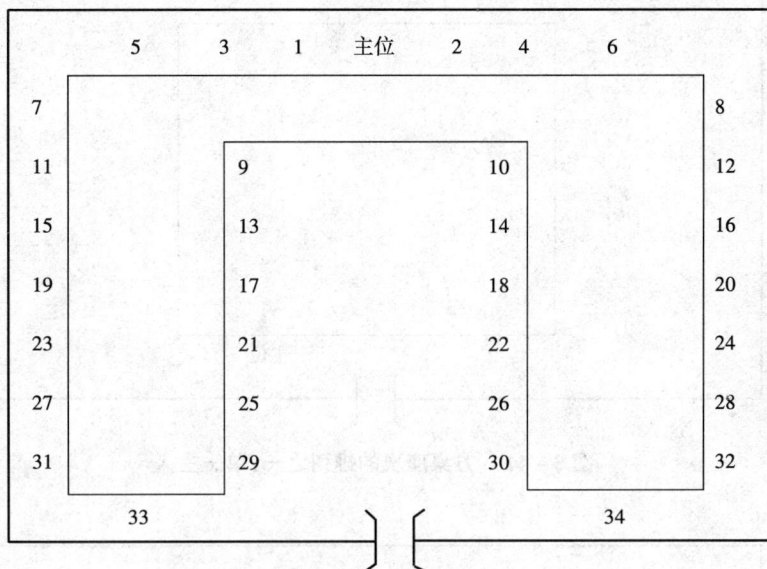

图 3－42　长桌座次的排列之六：单一主人"冂"形

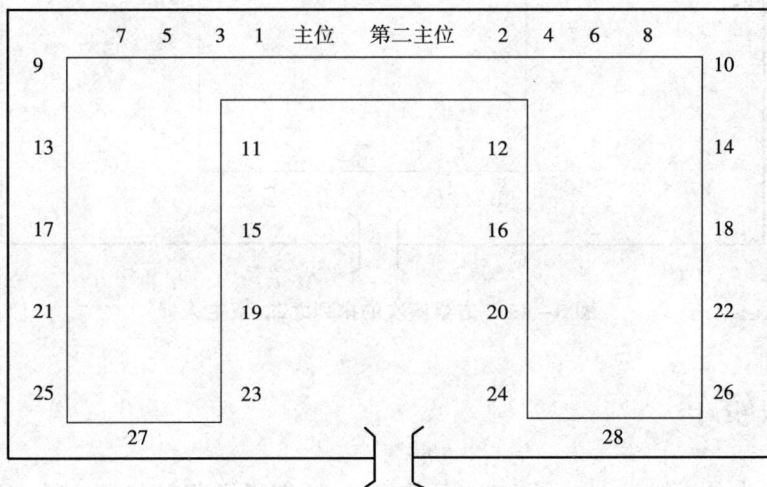

图 3－43　长桌座次的排列之七：双主人"冂"形

　　方桌在国内宴会中较少使用,在西式宴会中则时有出现,它亦可分为单一主人(见图 3－44)与双主人(见图 3－45)两种基本情况。

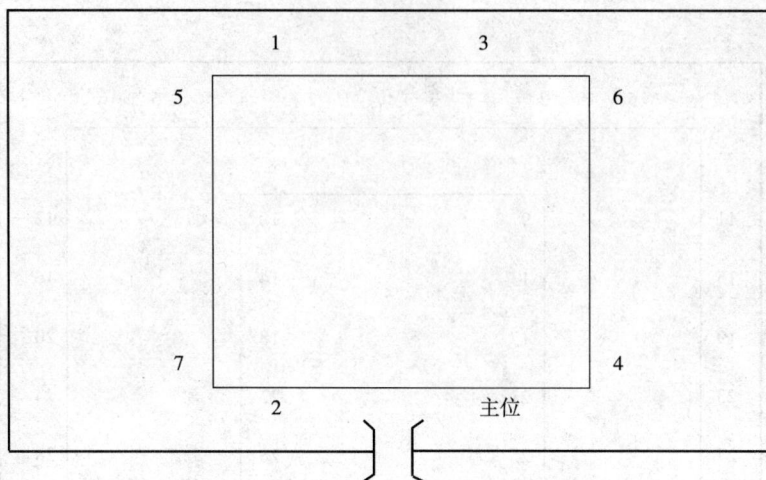

图 3－44　方桌座次的排列之一：单一主人

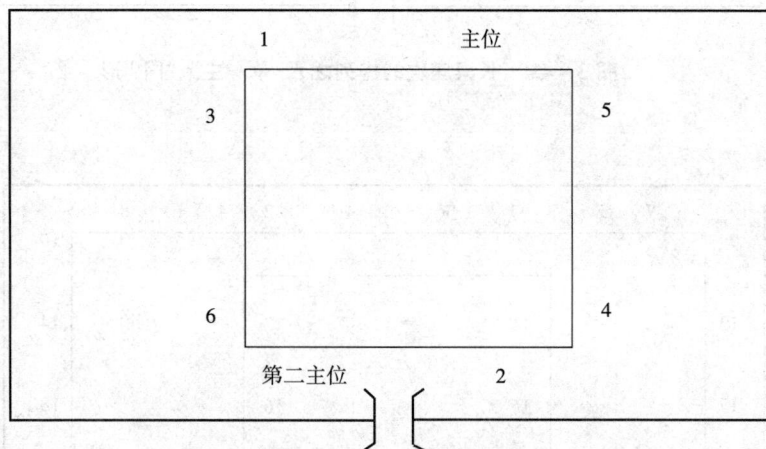

图 3－45　方桌座次的排列之二：双主人

八、轿车

不论在什么时候，公司员工需要外出时，轿车通常都是其首选的交通工具。正是由于公司员工使用轿车极其频繁，所以，对于相关的轿车礼仪必须自觉地加以遵守。

在日常的工作与交往尤其是在礼宾工作中，公司员工所须遵守的轿车礼仪主要包括轿车的位次、轿车的驾驶等两个方面的基本内容。

（一）轿车的位次

在正式的场合,与其他人一同乘坐轿车时,特别是在迎来送往时,难免会碰上轿车的座次问题。公司员工所遇到的轿车的座次,主要是指轿车上的位次与上下车的顺序问题。

1. 轿车上的位次。排定轿车上的具体位次时,一般不同数量座位的轿车,在排座时具体做法各异。而在同一种轿车上,驾车者的实际身份通常也会对排座构成明显的影响。常见的具体情况有:

一是双排四座轿车。当主人驾驶此种轿车时,其排座自高而低依次应为:副驾驶座、后排右座、后排左座。当专职司机驾驶此种轿车时,其排座自高而低依次则应为:后排右座、后排左座、副驾驶座(见图3-46)。

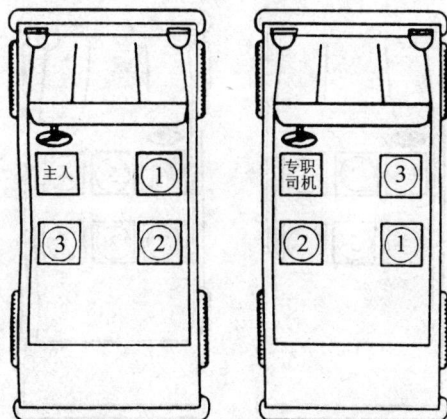

图3-46 双排四座轿车排座

二是双排五座轿车。当主人驾驶此种轿车时,其排座自高而低依次应为:副驾驶座、后排右座、后排左座、后排中座。当专职司机驾驶此种轿车时,其排座自高而低依次则应为:后排右座、后排左座、后排中座、副驾驶座(见图3-47)。

三是双排六座轿车。当主人驾驶此种轿车时,其排座自高而低依次应为:前排右座、前排中座、后排右座、后排左座、后排中座。当专职司机驾驶此种轿车时,其排座自高而低依次则应为:后排右座、后排左座、后排中座、前排右座、前排中座(见图3-48)。

四是三排七座轿车。当主人驾驶此种轿车时,其排座自高而低依次应为:副驾驶座、后排右座、后排左座、后排中座、中排右座、中排左座。当专职司机驾驶此种轿车时,其排座自高而低依次则应为:后排右座、后排左座、后排中座、中排右座、中排左座、副驾驶座(见图3-49)。

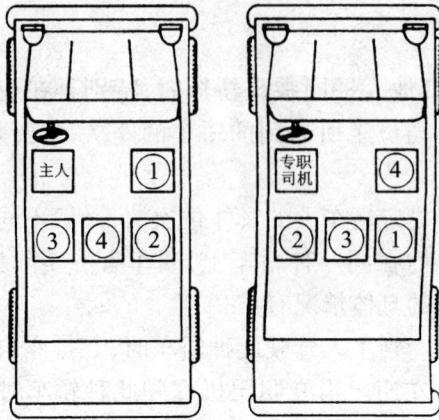

图 3 - 47　双排五座轿车排座

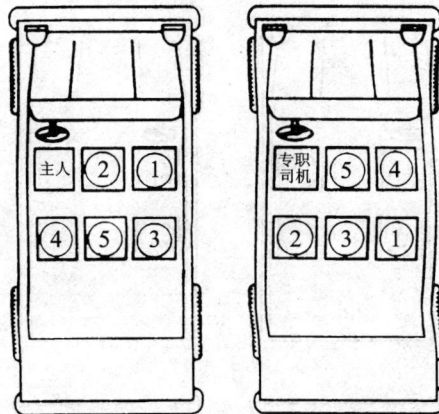

图 3 - 48　双排六座轿车排座

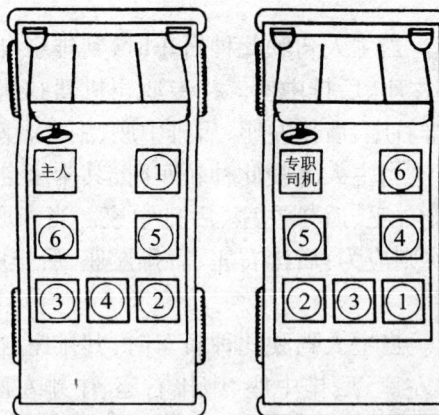

图 3 - 49　三排七座轿车排座

五是三排九座轿车。当主人驾驶此种轿车时,其排座自高而低依次应为:前排右座、前排中座、中排右座、中排中座、中排左座、后排右座、后排中座、后排左座。当专职司机驾驶此种轿车时,其排座自高而低依次则应为:中排右座、中排中座、中排左座、后排右座、后排中座、后排左座、前排右座、前排中座(见图3–50)。

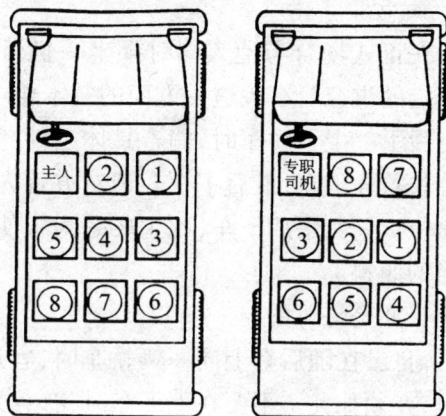

图3–50 三排九座轿车排座

六是多排座轿车。多排座轿车,在此是指四排座或者四排以上座位的轿车。不论由何人驾车,多排座轿车的排座皆须由前而后、自右而左,依照距离前门的远近排列(见图3–51)。

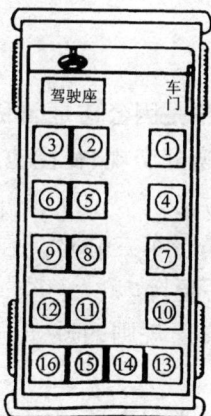

图3–51 多排座轿车排座

应予强调的是:在日常工作中,尤其是在较为正式的礼宾场合,公司员工大都乘坐双排四座轿车、双排五座轿车。在此情况下,需要排定座次的话,若同为自己人时,通常讲究以职务高低为序,或照顾妇女、长辈。若有客人时,则一般应将上座让予客人。

在正式场合,双排五座轿车的副驾驶座一般称为"随员座"。其就座之人,多为陪同人员,或是秘书、翻译、助理、陪同、保镖等等。让客人或尊长就座于此,往往是十分失礼的。

2. 上下车的顺序。在正式场合与他人同时乘坐一辆轿车时,公司员工上下轿车的先后顺序有着一定的讲究。有关这一方面的基本要求主要有二:

一是应请尊长先上后下。上下轿车时,倘若具体条件允许,一般均应请与自己乘坐同一辆轿车的尊长首先上车,最后下车。请对方首先上车,是为了请其优先选择自己所中意的座位。请其最后下车,则主要是为了使之在下车之际,有可能得到已先下车者适当的照料。

有时,尊长首先下车,亦是许可的。

当尊长首先上车后,自己在随后登上同一辆轿车时,宜从车后绕行至另外一侧的车门上车。下车时,亦须如此。不要在上下车时,有意无意之间妨碍对方。

二是应兼顾当时的条件。在与尊长同乘一辆轿车时,遵守符合礼仪的先后顺序自然理所应当。不过在具体执行这一规则时,切勿不顾当时的实际条件,在任何时候,讲究上下轿车时的先后顺序,都不宜忽略上下车时的方便与否的问题。例如,轿车停在马路旁,左侧车门循例不准开启,坐在后排左座的人若要先于坐在后排右座的人首先下车,不仅无形之中会给对方增添麻烦,给对方帮了倒忙,而且还会有做作之嫌。

(二) 轿车的驾驶

在日常生活里,公司员工不论是因公还是因私驾驶轿车,都应当自觉地遵守有关的驾车礼仪。具体而言,在遵守交规、礼让他人、注意安全等三个具体方面,驾驶轿车的公司员工尤须好自为之。

1. 遵守交规。俗话说:"走马行车三分险。"在驾驶轿车时,公司员工必须时刻以自觉地遵守交通规则为第一要旨。

公司员工在驾驶轿车时对交通规则的遵守,具体应当在以下三个方面得以充分的体现。

一是认真学习交通规则。在学习交通规则时,必须专心致志,认真细心,不仅要学会、弄懂,而且还要牢记不忘。在学习交通规则时,千万不要搞形式、走过场,自欺欺人只能害人害己。办理个人驾照时,必须合乎手续,符合有关的规定。

二是自觉执行交通规则。公司员工必须牢记:在交通规则面前人人平等。不管是否有人监督,或是因公因私驾驶轿车,公司员工均应自觉地执行交通规则,不得无照驾车或违规驾车。

三是诚恳服从交警管教。交通警察是交通规则的具体监督者。若要真正地、自觉地执行交通规则,就必须在驾驶轿车时不端架子、不搞特权,认真配合交通警察的管理。在违反交规时,则应虚心听取交通警察的批评,认真接受其处罚。

2. 礼让他人。公司员工在驾驶轿车时,切勿忘乎所以、目中无人,而是必须做到礼让别人、尊重别人。

一是礼让其他司机。不论开车还是停车,驾驶轿车的公司员工都要与其他司机互谅互让,和平共处。不要自觉高人一等、趾高气扬,切勿大开"霸王车",对其他司机蛮横无理。

二是礼让骑车之人。驾驶轿车时,对骑车之人亦应尊重。不要与之争抢道路。

三是礼让过路之人。驾驶轿车时,对过路行人尤须加以尊重。发现其穿过马路时,应尽量让其先行。雨天驾车时,要努力防止把雨水溅到行人的身上。

3. 注重安全。驾驶轿车时,公司员工务必要时刻注意行车安全。注意行车安全不仅利人而且利己。注意行车安全,首先要从小事做起。下述几点尤须注意:

一是不要不系安全带开车。开车时,假如不按规定系好安全带,一旦发生意外,对驾车者往往伤害更大。

二是不要脚穿拖鞋开车。脚穿拖鞋开车,有时会使驾车者刹车出现问题。穿厚底鞋开车,往往也不太合适。

三是不要边打电话边开车。一边打着车载电话或手提电话一边开车,只会使驾车者三心二意、用心不专。

四是不要边聊天边开车。在驾车时,与车内其他乘车人谈笑风生,往往也十分危险。

五是不要在饮酒之后开车。饮酒之后冒险驾车,是绝对不允许的危险行为。

六是不要在疲劳之时开车。通常认为,驾车者过分疲劳时,应当休息一段时间或是让他人代驾。

七是不要任意超高速开车。驾驶轿车时,必须依据车况与路况控制车速。任意超速、高速行车,搞不好便会险象环生。

八是不要在无驾照时开车。按规定,驾驶车辆均须提前进行专门的学习与资格鉴定。唯有取得正式驾驶执照者,方可正式驾驶车辆。无照驾车、借用他人驾照或持有假驾照驾车,都是不合法的行为,而且也是对自己和同车人员生命安全不负责任的行为。

九、住宿

在商务往来中接待外地来宾时,东道主一方自然不能不考虑对方的住宿问题。按照商务交往的惯例,来宾的住宿既可以由主人负责为其解决,又可以由来宾自行解决。对东道主一方而言,不论来宾具体采用何种方式解决住宿问题,均应主动向对方提供必要的帮助。

以下,分别简介一下住宿由主方负责与由来宾负责的具体不同要求。

(一)由主方负责

在一般情况下,在接待来宾时,东道主一方应主动提议为对方负责解决住宿问题。

由东道主一方负责来宾的住宿问题,有下列五个要点应予以充分注意。

1. 宾馆的档次。一般来讲,在接待商务客人时,均应将其安排在服务规范、设施完善、管理严格的宾馆里住宿。可能的话,正规的星级宾馆应当作为首选。若无特殊原因,不应将来宾尤其是重要的来宾安排在普通的旅馆、内部的招待所、员工的家里或者其他临时应付之处住宿。

选择具体的宾馆时,关键是要注意其档次。具体来说,需要考虑下述几点:

一是实际需要。目前,国内的星级宾馆一共分为五个级别:一星级宾馆讲究的是卫生,二星级宾馆讲究的是舒适,三星级宾馆讲究的是规模,四星级宾馆讲究的是豪华,五星级宾馆讲究的是文化。这些宾馆基本上已同国际水准接轨。主方为来宾进行具体安排时,应优先考虑对方的具体需要。

二是接待规格。在安排来宾住宿时,各家公司都有自己所内定的接待规格,对此理当严格参照执行,轻易不要随便更改。

三是待遇对等。倘若来宾一方曾经安排过我方人员的住宿,并且双方身份、地位又相近时,则我方在为对方安排住宿时,不妨参照对方的标准执行,以示双方"礼尚往来",待遇对等。

2. 口碑的好坏。为来宾选择住宿的具体地点时,要选择具有良好口碑的宾馆。一家星级宾馆口碑的好坏,实际上主要取决于如下两个方面。

一是宾馆的硬件。一家宾馆的硬件,在住宿客人眼里的直接体现就是其环境是否舒适、设施是否配套。一般来说,宾馆的内外环境至少应当赏心悦目,清洁卫生,不显陈旧。卧房、卫生间、浴室、餐厅等处应当能够满足客人的基本生活需求。此外,宾馆里还应拥有商务、通讯、健身、娱乐、医疗等常规配套的服务性设施。

二是宾馆的软件。对客人而言，一家宾馆的软件不仅包括其管理水准与服务水准，而且还包括其社会知名度与美誉度。这些要素，均是确定其社会评价的基本尺度。

3. 具体的位置。为来宾具体选择宾馆时，对其坐落的位置也颇有讲究。从总体上来看，对以下三个方面的问题应加以兼顾。

一是交通是否便利。选择宾馆时，交通条件需要首先加以考虑，具体包括：其一，要看宾馆周边交通状况是否顺畅。其二，要看宾馆距本公司的远近。其三，要看宾馆与主要交通枢纽的距离。

二是治安是否良好。为了维护来宾的人身安全，在选择宾馆时，必须对宾馆内部及其周边地区的治安情况有所了解。若治安方面存在欠缺的宾馆，其他条件再好也不应考虑。

三是市容是否优美。宾馆所在地区及其沿途市容、市貌的好坏，往往会直接影响到客人对宾馆乃至其所在城市的基本评价。因此，要尽力选择此类条件上佳的宾馆。

4. 客人的要求。东道主一方在负责为来宾选择宾馆时，不仅要多与对方进行协商，更要努力满足对方的一切合理要求。按照常规，客人在这一方面的具体要求主要可以分为下述三类：

一是有关房间方面的要求。星级宾馆里的正规客房，一般都分为总统套房、行政套房、高级客房、普通客房等多种类型。普通客房又有三人间、双人间与单人间之别。这些类型不同的房间，不仅其内在的配套设施与配套服务各有不同，而且具体的收费标准往往也相差悬殊。对所住客房，不同身份、不同能力、不同习惯的客人，通常有着各不相同的具体要求。

二是有关生活方面的要求。在安排来宾的客房时，还应照顾其具体的生活习惯。例如，有人喜欢朝阳的客房，有人则喜欢阴面的客房；有人喜欢临街的客房，有人则喜欢背街的客房；有人喜欢安静、易于观赏景致的客房，有人则对此无所谓。了解客人的此类要求，有助于主方安排住宿工作的顺利进行。

三是有关活动方面的要求。当客人大多数时间停留于宾馆之内时，往往还需要征求其对有关活动方面的一些要求。例如，客房与餐厅、会议室应最好位于同一主体建筑之内，宾馆附近应设有较为宽敞的停车场等等。此外，喜欢运动的客人大都希望宾馆之内应设有游泳池、健身室、桑拿房等等。

5. 合理的分配。在商务交往中，往往有可能在同一时间里将多方客人安排在同一家宾馆之内住宿。有时，东道主一方的有关人员还有可能陪同来宾一同住宿于某家宾馆之内。此刻，便产生了合理分配客房的问题。负责此项具体工作的人员，必须注意做到下列四点。

一是要坚持先宾后主。在同时向宾主双方的有关人员分配客房时,一定要优先照顾来宾,这是东道主一方待客的基本礼貌准则。

二是要做到平等待人。当同时安排多方来宾时,应当尽量将身份、地位相仿者安排在同一档次的客房之中,以示东道主一方对待来宾没有厚此薄彼。

三是要力求相对集中。为了便于统一行动与联络方便,应当尽量将来宾尤其是同一单位的来宾集中安排在同一宾馆、同一建筑、同一楼层之内。必要时,还应提供同一单位来宾在不同客房住宿者的姓名及电话号码。

四是要注意联络方便。当东道主一方派人陪同来宾在宾馆住宿时,应尽量将其客房安排在来宾所下榻的客房附近,并且将陪同人员的房间号码、电话号码、手机号码等一一告知陪同对象,以便对方随时与之保持联系,随叫随到。

(二)由来宾负责

目前,在商务交往中,为了在经济上分清责任或是为了自己的行动方便,不少公司在派员前往异地洽谈生意时,往往自行解决住宿问题,而不有劳于东道主。

当来宾自行解决住宿问题时,主要应在预先明确、提前预订、要求协助等三个具体方面予以注意。

1. 预先明确。如果来宾决定自行解决住宿问题,则一定要尽可能早一些告知接待方,明确此事,以防止对方为此劳而无功。具体而言,来宾向接待方预先明确自行负责住宿时,务必要做到详尽、准确。它通常又分为下述几种具体情况,不宜混为一谈。

一是完全自行负责。它是指自寻觅、预订直至缴费、离去这一系列过程完全都由来宾自己负责。

二是自行负责缴费。它指的是住宿宾馆的具体费用由来宾自己负责,而在其他方面则往往需要接待方提供一些必要的协助。

三是自行负责联络。有些来宾,因为生活习惯或者其他方面的个人偏好,喜欢自己联络中意的宾馆,或者喜欢在以前自己住过的宾馆及其连锁宾馆里下榻,所以愿意由自己指定、联络宾馆。

2. 提前预订。由于宾馆在接待上具有显著的旺季与淡季之分,为了确保自己在住宿方面称心如意,来宾可以自己出面提前预订宾馆的房间。有时,亦可委托接待方代劳。

需要提前预订宾馆的客房时,下述两点一定要多加注意。

一是方法得当。目前,向星级宾馆提前预订客房,主要有如下三种可行的具体方法:

其一,临时性预订。此种预订方法最为简单。它指的是来宾在抵达某地之前,或者抵达某地的当天,向拟住宿的宾馆所进行的不预交订金的预订。有时,此种方法亦称预约。

其二,确认性预订。它指的是来宾预订客房之后,这些客房将被宾馆保留至双方事先商定的某一特定时间。这一预先约定的具体时间超过以后,那些预订的客房将不再为来宾预留。进行确认性预订,可采用口头确认与书面确认等具体的方式。具体来说,打电话、发传真、发电子邮件等等,都是可行的。不论是在国内还是在国外,这些方法时下最为通行。

其三,保证性确认。它指的是来宾在预订房间时,按照宾馆的要求,以预付订金、押存支票或订立合同的方式,向宾馆所做出的保证。一般而言,此种预订方式往往被视为万无一失,最为保险。

按照经验,在以上三种预订客房的方法之中,后两种方法较受宾馆方面的欢迎,因而也较为常用。

二是内容具体。向宾馆预订客房时,有关人员一定要在具体内容上细致入微,以免误事。必要时,在通报完相关内容后,还需要一一加以确认。

其一,要明确所订客房的情况。在预订房间时,不仅要明确房间的间数、档次,而且还应具体确定其所在楼层、朝向以及房间号等等。

其二,要明确时间方面的内容。预订客房时,一定要明确下列三个方面的具体时间:其一,抵达与离开的日期。其二,抵达的具体时刻。其三,要求确认预订的最后时间。

其三,要明确费用方面的细节。预订客房之时,对于所订房间的报价、实价、折扣以及是否提供免费早餐等等,均应一一不厌其烦地予以明确。如果此时图省事,事后就有可能会吃亏。

其四,要确定联系人。为了便于宾馆与客房预订者之间进行必要的联系,通常在预订客房时不仅要留下专门的联系人员姓名,而且还应当向对方提供有效的联络方式。

其五,要确定有效期。在预订客房时,宾馆一方通常会向客人提出一定的"有效期",以示"过期不候"。因此,预订者应对此予以明确。需要指出的是,一旦来宾自己决定放弃预订而另择他处住宿,亦须向宾馆及时进行通报,以免对方浪费资源。

3. 要求协助。有时,来宾在自行解决住宿时,往往也会要求接待方提供一些必要的协助。来宾在提出此类要求时,不能对接待方过于苛求。接待方则应对来宾提出的此类要求尽力予以满足。

来宾在此方面所提出的要求,大体上会有下列三种:

一是有关资讯。本地宾馆的分布情况、不同宾馆的服务特色、宾馆的正常收费标准等等有关资讯,往往都是来宾所关心并有可能要求接待方予以提供的。

二是交通工具。有些来宾为了来去与外出活动的方便,有时会要求接待方为之提供轿车等交通工具,以满足其实际需要。

三是陪同人员。来宾为了工作上的便利、行动上的自由,或是为了更好地开展工作、更为深入地了解本地的情况,有时会主动要求接待方为其提供陪同人员,从而能够得到必要的服务。

十、礼品

在商务交往中,会经常遇到与礼品相关的问题。公司员工就此不仅需要表明本人的态度,而且还应采取相应的行动。美国商务礼仪专家简·亚格尔指出:一般说来,商务上的礼品互赠是为了传递善意。赠送礼品乃是一种方式,表明赠送者对他人感兴趣。送礼表明了在一个特殊的场合或事件中,赠送者愿意花费时间与精力关心他人的生活。

礼品又称礼物,在商务交往中,它指的是为了表示尊重、庆贺或纪念而向他人正式赠送的物品。按照礼仪规范,礼品礼仪的核心问题是"送什么"与"如何送",此二者亦被称做礼品礼仪的基本要素。

(一)选择礼品

在商务交往中,不管向何人赠送礼品,首先都会面临"送什么"这一基本问题。选择礼品,实际上就是指对这一基本问题的具体处理。倘若向他人赠送礼品时,在"送什么"上产生了问题,则必将直接对双方关系构成影响,甚至酿成事端。

在较为正式的商务交往中,每一家公司在为其交往对象选择礼品的具体品种时,通常都应在礼品定位、因人而异、因事而异、公私有别等四个具体方面重点加以考虑。

1. 礼品定位。所谓礼品定位,此处是指礼品所具有的基本属性。在不同场合里,所赠送的礼品在其具体定位上显然应当有所区别。

按照惯例,在正式商务交往中,以公司名义向他人赠送的礼品大都应当具有下述四个方面的基本属性。

一是宣传性。以公司名义郑重其事地向他人赠送礼品,显然不是随意而为,或者为赠送礼品而赠送礼品,而是具有十分明显的目的性。简而言之,任何一家公司对外赠送礼品的主要目的之一,就是要宣传自己。

既然如此,在选择以公司名义对外赠送的礼品时,要直接或间接地使其具有向外界宣传、介绍、推广本公司的产品、技术、服务,乃至企业形象的功能。因此,本公司的主打产品、宣传画册、企业标志、建筑模型等等,皆可充当正式的礼品。

二是纪念性。在商务往来之中,往往有一些重要的时间、重要的事件、重要的活动,诸如公司成立、厂房奠基、产品下线、店铺剪彩、展览揭幕、合同签署、企业合并、荣获嘉奖等等,值得有关方面纪念。在此类活动中,以公司名义正式向外界赠送的礼品,往往首先需要突出其纪念性特征。

在一般情况下,合影照、纪念册、标志牌、专用卡以及其他各类印有纪念性字句或图案的物品,都是带有明显纪念性特征的常规商务礼品。

三是趣味性。在商界,人们在评价或看好某人时,通常都多多少少地涉及其个人品位。因此,以公司名义正式向外界赠送礼品,不一定非要强调其"含金量",不应对其文化底蕴、志趣品位稍有疏忽。

与民间交往中喜欢选择烟、酒、茶、果等日常生活用品作为礼品所不同的是,商界常常选用的礼品多为书籍、字画、邮票、雕塑、文具、皮具等具有一定文化含量与档次的礼品。此外,这一类礼品的时尚与否也颇受重视。

四是业务性。出于实用方面的具体考虑,以公司名义向外界正式赠送的礼品,尤其是向同行赠送的礼品,往往与受赠者的业务有关。

诸如钢笔、电脑、名片夹、记事簿、公文箱等办公用品,或者领带、皮带、衬衫、手表、化妆品等商务人员常用的妆饰之物,均是常见的既实用又受欢迎的礼品。在商务往来中,此类礼品屡见不鲜。在选择此类礼品时,应将礼品的品牌与档次直接挂起钩来,对于这一点应予以一定程度的关注。

2. 因人而异。在具体替某一位受赠对象选择礼品时,务必要注意具体对象具体对待。在选择礼品时坚持因人而异,才是对受赠对象尊重的最佳表示。

在商务交往选择礼品时要真正做到因人而异,关键是要认真做到以下六个"有别"。

一是男女有别。一般而言,为同性选择礼品时顾虑较少,而在为异性选择礼品时则须三思而行。那些易于引起异性误会的私人用品,通常均应被排除在外。

二是长幼有别。不同年龄之人,对于礼品的需要与对时尚的关注存在着一定的差别。在选择礼品时,对受赠者的具体年龄应了解清楚。

三是行业有别。在社会上,人们有着不同的社会分工,而且各行有各行的讲究与禁忌。因此,选择礼品时应兼顾受赠者所在行业的具体状况。

四是兴趣有别。每个人由于其受教育程度、社会地位、个人性格的不同,往往在自身兴趣方面相差甚远。选择礼品时,最好能对这一方面的情况予以考虑。

五是亲疏有别。在人际交往中,亲疏有别是一种客观存在的现象。为他人选择礼品时,首先认真评估一下双方之间当前的关系密切与否,往往是十分必要的。

六是习俗有别。在不同地区、不同民族、不同国家之间,人们对于同样一种礼品通常会产生不同的理解。有鉴于此,在为来自其他地区、其他民族、其他国家的人士选择礼品时,首先要对其习俗方面的讲究有所了解。

3. 因事而异。在商务交往之中,不论向个人还是向单位赠送礼品,往往都需要有一个具体的事由。送礼的具体事由不同,所选择的具体礼品自然会存在一定的差异,此即所谓选择礼品时的因事而异。

按照惯例,以具体事由进行区分,公司向他人赠送礼品大都意在宣传、纪念、庆祝、慰问、感谢、贺喜或者示好。若想真正达到目的,选择礼品时就必须注意因事而异。

一是宣传。用以进行宣传的礼品,既要达到自我推介、强化印象、激发好感、争取认同的目的,又要力戒生硬、死板、乏味,或者千人一面,毫无特色可言。

二是纪念。用做纪念之物的礼品,应当着重突出其亲切、温馨之感,最好能够令人爱不释手,难以忘怀。礼品若在这些方面一无是处,乏善可陈,便是一种失败。

三是庆祝。当交往对象有值得庆贺之事时,理当奉上庆祝之礼,如鲜花、贺幛等等,为对方的喜庆气氛增添色彩。

四是慰问。用以慰问他人的礼品,多在对方遭逢困难、挫折、伤病或其他不幸之事时送出。它重在表达支持、鼓励对方之意。

五是感谢。感恩之心长存,是做人所应具备的一种基本教养。在必要时,以适当的具有个性化的礼品专门向帮助、支持过自己的单位或人士致以谢意,往往十分必要。

六是贺喜。当其他单位或个人遇有喜事之时,向其赠送道喜礼品,不仅可以略表寸心,而且往往也意味着双边关系较为密切。

七是示好。有些时候,选择交往对象所需要或所爱好之物作为礼品相赠,可以表现出对对方的友好与亲善。此类礼品,大都讲究的是"礼轻情义重"。

4. 公私有别。在商务交往中赠送礼品时,就受赠对象而言,有单位与个人之分。向个人赠送的礼品,又有向多人赠送与向一人赠送之别。对此应当有所区分,要注意公私有别。具体而言,就是单位与个人有别,多人与一人有别。

一是单位与个人有别。在商务交往中,向单位赠送的礼品与向个人赠送的礼品往往具有十分明显的差异。

在商务交往中向单位赠送的礼品,通常讲究外观醒目,风格凝重,寓意明确,易于陈设。鲜花、锦旗、匾额、雕塑、瓷瓶以及其他类型的艺术品、纪念品都是人们用来向单位赠送礼品时的首选之物。

在商务交往中向个人赠送的礼品,则往往侧重于品牌、品位、材质、设计、式样、时尚、功能等等方面。比较而言,向个人赠送礼品比向单位赠送礼品选择的余地显然要大许多。

二是多人与一人有别。在商务交往中,经常需要同时向多名客人送出礼品,它一般称做集体赠送或多人赠送。向多人同时赠送的礼品,关键是要讲究下列三条:其一,要适应大多数人的需要。其二,要求具体品种基本相同。其三,要在总体数量上确保人人有份。

与向多人同时赠送礼品所不同的是,在商务交往中向单独的某一位人士所赠送的礼品往往更注重兼顾对方的独特偏好。倘若在此方面匠心独运、高人一筹,自然会使对方产生备受重视之感。

(二)赠送礼品

在礼品礼仪中,解决了"送什么"之后,随之就会出现一个"如何送"的问题。假如说前者属于赠送礼品的内容,那么后者则属于赠送礼品的形式。应当确认的是,赠送礼品时,形式与内容往往同样重要。内容有可能决定形式,形式则必然表现内容。因此,法国大文学家高乃依才会说:赠送礼品的形式比礼品本身更重要。

一般而言,在商务交往中向他人赠送礼品时,在其具体形式上大都应当处理好时间、地点、人物、方法等四个方面的具体问题。

1. 时间。赠送礼品的具体时间,往往有一定之规。向其他单位或个人赠送礼品,在时间方面主要应当考虑常规的时机与具体的时刻等两点。

一是常规的时机。按照人们的习惯性做法,有些时间,循例应向交往对象赠送礼品,此即所谓赠送礼品的常规时机。它们主要是:

其一,节假日。逢年过节,或者其他一些重要的假日,人们大都免不了要互赠礼品。

其二,庆贺日。当交往对象值得庆贺之日来临之际,向其赠送礼品被视为人之常情。

其三,纪念日。在交往对象的某些重要纪念日到来时,其亲朋好友往往习惯于向其赠送礼品。

其四,拜访日。登门拜访他人,尤其是对对方进行初次拜访时,人们一般不会空手而去。

其五,接待日。以公司名义正式接待来宾时,通常会向对方赠送一些具有纪念意义或宣传性质的礼品。

其六,推广日。在记者招待会、产品发布会、大型博览会上,为了进行产品、技术、服务的推广,时常要备有一些具有公关作用的赠品。

其七,告别日。当重要客人离开之前,有时也会向对方赠送一些礼品。

二是具体的时刻。在商务交往中赠送礼品的具体时刻,通常亦有约定俗成的做法。赠送礼品的具体时刻无论是过早还是过晚,往往都是不适当的。

依照常规,前往他人工作之处或者其居所作客时,一般讲究应在见面之初将礼品赠予对方。这种做法,俗称"见面礼",它往往会令双方的交往有一个良好而愉快的开始。

当自己以东道主的身份接待来宾时,通常宜在对方告辞之前再向对方赠送礼品。如此操作,才不至于显得过于唐突。具体来讲,既可以在为对方所举行的告别宴会上向对方赠送礼品,也可以在对方临行之际,前往其下榻之处为其送行时再向对方赠送礼品。

2. 地点。赠送礼品时,选择什么样的具体地点值得斟酌。一般来讲,在选择向他人赠送礼品的具体地点时,应注意公私有别。为了做到这一点,通常讲究因公交往中所赠送的礼品在办公地点赠送,私人交往中所赠送的礼品则宜在私人居所赠送。

在实际操作中,以公司名义向其他单位或个人赠送礼品,大多选择以下地点:

一是所在单位。这是在商务交往中赠送礼品时所选择最多的地点。有所区别的是,自己充当主人时,赠送礼品的地点多为本单位;自己充当客人时,赠送礼品的地点则多为对方的所在单位。

二是工作现场。在举办招待会、座谈会、庆祝会、发布会、展示会等时,用以赠送于人的礼品多选择在工作现场向受赠者相赠。

三是公开场所。向其他单位所赠送的礼品,或者向其他个人所赠送的礼品具有一定的社会意义时,往往可以选择一些较为公开的场所,例如大会会场、宴会厅或者贵宾室,此种做法意在扩大影响。

四是本人居所。向个人所赠送的一般性礼品,通常均可在对方的家中或者其临时性的住所之中进行。按照惯例,向个人赠送礼品通常不宜公开进行。

3. 人物。向其他单位或个人正式赠送礼品时,必须认真考虑赠送方具体应由何人出面。在受赠者看来,它往往是礼品档次的重要组成部分。

在商务交往中,正式出面代表本单位向其他单位或个人赠送礼品的具体人员,大体上可能会有以下几类:

一是单位的负责人员。向其他单位或个人赠送礼品时,若由本单位负责人亲自出马,不仅会令这一行为本身显得郑重其事,而且往往也表达了本单位对此事格外重视。

二是委托指定的人员。有时,本单位负责人因故不能亲自出面,便会特意指定某位部门负责人作为自己的代表到场。这类人员,往往被视为地位重要的"特使"。

三是专管接待的人员。为了简化程序,在实际工作中,向其他单位或个人赠送礼品有时会由本单位的公关、礼宾人员或者办公室工作人员等专门具体负责接待工作的人员直接出面。

四是工作对口的人员。向外单位的一般工作人员或者社会上的人士赠送较为普通的礼品,有时也可由与对方直接接触的工作人员负责。

五是外面委托的人员。向外单位或身处异地者赠送礼品,除可以委派"特使"之外,亦可委托顺道之人代劳,或者出资通过邮局、快递等操办。

4.方法。在正式的商务交往中向其他单位或个人赠送礼品时,对一些具体的做法必须重视。根据礼仪规范,主要应当在礼品的装饰、礼品的移交、礼品的说明等三个具体方面加以注意。

一是礼品的装饰。不论是向单位还是向个人赠送礼品,均应对其进行必要的装饰。礼品装饰与否和装饰的好坏,直接影响到礼品的档次。

其一,应使礼品整洁如新。赠送礼品前,一定要对礼品认真检查,凡陈旧、过时、不洁或者出现残缺、故障等问题的物品,均不应送人。

其二,应对礼品认真包装。依照惯例,凡正式向其他单位或个人赠送的礼品皆应加以认真、规范的包装。对礼品加以认真、规范的包装,通常被视为对受赠者的高度重视。

二是礼品的移交。在实际操作中,将礼品如何移交给受赠者,是赠送者必须精心考虑的。在正常情况下,任何正式的礼品,均应由赠送者移交给受赠对象,而不应由对方自取。向受赠者正式移交礼品的具体方法有两种:

其一,面交实物。通常赠送给其他单位、个人的礼品,均应由赠送者当场向受赠者呈上实物。

其二,面交礼单。假如礼品过于庞大、沉重,或者数量巨大,有时亦可由赠送者向受赠者呈上一份注明礼品具体内容、数量的礼单。此后,再据此以一定方式向对方移交实物。

三是礼品的说明。当赠送者向受赠者赠送礼品时,往往有必要就礼品的寓意、价值、用途、特征进行适当的说明。

其一,说明寓意。阐明礼品本身的象征性意义,往往会引起人们对它的重视。

其二,说明价值。对礼品普通价值与特殊价值,有时需要酌情进行说明。

其三,说明用途。当受赠者对礼品缺乏了解时,不妨对其用途、用法略加介绍。

其四,说明特征。向受赠者指出礼品的特殊之处,亦有可能使对方对礼品刮目相看。

下编 涉外交往的礼仪规范

随着中国经济的可持续发展,国内公司和个人的对外交往日益增多。与此同时,受世界经济全球化的影响,中国的经济发展正在变得越来越具有国际意义。

在此背景下,国内公司的从业人员自然需要面对世界、了解世界,并且走向世界。但是,过去长时期的封闭使多数中国人包括公司从业人员在内,对中国之外的世界缺乏了解,而各国、各地区的生活习惯和风俗又各不相同。所以,中国人尤其是国内公司的员工非常有必要学习并掌握涉外交往的礼仪规范。

涉外交往的礼仪规范,亦称涉外交际礼仪,它具体是指中国人与外国人进行交往与沟通时所应遵守的行为规范。它既包括中国人对外进行交往的规则,又包括中国人与外国人相互沟通的技巧。形象地讲,它就好比国际"交通规则"一般,是每一位国际社会的"行人"均须自觉恪守的。

第四章

涉外交往的一般原则

具体而言，涉外交际礼仪包罗万象，涉及面甚广。从个人的衣、食、住、行，公务的迎、送、访、谈，到社交的赠、娱、宴、游，以及日常生活里的风俗习惯，无不包括在涉外交际礼仪的范围之内。

参与国际交往的公司员工，固然对涉外交际礼仪掌握得越多越好，所谓"礼多人不怪"，中外皆是如此。但是人们的精力毕竟有限，在实际工作与生活中，指望每一名公司员工都成为涉外交际礼仪的专家，是不大现实的。

其实，对公司员工而言，在学习与运用涉外交际礼仪时，最重要的是要在人际交往中树立"中外有别"的意识，同时认真地掌握有关涉外交际礼仪的一般原则。做到了这一点，就能够开阔自己的视野，在大是大非的原则性问题上就不会出现差错。做到了这一点，还有利于自己在涉外交往中运用礼仪规范时举重若轻，得心应手。

就总体来看，涉外交往的一般原则实际上就是中国人参与涉外交往时所须遵循的指导方针，它具体包括首轮效应、角色定位、双向沟通、三A敬人、不卑不亢、女士优先等等。

一、首轮效应

在如今市场竞争日趋激烈的环境下，现代企业都十分关注自身形象的塑造。"内强素质，外塑形象"早已成为各家公司的共识。在涉外交往中，不论公司的整体形象还是公司员工的个人形象，均应受到高度的关注。

首轮效应原则所讨论的，主要就是一个人或一家公司所留给他人的客观印象是如何形成的问题。换言之，它是一种有关个人形象、公司形象成因及其塑造的理论。因此，参与对外交往的每一名公司员工，都有必要通晓此项原则。

首轮效应原则的基本含义是：人们在日常交往中，初次接触某一个人或某一事物时所产生的即刻印象，通常会在自己对该人或该事物的具体认知方面发挥明显的、甚至是举足轻重的作用。在人际交往活动中,此种认知的好坏往往有可能直接地影响或制约着交往双方的关系。

具体而论,学习和掌握首轮效应原则,关键是要在下列四个方面进一步提高自己的认识。

（一）第一印象

首轮效应原则指出:在人际交往中,或者是在平时接触某一事物的具体过程中,人们对于自己的交往对象或接触的事物所产生的印象,特别是在双方初次交往或初次接触时,所产生的对于该人、该事物的第一印象,往往是至关重要的。这种印象尤其是第一印象的好坏,通常不仅会直接左右着人们对自己的交往对象或所接触事物的评价的高低,而且在很大程度上还会决定着此后双边关系的优劣,或者人们对某一事物的接受与否。

一言以蔽之,首轮效应的这一观点实际上是在着重强调:不论在人际交往中,还是在人们接触某一事物之际,第一印象都十分重要。人们对于某一个人或某一事物第一印象的好坏,往往会在自己与对方交往或接触的过程中发挥决定性的作用。

正因为如此,有人将首轮效应称为第一印象效应,并进而将首轮效应原则称做"第一印象决定论"。

例如,在日常的涉外交往中,人们对某人评价不佳,说他"没有教养","素质不高","不修边幅",实际上这些看法往往来自与对方初次相逢时,对对方的满口粗话、举止放肆、目中无人、蓬头垢面或者衣着不雅所产生的种种不良的第一印象。

人们平时对某一个人或者某一事物所产生的第一印象,通常都是在自己亲眼见到对方之后的一刹那之间形成的。心理学实验早已证明:人们在接触某一个人或者某一事物时,肯定会对对方产生第一眼印象。这种在瞬间之内所形成的第一眼印象,一般只需要用30秒钟左右的时间。对绝大多数人而言,他们对某一个人或者某一事物的第一印象的形成,往往是下意识地,甚至只需不到3秒钟的时间。也就是说,第一印象实际上就是第一眼印象。

了解了第一印象的重要作用及其形成方式之后,首轮效应原则在这一方面对公司及其员工的主要启示有两点:

1. 关注"第一印象"。 每一名公司员工在涉外交往中都要力求使交往对象对自己产生较好的第一印象。俗话说:一个美好的开端,往往意味着此后的一帆风顺。唯有如此,在涉外交往中外方才容易接受我方,双方才易于和睦相处。即使小有摩擦,也不至于升级,甚至酿成重大事端。

2. 关注"初次亮相"。 每一家公司在国际市场这个大舞台上"表演"时,都要努力做好自己的"初次亮相"。一家公司一旦立志步入国际市场,既要了解国际惯例,遵守游戏规则,又要有意识地力求使自己"闪亮"登场,令国内外公众对自己产生良好的第一印象。所谓"千里之行,始于足下",倘若社会公众一开始就对本公司留下了良好印象,在以后的商务交往中就容易认同和接受本公司。

（二）心理定势

首轮效应原则认为:人们对于某一个人、某一事物所产生的第一印象一旦形成,往往就会使其在交往应酬之中形成某些重要的心理定势。这种因第一印象而形成的心理定势,主要涉及下列两点:

1. 非理性。 一般而言,人们对某一个人或者某一事物所产生的第一印象,通常都是非理性的。从某种程度上讲,人们对某一个人或者某一事物所产生的第一印象的好坏,主要基于对方在双方接触之初的具体表现,以及自己依据以往的生活经验对其所进行的即刻判断。就这种即刻判断而论,它往往出自一种迅速的、本能的反应或者一种经验化、情绪化的感觉,并非一定需要循规蹈矩地进行多么复杂的理性思维或多么缜密的逻辑演绎。

事实上,人们或多或少都会有过这样的人生体验:自己对某一个人或某一事物的看法与评价,主要来自自己与对方初次接触时所产生的一种感觉。这种感觉的产生,既与自己的知识、阅历有关,更受到自己当时的心态、情绪以及周边环境的制约。它与对方其他一些方面的重要情况,如对方所进行的自我介绍、对方既往的表现、外界对对方已有的客观评价等等,并不一定存在直接的因果关系。

尽管非理性的第一印象未必全面、客观、正确地反映了对方的情况,但它是一种客观存在,并且在人际交往中起着一定的作用。对此,必须予以承认。

2. 不可逆性。 在现实生活中,人们对某一个人、某一事物所产生的第一印象一旦形成之后,往往就会令人产生某种心理定势,并变得不可逆转。此即所谓第一印象的不可逆性。

从总体上来说,形成对某一个人、某一事物接触之初的第一印象,虽然仅仅属于自己对对方的一种初步的了解和判断,但却对彼此双方此后的交往、沟通、互动与认同产生重大影响。实际上,它往往起着使人际交往继续或停止,使人们对某一事物接受或排斥的关键作用,此即第一印象不可逆性的具体表现。

以涉外交往为例,人们假如对于某人的第一印象甚佳,那么对此后在与对方进一步的接触中所感知的一些负面因素,往往也会不甚介意,甚至完全将其忽略。人们如果对于某人的第一印象欠佳的话,那么此后不管对方表现如何,不管外界对其作何评价,都难以扭转自己对对方最初形成的"一成不变"的看法。

实践证明:人们对某一个人、某一事物所产生的第一印象,基本上都是比较准确,比较可靠的。第一印象一旦形成之后,若再想去改变它,不仅非常麻烦,而且搞不好还有可能会弄巧成拙,适得其反。因此,全体公司员工都必须意识到:在国内外交往中,努力给外界留下自己良好的第一印象是非常重要的。相对而言,这样做比不良的第一印象形成后再去采取补救性措施,肯定会容易得多。

(三) 制约要素

首轮效应原则认为:人们对某一个人、某一事物所产生的第一印象,主要来自彼此双方交往、接触之初所获取的一些重要信息,以及据此对对方在基本特征方面所作出的即刻判断。在此,那些人们在与某一个人、某一事物交往、接触之初所获取的据此判断对方基本特征的信息,即为第一印象产生的主要制约要素。

既然第一印象的形成主要取决于某些制约要素,那么要想在平日给他人留下良好的第一印象,主要就有赖于了解那些发挥关键作用的制约要素,并且因势利导,采取一切行之有效的措施,促使其产生积极作用。

具体而论,一名公司员工或一家公司在留给外界第一印象时,所发挥关键作用的制约要素往往各不相同。下面,将主要就涉外交往中的主要制约因素略作介绍。

1. 外界对个人产生第一印象的制约因素。对一名公司员工来说,外界对其产生第一印象的主要制约因素涉及以下五个方面:

一是仪容。在外人面前,一名公司员工如果仪表干净、整洁、清爽,相貌端正可人,往往就比较容易使外人对其产生好感。若是其全身脏兮兮,外形丑陋不堪,自然就难以为外人所欣赏。

二是仪态。在人际交往中,由一个人的举止与表情所构成的仪态,如同一种"身体语言",同样可以向外界传递其思想,情感与态度。据此,外人可对其个人阅历、教养、气质与风度做出评价。

三是服饰。在现实生活里,一名公司员工的穿着打扮不仅仅与其岗位、身份直接相关,而且也被视为其自身修养与审美品位的真实写照。与外籍人士打交道时切记:对方往往习惯于以"衣帽取人"。

四是语言。有道是"言为心声"。一个人的言谈话语,不仅仅可以传递具体信息,而且还会袒露其心态、涵养、见识以及对待他人尊重与否。

五是应酬。在人际交往中,人们都难以回避待人接物的问题,此即所谓应酬。不可否认的是,一个人在待人接物之际的所作所为,往往会令外人产生深刻的印象。

2. 外界对公司产生第一印象的制约因素。对一家公司来讲,外界对其产生第一印象的主要制约因素涉及以下四个方面：

一是综合实力。一家公司口碑的好坏，关键是要看其在市场竞争中所体现出的综合实力的强弱。说到底，如果公司自身实力不强，在任何场合均无其地位可言。

二是产品服务。产品与服务，是每一家公司服务于社会的关键所在，同时也是社会各界对其做出评价的基本指标。不重视自己的产品与服务，公司便会失去立足之本。

三是媒体宣传。在公众舆论一定程度上为媒体所左右的情况下，人们对一家公司的了解，多半出自媒体对其所进行的相关报道。

四是团队精神。一家优秀的公司，必定在外求发展的同时，重视内部团结，倡导团队精神，重视培养全体员工对本公司的向心力与凝聚力。

应当说明的是，因为人们对某一个人、某一事物所产生的第一印象的制约要素各不相同，而且这些制约要素往往又各自发挥着不同的作用，所以若想使他人对自身形成良好的第一印象，就必须分别从上述几个方面同时着手。不然的话，自己的努力就很可能事倍功半，甚至劳而无功。

（四）形象塑造

从本质上看，首轮效应原则实际上是一种有关形象塑造的理论。在人际交往中，尤其是在涉外交往中，之所以强调第一印象的重要性，目的就是要维护好自身形象，塑造好自身形象。

1. 形象的功能。公司的全体从业人员都必须明确：不论是员工个人形象还是公司整体形象，在商务交往中尤其是在涉外商务交往中，都具有十分重要的价值。

一是宣传功能。首先，形象是一种宣传。在商务交往中，员工形象、公司形象好，就会使其交往对象交口称道，并且形成连锁反应，被广为传播，进而为公司吸引来更多的合作者。

二是品牌功能。人所共知，形象是一种品牌，在市场经济体制下，拥有一种乃至数种知名的商品品牌，往往会带给自己巨大的效益。倘若一家公司的员工形象与公司形象真正被社会所认同，并且好评不断，久而久之，就会形成一种难能可贵的"形象品牌"。

三是服务功能。形象是一种服务，在实际工作中，员工个人形象与公司整体形象好，不仅会使服务对象对自己产生好感，而且还易于使为对方所提供的服务获得更好的认同与评价。

四是效益功能。形象是一种效益，就形象塑造而言，投入与产出都是非常高的。一家公司的公司形象与员工形象俱佳,必定会促使其获得更好的经济效益与社会效益。

2.理想的形象。就公司形象与员工形象二者比较而言,每一名公司员工维护公司形象的最佳做法,就是要维护好自身形象。在外人面前,每一名员工的个人形象往往都被视为其所在公司整体形象的表现。换而言之,在一般人眼里,员工的个人形象通常要比公司的整体形象显得更为直观、生动。

一般来说,根据现行的社会价值观,一名公司员工的理想形象,至少应由下列五点构成:

一是遵纪守法。一名优秀的公司员工,在任何情况下,都应当自觉地、模范地遵守国家法律和公司的规章制度,并且认真地遵守社会公德。

二是爱岗敬业。在日常工作中,每一名公司员工都要热爱自己所在的公司,热爱自己所在的工作岗位,努力做好本职工作,并且积极钻研业务,力求精益求精。

三是团结协作。任何现代化企业的工作,都离不开分工与协作。因此,一名优秀的公司员工必须懂得服从上级、团结同事、爱护部下、尊重同行,具有团队意识,善于进行集体协作。

四是尊重他人。一名公司员工,不论对待公司同事还是对待外人,不论对待上司还是对待下属,不论对待重要客户还是竞争对手,都要文明得体、尊重对方。

五是朝气蓬勃。一名优秀的公司员工,必定注重维护自己的外表。在他人眼里,一名优秀的公司员工应当总是显得干净整洁、衣着得体、举止有方、谈吐文雅、待人和蔼、朝气蓬勃。

二、角色定位

在商务交往中,待人接物的基本之道是"看对象,讲规矩。"讲得再明白一些,就是要首先区分对象,然后根据具体对象的不同,分别按不同的规矩办事。

"看对象,讲规矩"的关键之处,就是要求待人接物必须因人而异,切切不可不理会自己所面对的具体对象,而一味地以不变应万变。

例如,在宴会上饮酒时,许多国人认为"干杯为敬",要是客人喝得不尽兴甚至不醉倒,主人总觉得有些对不住对方。因此,主人总要不断地为客人"满上一杯",并且再三劝对方"干杯"。可是在不少国家里,人们喝酒时讲究的是量力而行。不分对象地向对方再三劝酒,往往会使对方勉为其难,甚至恼羞成怒。

从礼仪上来讲,"看对象,讲规矩"其实指的就是角色定位问题。角色定位,是礼仪的基本原则之一。它的主要含义是:在任何形式的人际交往中,交往双方都应首先明确在当时特定的条件下,彼此扮演着何种角色。只有正确地确定了双方当时各自所应扮演的特定角色,才有可能使自己在彼此交往中表现到位,才有可能促成此次交往的成功。

具体而言,角色定位原则是由下述三个要点构成的。它们相辅相成,互为表里,不可分割。

(一) 确定角色

角色定位原则认为,每个人在日常生活中都扮演着一定的角色。而在具体不同的场合里,同一个人往往又需要扮演各不相同的角色。

所谓角色,一般是指现实生活中某一类型的人物。所谓定位,则通常指的是将人们置于特定的位置之上,并据此做出相应的评价。一般而言,角色定位实际上是指社会舆论对处于某一特定位置上的人士的常规要求或限制。由此可见,在商务活动中,上至公司的董事长、总经理,下到公司的每一名普通员工,都存在一个自身的角色定位问题。角色定位的核心问题是首先要为自己确定恰如其分的角色。

在公司礼仪里,确定角色,主要是要求每一名公司员工都要清楚自己在商务交往中此时此刻是何角色,并且还要善于随着自己所处场合提出的不同要求,及时地调整自己的角色。简而言之,确定角色的核心之点,就是要求每一名公司员工在自己的工作岗位上"干什么,像什么"。

要真正做到"干什么,像什么",下述五点是每一名公司员工必须注意的:

1. 主次有别。在实际工作中,出于工作需要和分工不同,公司员工的具体工作自然存在着上级与下级的区别。分工不同,往往会对每一名员工提出不同的具体要求。因此,每一名员工在实际工作中都要注意分清主次,即承认员工之间存在着一定的职务与级别的差别。既不能否定这一差别,又不能将这一差别扩大化。

在实际工作中,强调公司员工有必要分清主次,主要是要求:下级必须尊重上级、服从上级,上级也必须关心下级、爱护下级。反之,则必定会影响本公司的工作,损害本公司的整体形象。

2. 内外有别。在任何情况下,公司员工的交往对象都必定存在内外之别。此处的"内",指的是本公司员工内部之间的交往。此处的"外",则是指本公司员工与公司外界的各方人士所进行的交往。显而易见,与他人打交道时不分内外是极不明智的。

一般而论,本公司员工之间进行内部交往时,提倡的是互相关心、互相爱护、互相帮助与亲密无间。而当公司员工与外界各方人士进行正式接触时,则应重视以诚待人、以信为本、尊重在先,并同时注意掌握分寸,交往有度。

3. 宾主有别。 在商务交往中,公司员工要么充当主人,要么充当客人。充当主人或充当客人,在礼仪规范上往往有着一些不同的具体要求。

在商务往来中,公司员工在充当主人时,需要时时处处地关心、照顾客人,并讲究主随客便。对客人的合理要求,要充分予以满足;对客人的客观需要,要尽量给予考虑。而当公司员工外出充当客人时,则应当讲究客随主便,善解人意,要尊重主方为接待自己所做的安排,切切不可吹毛求疵,得寸进尺,向对方提出过高要求。

4. 公私有别。 公司员工在商务交往中,不可避免地需要面对各种各样或公或私的人际关系。此刻,理智的处理方式是,既要对其予以重视,更要有所分别。切莫公私不分,将二者混为一谈。

在工作之中处理人际关系时,公司员工要注意公平、公正的原则,切勿以个人关系代替工作关系,不得不讲原则、不守规章、假公济私。在私人交往中处理人际关系时,公司员工则要公私分明,要关心、爱护、帮助友人,不能因工作上的事而影响私人的交往。

5. 男女有别。 人有男女之分,在处理人际关系时,公司员工不能不考虑如何妥善地处理自己与异性之间的关系。

就总体而言,公司员工在平时工作中既要坚持男女平等,又要兼顾男女有别。不论是对待同性还是对待异性,都要讲究尊重、平等与友善,同时还须注意自尊自爱。与异性相处时,男职员要具有绅士风度,切莫歧视、戏弄对方;女职员则要具有淑女风范,切莫恃宠而骄,对对方颐指气使。

(二)定位准确

在商务活动中,若要取得一定的成绩,不仅需要具备一定的实力,而且还需要对自身进行准确的角色定位。不注意对自己进行角色定位,或者对自己所进行的角色定位失之于准确,都会或多或少地有碍于自身的人际关系。

定位准确,在此具体是指公司职员在实际工作之中,不但要具有角色意识,而且还应当使自己在当时的形象符合自己所扮演的具体角色的要求。

一般而论,每一名公司员工在具体为自己进行角色定位时,均须兼顾下述五点:

1. 自尊自爱。 在商务往来之中,每一名公司职员固然有必要将自己的顾客视为上帝,处处以对方为中心,想方设法地满足对方的一切正当要求。但是,在任何情况下,强调公司员工应当具有服务意识,绝非要求其以放弃自尊自爱为代价。

公司员工坚持自尊自爱,就是要尊重自我,尊重自己的职业,尊重自己所在的公司,尊重自己所属的国家与民族,否则便断难获得他人的尊重。

2.与人为善。在人际交往中,每一名公司员工都应以与人为善为第一要旨。具体来讲,就是要坚持尊重他人,善待他人,有容乃大。要努力学会理解别人、接纳别人、容忍别人,而非时时寻衅滋事,处处与人为敌。

应当强调,与人为善是做人所应具备的一种教养。做不到这一点,就会口碑不佳,为他人所诟病。与人为善,实际上是建立良好的人际关系的前提之一,显而易见,不能容人的人永远不会为他人所接纳。

3.诚信服务。在日常工作中,公司员工必须坚持以诚为本、以信为先、服务于人。一方面,每一名公司员工均须树立牢固的服务意识。必须明确,不论自己的工作岗位有何不同,自己所做的一切,都是服务于客户、服务于社会、服务于国家的社会主义现代化事业的。另一方面,每一名公司员工在从事任何一项工作时,都要诚实无欺、重视信誉,始终坚持以诚待人、以信服人。在任何情况下,都不允许见利忘义、不讲信用、欺骗他人。

4.庄重保守。就穿着打扮的具体视觉效果而言,公司员工应当以庄重保守为其基本风格。

所谓庄重,是要求公司员工的穿着打扮应当力求稳重而成熟,切莫显得过于随便、轻浮。所谓保守,则是要求公司员工的穿着打扮应当坚持传统,切勿过于时尚、前卫,甚至标新立异。简言之,要求公司员工的穿着打扮庄重而保守,意在维护其服务于人的角色,同时也是为了取信于人。

5.崇尚规范。在人际交往中,公司员工应遵守规范化的要求,即凡事讲究一定之规。在工作中,不仅要讲究立规矩,而且更要强调守规矩。

公司员工在商务交往中讲不讲规矩,不仅事关个人素质,而且更涉及其所在公司管理是否到位的问题。不可否认,假使一家公司的员工在人际交往中不讲规矩,往往就意味着这家公司管理上有疏漏之处。反之,如果公司员工在人际交往中处处讲规矩,时时守规矩,则必定会使其交往对象对其所代表的公司刮目相看。

(三)因人而异

除了要对自己进行准确的角色定位之外,公司员工在商务交往中还存在一个为其交往对象进行准确的角色定位问题。具体来说,就是要善于对自己的交往对象有所区别,凡事注意因人而异,不可不加任何分别地一概而论。

就公司所面对的公共关系而言,客户、同行、伙伴、媒体、政府、社区以及同事,都是每一名公司员工必须慎重对待的。处理彼此的关系时,通常有着一些不同的具体要求。

1. 客户。对公司及其每一名员工来讲,客户永远都是自己的上帝,自己在任何时候、任何情况下都是为客户服务的。处理与客户的关系时,下述三点尤须注意:

一是要对客户有求必应。在合法、合理的前提下,对于客户所提出的任何正当要求,都要想方设法地尽量予以满足。

二是要为客户提供优质服务。公司及其员工与公司客户之间的关系,实质上是服务与被服务的关系。公司及其员工不仅要有为客户服务的意识,而且还必须力求为客户提供优质的服务。

三是要奉行"客户至上"的宗旨。坚持这一点,就要努力做到时刻想着客户,处处照顾客户,一心一意地体谅、关怀客户。

2. 同行。在商务往来中,公司员工往往会遇到自己的同行。一个人对待自己同行的态度,不仅反映着他的职业素养,而且也客观地展现着其待人接物方面阅历的深浅。处理与同行的关系,主要应当注意下列两点:

一是要向同行虚心学习。俗话说:"尺有所短,寸有所长",不论本人与公司的业绩如何,都要善于向自己的同行虚心学习,以求取长补短、有所提高。对同行的优点视而不见,甚至再三诋毁,只能表明自己心胸狭窄、不思进取。

二是要与同行和睦共处。同行之间虽然存在着一定程度的利益之争,但绝对不能将其简单地视为"你死我活"的关系。实际上,正常的同行关系应当是互相支持、互相促进、共同提高、共同发展。

3. 伙伴。此处所谓的伙伴,具体是指与公司及其员工在生意上存在着合作关系的单位或个人。处理伙伴关系时,主要应当注意下述三点:

一是要与伙伴荣辱与共。真正的伙伴,应当能够在关键时刻"同甘苦,共患难"。与伙伴相处时,若充满市侩习气,有利时趋之若鹜,有困难时却对对方落井下石,那样是会被合作伙伴所抛弃的。

二是要与伙伴互惠互利。与外单位或外人建立伙伴关系,要坚持责任共负、利益均沾,坚持"双赢"的理念。

三是要与伙伴相互支持。伙伴关系,往往会"一荣俱荣,一损俱损。"因此,在伙伴遇到困难时,要尽力予以支持与帮助。支持伙伴,不仅有助于巩固双边关系,而且也会使对方更为信赖自己。

4. 媒体。在当今世界,媒体往往通过其所掌控的信息对人们的工作与生活产生着巨大的影响。公司及其员工如果不了解媒体,或是不善于应对媒体,都是有百害而无一利的。处理与媒体的关系时,主要应重视如下三点:

一是要了解各类媒体。与媒体相处,首先需要了解媒体。对于重要媒体、主流栏目、受众状况等等各类媒体的具体情况,理当一清二楚。若无一定的了解,其他的一切则无从谈起。

二是要积极联络媒体。平时,除了了解媒体之外,更要主动接触媒体。要在与媒体人员接触的过程中,使双方逐渐地相互信任,密切双方之间的关系。

三是要善于应对媒体。不论自己主动接触媒体,抑或媒体主动接触自己,都要善于应对媒体。其关键之处,主要是要善于扬长避短,不卑不亢,冷静沉着,临场不慌。

5. 政府。在公司所面对的种种公共关系之中,公司与政府部门之间的关系往往相当重要。处理公司与政府部门之间的关系时,有三个方面要点必须注意:

一是要服从政府部门的管理。平时,对于政府部门依法从事的各项管理工作,既要理解,更要服从。在任何情况下,服从政府部门的管理都是与政府部门建立良好关系的前提。

二是要支持政府部门的工作。对于政府部门的工作,一定要努力支持,大力协助。一旦政府部门需要自己的帮助,更应当挺身而出,尽心尽力。

三是要赢得政府部门的信任。在与政府部门往来的具体过程中,不仅要努力与之进行沟通,而且还要设法求得对方的真正信任。信任来源于沟通,沟通则有利于进一步增强信任。

6. 社区。任何公司或个人,都会活动于某一特定的区域。所谓社区,在此是指某一公司具体所处的特定区域。处理与社区的关系时,如下两个方面的问题特别应当重视:

一是要与社区真情互动。不论自己的公司是大是小,不论个人的实力是强是弱,在与社区进行往来时都要谦虚谨慎、以诚相待。在任何时候,都要积极而热情地与社区进行交往,以真心与主动争取与对方互动。

二是要参与社区的活动。与社区互动的一大捷径,就是要积极参与社区的活动。参与社区的活动,实际上就是对社区工作的最大支持。而置身于社区活动之外,则往往难以获得社区的认可。

7. 同事。处理好与同事的关系,往往是做好自己本职工作的重要保障之一。要做好这一点,必须兼顾以下几点:

一是要尊重上级。在上级面前,每一名公司员工均应表现得朴实自然、不卑不亢。不仅要尊重上级、服从上级的管理,而且还要在实际工作中以自己的具体行动理解上级、配合上级。

二是要关心下级。在下级面前,每一名公司的领导既要坚持以身作则,自尊自爱,更要关心下级、信任下级、支持下级。

三是要体谅平级。在平级同事面前,每一名公司的员工应坚持团结为重、合作为重、事业为重、公司为重。不但要善于与对方进行公平竞争,而且还要重视在工作上相互协调,在生活上相互关心。

三、双向沟通

在商务交往尤其是涉外商务交往中,人们往往会被这样一个问题所困扰——怎样使交往对象接受自己?假如这一点做得不好,交往双方之间的彼此信任与良好合作就难以想象。有经验的公司员工都知道,处理这一问题的最好方法,就是要有效地进行双向沟通。

双向沟通原则,是公司礼仪的重要理论支柱。它的核心思想,是要求以相互理解作为公司员工与其交往对象彼此之间进行交往、合作的基本前提。双向沟通原则认为,任何成功的商务交往与合作,都需要交往双方之间的良性互动,而这种良性互动的真正实现则有赖于交往对象彼此之间的相互理解。

具体而言,双向沟通原则由下列四个基本点所构成。它们互为表里,共同构成一个整体。要想真正掌握双向沟通原则,就必须对这四个基本点有清楚的了解。

(一)了解交往对象

在商务交往中,人们唯有真正地了解了自己的交往对象,才有可能与之进行有效的沟通。从理论上来讲,要真正地了解自己的交往对象,必须重视以下两点。

1. 了解差别。要关注自己的交往对象之间所存在的种种具体差别,切勿千人一面,这一点是非常重要的。

交往对象之间的具体差别,主要表现为性别、年龄、性格、职业、地位、心态、文化、习俗、阅历、民族、宗教、政见以及受教育程度等多个不同的侧面。

例如,在一般性交谈中,有人沉默寡言,不苟言笑;有人则妙语连珠;还有人话头一起便滔滔不绝,爱搞"一言堂"。

在排列正式活动的具体位次时,中国人的传统做法是"左高右低",坚持"以左为上";但在大多数西方国家里,通行的则恰恰是"右高左低",讲究的是"以右为上"。

在用餐时,中国人、日本人均喜食鳗鱼,而在笃信犹太教的人眼里,鳗鱼则是"无鳞无鳍的鱼",绝对属于忌食之物。

由此可见,在商务交往中,尤其是在涉外商务交往中,如果忽略了交往对象之间的种种差别之处,采用同一标准与之进行交际应酬,未免会弄巧成拙,影响双方的沟通。

2.正视需要。必须指出,了解交往对象的根本之点,是要了解对方客观的、正当的需要,并且尽量予以满足。了解交往对象而不了解其实际需要,就不能够说是对对方有真正的了解。

一般而论,人们的实际需要存在一定的规律性。在正常情况下,它们大致上可以分为以下两类:

一类可以称之为人类的常规需要。它属于人人皆有、相对稳定不变的基本需要。生存、健康、美貌、安全、衣食、工作、社交、娱乐、名誉、尊重等等,均属此类常规需要。可以说,此类需要是人人如此,世人皆然的。

另一类则可称之为人类的特殊需要。具体来看,它属于人类在某种特殊情况下所产生的需求。例如,进行休息时,一般人都喜欢睡在床上,但有人却习惯于席地而卧。就餐时,常人均以熟食为主,可也有人爱吃半生不熟之物,甚至以享用生食为主。

应当承认,对于人人皆有的常规需要,相对而言比较易于掌握。而对于交往对象各不相同的特殊需要,了解起来的确存在一定难度。不过,在商务交往中,特别是在涉外商务交往中,对这两类需要均应给予重视。一句话,只要交往对象的具体需要合情合理,属于正当要求,都要尽量予以满足。

(二)加强相互理解

双向沟通原则强调,在商务交往中,特别是在涉外商务交往中,双方有效的沟通必须建立在相互理解的基础之上。换而言之,真正的理解从来都不应当是单向的。在正常情况下,只有双向的相互理解,才有助于人与人之间交往的成功。

在商务交往特别是在涉外商务交往中,要做到相互理解,主要有如下三点注意事项。

1.理解交往对象。理解自己的交往对象,实际上是双向沟通的出发点。在商务交往中面对自己的交往对象时,不要轻易对对方的所作所为进行"是"与"非"的判断,而是首先需要冷静地对对方进行分析、观察,认真地思考一下对方如此作为的出发点和原因。

积极主动地理解自己的交往对象是非常重要的。只有如此,自己才会接受对方;只有如此,自己才有可能真心实意地尊重对方;只有如此,自己才有可能在此后进一步交往中与对方实现良好的互动。

2.为交往对象所理解。相互理解的关键之点在于"相互"一词,也就是说,在强调理解的重要性时,既要强调有必要努力理解自己的交往对象,更要强调有必要设法使自己为交往对象所理解,二者缺一不可。

　　长期以来,中国人在人际交往中往往比较重视对交往对象的理解,而缺乏对于使自己为交往对象所理解的重视。这样一来,双向沟通实际上就变为单向沟通。有时在涉外商务交往中,单向沟通常常使中方人员吃亏。

　　例如,与他人相处时,中国人一向认为自谦是做人的美德之一,而在大多数西方国家里,人们的习惯做法却是勇于肯定自己,提倡"不宜过谦"。中国人与西方人打交道时,如果其中一方或双方在这方面缺少沟通,当中国人提及自己的工作业绩时再三称之为"微不足道",不明就里的外方交往对象很可能就会理解为"的确如此"。

　　3. 坚持互动。在人际交往过程中,不论是我方对交往对象的理解,还是交往对象对我方的理解,都需要较长的一个过程。

　　在人际交往过程中,具体的实际情况通常是:不但人与人之间的理解应当是相互的,而且也应当是长期互动、不断发展的。就我方而言,随着我方对交往对象理解的不断加深,我方便有可能因势利导,据此调整自己的具体沟通策略,努力使双方能够有进一步的理解。就我方的交往对象而言,大致情况也会如此。只要双方彼此之间的交往存在,这种互动式的双向沟通就不会终止。

(三)建立沟通渠道

　　双向沟通原则主张,在商务交往尤其是涉外商务交往中,要真正地实现交往双方的相互理解,既需要双方在思想上予以重视,更需要在实践中建立一种行之有效的、相对稳定的沟通渠道。此种沟通渠道,往往被视为实现双向沟通的一种捷径。

　　大家都懂得,知音之间之所以可以谈到一块儿去,乃是彼此之间拥有共同语言所致。在生意场上,一桩买卖之所以能够成交,主要在于有关各方在某种程度上达成了一定的共识。其实,在商务交往中,尤其是在涉外商务交往中,令交往双方拥有"共同语言",并在一定程度上"达成共识",是实现良好沟通的先决条件。所谓沟通渠道,实际上指的就是有关交往双方所拥有的"共同语言",或在一定程度上所"成达的共识",亦即具体的沟通方式。

　　在商务交往特别是涉外商务交往中,沟通渠道既是双向沟通的前提,也是双向沟通的基础。没有行之有效的沟通渠道,在任何形式的人际交往中都难有真正意义上的沟通可言。因此,建立行之有效的沟通渠道是双向沟通原则的关键所在。

　　一般认为,沟通渠道的建立,必须满足下列两个条件,二者缺一不可。

　　1. 约定俗成。它的含义是:在人际交往中,尤其是在跨文化交往中,某种沟通渠道往往是在一定的地理区域之内或一定的文化背景之中,由一定的人群经过长期的交际实践逐步确立、逐步习惯,并且相沿而成的。在涉外商务交往中,我方公司员工在与他方人士打交道时,对于此种约定俗成的沟通渠道绝对不可一无所知。

举例而言,在斟茶倒酒时,中国人民的习惯方式是"酒满敬人,茶满欺人"。可是在一些西方国家里,倘若如此这般,则必定好心不得好报,因为那里的讲究与我国恰好相反,讲究的是"酒满欺人,茶满敬人"。

在学习掌握约定俗成的沟通渠道时,应当注意以下两点:一是必须了解约定俗成的沟通渠道的具体适用范围。它们有的适用于某一民族,有的适用于某一国家,有的适用于某一地区,有的则适用于整个国际社会。不了解其具体适用范围而滥用沟通渠道,就难以实现有效的双向沟通。二是在某一特定的适用范围之内必须正确地采用约定俗成的沟通渠道。仅仅了解沟通渠道的适用范围而不对其加以有效利用,同样无助于双向沟通。

2. 相对稳定。任何一种约定俗成的沟通渠道,都应当具有相对的稳定性。即在一定时期之内,它通常轻易不会有所变更。只有相对稳定的沟通渠道才容易获得人们的认可、接受与遵守。假使它缺少应有的相对稳定性,不但不会得到人们的遵行,而且有可能成为人际沟通中的一种人为障碍。

例如,进行宾主介绍时,约定俗成的沟通方式是首先向客人介绍主人,然后再向主人介绍客人。这种"先主后宾"做法的主要理由,是客人应当拥有"优先知情权"。此时此刻,无须考虑宾主之间是否存在男女之分、长幼之别、职务高低等诸多情况,而只看双方谁是主人、谁是客人。这种宾主介绍的方式在涉外商务交往中沿用已久,我方公司员工在与外方人士打交道时,倘若仅考虑被介绍双方的男女之分、长幼之别或职务高低等情况,而未遵行"先主后宾"的介绍次序,则极有可能招致对方的误解。

（四）掌握沟通技巧

从本质上讲,公司礼仪实际上就是公司员工在其正式的商务交往中所应采用的一种约定俗成的沟通技巧、沟通工具。遵守公司礼仪,其实就是要求公司员工在其正式的商务交往中采用特定的约定俗成的沟通技巧。

将公司礼仪直接表述为公司员工在其正式的商务交往中所应采用的一种约定俗成的沟通技巧,有助于进一步深化人们对公司礼仪的认识。这一表述,在当前至少可以发挥下列双重作用。

1. 提升其重要性。在商务交往尤其是涉外商务交往中,有效的双向沟通极端必要。既然公司礼仪本身就属于一种约定俗成的沟通技巧,那么在任何正式的商务交往中如果不注意公司礼仪的正确运用,则交往双方之间的双向沟通便往往难以实现。

2.强调其技巧性。将公司礼仪界定为一种约定俗成的沟通技巧,除了强调沟通的重要性外,就是要突出公司礼仪的技巧性,亦即其可操作性。需要指出的是,公司礼仪不仅要求其遵守者尊重别人,而且还同时要求将这种对他人的尊重以一定的具体形式表现出来。

四、三 A 敬人

在公司里,每一名员工不论具体从事哪一项工作,都需要妥善地处理好自己的人际关系。这种处理人际关系的能力,或曰交际能力,是与公司员工的业务能力同等重要的,每一名公司员工对此都绝对不可轻视。

在实际工作中,许多公司员工都希望有意识地培养自己的交际能力,妥善地处理好自己的人际关系,但却往往不得要领。究其原因,恐怕主要在于未能掌握处理人际关系的真谛——尊重交往对象,并且善于运用适当的形式来进行表达。

在公司礼仪里,三 A 原则是用以指导每一名公司员工处理人际关系的基本原则。它的主要含义是,在一般性商务交往中,每一名公司员工不仅要尊重自己的交往对象,而且还应当采用适当的形式向对方恰如其分地表明此意。具体而言,关键是要在与对方相处时,善于接受对方,善于重视对方,善于赞美对方。上述三点并举,则对对方的尊重之意必将溢于言表,而且易于为对方所接纳。在英文里,由于"接受"、"重视"、"赞美"这三个单词皆以"A"字母打头,故此项原则便被称为三 A 原则。

在商务交往中,特别是在涉外商务交往中,三 A 原则体现着公司员工妥善处理人际关系的一般要求。在具体实践之中,要真正使自己的交往对象感受并认可我方对对方的接受、重视与赞美,三 A 原则又有一系列的规定与要求。以下,扼要对其予以介绍。

(一)接受对方

三 A 原则要求,在商务交往尤其是在涉外商务交往中,每一名公司员工都要首先善于真心实意地接受自己的交往对象。

在英文里,"接受"一词是"Accept"。在人际交往中,强调主动接受交往对象,关键是要求我方要善于容忍对方,善于接纳对方,对交往对象平等相待,轻易不要对对方的所作所为进行是非判断。换一句话来讲,倘若对方的具体作为不存在大是大非之处,即并非有损我方的国格人格,并未有碍社会公德或有违法律,并不影响交往双方的声誉、生命或健康,则我方一般不宜轻易对其加以否定。

从另外一个角度来说,要求公司员工在人际交往中接受自己的交往对象,实际上就是要求其对待对方的态度要积极、主动、友善,不仅应当热情相迎,以诚相待,而且还绝对不允许出现怠慢、冷落甚至挑剔、为难或排斥对方的行为。

具体而言,公司员工在商务交往尤其是涉外商务交往中,要真正做到接受自己的交往对象,就必须在下述三个方面严格地要求自己。

1. 平等待人。在一般性商务交往中,每一名公司员工都必须树立起平等待人的意识。即必须充分地意识到:交往双方在地位上完全是平等的。既不应居高临下,动辄对对方的所作所为进行"是非"评价,也不应卑躬屈膝,对对方毫无原则地阿谀奉承。

特别需要强调的是,既然交往双方地位平等,那么公司员工就必须明确:自己没有任何权力对交往对象的所作所为进行"是"与"非"的评价。假定自己真的那么做了,实际上就等于置自己于与对方完全不平等的位置上。比如,进行平等性交谈时,有教养的公司员工都清楚:不能随意训斥对方,不能随意打断对方,不能随意补充对方,不能随意纠正对方,不能随意质疑对方。这"五不"就充分体现出平等待人的要求。反其道而行之,往往就会给对方造成自己高高在上,与对方地位完全不平等的印象。

2. 宽以待人。老子尝言:"上德若谷。"在商务交往尤其是涉外商务交往中,任何一名有教养、有见识的公司员工都必须切实做到宽以待人。

宽以待人的基本含义是:在人际交往中,对待自己的交往对象要宽容忍让、善于理解,不要动不动就对对方的所作所为吹毛求疵或者借题发挥。

必须承认,人与人之间存在着一定的差别。这一差别,不仅与人们的性别、年龄、性格、职业、阅历、教养有关,而且往往还会具体涉及人们的民族、文化、习俗、宗教等等。既然如此,就应当允许他人的见解与自己在一定程度上存在着不同,甚至是截然相反的看法与观点。尊重他人,说到底,首先就是要真诚地尊重对方的选择。

只要交往对象的所作所为并未涉及大是大非的原则性问题,即并未涉及国格人格、道德法规、生命安全,通常就要对对方宽容忍让,切莫对对方说三道四、指手画脚。

3. 适应对方。在商务交往尤其是在涉外商务交往中,待人不仅要讲究平等、宽容,而且还应当积极主动地采取行动,努力适应对方。

一是要理解对方。对交往对象的所作所为,应当努力地加以理解。唯有真正地理解了对方,才有可能真正地适应对方。

二是要接近对方。要适应自己的交往对象,就要主动接近对方。接近对方,既有助于自己理解对方,也有助于自己为交往对象所理解。

三是要呼应对方。适应交往对象的最佳举措,就是要在合理合法、双方两便的前提下,以自己的具体行动去呼应对方。呼应对方,不仅源自对对方的认可与互动,而且还充分地体现着对对方的尊重与信任。

(二)重视对方

三A原则要求,在商务交往中,每一名公司员工都必须重视自己的交往对象。

在英文里,"重视"一词为"Appreciate"。它的本意是要求对对方"欣赏"性的重视,而非挑三拣四、寻衅滋事式的"重视"。在人际交往中,要求对自己的交往对象加以重视,实际上是尊重对方的进一步具体化。它的具体表现为:对于自己的任何交往对象,都要无一例外地认真对待、主动照顾、高度关注、倍加敬重,使对方感受到我方对其的尊重与友善之意,并且体会到对方在我方心目中处于一个十分重要的位置。

在日常工作岗位上,除了要专心致志地为对方服务,无微不至地关怀对方外,欲使交往对象倍感我方人员的重视,还需注意以下三点。

1. 牢记姓名。有经验的公司员工都知道,记住交往对象姓名在人际关系中的重要性。因为牢记交往对象姓名这件事情本身,就直接体现着自己对对方另眼相看,重视有加。反之,倘若连一位常来常往客人的姓名都记不住,或者张冠李戴,恐怕很难说是重视对方。在实际工作中,正确无误地牢记交往对象的姓名,不仅会带给对方友善、舒畅之感,而且也有可能为自己带来良好的回报。

在实际工作与生活中,公司员工对下述六类人士的姓名,尤需谨记不忘:一是初次交往的对象;二是负责接待、陪同的人士;三是业务往来密切的客户;四是有过接触的新闻界人士;五是社会各界知名人士;六是上级有关部门负责人。对以上六类人士的姓名如果记不住或者记错了,往往是既失礼又失策的。

要求公司员工牢记交往对象的姓名,必须注意不要记错、读错或者写错交往对象的姓名。此外,对方所在单位、所属部门、所任职务等等,也不允许记错、读错、写错或者忘得一干二净。

2. 善用尊称。对交往对象表示重视的常规做法之一,就是要以尊称称呼对方。在商务交往中,公司员工称呼交往对象的尊称,早已成为一种约定俗成的做法。在任何情况下,公司员工如果不以尊称对交往对象相称,或者自己对对方采用的尊称不为对方所接受,都有可能使对方感到不快或失落。

要做到善用交往对象的尊称,对下列两点必须认真对待:

一是要熟知适用于商务交往的尊称。行政职务、技术职称,以及"小姐"、"女士"、"先生"等泛尊称,皆为商界所惯用的尊称。在一般性商务交往中可以酌情采用。

二是要善于在运用尊称时因人而异。由于习俗等方面的差异,同一尊称,在不同人士听来,往往感觉大为不同。因此,在商务交往尤其是涉外商务交往中运用尊称时,必须注意因人而异,具体情况具体对待。

3. 洗耳恭听。 一般来说,每个人都希望本人的见解能为他人所接受。所以在人际交往中,公司员工一定要学会认真倾听交往对象的合理要求,并且努力予以满足。从某种意义上讲,耐心听取交往对象的要求,本身就会使对方的自尊心在一定程度上得到满足。

所谓倾听,通常是指在他人阐述见解时,专心致志地、耐心地听取。在倾听交往对象的具体要求时,下述三点必须注意。

一是必须聚精会神。在倾听交往对象的具体要求时,首先应当全心全意,聚精会神。应当目视对方,洗耳恭听,不允许东张西望,三心二意。

二是应当保持耐心。倾听他人的要求时,态度必须友善。应当表现得不骄不躁,不厌其烦。假如缺乏耐心,就会使自己的倾听变得没有诚意。

三是需要有所呼应。倾听他人的要求时,积极地予以呼应往往必不可少。这种呼应,一方面可以表明自己的热情态度,另一方面则又会影响自己的实际行动。

(三) 赞美对方

三A原则要求,在商务交往尤其是涉外商务交往中,每一名公司员工都要善于积极地赞美自己的交往对象。

在英文里,"赞美"一词为"Admire"。它的基本含义是对他人进行肯定。在人际交往中,要求对自己的交往对象加以赞美,主要是要求善于发现对方的长处,并且及时、恰到好处地对此予以肯定,表示钦佩,或者加以称赞。这一做法,往往显示了自己对对方的友善之意,因此必将得到对方同样的回报。

英国人塞·巴特勒曾经说过:赞美是美德的影子。与他人相处时,善于赞美他人,实际上往往等于在肯定对方的同时,肯定了自己。诚如我国古代诗人皮日休所言:毁人者,自毁之;誉人者,自誉之。

在商务交往中赞美他人时,下述三点一定要认真予以对待。

1. 实事求是。 在商务交往尤其是涉外商务交往中,公司员工必须明确的是:尽管善于赞美他人是一种做人的美德,但凡事过犹不及,赞美亦须讲究分寸。在任何时候,赞美他人都必须就事论事,实事求是,谨防将必要的赞美变为庸俗的阿谀奉承、溜须拍马。

蒲柏曾经指出：言过其实的赞扬是一种伪装的诽谤。由此可见，赞美与吹捧是有所区别的。真正的赞美，永远都建立在实事求是的基础之上，是对他人优点或者长处的一种发现、认同与肯定。而吹捧，则指的是无中生有或夸大其词地对别人进行恭维或奉承，其本意或是讨好对方，或是居心叵测。

在商务交往中，"诚实无欺"是一项基本的行为准则。公司员工对他人的赞美若是不坚持实事求是的准则，不仅会背离赞美的本意，而且往往还会给人以蒙骗之感。

2. 恰如其分。就赞美本身而言，赞美的具体表达方式是否恰如其分，通常十分重要。欲使自己对他人的赞美得到对方的认可，为对方所接受，就务必要注意赞美的具体表达方式应恰如其分。

怎样才能使自己对他人赞美的具体表达方式恰如其分呢？下述两个步骤往往缺一不可：

一是应当准确地掌握对方的基本情况。这样一来，赞美才会有的放矢，才不至于南辕北辙。

二是应当充分地了解对方的自我评价。每个人都会清楚本人的长处或短处，在赞美他人时，若对对方的自我评价略知一二，以对方自己所认可的本人优点作为赞美的内容，则此番赞美就有可能恰如其分，就不会劳而无功。与此同时，应努力避免对对方赞美的不到位，尤其不要拿对方自认的短处作为赞美的内容。

3. 适可而止。不可否认，赞美之词悦耳动听，令人愉快，适当地赞美交往对象可被视为一种人际关系的有效润滑剂。但是在实际工作与生活中对其具体加以运用时，仍须有所控制，适可而止。

对他人的赞美一旦变得毫无任何限度，就会成为溢美之词。泛滥的赞美，未免令人肉麻。它不仅会模糊被赞美者的双眼，而且赞美者往往还会给人留下虚伪的印象。

通常，当交往对象需要理解、支持、鼓励、肯定时，方为赞美对方的最佳时机。切忌在与人交际时不停地赞美对方，给人以不实之感。

五、不卑不亢

在商务交往尤其是涉外商务交往中，我方人员在与外方人员进行交际应酬时，不仅要对自己的表现有所检点，而且也要重视自己的态度。

在外方人员面前，最佳的态度应当是落落大方、和蔼可亲、待人友善、充满自信、不卑不亢。唯有如此，才能够真正地体现我方人员的自尊，才能够真正使我方人员得到外方人员的尊重。

不卑不亢,是公司礼仪的基本原则之一。在商务交往尤其是在涉外商务交往中,它普遍适用。该原则的主要内容是:每一名公司员工在商务交往尤其是在涉外商务交往中,都必须充分地意识到:自己在外人面前,代表着自己的国家,代表着自己所属的民族,代表着自己所在的地区,代表着自己所供职的公司。因此,自己的一言一行、一举一动均须好自为之。在外人面前,自己的举止行为、神情态度应当堂堂正正、从容得体。在对对方表示应有的热情、友善、尊重之意的同时,不应该表现得低三下四、妄自菲薄、缺乏自信,也不应该目中无人、狂傲自大、嚣张放肆。

必须强调,在商务交往尤其是涉外商务交往中,每一名公司员工都要努力遵守不卑不亢的原则。在涉外活动中,"事事非小事,事事是大事。"每一名中国公司员工在外方人员面前的具体表现,往往都会被对方与中华人民共和国和中华民族的形象连为一体。我方人员一旦稍有闪失,往往就有可能有损我方的国格人格,甚至有可能因此而直接损害中华人民共和国的国家形象和中华民族的民族形象。

具体而言,每一名参与涉外商务交往的公司员工要想真正做到不卑不亢,不仅要在思想上要端正态度,而且在实践中要身体力行。特别重要的是,遵守该原则时,既要坚持不卑,又要坚持不亢,二者必须并重。要防止走极端化,切切不可以一种倾向掩盖另外一种倾向。

(一)自尊自爱

遵守不卑不亢的原则,首先必须坚持自尊自爱,此即所谓"不卑"。做不到这一点,我方人员在对方面前往往就没有自身的尊严可言,遑论为对方所尊重。

要求公司员工在商务交往尤其是在涉外商务交往中坚持自尊自爱,主要是希望公司员工在外方人员面前谨言慎行,以自己的具体行动尊重自己的国格人格,维护自己以及自己所代表的单位、民族与国家的声誉。

具体而言,每一名公司员工的自尊自爱都应当通过下述两个方面来体现:

1. 尊重自己。自尊自爱的核心在于尊重自己。在任何时间、任何地点、任何场合,一个人如果不懂得尊重自己,就必定不会获得他人真心实意的尊重。

尊重自己不仅应当体现为自己对自己的重视,而且还应当体现为在任何情况下都不允许无原则地进行自我贬低,自我歧视。在实际生活里,不论怨天尤人者,还是自我贬低者,往往都会被视为失败者。

尊重自己,首先就应当懂得尊重自身。每一个人固然都有必要正视自己,不仅要看到个人所长，而且还要对个人所短具有自知之明。但是，我方人员在外方人员面前，完全没有任何必要对对方高山仰止，自叹弗如，甚至自惭形秽。我方人员没有必要否认自身的不足之处，但也毫无必要因此而将自己贬低得一无是处。我方人员必须善于发现自己的长处，善于肯定自己，善于在外方人员面前恰到好处地扬长避短。

尊重自己，其次应当懂得尊重自己的职业。现代社会中，人与人之间存在着具体分工的不同，不论从事哪一项具体职业，都需要掌握一技之能，都是为单位、为社会、为民族、为国家做贡献。因此，每一名公司员工都必须爱岗敬业，热爱本职工作，积极钻研业务。在任何情况下，都不应当鄙视自己的职业，不应当对自己所从事的具体工作妄加非议。

尊重自己，最后还应当懂得尊重自己的单位。此处所谓的"单位"，狭义者是指每一名公司员工所在的公司，广义者则是指其所属的民族或国家。业已指出，公司员工在外方人员面前往往被视为其所在公司、所属民族、所生活的国家的具体化身。因此，我方人员在外方人员面前有必要当仁不让，以实际行动尊重自己及自己所在的单位。

2. 自立自重。 与外方人员进行具体接触时，我方人员还应当注意自立与自重。没有自立与自重，我方人员在外方人员眼里往往就没有自尊自爱可言。

坚持自立，在此是指我方人员在涉外商务交往中，不应当过分地依靠外方人员，不能把自己的全部希望完全寄托在对方身上，不能够指望一切由对方为自己做主，由对方完全包办代理自己的一切事务。

在涉外商务交往中坚持自立，要求我方人员在任何情况下都要坚持自己依靠自己，自己支持自己，自己帮助自己。既要虚心地学习外方人员的优点和长处，不耻下问，又要善于明辨是非，坚持原则，一切从自己的实际情况出发。要不唯洋、不唯大、不唯强，始终捍卫我方的根本利益，不拿原则进行交易，不对外方俯首帖耳，不对对方过分迁就，不为对方所左右。

自重，就其本义而言，是指在外人面前应对自己的言行有所检点，以便维护自身的形象。我方人员对这一点必须予以高度重视。一方面，在涉外商务交往中中方人员切莫目中无人，在外方人员面前胡言乱语，肆意妄为。在任何时候、任何情况下，在对方眼里，我方人员的一言一行、一举一动，都体现着自身教养与素质，并与所代表的公司、企业、地方乃至民族、国家的形象密切相关。

另一方面，我方人员还应注意泰然自若、举止大方、谈吐自然。没有必要自认为低人一等，从而在外方人员面前表现得木讷、举止无措，甚至谈吐失常。在涉外商务交往中，我方人员如果表现得畏首畏尾，行为失常，不仅说明其缺少经验，阅历不足，缺乏交际能力，而且还往往会被理解为缺乏自信。

（二）力戒自大

在商务交往尤其是涉外商务交往中遵守不卑不亢的原则,在坚持自尊自爱的同时,还要力戒骄傲自大,此即所谓"不亢"。在外方人员面前,我方人员的所作所为如果给人以骄傲自大之感,不仅会直接有碍中外双方之间的商务交往,而且还会影响外方人员对我方公司乃至国家的认识。

要求公司员工在涉外商务交往中力戒骄傲自大,主要是希望公司员工克服盲目的自信与无条件的自尊,在对外交往中善于平等待人、取长补短,以求与时俱进、开拓进取。

具体而言,每一名公司员工在力戒骄傲自大方面,主要应当做到克服妄自尊大、反对盲目排外、善于平等待人等三点。

1. 克服自大。在涉外商务交往中,我方人员既要坚持自尊自爱,又要客观地评价自身。既没有必要把自己贬得一无是处,也没有必要把自己描绘得完美无缺。事实上,世界各国、各民族乃至各个公司与企业,都既有所长,又有所短。与外方人员打交道时,我方人员一定要重视此点。

在外方人员面前,我方人员固然不可丧失自己的自尊,但是亦不可过度张扬。有时,一个人自尊心表现得过强,往往意味着其自卑感较强。

在外方人员面前,我方人员自然应当充满自信。不过,我方的自信一定要有一定的客观基础。在任何情况下,自信都不应当成为双方交往的障碍。

我方人员还须注意,在外方人员面前,不允许自以为是、唯我独尊,不应当一味地沉溺于自我设定的虚拟地位,或者视世界上的一切"中国自古皆已有之"。那样的话,难免会成为井底之蛙。

2. 反对排外。在涉外商务交往中,我方人员必须坚持独立自主的方针,但同时亦须反对一切盲目排外的思想与做法。所谓盲目排外,主要是指对外国的一切事物不加分别地予以拒绝,视外来的一切东西统统为无用之物。

与外方人员进行接触时,我方人员必须坚持与时俱进,虚心学习对方一切先进的科学技术、管理经验以及有益于社会发展、人类进步的先进文化,积极地吸收、借鉴世界文明的一切有益成果。

在对外交往过程中,我方人员要坚决反对夜郎自大、目空一切、孤芳自赏的陋习,反对盲目排外之风。对外方的一切,要善于实事求是,就事论事。既不能搞全盘照搬、生吞活剥,也不能一概否定、良莠不分。

3. 平等待人。与外方人员相处时,我方人员还必须对对方平等相待。不论对方来自国土面积大、经济发达的国家还是国土面积小,经济落后的国家,我方人员均应一视同仁,不搞厚此薄彼。

与来自小国或经济不发达国家的外方人员打交道时,我方人员切切不可趾高气扬,自命不凡,对对方傲慢无礼,随意将个人见解强加于对方。对待的正确态度,一是要尊重;二是要平等;三是要在力所能及与两厢情愿的前提下支持、帮助对方。

与来自大国或经济发达国家的外方人员打交道时,我方人员则不应俯首帖耳,处处唯对方马首是瞻,或者不敢坚持己见、不敢据理力争、不敢维护自身权益。与对方相处时,既要承认对方之所长,虚心向对方学习;又要注意维护自尊,坚持双方的平等地位。

与国外大公司打交道时,亦须将其与国外小公司一样地加以对待,坚持"无差别待遇"。

六、女士优先

自从中华人民共和国成立后,中国妇女的地位日益提高,"妇女解放"、"保护妇女的合法权益"早已成为国内社会各界的共识。"男女平等"已成为今日中国的一种现实。

然而在国际交往中,人们在与妇女打交道时强调最多的却是"女士优先",不仅如此,"女士优先"在人们的交往应酬中还逐渐演化为一系列具体的、具有可操作性的方法。在社会舆论的监督下,男士们唯有奉行"女士优先",才会被人们看做是有教养的绅士。反之,就会被看做是没有教养之人,甚至会被视为莽夫粗汉。

作为外事礼仪要则之一,"女士优先"的主旨是:每一名成年男子都有义务主动而自觉地以自己的实际行动去尊重妇女、照顾妇女、体谅妇女、保护妇女,并应想方设法、尽心尽力地为妇女排忧解难。倘若因为男士的不慎而使妇女陷入尴尬、困难的处境,则意味着男士的失职。

在国际交往中,外事人员有必要了解并遵守"女士优先"要则。应予以明确的是:讲究"女士优先",并不意味着妇女属于弱者,值得怜悯、同情;也不是为了讨好妇女,别有用心。从根本上来说,之所以提出"女士优先"的要求,是因为妇女乃是"人类的母亲"。在人际交往中给予妇女适当的、必要的优待,实际上就是要表达对"人类的母亲"所特有的感恩之意。

在国际交往的具体实践中,遵守"女士优先"要则主要应当从适用范围与操作方式两个方面加以关注。

(一)适用的范围

在国际交往中,虽然"女士优先"要则早已家喻户晓、人人皆知,但是它仍然存在其特定的适用范围。只有在其适用范围之内,"女士优先"要则才会生效。一旦超出其特定范围,"女士优先"要则便不起任何作用。

外事人员在确定"女士优先"要则的具体适用范围时,关键是要掌握其地域差异、场合差异与个人差异。

1. 地域差异。在全球范围内,"女士优先"要则的运用存在着明显的区域性差异。在世界上,虽说对于"女士优先"要则人人皆知,但它却并非普遍适用于各国。

就当今世界而言,"女士优先"要则主要通行于西方发达国家、中东欧地区、拉丁美洲地区以及非洲的部分地区。在这些国家和地区范围内,一名对"女士优先"要则一无所知的成年男士在其交际应酬中必将四处碰壁。

但是,在有些国家和地区,尤其是在以崇尚自身传统文化著称的一些中东及东亚国家里,"男尊女卑"的传统观念还相当流行,在绝大多数情况下,人们对"女士优先"要则并不买账。

2. 场合差异。即使在讲究"女士优先"要则的国家,人们也并非不区分具体场合而时时处处讲究"女士优先"。

根据惯例,只有在社交场合中讲究"女士优先"要则,才是最为得体的。

在公务场合中,人们普遍强调的是"男女平等"。此时此地,性别差异并不为人们所看重,因此也就没有必要煞有介事地讲究"女士优先"。

至于在休闲场合中,"女士优先"要则讲究亦可,不讲究亦可,完全可以悉听尊便。

3. 个人差异。"女士优先"要则提醒每一名成年男士,在需要讲究"女士优先"时,应当对当时在场的所有妇女一视同仁;不仅对同一种族的妇女应当如此,对待其他种族的妇女也应当如此;不仅对熟悉的妇女应当如此,对待陌路相逢的妇女也应当如此;不仅对年轻貌美的妇女如此,对待上了年纪的妇女也应当如此;不仅对有权有势的妇女应当如此,对待无权无势的妇女也应当如此。

从总体上讲,"女士优先"要则的适用对象应当包括所有成年妇女在内。但在实践中,外事人员必须切记:即使在传统上讲究"女士优先"要则的欧美国家中,仍有一些人并无此种讲究,甚至对此颇为反感。其中最为典型的当推所谓"女权主义者",她们提倡"女权"要求,"男女绝对平等",认为"女士优先"要则是歧视妇女的另一种极端表现。对"女权主义者"的此种要求,在必要时也应予以尊重。

（二）操作的方式

"女士优先"要则是非常讲究具体操作方式的。离开了种种具体的操作方式,"女士优先"要则就会成为一句空话。在社交场合贯彻"女士优先"要则时,需要兼顾以下四个方面。

1. 尊重妇女。在正式的社交场合,男士必须对每一名成年妇女无一例外地给予应有的尊重。尊重妇女,乃是"女士优先"要则的第一要旨。

一般而言,尊重妇女应当通过男士的下述具体行动得以体现:

其一,发表讲话、演说时,若需要对当时在场的来宾加以称呼,应以"女士们,先生们",或"玛丽小姐,威廉先生"为顺序,将女士的称呼排列在前面。

其二,在聚会上同时与男女主人相遇,应首先问候女主人,然后再问候男主人。

其三,由室外进入室内后,应主动问候先行抵达的女士。若此刻对方业已落座,则其不必起身回礼。而当女士由室外进入室内后,在场的男士均应先行问候对方,已经就座的男士此时还必须起身相迎。

其四,在需要为初次谋面的男女双方进行相互介绍时,标准的方式是:首先介绍男士,然后再介绍女士。即让女士"优先了解情况",以便其决定如何对待男士。

其五,在男女双方有必要握手为礼时,正规的做法是:由女士首先伸出手来与男士相握,男士率先伸出手来则是失礼之举。此种做法,实际上是将是否握手的决定权交由女士来掌握。

其六,在室外活动时,戴着帽子的男士在向妇女打招呼之前,一般应先脱帽致意。

其七,在正式宴会上,出于对妇女的尊重,通常不宜雇佣女性充当侍者。在家宴中,亦不得仅由女主人忙前忙后。

其八,在就餐时,女主人往往是"法定"的第一顺序。换言之,其他任何人用餐时的一切举止,均应唯女主人的"马首"是瞻,不允许贸然行事,或者抢先品尝。按照惯例,在正式宴会上,女主人打开餐巾,等于宣布宴会开始;女主人拿起餐具,意味着可以开始用餐;女主人把餐巾放回到餐桌上,则表示宴会到此结束。

2. 照顾妇女。在必要时,男士应给予妇女必要的照顾。但在照顾妇女时需要注意两点:一要注意具体时机是否适当;二要讲究两厢情愿。无论在什么时候,男士所给予妇女的照顾都不应当强加于人。

在正常情况下,男士对妇女的照顾主要应当在下列方面具体表现出来:

其一,在公共场合内稍事休息时,男士有义务为妇女寻找座位。

其二,当座位不够用时,男士应当请女士首先就座。业已就座的男士若发觉尚有妇女无处可坐,则不论双方相识与否,男士均应起身让座于对方。

其三,在外出之际,男士应当责无旁贷地负责搬运行李。有必要时,男士应替同行的妇女携带大件或沉重的行李。发现在场的其他妇女携带较大、较重的物品时,在征得对方同意后,男士亦应挺身相助。

其四,在行进中,男士通常应当请与自己同行的妇女先行一步,以便由对方"选择前进的方向"。在上下车辆或者上下飞机时,男士亦应请同行的妇女先上、先下。

其五,在需要通过大门时,男士一般应当主动替与自己同行的妇女开门或关门。在上下轿车时,为同车的妇女开关车门也是男士义不容辞的责任。

3.体谅妇女。在正式的社交场合,任何一名具有良好个人教养的男士都应给予妇女必要的体谅。体谅妇女,在此特指男士应当善解人意,应当善于设身处地地替妇女着想,并且善于谅解妇女。

在运用外事礼仪的"女士优先"要则的具体过程中,男士体谅妇女主要是要求男士善于觉察妇女的难处、善于主动地为之排忧解难。其具体表现如下:

其一,当妇女在大庭广众之前面临某种困境时,如不了解某种商品的用法、不知道如何点菜、不通晓某种外语或方言时,男士应"知难而上",主动为其解围,而不是落井下石,或幸灾乐祸。

其二,考虑到绝大多数妇女的空间感、方位感往往不及男士,在外出之际应当由男士充当向导。在为妇女指点方向时,宜告知对方所易于判断的"前后左右",而不是对方所难以确定的"东西南北"。

其三,男女并排就座时,若其彼此不属于夫妻、情侣或亲属关系,一般不应安排一名妇女在两位男士之间就座。

其四,单行行进时,通常要求男士随行于妇女身后。其主要原因之一,在于男士一般步幅比妇女大,令其充当"开路先锋",往往会使同行的妇女难以跟进。

其五,在一些过于狭窄的路段与其他妇女"狭路相逢"时,不论是否熟悉对方,男士都应当对其予以礼让,请对方先行通过。

其六,上楼梯时,男士一般应请身穿裙服的妇女随行于其后。走下较为陡峭的台阶或楼梯时,男士则应行进在前。前一种做法是为了预防同行的妇女"走光",后一种做法则是担心同行的妇女患有"恐高症"。

其七,在出席宴会、舞会、音乐会或观看演出、体育比赛时,如果没有领位员提供服务,男士一般应主动为同行的妇女带路或寻找座位。需要在衣帽厅存、取衣帽时,男士还有义务为同行的妇女代为存、取衣帽,并在必要时协助妇女脱下或穿上外套。

其八,在正式的交谊舞会上,通常应当由男士邀请妇女。不过由于"女士优先",所有妇女拥有选择舞伴与谢绝男士邀请的权利。在交谊舞会上,妇女也可主动邀请男士,在这种情况下,同样是因为"女士优先",男士不得拒绝对方的邀请。

4.保护妇女。在必要的场合或情况下,男士应当挺身而出主动保护妇女。保护妇女的本意,在此是指男士应当采取主动行动,不使自己身边的妇女受到伤害。

在社交活动中,保护妇女主要应当在如下几个具体方面得到体现:

其一,与妇女交谈时,男士的谈吐应高雅脱俗,并且应在具体内容上掌握好分寸。切不可当着妇女的面讲脏话、粗话、黑话,不得讲黄色笑话、猜色情哑谜,不宜开低级下流、令人难以启齿或难以入耳的玩笑。

其二,惯于吸烟的男士在妇女面前必须有所克制,无条件地实行"禁烟"。即使其烟瘾发作,也不允许冒昧地询问在场的妇女:"我可以吸一支香烟吗?"

其三,在室外同妇女一道并排行走时,男士应主动自觉地遵守"把墙让给妇女"的规则,即请妇女在人行道内侧行走,而自己主动走在人行道的外侧。采取这一做法,既是出自交通安全方面的考虑,也是为了防止妇女被疾驶而过的车辆所惊扰,或者是为了防止车辆飞驰而过时可能溅起的污泥浊水弄脏妇女的衣裙。

其四,当男女一起经过拥挤之处,或是通过存在着危险、障碍的路段时,男士应主动走在前面,以便为身后随行的妇女开道、探险。

其五,邀请妇女与自己一起外出参加活动时,男士不仅需要提前前往妇女的居所迎接,而且还需要在活动结束后将其送回居所。

其六,在交谊舞会上,当妇女无人邀请或遭个别男士骚扰时,在场的每一位男士都有义务前去为妇女解决难题。

其七,当妇女因为种种原因而需要救助或是需要获得支持、帮助、保护时,男士均应鼎力相助、热情支持,无条件地为对方提供必要的保护。

第五章

衣饰礼仪

在商务交往中,对公司员工的衣着服饰有着一定之规。根据国际惯例,公司员工在正式场合所选用的衣饰,不仅体现着其个人的审美品位,而且也展示着其公司的整体形象。

从总体上讲,在正式的商务交往尤其是涉外商务交往中,公司员工在衣饰选用上应兼顾下列三点:其一,应当适应本岗位的工作。其二,应当符合自己的实际身份。其三,应当同所处的场所相协调。忽略了其中任何一点,都有可能使自己在衣饰上出现问题。

具体来说,在正式的商务交往中,置身不同场合、面对不同交往对象的公司员工在衣饰上往往又有着多种多样的具体选择。选用不同的衣饰,均应遵守相应的礼仪规范。下面,着重介绍一下有关西装、套裙、制服、饰品、化妆等方面的具体礼仪规范。

一、西装

西装,又称西服、洋服。它起源于欧洲,目前是全世界最流行的一种服装,也是公司男职员在正式场合着装的首选。西装造型典雅高贵,它拥有开放适度的领部、宽阔舒展的肩部和略加收缩的腰部,穿在公司男职员的身上,会使之显得英武矫健,风度翩翩,韵味十足。不过,有道是"西装一半在做,一半在穿"。公司男职员要想使自己所穿的西装真正称心合意,就需要在西装的选择、西装的穿法、西装的搭配等三个方面循规蹈矩,严守相关的礼仪规范。

(一)西装的选择

要想使穿在自己身上的西装替自己增色,首先就要对西装进行精心的选择。

一般而言,要挑选一身挺括合体、有模有样、适用于商务交往时穿着的西装,大抵需要关注其面料、颜色、图案、款式、造型、尺寸、做工等七个方面的具体细节。

1. 面料。鉴于西装在商务活动中往往充当正装或礼服之用,因此,西装面料的选择应力求高档。在一般情况下,毛料应为西装首选的面料。具体而言,纯毛、纯羊绒的面料以及高比例含毛的毛涤混纺面料,皆可用做西装的面料。而不透气、不散热或发光发亮的各类化纤面料,则尽量不要用以制作西装。

目前,以高档毛料制作的西装,大都具有轻、薄、软、挺等四个方面的特点。一是轻,指的是西装不重、不笨,穿在身上感觉犹如丝绸。二是薄,指的是西装的面料单薄,不过分地厚实。三是软,指的是西装穿起来柔软舒适,既合身,又不会给人以束缚之感。四是挺,则指的是西装外表挺括雅观,不发皱,不松垮,不起泡。

2. 颜色。公司男职员往往将西装视为自己在商务活动中所穿的制服。因此,西装的颜色必须显得庄重、正统,不能过于轻浮和随便。根据此项要求,适合于男职员在商务交往中所穿的西装的颜色,首推藏蓝色。在世界各地,藏蓝色的西装往往是每一位公司男职员所必备的。

除此之外,还可以选择灰色或棕色的西装。黑色的西装亦可予以考虑,不过它更适合在庄重而肃穆的礼仪性活动之中穿着。若是平日上班时穿黑色的西装,则未免有些小题大做。

按照惯例,公司男职员在正式场合不宜穿颜色过于鲜艳或发光发亮的西装。朦胧色、过渡色的西装,通常也不宜选择。越是正规场合,越讲究穿单色的西装,因而带有两种以上色彩的"杂色"西装,在大多数情况下是与公司男职员无缘的。

3. 图案。公司男职员所推崇的气质应该是成熟、稳重,所以其西装一般以无图案为好。不要选择绘有花、鸟、虫、鱼、人等图案的西装,更不要自行在西装上绘制或刺绣图案、标志、字母、符号等等。

通常,上乘的西装特征之一便是没有任何图案。唯一的例外是,公司男职员可以选择以"牙签呢"制作的竖条纹的西装。竖条纹的西装,以条纹细密者为佳,以条纹粗阔者为劣。在着装异常考究的欧洲国家里,公司男职员最体面的西装,往往就是深灰色的、条纹细密的竖条纹西装套装。

用"格子呢"制作的西装,一般是难登大雅之堂的。只有在非正式场合里,公司男职员才可以穿它。

4. 款式。与其他任何服装一样,西装也有自己的不同款式。当前,区别西装的具体款式,主要有两种最常见的方法。

一是按照西装的件数划分。根据此项标准,西装有单件与套装之分。依照惯例,单件西装,即一件与裤子不配套的西装上衣,仅适用于非正式场合。公司男职员在正式的商务交往中所穿的西装,必须是西装套装。有时,公司男职员在商务交往中所穿的西装套装,索性被人们称做商务套装。

所谓西装套装,指的是上衣与裤子成套,其面料、颜色、款式一致,风格上相互呼应的多件西装。通常,西装套装又有两件套与三件套之分。两件套西装套装包括一衣一裤。三件套西装套装则包括一衣、一裤和一件背心。按照人们的传统看法,三件套西装比两件套西装要显得更加正规一些。最正宗、最经典的商务套装,自然也非他莫属。因此,公司男职员在参与高层次的商务活动时,以穿三件套的西装套装为佳。

二是按照西装上衣的纽扣数量来划分。根据这一标准,西装上衣有着单排扣与双排扣之别。一般认为,单排扣的西装上衣比较传统,而双排扣的西装上衣则较为时尚。

具体而言,单排扣西装上衣与双排扣西装上衣的纽扣的数目各自又有不同,因而又使它们各自呈现出不同的风格。

单排扣的西装上衣,最常见的有一粒纽扣、两粒纽扣、三粒纽扣等三种。一粒纽扣、三粒纽扣这两种单排扣西装上衣穿起来比较时髦,而两粒纽扣的单排扣西装上衣则显得更为正统一些。

双排扣的西装上衣,最常见的有两粒纽扣、四粒纽扣、六粒纽扣等三种。两粒纽扣、六粒纽扣这两种款式的双排扣西装上衣属于流行的款式,而四粒纽扣的双排扣西装上衣则明显地具有传统风格。

5. 造型。西装的造型,又称西装的版型,它所指的是西装的外观形状。目前,世界上的西装主要有欧式、英式、美式、日式等四种主要的造型。

一是欧式西装。它的主要特征是:上衣呈倒梯形,多为双排两粒扣式或双排六粒扣式,而且纽扣的位置较低。它的衣领较宽,强调肩部与后摆,不甚重视腰部,垫肩与袖笼较高,腰身中等,后摆无开衩。其代表品牌有"杰尼亚"、"康纳利"。

二是英式西装。它的主要特征是:不刻意强调肩宽,而讲究穿在身上自然、贴身。它多为单排扣式,衣领是"V"型,并且较窄。它腰部略收,垫肩较薄,后摆两侧开衩。商界男士十分推崇的"吉凡克斯"、"登喜路"牌西装,就是典型的英式西装。

三是美式西装。它的主要特征是:外观上方方正正、宽松舒适,较欧式西装稍短一些。肩部不加衬垫,因而被称为"肩部自然"式西装。其领型为宽度适中的"V"型,腰部宽大,后摆中间开衩,多为单排扣式。美式西装的知名品牌有"奥克斯福德"、"布鲁克斯兄弟"等等。

四是日式西装。它的特征是:上衣的外观呈现"H"型,即不过分强调肩部与腰部。垫肩不高,领子较短、较窄,不过分地收腰,后摆也不开衩,多为单排扣式。

著名的日式西装的品牌有"青山"、"青木"等等。

上述四种造型的西装,各有自己的特色:欧式西装洒脱大气,英式西装剪裁得体,美式西装宽大飘逸,日式西装则贴身凝重。公司男职员在具体选择时,可以自便。不过一般来说,欧式西装要求穿着者高大魁梧,美式西装穿起来稍显散漫,中国人在选择时宜根据自己的身材、体态来作决定。比较而言,英式西装与日式西装似乎更适合中国人穿着。

6. 尺寸。穿着西装,务必要大小合身、宽松适度。一套西装,无论其品牌名气有多大,只要它的尺寸不适合自己,就不应选择。在商务活动中,一位男士所穿的西装不论过大还是过小、过肥或是过瘦,都肯定会损害其个人形象。

要使自己选择的西装合身,有必要注意如下三条:

一是了解标准尺寸。人所共知,西装的衣长、裤长、袖长、胸围、腰围、臀围都有一定之规。唯有对此认真了解,才会在选择西装时有章可循。

二是应当量体裁衣。市场上销售的西装多为批量生产。其尺寸相对比较标准,穿在每一个人身上未必能够尽如人意。所以,有条件者最好是寻访名师为自己量身缝制西装。

三是进行试穿。假如购买成衣,务必要反复进行试穿。切勿马马虎虎买来不合身的西装。

7. 做工。一套名牌西装与一套普通西装的显著区别,往往在于前者的做工较为精良,而后者的做工则较为一般。在选择西装时,对其做工精良与否的问题,是万万不可以忽略的。

在挑选西装时,检查其做工的好坏,需要从下述六点着手:一是要看其衬里是否外露;二是要看其衣袋是否对称,三是要看其纽扣是否缝牢;四是要看其表面是否起泡;五是要看其针脚是否均匀;六是要看其外观是否平整。假如它在这六个方面不符合要求,则以放弃为妙。

在选择西装时,除了有如上七个方面的细节必须加以关注之外,还要了解正装西装与休闲西装的区别。一般来说,正装西装适合在正式场合穿着,其面料多为毛料,其颜色多为深色、单色,款式则讲究庄重、保守,并且基本上都是套装。休闲西装则恰好与其相反,休闲西装大都适合在非正式场合穿着。它的面料可以是棉、麻、丝、皮,也可以是化纤、塑料。它的颜色多半都是鲜艳、亮丽的,并且多为浅色、多色。它的款式则强调宽松、舒适、自然,有时甚至以标新立异而见长。通常,休闲西装基本上都是单件的。

(二)西装的穿法

公司男职员在穿着西装时,对具体的穿法应倍加重视。不遵守西装的规范穿法,在穿西装时随意而为,都是有违礼仪的无知的表现。

根据西装礼仪的基本要求,公司男职员在穿着西装时,务必要特别注意以下七个方面的问题。

1. 拆除商标。在西装上衣左边袖子上的袖口处,通常会缝有一条商标。有时,那里还同时缝有一块纯羊毛标志。在正式穿西装之前,切勿忘记将它们先行拆除。这等于是对外宣告该套西装已被启用。假如西装穿过许久之后,袖子上的商标依旧停留于原处,好似有意以此招摇过市一般,难免会见笑于人。

2. 熨烫平整。欲使一套穿在自己身上的西装看上去美观大方,首先要使其显得平整而挺括,线条笔直。要做到此点,除了要定期对西装进行干洗外,还要在每次正式穿着之前,对其进行认真的熨烫。千万不要使西装皱巴、不洁,以免美感全失,惨不忍睹。

3. 扣好纽扣。穿西装时,上衣、背心与裤子的纽扣,都有一定的系法。在三者之中,又以上衣纽扣的系法讲究最多。一般而言,站立之时,特别是在大庭广众之前起身站立之时,西装上衣的纽扣应当系上,以示郑重其事。就座之后,西装上衣的纽扣则需要解开,以防其"扭曲"走样。唯独在内穿背心或羊毛衫、外穿单排扣上衣时,才允许站立之际不系上衣的纽扣。

通常,系西装上衣的纽扣时,单排扣上衣与双排扣上衣又各不相同的具体做法。系单排两粒扣式西装上衣的纽扣时,讲究"扣上不扣下",即只系上边那粒纽扣。系单排三粒扣式西装上衣的纽扣时,正确的做法则有两种:要么只系中间那粒纽扣,要么系上面那两粒纽扣。而系双排扣式西装上衣的纽扣时,可以系上的纽扣则一律都要系上。

穿西装背心时,不论将其单独穿,还是将之与西装上衣配套,都要扣上纽扣,而不能听任其自由自在地敞开。在一般情况下,西装背心只能与单排扣西装上衣配套。它的纽扣数目有多有少,但大体上可被分做单排扣式与双排扣式两种。根据西装的着装惯例,单排扣式西装背心的最下面的那粒纽扣应当不系,而双排扣式西装背心的全部纽扣则必须无一例外地统统系上。

目前,在西裤的裤门上"把关"的,有的是纽扣,有的则是拉锁。一般认为,前者较为正统,后者则使用起来更加方便。不管穿着以何种方式"关门"的西裤,都要时刻提醒自己,将纽扣全部系上,或是将拉锁认真拉好。参加重要的活动时,还须提前悄悄地对其进行检查,以免由于自己大意而使西裤"开门"。西裤上的挂钩,亦应挂好。

4. 不卷不挽。穿西装时,一定要悉心呵护,维持其原状。在公共场所里,千万不要当众随心所欲地脱下西装上衣,更不能把它当做披风一样地披在肩上。需要特别强调的是,无论如何,都不可以将西装上衣的衣袖挽起。否则,极易给人以粗俗之感。在一般情况之下,随意卷起西裤的裤管,也是一种不符合礼仪的表现。因此,绝对禁止公司职员这样做。

5. 慎穿毛衫。 公司男职员欲打算将一套西装穿得有"型"有"味",那么除了衬衫与背心之外,在西装上衣之内,最好不要再穿其他任何衣物。在冬季寒冷难忍时,只宜暂做变通,穿上一件薄型"V"领的单色羊毛衫或羊绒衫。这样既不会显得过于花哨,也不会妨碍自己打领带。不要穿色彩、图案十分繁杂的羊毛衫或羊绒衫,也不要穿扣式的开襟羊毛衫或羊绒衫。扣式的开襟羊毛衫或羊绒衫因纽扣不少,与西装上衣同穿时,会令人眼花缭乱。更不要一下子同时穿上多件羊毛、羊绒的毛衫、背心,甚至再加上一件手工编织的毛衣。那样一眼望去,其领口之处免不了会"层次分明",犹如不规则的"梯田"一般难看,而且还会使西装鼓胀不堪,变型走样。

6. 巧配内衣。 西装的标准穿法,是衬衫之内不穿棉纺或毛织的背心、内衣。至于不穿衬衫,而以 T 恤衫直接与西装配套的穿法,则更是不符合规范的。因特殊原因而需要在衬衫之内再穿背心、内衣时,有三点注意事项:

一是数量上以一件为限。要是一下子穿上多件,则必然会使自己显得十分臃肿不堪。

二是颜色上宜与衬衫的颜色相仿。至少不应使内衣较衬衫的颜色为深,免得令二者反差过于明显。在浅色或透明的衬衫里面穿深色、艳色的背心、内衣,则更易于招人笑话。

三是款式上应短于衬衫。穿在衬衫之内的背心或内衣,其领型以"U"领或"V"领为宜。在衬衫之内最好别穿高领的背心、内衣,不然在衬衫的领口之处很可能会露出一截有碍观瞻的"花絮"。此外,还须留意,别使内衣的袖管暴露在别人的视野之内。

7. 少装东西。 为保证西装在外观上不走样,西装的口袋里就应少装东西或者不装东西。对待上衣、背心和裤子均应如此。要是把西装上的口袋当做一只"百宝箱",用乱七八糟的东西将它塞得满满的,无异于是在糟蹋西装。

具体而言,在西装上,不同的口袋发挥着各不相同的作用:

西装上衣左侧的外胸袋除可以插入一块用以装饰的真丝手帕外,不应再放其他任何东西,尤其不应当别钢笔、挂眼镜。内侧的胸袋,可用来别钢笔、放钱夹或名片夹,但不要放过厚的东西或无用之物。外侧下方的两只口袋,原则上以不放任何东西为佳。

在西装背心上的口袋多具装饰功能。除可以放置怀表之外,不宜再放别的东西。

在西装的裤子上,两只侧面的口袋只能够放纸巾、钥匙包或者碎银包。其后侧的两只口袋,则大都不放任何东西。

（三）西装的搭配

熟知西装着装规范的人,大都听说过一句行话:西装的韵味不是单靠西装本身穿出来的,而是用西装与其他衣饰一道精心组合搭配出来的。由此可见,西装与其他衣饰的搭配,对于成功地穿着西装,是何等的重要!

以下,就来分别介绍一下穿着西装时,衬衫、领带、鞋袜与之进行组合搭配的基本常识和技巧。

1. 衬衫。与西装配套的衬衫,应当是正装衬衫。一般而言,正装衬衫具备下述几个方面的特征:

一是讲究面料。正装衬衫主要以高支精纺的纯棉、纯毛制品为主,以棉、毛为主要成分的混纺衬衫,亦可酌情选择。但不要选择以条绒布、水洗布、化纤布制作的衬衫,因为它们要么过于厚实,要么易于起皱、起球、起毛。用真丝、纯麻做成的衬衫,也不宜选择。

二是讲究颜色。正装衬衫必须为单一颜色。在正规的商务应酬中,白色衬衫可谓公司男职员的唯一选择。除此之外,蓝色、灰色、棕色、黑色,有时亦可加以考虑。但是,杂色衬衫,或者红色、粉色、紫色、绿色、黄色、橙色等穿起来有失庄重之感的衬衫,则是不可取的。

三是讲究图案。正装衬衫大体上以无任何图案为佳。印花衬衫、格子衬衫,以及带有人物、动物、植物、文字、吉祥物、建筑物等图案的衬衫,均非正装衬衫。唯一的例外是,较细的竖条衬衫在一般性的商务活动中可以穿着。但是,必须禁止同时穿着竖条纹的西装。

四是讲究领型。正装衬衫的领型多为方领、短领和长领。具体进行选择时,须兼顾本人的脸形、脖长以及将要打的领带结的大小,千万不要使它们相互之间反差过大。扣领的衬衫,有时亦可选用。此外,立领、翼领和异色领的衬衫,大都不适合同正装西装相配套。

五是讲究衣袖。正装衬衫必须为长袖衬衫,短袖衬衫则具有休闲性质。以其袖口而论,衬衫又有单层袖口与双层袖口之别。双层袖口的衬衫又称法国式衬衫,主要的作用是可以佩戴装饰性袖口。装饰性袖口又称链扣或袖链,使用时如恰到好处,可为自己平添高贵而优雅的风度。在国外,装饰性袖口早已被视为商界男士在正式场合所佩戴的重要饰物。但是,若将其别在单层袖口的衬衫上,则有些煞有介事的味道。

六是讲究衣袋。正装衬衫以无胸袋者为佳,即便穿有胸袋的衬衫,也要尽量少往或不往胸袋里放东西。

除了上述介绍的正装衬衫的特点之外,还要留意穿正装衬衫与西装相配套的问题,在此方面有下述四点注意事项:

其一,衣扣要系上。穿西装的时候,衬衫的所有纽扣都要一一系好,不管是衣扣、领扣还是袖扣,概莫能外。只有在穿西装而不打领带时,才可以解开衬衫的领扣。

其二,袖长要适度。穿西装时,衬衫的袖长最好长短适度。最美观的做法,是令衬衫的袖口恰好露出来一厘米左右。要是衬衫的袖口外露过长,甚至被一卷再卷,直至翻到西装上衣的衣袖之上,不免有些滑稽。不过,使衬衫袖口永远"不见天日",也是犯规的。

其三,下摆要掖好。穿长袖衬衫时,不论是否穿外衣,均须将其下摆均匀而认真地掖进裤腰之内。不要使它在与裤腰的交界之处皱皱巴巴,或者上下错位、左右扭曲,尤其是不应使之部分或全部露在裤腰以外"自由活动"。

其四,大小要合身。除休闲衬衫之外,衬衫既不宜过于短小紧身,也不应当过分地宽松肥大、松松垮垮。选择正装衬衫时,务必要使之大小合身。特别要注意:其衣领与胸围要松紧适度,其下摆不宜过短。

此外,还应指出:公司男职员在自己的办公室里,可以暂时脱下西装上衣,直接穿着长袖衬衫、打着领带。但是,要以这种形象外出办事,就有失体统了。简言之,不穿西装上衣而直接穿着长袖衬衫、打着领带外出参加正式活动,是不合乎礼仪规范的。

2. 领带。领带可以说是公司男职员穿西装时最重要的饰物。因此人们才说:男人的领带,总是缺少一条。在欧美各国,领带与手表和装饰性袖口并列,称为"成年男子的三大饰品"。

作为西装的灵魂,领带的选择讲究甚多,公司男职员在挑选领带时,至少要重视如下几点。

一是面料。最好的领带,应当是用真丝或者羊毛制作而成的。以涤丝制成的领带售价较低,有时也可以选用。除此之外,用棉、麻、绒、皮、革、塑料等物制成的领带,在商务活动中均不宜佩戴。

二是颜色。从颜色方面来看,领带有单色与多色之分。在商务活动之中,蓝色、灰色、棕色、黑色、紫红色等单色领带都是十分理想的选择。公司男职员在正式场合中所佩戴的领带最好与西装同一色彩,切勿使自己佩戴的领带多于三种颜色。同时,也尽量少打浅色或艳色领带。浅色、艳色领带与三种颜色以上的领带一样,仅适用于在休闲活动中佩戴。

三是图案。适用于在商务活动中佩戴的领带,主要是单色无图案的领带,或者是以条纹、圆点、方格等规则的几何形状为主要图案的领带。以人物、动物、植物、文物、景观、徽记、文字或电脑绘画为主要图案的领带,则主要适用于社交或休闲活动。

四是款式。领带的款式往往受到时尚的左右。在这个问题上,主要应注意以下四点:其一,领带有箭头与平头之分。一般认为,下端为箭头的领带,显得比较传统、正规;下端为平头的领带,则显得时髦、随意一些。其二,领带有宽窄之别。除了要尽量与流行保持同步以外,根据常规,领带的宽窄最好与本人的胸围以及西装上衣的衣领比较相配。其三,简易式的领带,如"一拉得"领带、"一挂得"领带等,均不适合在正式的商务活动中使用。其四,领结宜于同礼服、翼领衬衫搭配,并且主要适用于社交场所。

五是配套。有时,领带与装饰性手帕会被组合在一起成套销售。与领带配套使用的装饰性手帕,最好与领带本身的面料、颜色、图案完全相同。二者同时"亮相",大多见于社交活动之中。

六是质量。一条好的领带,必须具有良好的质量。其主要特征为:外形美观、平整,无跳丝、无疵点、无线头,衬里为毛料,不变形,悬垂挺括,较为厚重。宁肯不打领带,也不要以次充好。

挑选好了领带之后,还要面临如何发挥领带的功效、体面的结系领带的问题。一条打得漂亮的领带,在穿西装的人身上会发挥画龙点睛的作用。而要充分发挥领带的作用,就务必要注意场合、服装、性别、位置、结法、长度、配饰等几方面的问题。

第一,要注意场合。打领带有其适用的特定的场合。因为打领带便意味着郑重其事,因此在上班、办公、开会或走访等执行公务的场合,以打领带为佳。在参加宴会、舞会、音乐会时,为表示尊重主人,亦可打领带。在休闲场合,则通常是不必打领带的。

第二,要注意服装。打领带,必须注意与之配套的服装。一般而言,穿西装套装是非打领带不可的。穿单件西装上衣时,领带则可打可不打。在非正式活动中穿西装背心时,可以打领带。不穿西装的时候,例如穿风衣、大衣、夹克、毛衣、短袖衬衫时,通常是不宜打领带的。

第三,要注意性别。严格地说,在商务活动中,领带仅适合男士佩戴。领带是商界男士的基本标志之一。由于男女有别,一般公司女职员在正式活动中不宜打领带。若是女士将其视为普通饰物而在社交场合加以使用,也是允许的。

第四,要注意位置。将领带打好后,须将其置于适当的位置。穿西装上衣与衬衫时,应将其置于二者之间,并令其自然下垂。在西装上衣与衬衫之间加穿西装背心或羊绒衫、羊毛衫时,应将领带置于西装背心、羊毛衫、羊绒衫与衬衫之间,切勿将领带夹在西装上衣与西装背心、羊毛衫、羊绒衫之间,尤其是不要在穿两件羊毛衫或羊绒衫时将领带掖在两者中间。

第五，要注意结法。领带打得漂亮与否，关键在于领带结得如何。打领带结的基本要求是要令其挺括、端正，并且在外观上呈倒三角形。领带结的具体大小，最好与衬衫衣领的大小形状成比例。要想使之稍有变化，则可在它的下面压出一处小窝或一道小沟来，此所谓"男人的酒窝"，是当今流行的领带结法之一。打领带时，最忌讳领带结不端不正、松松垮垮。在正式场合露面时，务必要提前收紧领带结，千万不要为使自己爽快，而将其与衬衫的衣领"拉开距离。"

第六，要注意长度。领带打好后，必须长短适度。最标准的长度，是领带打好之后，下端的大箭头正好抵达皮带扣的上端。超过这一长度，领带有可能会暴露于上衣衣襟之外。而达不到这一长度的话，它则很有可能会时不时地从上衣衣襟里"蹦跳"出来。

第七，要注意配饰。依照惯例，打领带时大可不必使用任何领带的配饰。设想一下，在自己疾步行走时，领带在敞开的衣襟之外随风荡漾，岂不是很棒！在国外，人们除了在有必要限制领带的"活动范围"或穿制服之时，大都不喜欢使用领带夹。即便使用领带夹，也不宜令其处于外人视野之内，而宜将其夹在领带打好后的"黄金分割点"上，即衬衫自上而下的第四粒至第五粒纽扣之间。如果愿意，打领带时亦可使用领带针或领带棒。前者应插在领带打好后偏上方的正中央，后者则只能用在衬衫衣领上。应当强调的一点是，使用任何领带的配饰，数量上均应以一件为限，千万不要同时使用多件，更不要滥用、乱用。

3. 鞋袜。穿西装时，公司男职员所穿的鞋子与袜子均应符合既定的要求，必须与之配套。对公司男职员来说，鞋袜在正式场合亦被视做"足部的正装"。不遵守相关的礼仪规范，则必定会令自己"足下无光"。

与西装配套的鞋，只能是皮鞋。布鞋、球鞋、旅游鞋、凉鞋或拖鞋，显然都是与西装"互相抵触"的。

与西装配套的皮鞋，应当是真皮制品而非仿皮。一般来说，牛皮鞋与西装最为般配，羊皮鞋、猪皮鞋则不甚合适。至于以鳄鱼皮、鸵鸟皮、蟒蛇皮制作的皮鞋，穿出去多有炫耀之嫌，一般也不宜选择。

需要说明的是，磨砂皮鞋、翻毛皮鞋大都属于休闲皮鞋，也不太适合与西装相配套。

与西装配套的皮鞋，按照惯例应为深色、单色。浅色皮鞋、艳色皮鞋与多色皮鞋，例如白色皮鞋、米色皮鞋、红色皮鞋、"香槟皮鞋"、拼色皮鞋等等，都不宜在穿西装时选择。人们通常认为，最适于同西装套装配套的皮鞋，只有黑色一种。就连棕色皮鞋，正式场合往往也会受排斥。

公司男职员在正式场合所穿的皮鞋，应当没有任何图案、装饰。打孔皮鞋、绣花皮鞋、压花皮鞋、拼图皮鞋、带有文字或金属扣的皮鞋等等,均应不予考虑。

公司男职员所穿皮鞋的款式,理当庄重而正统。根据这一要求,系带的制式皮鞋是最佳之选。各类无带皮鞋,如船形皮鞋、盖式皮鞋、拉锁皮鞋等等,都不符合这一要求。此外,在正式场合,男士穿各类皮靴、厚底皮鞋、高跟皮鞋、坡跟皮鞋或高帮皮鞋也会显得不伦不类。

男士们在商务活动中穿皮鞋时,有五点必须切记:

一是鞋内应当无味。可能的话,皮鞋要勤换、勤晾,免得其味道过于浓重。

二是鞋面应当无尘。皮鞋必须天天上油,反复擦拭。不管鞋子是何种名牌,假如使它"蒙尘"良久,自然不会给人以好感。

三是鞋底应当无泥。每日擦皮鞋时,切勿忘记同时打扫一下鞋底。雨天、雪天拜访他人时,还要在进门前再次检查一下鞋底是否"拖泥带水",并采取适当的措施及时将其去除。

四是鞋垫应当相宜。使用鞋垫时,一定要令其大小与皮鞋相适应,以防其动辄在自己行走之际"逃脱"在外。

五是尺码应当合适。正式场合所穿的皮鞋,其尺码大小必须合适。如果小了,肯定会夹脚、磨泡;如果大了,则难免不跟脚,走起路来踢踢踏踏,极不自然。

穿西装、皮鞋时所穿的袜子,最好是纯棉、纯毛制品。有些质量好的以棉、毛为主要成分的混纺袜子,也可以选用,最好别选择尼龙袜、丝袜。

与西装、皮鞋相配套的袜子,以深色、单色为宜,并且最好是黑色的。千万别穿与西装、皮鞋的颜色对比鲜明的白色袜子,也不要穿过分"扎眼"的彩袜、花袜或其他浅色的袜子。发光、发亮的袜子更是绝对不宜采用的。

在袜子上,允许出现以几何图案为主的具有庄重风格的图案,当然穿没有任何图案的袜子更为合适。

公司男职员在穿袜子时,必须遵守下列四项规则:

一是袜子要干净。袜子务必要做到一天一换,洗涤干净,以防止其异味令自己难堪,令他人难忍。

二是袜子要完整。穿袜之前,一定要检查一下它有无破洞、跳丝。如果发现有此类现象,切记及时更换。

三是袜子要成双。无论如何,穿袜子时都要穿成双的袜子。不要自行将原非一双的两只袜子随意组合,穿在一起,尤其当二者颜色不同、图案各异时,更不该那么做。

四是袜子要合脚。在正式场合穿的袜子,其大小一定要合脚。特别应当注意,别穿太小、太短的袜子。袜子太小,不但易破,而且容易从脚上滑下去。袜子太短,则时常会使腿腕外露出来。一般而言,袜子的长度不宜低于自己的踝骨。

最后,还须强调,赤脚穿皮鞋更是失仪之举,公司男职员绝对不宜那么做。

二、套裙

公司员工的着装,一向讲究男女有别。崇尚传统的人士一直坚持认为:公司女职员在正式场合的着装以裙装为佳,各种裤装都是不宜选择的。这种观点近年来虽稍有改变,但绝大多数人依旧持此观点。

不仅如此,许多公司还约定俗成地认为:在所有适合于公司女职员在正式场合所穿着的裙式服装之中,套裙又是名列首位的选择。在一些人的眼里,套裙甚至与公司的职业女装直接画上了等号。

套裙,是西装套裙的简称,其上身为一件女式西装,下身则是一条半截式的裙子。准确地讲,女式西装其实最早是由男士西装演变而来的。然而,一旦将潇洒、刚健的西装上衣与柔美、雅致的代表女性化服装的裙子组合到了一起,二者便刚柔相济、相得益彰,套裙因此也就脱颖而出了。

在日常生活里,将套裙穿在任何一位公司女职员的身上,都会无一例外地使之精神倍增,神采奕奕。它不仅会使着装者看起来精明、干练、成熟、洒脱,而且还能烘托出白领丽人所独具的魅力,使之显得优雅、文静、娇柔和妩媚。所以有人曾说:穿着套裙,可以马上让一位职业妇女显得与众不同,并且能够恰如其分地展示其认真的工作态度和温婉的女性美。在塑造公司女职员的职业形象方面,套裙确实功不可没。迄今为止,就"包装"公司女职员而言,还未见到其他任何一种女装能够与套裙相媲美。

平时,公司女职员所穿着的套裙,大致上可以分成两种基本类型:一种是用女式西装上衣同随便的一条裙子所进行的自由搭配与组合,它被叫做"随意型"套裙;另外一种则是女式西装上衣和与之同时穿着的裙子为成套设计、制作而成,被称为"成套型"或"标准型"套裙。严格地讲,套裙事实上指的仅仅是后一种类型。

顾名思义,任何一套套裙都应当以裙为主,成套穿着。也就是说,离开了裙子的套装不应当称做套裙,女式西装上衣与裙子不配套也不能算做是套裙,这绝非多余之言,公司女职员对此理当引起重视。

进而言之,每一套正宗的套裙,一般都是由一件女式西装上衣和一条半截裙所构成的两件套女装。有些时候,也可以见到三件套的套裙,它只不过是在女式西装上衣与半截裙之外,再加上了一件背心而已。自从套裙问世至今,占主导地位的一直都是两件套套装。

根据礼仪规范,一套经典的、可供公司女职员在正式场合穿着的套裙,通常必须具备如下特色:它应当是由高档面料制作的,上衣与裙子应当采用同一质地、同一色彩的素色面料。它在造型上讲究典雅大方与扬长避短,因此提倡量体裁衣,做工考究。它的上衣注重平整、挺括、贴身,较少使用饰物、花边进行点缀。裙子则应以窄裙为主,并且裙长应当及膝或者过膝。

(一)套裙的选择

时至今日,套裙早已在国内公司中大为普及,而且还在许多著名的服装设计师手里花样翻新,渐渐地具有某种"时装化"的倾向。但是从本质上来看,它们依旧万变不离其宗,与"古典化"套裙相比,变化尚且不多。以下,就先来介绍一下公司女职员在选择套裙时需要兼顾的七个问题。

1. 面料。总体而言,套裙在面料上的选择余地远远要比西装套装大得多。其主要的要求是:套裙所选用的面料最好既是纯天然质地的又是质量上乘的面料。上衣、裙子以及背心等等,应当选用同一种面料。在外观上,套裙所选用的面料,讲究的是匀称、平整、滑润、光洁、丰厚、柔软、悬垂、挺括,不仅要求弹性好、手感好,而且应当不起皱、不起毛、不起球。

通常,人们对于组成套裙的上衣、裙子以及背心等的面料的一致性,是最为看重的。之所以如此,是因为这样不仅可以使套裙浑然一体,朴素自然,而且还会使穿着者看起来高雅、脱俗、美观、悦目。

目前,人们依照以上标准来选择套裙的面料,除了薄花呢、人字呢、女士呢、华达呢、凡尔丁、法兰绒等纯毛面料之外,高档的府绸、丝绸、亚麻、麻纱、毛涤以及一些化纤面料,也在选择之列。皮套裙,尤其是黑色皮套裙,一般不宜充当公司女职员的职业装。

2. 颜色。在色彩方面,套裙的基本要求是,应当以冷色调为主,借以体现出着装者的典雅、端庄与稳重。用常人的眼光来看,套裙的颜色应当清新、雅气而凝重。因此,不应选择鲜亮抢眼的颜色。同时,还须使其与时尚的各种"流行色"保持一定的距离,以示自己的传统与持重。

具体而言,标准而完美的套裙的颜色,不仅要兼顾着装者的肤色、形体、年龄与性格,而且更要与着装者从事商务活动的具体环境协调一致。在一般情况下,各种加入了一定灰色的颜色,比如藏青、炭黑、烟灰、雪青、茶褐、土黄、紫红等稍冷一些的颜色,往往都是公司女职员可予以考虑的。由此可知,同男士所穿的西装套装相比,公司女职员所穿的套裙不一定非得是深色的不可,而且其选择范围也远远不止于蓝、灰、棕、黑等寥寥几种。

不仅如此,套裙的颜色有时还可以不受单一颜色的限制。以两件套套裙为例,它的上衣与裙子可以是一色,也可以采用上浅下深或上深下浅等两种并不相同的色彩,使之形成鲜明的对比,来强化它所留给人们的印象。在上面所提及两种套裙颜色的组合方法中,前者庄重而正统,后者则富有活力与动感,二者各有千秋。

有时,即使穿着上衣、下裙同为一色的套裙,也可以采用与其颜色所不同的衬衫、纽扣、领花、丝巾、胸针、围巾等衣饰,来对其加以点缀,以便使之生动而活泼。此外,还可以采用不同颜色的面料,来制作套裙的衣领、兜盖、前襟、下摆,这样,也可以"激活"套裙的色彩。

不过应当切记:一套套裙的全部颜色至多不要超过三种,否则就会显得杂乱无章。

3. 图案。选择套裙,讲究的是朴素而简洁。考虑其图案问题时,也必须注意到这一点。

按照常规,公司女职员在正式场合穿着的套裙,可以不带有任何图案。如果本人喜欢,以各种或宽或窄的格子、或大或小的圆点、或明或暗的条纹为主要图案的套裙,大都可以选择。其中,采用以方格为主体图案的格子呢所制成的套裙,穿在公司女职员的身上,可以使人感觉静中有动,充满活力。所以,多年以来,它一直盛行不衰,大受欢迎。

一般认为,套裙不应以花卉、宠物、人物、卡通、字母、数字、文字、符号为主体图案。一名白领丽人假如穿着那样的套裙行走于商界,不但会过于引人注目,而且看起来也会让人感到头晕目眩。总而言之,绘有此类图案的面料,在本质上与套裙的风格是不相容的。

4. 点缀。在一般情况下,套裙上不宜添加过多的点缀,否则极有可能使其显得琐碎、杂乱、低俗和小气。有的时候,点缀过多还会使穿着者失之于稳重。

一般以贴布、绣花、花边、金线、彩条、扣链、亮片、珍珠、皮革等等加以点缀或装饰的套裙,穿在公司女职员的身上,都不会有多么好的效果。通常,这一类的套裙往往是不为人们所接受的。

不过,并非所有带有点缀的套裙均应遭到排斥。有些套裙上适当地采用了装饰扣、包边、蕾丝等点缀之物,实际效果其实也不错。关键在于,套裙上的点缀宜少不宜多、宜精不宜糙、宜简不宜繁。

5. 尺寸。从具体的尺寸上来讲,套裙可谓变化无穷。但从根本上讲,套裙在整体造型上的变化,主要表现在它的长短与宽窄两个方面。

一般来说,套裙的上衣与裙子的长短是没有明确而具体规定的。以前,在欧美主要国家,公司女职员的套裙曾被要求上衣不宜过长,下裙不宜过短。比较而言,人们对于裙子的长度似乎关注得更多一些。传统的观点是:裙短则不雅,裙长则无神。裙子的下摆恰好抵达着装者小腿肚上最为丰满之处,乃是最为标准、最为理想的裙长。然而,在现实生活中依旧墨守此规者并不多见。目前,套裙之中的裙子,有的是超短式,有的是及膝式,有的则是过膝式。公司女职员在选择时,主要考虑的是个人偏好、身材特点以及流行时尚。

应予强调的是,在套裙之中,虽然超短裙已被渐渐地接受,但是出于自尊自爱与职业道德等方面的缘故,公司女职员仍须注意,套裙之中的超短裙并非越短小、越"迷你"越好,在工作场合里过多地裸露自己的大腿无论如何都是不文明的。在一般情况下,公司女职员所穿着的套裙中的超短裙,裙长应以不短于膝盖以上15 厘米为限。

在套裙的着装实践中,上衣与裙子的具体尺寸,主要有上长下长式、上短下短式、上长下短式、上短下长式等四种基本形式。只要着装选择适当,它们穿着起来都能够在视觉上令人赏心悦目。

在套裙之中,由于背心需要内穿,因而不宜过于宽松肥大。由于裙子强调贴身为美,故此以窄为主。套裙宽窄的问题,实际上主要与上衣有关。

以宽窄肥瘦而论,套裙之中的上衣分为紧身式与松身式等两种。紧身式上衣的肩部平直、挺拔,腰部收紧或束腰,长不过臀,整体上呈倒梯形造型,线条硬朗而鲜明。松身式上衣的肩部则大都任其自然,或稍许垫高一些,腰部概不收缩,衣长往往直至大腿,线条上讲究自然流畅。一般认为,紧身式上衣显得较为正统,松身式上衣看起来则更加时髦一些。

6. 造型。套裙的造型,具体是指它的外观与轮廓。从总体上来讲,套裙的基本造型可以大致上分为"H"型、"X"型、"A"型、"Y"型等四种类型。

一是"H"型。"H"型套裙的主要特点是:上衣较为宽松,裙子亦多为筒式。这样一来,上衣与下裙便给人以直上直下、浑然一体之感。它既可以让着装者显得优雅、含蓄,也可以为身材肥胖者遮丑。

二是"X"型。"X"型套裙的主要特点是:上衣多为紧身式,裙子则大都是喇叭式。实际上,它是以上宽下松来有意识地突出着装者腰部的纤细。此种造型的套裙轮廓清晰而生动,可以令着装者看上去婀娜多姿,楚楚动人。

三是"A"型。"A"型套裙的主要特点是:上衣为紧身式,裙子则为宽松式。此种上紧下松的造型,既能体现着装者上半身的身材优势,又能适当地遮掩其下半身的身材劣势。不仅如此,它还在总体造型上显得松紧有致、富于变化和动感。

四是"Y"型。"Y"型套裙的主要特点是:上衣为松身式,裙子多为紧身式,并且以筒式为主。它的基本造型,实际上就是上松下紧。一般来说,它意在遮掩着装者上半身的短处,同时表现出其下半身的长处。此种造型的套裙往往会令着装者看上去亭亭玉立,端庄大方。

7. 款式。套裙在款式方面的变化,主要集中于上衣与裙子方面。一般来说,背心的变化往往不会太大。

套裙之中上衣的变化,主要表现在衣领方面。除了最为常见的平驳领、戗驳领、一字领、圆状领、"V"字领、"U"字领之外,青果领、披肩领、燕翼领、蟹钳领、束带领等等领型,也是比较常见的。

上衣的另外一个主要变化,则是在衣扣方面。它既有无扣式的,也有单排式、双排式的;既有明扣式的,也有暗扣式的。在衣扣的数目上,少则只有一粒,多则不少于十粒。就具体作用而言,有的纽扣发挥实际作用,有的纽扣则只起着装饰作用。

除了领型、纽扣等方面的变化,套裙之中的上衣在门襟、袖口、衣袋等方面,往往也多会花样翻新、式样倍出。

作为套裙的主角,裙子的式样也不乏变化。就最常见者而言,西装裙、一步裙、围裹裙、筒式裙、折裥裙等等,款式端庄、线条优美;百褶裙、旗袍裙、开衩裙、"A"字裙、喇叭裙等等,则飘逸洒脱、高雅漂亮。它们都是大受欢迎的式样。

与男士西装相比,女士的套裙在款式上千变万化,令人眼花缭乱。此种状况,是男士在选择西装时根本不会碰到的。

(二) 套裙的穿法

公司女职员在正式场合要想显得衣着不俗,不仅要注意选择一身符合常规要求的套裙,更要注意的是,套裙的穿着一定要得法。也就是说,在穿着套裙时,必须要讲究套裙的具体穿着方式。

在穿着套裙时,需要注意的主要问题大致有以下五个:

1. 大小适度。一套做工精良的优质面料的套裙,穿在一位白领丽人的身上,无疑会为之平添魅力。但是,如果真的想让穿在自己身上的套裙美丽而生动,就必须大小相宜。他人的套裙,过大或过小、过肥或过瘦的套裙,通常都不宜贸然穿着。

通常认为,套裙之中的上衣最短可以齐腰,而其中的裙子最长则可以达到小腿的中部。但是,在一般情况下,上衣不可以过短,裙子也不可以太长。否则,便会给人以勉强或者散漫的感觉。

特别应当注意,上衣的袖长以恰恰盖住着装者的手腕为好。衣袖如果过长,甚至在垂手而立时挡住着装者的大半个手掌,往往会使其看上去矮小无神;衣袖如果过短,动不动就使着装者"捉襟见肘",甚至将其手腕完全全暴露,则会显得滑稽而随便。

还应注意,上衣或裙子均不可过于肥大或包身。如果说过于肥大的套裙易于使着装者显得萎靡不振的话,那么过于包身的套裙则往往使穿着者过于招人,甚至"引火烧身"而惹来麻烦。

2. 穿着到位。在穿套裙时,必须依照其常规的穿着方法,将其认真穿好,令其处处到位。尤其要注意:上衣的领子要完全翻好,衣袋的盖子要拉出来盖住衣袋;不允许将上衣披在身上,或者搭在身上;裙子要穿得端端正正,上下需要对齐之处务必对齐。

特别需要指出的是,公司女职员在正式场合露面之前,一定要抽出一点儿时间仔细地检查一下自己所穿衣裙的纽扣是否系好、拉锁是否拉好。在大庭广众之下,如果上衣的衣扣系得有所遗漏,裙子的拉锁忘记拉上或者稍稍滑开一些,都会令着装者无地自容。

按照规矩,公司女职员在正式场合穿套裙时,上衣的衣扣需一律全部系上。不允许将其部分或全部解开,更不允许当着别人的面随便将上衣脱下来。这种做法,会损害自己的形象。

3. 考虑场合。公司佳丽尽管非常适合穿套裙,但是并不意味着不论干什么事情都可以穿套裙应付自如。与任何服装一样,套裙自有其适用的特定场合。

公司礼仪规定:公司女职员在各种正式的商务交往中,一般以穿着套裙为好。在涉外商务活动中,则务必要穿着套裙。除此之外,大都没有必要非穿套裙不可。

公司女职员在出席宴会、舞会、音乐会时,可酌情选择与此类场面相协调的礼服或时装。此刻依旧穿套裙,则会使自己与现场"格格不入",并且还有可能影响到他人的情绪。

外出观光旅游、逛街购物,或者进行锻炼时,公司女职员一般以着休闲装、运动装等便装为宜。在这些场合还身着套裙,不仅"劳而无功",而且还会使他人觉得着装者煞有介事。

4. 协调妆饰。高层次的穿着打扮,讲究的是着装、化妆与佩饰风格统一,相辅相成。因此,在穿着套裙时,公司女职员必须具有"全局"意识,将其与化妆、佩饰一道通盘加以考虑。忽略了这一点,弄不好就会使它们彼此矛盾、不相协调。

就化妆而言,公司女职员在穿套裙时的基本守则是:既不可以不化妆,也不可以化浓妆。穿套裙时,公司女职员必须维护好个人的形象,因此是不能不化妆的。而之所以要求不可以化浓妆,主要是因为公司女职员在工作岗位上要突出的是工作能力、敬业精神,而非自己的性别特征和靓丽容颜,所以应当只化淡妆,"妆成有却无",恰到好处即可。

就佩饰而言,公司女职员在穿套裙时的主要要求是:以少为宜,合乎身份。在工作岗位上,可以不佩戴任何首饰。如果要佩戴的话,则至多不应当超过三种,每种也不宜多于两件。不仅如此,穿套裙的公司女职员在佩戴首饰时,还必须兼顾自己的职业女性这一身份。按照惯例,不允许佩戴与个人身份无关的珠宝首饰,也不允许佩戴有可能过度地张扬自己的"女人味"的胸针、耳环、手镯、脚链等首饰。

5. 兼顾举止。虽说套裙最能够体现女性的柔美曲线,但是假如着装者举止不雅,在穿套裙时对个人的仪态毫无顾忌,甚至肆意而为,则会大煞风景,破坏应有的美感。

穿上套裙之后,公司女职员要站得又稳又正。不可以双腿叉开,东倒西歪,或是随时倚墙靠壁而立。就座以后,应务必注意姿态,切勿双腿分开过大,或是翘起一条腿来,脚尖抖动不已,更不可以脚尖挑鞋直晃,甚至当众脱下鞋子。

一套剪裁合身或稍为紧身一些的套裙,在行走时或取放东西时,都有可能对着装者产生一定程度的制约。由于裙摆所限,穿套装者走路时不能够大步流星地奔走,而只宜以小碎步行走。行进之中,步子以轻、稳为佳,不可走得"通通"直响。需要取某物时,若其与自己相距较远,可请他人相助,千万不要逞强,尤其是不要踮起脚尖、伸直胳膊费力地去够,或是俯身、探头去拿,免得露出自己身上不该暴露的部位,甚至使套裙因此而訇然开裂。

(三) 套裙的搭配

在涉及套裙的搭配问题时,主要应当考虑衬衫、内衣、衬裙、鞋袜的选择是否适当。

1. 衬衫。与套裙配套穿着的衬衫,有不少的讲究。从面料上讲,主要要求轻薄而柔软,故此真丝、麻纱、府绸、罗布、花瑶、涤棉等等,都可用做其面料。从颜色上讲,它的要求则主要是雅致而端庄,并且不失女性的妩媚。除了作为基本选择的白色之外,其他各式各样的颜色,包括流行色在内,只要不是过于鲜艳,并且与同时所穿的套裙的颜色不相互排斥,均可用做衬衫的颜色。不过,还是以单色为最佳之选。同时,还要注意使衬衫的颜色与同时所穿套裙的颜色互相般配,要么外深内浅,要么外浅内深,形成两者之间的雅致而耐看的深浅对比。

与套裙配套穿着的衬衫,最好不要带有繁杂的图案,选择无任何图案的衬衫最是得当。除此之外,顶多可以再选择带有条纹、方格、圆点、碎花或暗花的衬衫。假如在穿着带有图案的套裙时穿带有图案的衬衫,应使二者或是外简内繁,或是外繁内简,以求变化有致。

女式衬衫的款式甚多。其变化多体现在领型、袖管、门襟、轮廓、点缀等方面。应当说明的是,与套裙配套穿的衬衫不必过于精美,在领型等细节上也不宜十分新奇夸张。那些样式极其精美、新奇、夸张的衬衫,其实仅适合于单穿。

穿衬衫时,公司女职员须注意下述事项:

一是衬衫的下摆必须掖入裙腰之内,不得任其悬垂于外,或是将其在腰间打结。

二是衬衫的纽扣要一一系好。除最上端一粒纽扣按惯例允许不系外,其他纽扣均不得随意解开。在他人面前露出一抹酥胸,乃是不雅之态。

三是衬衫在公共场合不宜直接外穿。为了礼貌,不许可在外人面前脱下上衣,直接以衬衫面对对方。身穿紧身而透明的衬衫时,特别须牢记这一点。

2. 内衣。内衣被公司女职员称为"贴身的关怀"。在穿着套裙时,依惯例亦须对同时所穿的内衣慎加选择,并注意其穿着之法。

一套内衣往往由胸罩、内裤以及腹带、吊袜带、连体衣等构成。内衣应当柔软贴身,并且起着支撑和烘托女性线条的作用。有鉴于此,选择内衣时,最关键的是要使之大小适当,既不能过于宽大,也不能过于窄小。

内衣所用的面料,以纯棉、真丝等面料为佳。它的颜色可以是常规的白色、肉色,也可以是粉色、红色、紫色、棕色、蓝色、黑色。不过,一套内衣最好同为一色,而且其各个组成部分亦为单色。就图案而论,着装者完全可以根据个人爱好加以选择。

内衣的具体款式甚多。在进行选择时,特别应当关注的是,穿上内衣以后,不应当使它的轮廓一目了然地在套裙之外凸现出来。不然,就很有可能使自己为他人所蔑视。

在内衣的穿着方面,公司女职员必须注意如下四点:

一是内衣不可缺。无论如何,在工作岗位上不穿内衣的做法都是失礼的。在西方一些国家里所流行的不戴胸罩的做法,并不值得国人效仿。

二是内衣不外穿。有人为了显示自己新潮,在穿着套裙时索性不穿衬衫,而直接代之以连胸式衬裙或文胸。更有甚者,甚至在套裙之内仅仅穿着文胸。这样一来,它们都会暴露在他人视野之内。此种出格的穿法,是甚为不雅的。

三是内衣不外露。穿内衣之前,务必要检查一下它与套裙是否般配。若是无意之中在领口露出一条胸罩的带子,在袖口露出一截胸围,或是在裙腰外面露出一圈内裤,都会给自己形象造成无可挽回的损害。

四是内衣不外透。选择与内衣一同穿着的套裙、衬衫时,应使三者厚薄有别。切勿令三者一律又薄又透,而且色彩反差甚大。那样,内衣就会被别人从外面看得清清楚楚。

3. 衬裙。衬裙,特指穿在裙子之内的裙子。一般而言,公司女职员穿套裙时是非穿衬裙不可的。穿套裙时,尤其是穿丝、棉、麻等薄型面料或浅色面料的套裙时,假如不穿衬裙,就很有可能会使自己的内裤轮廓动辄为外人所见,那样是很丢脸的。

选择衬裙时，可以考虑各种面料，但是以透气、吸湿、单薄、柔软者为佳。过于厚重或过于硬实的面料，通常不宜用来制作衬裙。

在颜色与图案方面，衬裙的讲究是最多的。衬裙的颜色宜为单色，如白色、肉色等，但必须使之与外面套裙的色彩相互协调。二者要么彼此一致，要么外深内浅。无论如何，都不允许出现二者之间内深外浅的情况，同时，衬裙上一般也不宜出现任何图案。

从款式方面来看，衬裙亦须与套裙相配套。总体上来说，衬裙的款式应特别关注线条简单、穿着合身、大小适度等三点。它既不能长于外穿的套裙，也不能过于肥大，而将外穿的套裙撑得变形。

穿衬裙时，有两条重要的注意事项：

一是衬裙的裙腰切不可高于套裙的裙腰，从而使衬裙暴露在外。

二是应将衬衫下摆掖入衬裙裙腰与套裙裙腰二者之间，切不可将其掖入衬裙裙腰之内。否则行走的时间一长，或是动作过大时，它就有可能连累衬裙裙腰"重见天日"。

4. 鞋袜。鞋袜被称为公司女职员的"腿部景致"或"足上风光"。因此，每一位爱惜自身形象的人都切不可对其马虎大意。有人曾言：欲了解一位白领丽人的服饰品位，看一看她所穿的鞋袜即可。此言更是说明了鞋袜于公司女职员的重要性。

选择鞋袜时，自当首先注意其面料。公司女职员所穿的用以与套裙配套的鞋子，宜为皮鞋，并且以牛皮鞋为上品。同时所穿的袜子，则可以是尼龙丝袜或羊毛袜。

鞋袜的颜色，则有许多特殊的要求。与套裙相配套的皮鞋，以黑色最为正统。此外，与套裙颜色一致的皮鞋亦可选择。但是鲜红、明黄、艳绿、浅紫的鞋子，则最好莫穿。穿套裙时所穿的袜子，可有肉色、黑色、浅灰、浅棕等几种常规选择，只是它们宜为单色。多色袜、彩色袜，以及白色、红色、蓝色、绿色、紫色等色彩的袜子，都是不适宜的。

需要强调的是，穿套裙时，应兼顾鞋、袜、裙三者之间的色彩是否协调。一般认为，鞋、裙的颜色必须深于或等同于袜子的颜色。若是一位女士在穿白色套裙、白色皮鞋时穿上一双黑袜子，就会给人以长着一双"乌鸦腿"之感。

不论鞋子还是袜子，其图案与装饰均不宜过多，免得"喧宾夺主"。其实，带有网眼、镂空、拼皮、珠饰、吊带、链扣、流苏、花穗的鞋袜，或印有时尚图案的鞋袜，只能给人以肤浅之感。一点图案与装饰都没有的鞋袜，有时穿起来效果反而更好。

鞋袜在与套裙搭配穿着时,其款式有一定之规。与套裙配套的鞋子,宜为高跟、半高跟的船式皮鞋或盖式皮鞋。系带式皮鞋、丁字式皮鞋、皮靴、皮凉鞋等等,都不宜采用。高统袜与连裤袜,与套裙的搭配比较合适,中统袜、低统袜,绝对不宜与套裙同时穿着。

穿套裙的公司女职员在选择鞋袜时,依礼有下列五点注意之处:

一是鞋袜应当大小适宜。鞋子大了不跟脚,并且会露出趾缝;袜子大了则会松松垮垮,甚至还可能掉下来。

二是鞋袜应当完好无损。鞋子如果开线、裂缝、掉漆、破残,袜子如果有洞、跳丝,均应立即更换,不要打了补丁再穿。

三是鞋袜不可当众脱下。有些女士喜欢有空便脱下鞋子或是处于半脱鞋状态。还有个别人经常将袜子撸下去一半,甚至当着外人的面脱去袜子。此类做法,都是有失身份的。

四是袜子不可随意乱穿。不允许同时穿两双袜子,也不许将健美裤、九分裤等裤装当成袜子来穿。

五是袜口不可暴露于外。袜口即袜子的上端。将袜口暴露在外,是一种公认的既缺乏服饰品位又失礼的表现。公司女职员不仅穿套裙时应自觉避免此种情形的发生,而且还应当在穿开衩裙时注意,即使在走动时,也不应当让袜口偶尔一现于裙衩之外。

应强调的是,穿套裙时不穿袜子或不穿皮鞋,都是不当之举。

三、制服

在国内外的不少公司里,员工们在工作之时往往会身穿面料、颜色、款式整齐划一的服装。所谓制服,指的就是上班族在其工作岗位上按照规定所必须穿着的,由其所在单位统一制作下发的,面料、颜色、款式整齐而划一的服装。对公司员工而言,制服其实是自己在工作岗位上按规定所必须穿着的上班装,或曰工作服。

在现代社会里,要求本公司的全体从业人员一律身穿制服上班,是许多公司的理想目标。公司员工在工作中身着式样统一的制服,至少有如下四大好处:

第一,可以体现公司员工的职业特征。为了实际工作的需要,不同的职业往往需要具有不同特征的制服。与军服、警服、铁路服、海员服、空乘服、邮政服、工商服、税务服彼此各具特色一样,从事不同类型商务活动的公司员工所穿的制服,通常也各不相同。它们不仅适合于公司员工具体的工作性质,而且具有公司员工的共同基本特征。

第二,可以表明公司员工的职级差异。在工作岗位上,公司员工的分工往往有所不同,这在制服上是有所体现的。即便在同一个单位里,不同部门、不同级别、不同职务的人员,往往从其制服上就可以区别开来。这样做,既是为了分工明确,也是为了增进着装者的荣誉感,并且取得各方的监督。

第三,可以实现员工队伍的整齐划一。从总体上讲,公司员工在自己的工作岗位上是不允许过多地张扬个性的。身着样式一致的制服,不仅有助于体现出整个公司的共性、全体员工的良好合作性与凝聚力,而且也便于公司更为有效地对全体员工进行要求和管理。

第四,可以树立公司的规范形象。根据现代公共关系理论,要求全体员工身着统一式样的制服上班,实际上是社会组织用以树立自身形象的"企业静态符号识别系统"的常规表现手法。换言之,要求全体员工在工作岗位上身穿制服,久而久之,可以使本公司的形象随之深入人心。

由于公司所包容的具体职业不胜枚举,因此制服亦可谓变化万千。有时,即便是在同一个公司里,它往往也会呈现出不同的特色。虽则如此,在千变万化、形形色色的公司制服之中,仍然可以发现许多具有共性的、规律性的一致之处。这种一致之处,即为制服的礼仪规范。

公司员工穿着制服的礼仪规范,主要涉及制服的制作和搭配穿着等两个具体的方面。

(一)制服的制作

制服的制作与选择,既与每一名必须穿着制服的公司员工相关,更主要取决于所在公司决策者的个人态度。鉴于此事与公司形象息息相关,因此每一家公司的负责人均应亲自过问此事,不应将它交由办事员自由经办。

制作与选择一套适合公司员工穿着的制服,所要考虑的重点问题主要包括面料、颜色、款式、分类、做工等等。简而言之,面料要好、颜色要少、款式要雅、分类要准、做工要精,就是对公司员工所穿着的制服在其制作方面的基本要求。

1. 面料要好。为公司员工制作制服,应当尽可能地选择精良上乘的面料。在一般情况下,本着既经济实惠又美观体面的方针,应当优先考虑纯毛、纯棉、纯麻、棉毛、棉麻、毛麻、毛涤等面料。

纯毛、纯棉、纯麻等面料,不仅质地天然,而且吸湿、透气、贴身、舒适,外形美观,穿在身上显得较有档次。经济条件如能允许,应对此优先考虑。

棉毛、棉麻、毛麻、毛涤等面料,皆属于高档混纺面料。与前者相比,它们可以说是一种退而求其次的选择。它们大都具备悬垂、挺括、结实、耐折、耐磨等特点,在价格上比较便宜,因而经济实惠。

　　有些时候，为了从事某些特殊工作或是适应某些特殊环境的需要，用以制作制服的面料，通常还会被要求具备某些比较特殊的功能。例如防火、防水、防风、防尘、防污染、防辐射、防静电、防氧化、防高温、防低温等等。在选择此类特种用途的制服的面料时，务必精益求精、严格把关，绝对不允许降低标准，以次充好。

　　如果不是情况较为特殊的话，一般不应当选择涤纶、涤丝、尼龙、中长纤维等人造化学纤维面料来制作公司员工的制服。用各种化纤面料制作的制服，在短时间内，大都色泽鲜艳、免烫抗皱、坚牢耐穿，而且还可以大大降低制作成本。只是它们往往经不起时间的考验，穿的时间久了，通常都会被磨得发光发亮，表面上往往也会藏污纳垢、起毛起球，并且还极易跳丝或产生静电。这样一来，就给人以劣质低档之感，因此被人们打入另册。所以，即使不要求员工穿制服，往往也比要其身穿低档劣质的化纤制服所留给社会各界的印象要好得多。

　　2. 颜色要少。统一制作制服时，切不可使其颜色过于繁多或图案过于杂乱。不然看起来显得杂乱无章，或者花里胡哨，有损于本公司的整体形象。所以，从总体上讲，制服的颜色宜少而不宜多。

　　具体来说，选择制服的颜色时，有三点应予重视：

　　一是应当优先考虑本公司的标志性颜色。在用来塑造公司形象的"形象识别系统"中，标志性颜色占据着重要的位置。标志性颜色是指某一单位为了体现自身特色、表现自身理念，而特意选定一种或数种颜色用以代表自己。在商务活动中，它被广泛地应用于本公司的标志、徽记、广告、标语、商标、旗帜、建筑等各个方面。以标志性颜色作为员工制服的主色，亦是一种国际上通行的做法。

　　二是应当力求颜色单一而偏深。如果与公司的标志色不矛盾的话，则制服的颜色以单一而偏深为好。在一般情况下，在一套制服里，上衣、裤子或裙子最好采用同一种颜色。为了庄重，耐脏等等原因，制服通常不宜采用浅色、花色、艳色。根据常规，可为商界制服所选择的、符合上述要求的颜色，大体上仅有蓝、灰、棕、黑等几种。蓝色的制服表示严谨，灰色的制服表示稳重，棕色的制服表示文雅，黑色的制服则表示高贵。在世界各国，它们都是最为常用的公司制服的"基本色"。

　　三是应当在进行色彩搭配时总体上坚持"三色原则"。它的主要要求是：与制服一同穿着的衬衫、领带、帽子、鞋袜，包括制服本身在内，其颜色应在总量上被限定在三种以内。这样做，可使配色的效果最佳。具体而言，公司员工在穿制服时，全身一色未必不可，全身两色不能算少，但是至多不宜超过三色。遵守"三色原则"，主要是为了体现出公司员工着装简洁大方的整体风格。具体进行操作时，有两点务请切记：其一，采用两色或三色时，最好使其中的一种色彩为白色；其二，不论是采用双色还是三色，都不要按同等比例对其进行搭配。

此外,除本公司的标志之外,制服上不宜出现任何图案或饰物。

3. 款式要雅。公司员工的制服,总的要求是雅气端庄。它应当既突出自己的实用性,又传统而保守;既与众不同,又不宜一味追逐时尚,甚至走在时尚之前;既应当体现出本公司的特色,又不可为了标新立异而以奇装异服的面目出现。简而言之,公司员工穿上制服后,应当显得精明干练,精神焕发,文质彬彬,温文尔雅。这些要求体现在制服的款式方面,就是要求它要以"雅"为本。

具体而言,制服目前多为两件套式,即由一件上装与一件下装所构成。由于行业不同、部门不同、要求不同,制服的具体款式可谓变化多端,令人目不暇接。

制服中的上装,有西装式、猎装式、夹克式、衬衫式、两用式等等。制服中的下装,则有裤装式、裙装式、背带装式等等。

不论公司制服具体采用哪一种款式,根据雅气端庄的总体要求,都必须力戒露、透、短、紧,此所谓制服四戒。

一是戒露。制服作为衣服理应发挥为人体遮羞的基本功能,对公司员工在工作岗位上不宜裸露在外的身体部位加以遮掩。通常认为,制服是不应当使着装者的胸部、腹部、背部、肩部、大腿在外"曝光"的。此五个不宜外露之处,通称为"制服五不露"。假如达不到这一要求,就会让着装者的乳沟、胸毛、腋毛、肚脐、脊背等处,甚至连同内衣一道昭然示众,非常的不文明。

二是戒透。制服面料即使极为色浅单薄,也绝对不应当是透明的。如果公司员工在上班时所穿的制服成了变相的"透视装",令本属于着装者"绝对隐私"的背心、胸罩、内裤、腹带、衬裙等等若隐若现,甚至赫然在目,犹如特意进行"公开陈列"一般,不但有碍观瞻,而且也会使着装者失掉自尊自爱。

三是戒短。公司的制服应当合身。有些制服因为工作的需要,允许相对宽松肥大一些。但是,不应使制服过分短小。不然,既显得小气,又会给人以不文明之感。在一般情况下,制服之中的上装不宜短于腰部,否则会露出裤腰、裙腰甚至肚皮,成了改头换面的"露脐装"。裤装式的制服,一般不宜为短裤式样。裙装式的制服,裙摆大都应长于膝盖。这样规定,对着装者其实也是一种保护。

四是戒紧。必须明确的是,制服并非时装,因此不应使之过于紧身以凸现着装者的线条。通常,以高弹面料制作制服是不合适的。应当注意的是,欲体现本人的苗条身材而随意改动制服的做法是不可取的。

4. 分类要准。要使制服在商务活动中真正地发挥良好的作用,就必须在恪守上述几项规则的前提下,对其进行必要的分类。在实际工作中,公司制服的分类有多种方法。然而不论采用何种分类方法,都应当使之适应实际工作的需要,并且有助于维护本公司的形象,定位恰到好处。这就是所谓分类要准。

就目前而言,公司制服的分类最常采用的主要有下述四种方法:

一是按照性别分类。总的说来,制服明显地具有"中性化"趋向。有时,它甚至可以不分男女。不过为了照顾男女的不同生理特点,并且在工作中得以分辨清楚,故此制服通常都有男式与女式的区别。

二是按照季节分类。在我国,一年四季,寒暑不同,制服自然应当随之而有所变化。在四季明显的地区,制服往往被分为三类,即夏装、冬装与春秋装。而在一年只有冷暖两季的地区,制服则可分为暖季制服与冷季制服两类。在热带地区,制服实际上则只有夏装一种。

三是按照用途分类。制服被称为上班装,但是公司员工的具体工作岗位往往各不相同,因此制服依照其具体用途可以分为办公服、礼宾服与劳动服等三类。办公服,主要供日常在办公室里办公的员工穿着;礼宾服,主要适合礼仪人员在礼宾岗位上穿着;劳动服,则仅仅适用于在从事体力劳动的现场劳作之时穿着。

四是按照职级分类。在公司里,讲究的是员工分工明确,下级服从上级。这一特色,往往也会在制服的分类上得到体现。在许多大型的公司里,不同级别者的制服各不相同,不同部门的制服也区分得一清二楚。它的好处是:不仅方便了自己的交往对象,而且亦可增强着装者的责任心与荣誉感。

5. 做工要精。制作制服,注意节省费用、反对铺张浪费是非常有必要的,但这决不能以牺牲做工的精细严谨为代价。

要做到不允许对制服进行粗制滥造这一点,就必须严守制服的制作标准。没有制作标准与不遵守制作标准,同样都是有害的。特别应当切记,绝对不允许以任何借口在制作制服时偷工减料,使其看起来粗陋不堪,面目全非。也不允许在制作制服时马马虎虎,使其"好景不长"。为此在制作制服的外加工阶段,务必要严加监管、抽查与验收。

制服的做工要精,这是制服美观耐用的前提,同时更与维护着装者和其所在公司的形象直接相关。为此,在检查一套制服的制作质量时,尤其需要注意下列细节:领子是否大小相当;衣袖、裤管是否长短一致;衣袋是否端正而对称;肩线、裤缝、裙腰是否平直;衬里是否外露;纽扣、别针、挂钩、拉锁、裤襻、裙襻是否钉得结实;纽扣与扣眼是否对应;拉锁是否能用、耐用等等。

除此之外,做工要精,还应包括应当量体裁衣、大小合身。

(二)制服的穿着

制服既然属于上班装,那么对身着制服上班的公司员工而言,穿着和搭配制服,就必须严格地遵守有关的礼仪规范和本公司的具体规定。

在穿着制服上班时,公司员工必须注意以下四个方面的问题:

1. 忌脏。 穿着制服,必须努力使之保持干净整洁的状态。上班所穿的制服难免会被弄脏,这并不值得大惊小怪。重要的是,对于制服的清洁与否,一定要时刻留意。一旦发觉它被弄脏了,就应当及时进行换洗。换而言之,对于制服定期或者不定期地进行经常性地换洗,应当成为每一位公司员工用以维护自我形象的自觉而主动的行动。不仅如此,除制服之外,与之同时配套穿着的内衣、衬衫、鞋袜,亦应定期进行换洗,而绝不可容忍其长期"值班"。

在外人面前,公司员工所穿的制服必须无异味、无异物、无异色、无异迹。若是制服汗臭扑鼻,或是遍布油垢、汗迹、汤渍、漆色,不一定表明着装者勤劳辛苦,却往往会令人感到其肮脏不堪。

2. 忌皱。 穿着制服的一项重要要求,就是要求制服外观整齐、完好。由于制服所用的面料千差万别,并非所有的制服都能够悬垂挺括、线条笔直,但是不使其皱皱巴巴、折痕遍布,却是每一名公司员工均应做到的。无论从哪一个方面来说,身穿一套皱皱巴巴的制服的公司员工,都难以赢得他人的尊敬。除了邋邋遢遢、消极颓废、懒惰不堪、不修边幅这一类的评价之外,恐怕再也找不到适于对其加以评论的言词了。

为了防止制服产生折皱,必须采取一些必要的措施。例如,脱下来的制服应当挂好或叠好,切勿信手乱扔。洗涤之后的制服,要加以熨烫,或是上浆。穿制服时,不要乱倚、乱靠、乱坐等等。最重要的,则是要在思想上时刻提醒自己注意此点。

3. 忌破。 在工作中,有时公司员工所穿的制服经常会在一定程度上出现破损的现象。除了"工伤"这一因素之外,制服穿着的时间久了,也会自然地发生"老化",例如开线、磨毛、磨破、纽扣丢失等等。

发现制服"挂彩"之后,公司员工应采取必要的补救措施,并且根据具体情况分别加以对待。一般情况下,制服一旦在外观上发生明显的破损,如掉扣、开线或形成破洞等等,就不宜在工作岗位上继续穿着。在办公室里,特别是在某些"窗口"部门工作的公司员工,或是担任领导职务的公司员工,更是要注意这一点。千万不可视而不见、听之任之。

对残破的制服,应分别进行处理。若其为劳动服,在经过认真修补后,仍然可以再穿。但不应对修补残破之处敷衍了事,在此贴胶布或别别针,都是不规范的。若其为礼宾服或办公服,残破之处经过修补后痕迹明显者,如打补丁或换上式样不配套的纽扣之类,则不宜再度在正式场合穿着。

4. 忌乱。 如果公司规定全体员工着制服上班,每一名公司员工都必须"从我做起",认真遵守此项规定。不仅如此,还须注意,欲使制服真正发挥功效,穿着者还必须认真地依照着装规范行事。

在要求穿制服上班的公司里,最忌讳一个"乱"字。公司员工穿制服时所谓的"乱",主要反映在如下两个方面:一是不按照规定穿制服。在某些要求穿制服的公司里,总有个别人以"忘记了"、"不舒服"、"不合身"、"不喜欢"为由拒绝穿制服。他们甚至自以为是地将街市装、宴会装、沙滩装、卧室装穿到公司里来。此类表现,不仅可能会使人误会其到公司来的真正目的,而且还因此破坏了公司的制度与秩序,让外人觉得本公司管理不严。二是穿制服时不守规矩。在公司里,一些人虽然按照规定穿了制服,但是却自行其是、随便乱穿。比如说,敞胸露怀、不系领扣,高卷袖筒、挽起裤腿、乱配鞋袜、不打领带、不束衬衫下摆,或是制服与便服混穿等等诸多情况。如此种种做法,皆有损制服的整体造型。客观地讲,这些做法的危害性并不亚于不穿制服。

除去上装与下装这两大主体部分之外,公司员工往往还要按照有关规定,使自己其他部分的衣饰与制服协调、系统地组合搭配。

在一般情况下,公司员工穿制服时,按规定要求与其配套使用的衣饰,主要有衬衫、帽子、鞋袜、皮带等等,它们往往会与制服一起下发,在整体风格上与制服保持相互一致。公司员工在穿着制服时,若是离开了这些衣饰,往往会使其所穿制服失去本应具有的神韵。因此,穿制服时,必须按规定同时使用应与其配套使用的衣饰,不准不用或以其他非配套使用的衣饰代替。

即使公司未对穿制服时其他部分的衣饰作统一规定,公司员工在选用其他衣饰时,亦应将它们与制服协调与否的问题置于首位予以考虑,切切不得滥用衣饰。

四、饰品

在商务交往尤其是涉外商务交往中,除去西装、套裙、制服等正装之外,公司员工们通常还离不开许多重要的饰品。除此之外,饰品的选择、搭配与使用等一系列的细节,往往更能充分、客观地反映出公司员工的素养。

饰品,又叫做饰物。对公司员工而言,所谓饰品,乃是指在其整体服饰中发挥装饰作用的一些配件。顾名思义,饰品主要具有装饰作用。然而,不少饰品在装扮其使用者的同时,往往还发挥着不可替代的实际功能。因此,在探讨公司员工的衣饰时,绝对不应对饰品有所忽略。

下面,主要介绍首饰、手表、钢笔、皮具、围巾等几种最为常用的饰品的礼仪规范。

(一)首饰

首饰,是人们平日使用最多的一种饰品。严格地说,它指的是那些功能专一的装饰品,诸如戒指、耳环、项链、胸针等等。有的时候,首饰往往被人们与饰品直接划上等号。

在一个人的穿着打扮中,首饰处于画龙点睛的位置。有鉴于此,公司员工在选用首饰时,务必要三思而行。对下述几条有关首饰的礼仪规范,一定要认真遵守。

1. 符合身份。在正式的商务交往中选戴首饰时,公司员工务必要使之与自己的身份相称。一般而言,在工作中,公司员工是要讲究"首饰三不戴"的:

一是有碍工作的首饰不戴。如果佩戴某些首饰会直接影响自己的正常工作,那么就应当坚决不佩戴它们。

二是炫耀财力的首饰不戴。在工作场合佩戴过于名贵的珠宝首饰,难免会给人以招摇过市、不务正业之感。

三是突出性别的首饰不戴。胸针、脚链之类的首饰,往往会突出佩戴者的性别特征,从而引起异性过分的注意,在工作场合也不宜佩戴。

2. 男女有别。从某种意义上讲,首饰实际上是女性的"专利品"。除结婚戒指等极少数品种的首饰之外,男性通常是不宜在正式场合佩戴过多首饰的。这条社会上普遍通行的规则,对于全体公司男职员同样是适合的。

与此相反,在佩戴首饰时,女性则往往有多种多样的选择。俗称"女性首饰三大件"的戒指、项链、耳环,许多职业女性是经常佩戴的。对于此点,社会上并无任何非议。

3. 遵守成规。对公司员工特别是白领丽人们来说,在上班时佩戴首饰,还须自觉遵守以下几条约定俗成的常规。

一是以少为佳。在上班时即便可以佩戴首饰,但还是要限制数量,以少为佳。一般而言,佩戴首饰时,总量上不宜多于三种,每种则不宜超过两件。

二是同质同色。同时佩戴多件首饰时,应尽量选择质地、色彩上都基本相同的首饰。至少,也要使其色彩相似。否则搞得五花八门、异彩纷呈,会令人感到佩戴者粗俗不堪。

三是风格划一。风格划一,在此既指同时佩戴的多件首饰应当统一风格,也是指所佩戴的首饰应当与自己的其他衣饰在风格上协调一致。

(二)手表

对广大公司员工来说,手表既是一种常用的计时工具,又是一种重要的饰品。社会上早就流行"男人看表"一说,可见在公司男职员身上,手表是一件十分关键的饰品。

手表,亦称腕表。在此,它特指以表带佩戴于手腕上的计时工具。公司员工在佩戴手表时,主要应当在其档次、款式、功能、戴法等四个方面遵守成规。

1. 手表的档次。 在商界,人们非常讲究档次。选择手表时,其档次的高低颇受关注。一般而言,市面上销售的手表有高、中、低三个档次。它们不仅在价格方面悬殊甚大,而且对其佩戴者的身份亦有一定限制。

一是高档表。高档表,多为瑞士名表,其价位均在10万元人民币以上,代表品牌有江诗丹顿、百达翡丽、爱彼等等。通常认为,佩戴高档表是公司头面人物的特权。

二是中档表。中档表,一般价位在14元~10万元人民币之间,既有外国表,又有国产表。代表品牌有欧米茄、浪琴、雷达、海鸥等等。在当前,它是大多数公司员工的选择。

三是低档表。低档表,在此通常指的是价位在14元人民币以下的手表。一些普通公司员工,大多喜欢选择这一档次的手表。

2. 手表的款式。 选择手表的款式讲究甚多。公司员工在正式场合佩戴手表时,在其款式方面主要应考虑下述各点。

一是男女有别。男款表与女款表,是手表在款式上最基本的区别。佩戴手表时,一般不允许男女不分,胡乱戴之。

二是风格庄重。在商务交往中所佩戴的手表,其风格以庄重、保守为主。因此,公司员工大多喜欢佩戴比较传统的机械表,而很少选择时髦的石英表、电子表。

三是重视外观。公司员工选择正式场合所佩戴的手表时,大都十分重视其外观,尤其关注下述两点:

其一,轮廓。一般而言,正圆、正方、椭圆、长方等形状的手表都是适宜之选,而异形手表则不宜考虑。

其二,色彩。手表的表盘、表壳、表带的色彩均极有名堂。公司员工在正式场合中,往往首先考虑选戴"全黄表"、"全银表"与"全黑表"。有时,有人也喜欢表盘为乳白色,而表壳、表带为金色、银色、黑色的"两黄一白表"、"两银一白表"与"两黑一白表"。

3. 手表的功能。 手表的功能在此指的是它的具体用途。在这方面,一般要求公司员工遵守如下"六不戴"。

一是不戴广告表。若非本单位的广告表,在正式场合中是不宜佩戴的。

二是不戴时装表。时装表只宜用以与时装进行搭配,上班时穿着正式的套装、套裙、制服的公司员工显然不宜佩戴。

三是不戴珠宝表。上班时,任何人都不宜招摇过市,所以奢华抢眼的珠宝表不宜佩戴。

四是不戴特种表。一些有特种用途的手表,例如太空表、潜水表、血压表、卡通表、纪念表、军表等等,公司员工均不宜佩戴。

五是不戴劣质表。虽说公司员工没有必要上班时一律佩戴高档表,但这并不意味着可以选择劣质表。

六是不戴残损表。残损表,在此特指那些功能与外观均已严重损害的手表。上班时佩戴这种表,无疑是缺乏自尊自爱的表现。

4. 手表的戴法。佩戴、使用手表时,公司员工大都应当注意下述三点:

一是不宜不戴手表。在外人面前,不戴手表的人通常会被视为时间观念不强的人。

二是不宜乱戴手表。作为腕表,手表只宜戴于手腕之上。将其挂于胸前、腰上,或装入口袋中,都显得不伦不类。

三是不宜乱用手表。佩戴手表,意在察看时间,但在商务交往中,面对外人而频频看表、反复上弦,则是不允许的。因为那样做有逐客或心不在焉之嫌。

(三)钢笔

随着科技的进步,电子计算机已广泛地应用于商务场合。公司员工平时在互行文书时,已越来越多地采用了电子计算机。尽管如此,作为传统书写工具的典型代表,钢笔的重要地位依旧是不可替代的。

在商界,钢笔历来被视为公司员工的武器。在选择与使用钢笔时,公司员工应认真遵守以下礼仪规范。

1. 钢笔的选择。选择钢笔,实际上大有讲究。一般来看,选择钢笔时主要应对品牌、式样、功能、类别等四个方面的具体问题给予重视。

一是品牌。在选择钢笔时,公司员工特别是公司的高层人士往往对其品牌特别关注。以国外,人所共知的著名的钢笔品牌有万宝龙、威迪文、派克等等。在国内,英雄、永生、金星等品牌的钢笔则有口皆碑。

二是式样。公司员工所使用的钢笔,其式样应强调朴实、大方。具体而言,它的色彩应当单一而又传统,并以黑色、灰色、红色、金色、银色为佳。它的长度,应在12~15厘米之间,过长或过短都未必得体。它的装饰应简洁。

三是功能。在商务交往中,公司员工所使用的钢笔不仅具有实用功能,而且具备一定的装饰功能。但是其主要用途仍然是书写,因此,公司员工尽量不要选用附加功能过多的钢笔。

四是类别。有些类别的钢笔,例如签字笔、宝珠笔、书法笔、工艺笔等,属于正式钢笔的变种,在一般情况下,若无特殊原因,公司员工不宜选用它们。

2. 钢笔的使用。公司员工在使用钢笔时,有五条基本注意事项。

一是要随身携带钢笔。平时,公司员工应养成随身携带钢笔的习惯。不随身携带钢笔的人,往往会在一些关键场合遇到尴尬的情况。

二是要带有两枝钢笔。训练有素的公司员工,往往还会在正式场合同时携带两支钢笔。这样一来,一支钢笔出现故障时,另外一支钢笔便可以及时救场。

三是要保证墨水充足。因公外出前,有经验的公司员工都会循例检查一下自己随身携带的钢笔,了解其墨水是否充足。

四是要禁止借用钢笔。通常,在工作之中,公司员工是不宜向他人借用钢笔的。

五是要置于适当之处。在正式场合,公司员工随身携带的钢笔应被置于公文包、上衣口袋、笔袋等既定的规范之处。乱放钢笔,比如夹在耳朵上、插在衣襟上、别在西装上衣外侧口袋上、放在裤兜内,都是不适宜的。

(四)皮具

皮具,在此特指以皮革制作的较高档次的工作与生活用品。对公司员工而言,皮具兼具实用与装饰之功效。要想发挥皮具的良好功效,首先要注意选择好的皮具。选用皮具时,公司员工对以下五个基本点应有所了解。

皮具的质地。公司员工所选用的皮具多为牛皮、羊皮制品。有时,亦可选用质地稍逊一筹的猪皮制品。但珍稀、名贵动物的皮革制品,一般不宜选用。

皮具的颜色。公司员工在正式场合使用的皮具,大多选用单色,并且往往优先考虑黑色与棕色。对杂色、花色、多色、艳色的皮具切勿滥用。

皮具的形状。根据惯例,公司员工在正式场合所使用的皮具,形状多为长方形、正方形、椭圆形、半圆形、六边形等较为规范的几何图案。

皮具的做工。正规场合使用的皮具,不论其式样如何、用途怎样,均应制作精良。粗制滥造的皮具,公司员工还是不使用为妙。

皮具的品牌。在一些重要场合,尤其是在国际交往中,人们对公司员工所用皮具品牌的关注,往往甚于对其质地、颜色、形状等方面的关注。爱马仕、普拉达、夏奈尔、路易威登、等品牌,都是知名的一流国际皮具品牌。而金利来、万里马、鳄鱼等国内知名皮具品牌,也有众多的拥戴者。

在日常工作与生活中,公司员工所使用的兼具实用性与装饰性功能的皮具主要有皮包、皮夹、皮带等等,下面分别对其各自的礼仪规范进行简述。

1. 皮包。皮包,在此是指真皮制成的各类包袋。在日常工作与生活中,每一名公司员工均离不开对皮包的使用。选用皮包时,对下述几点必须予以注意。

一是皮包的用途要明确。不同类型的皮包用途不同。例如,旅行包用于差旅,公文包用于办公,电脑包放置电脑,肩包用于社交,腰包用于休闲。它们通常各司其职,切切不可混淆其具体用途而滥用一气。

二是选用皮包要讲究搭配。使用于正式场合的皮包,非常讲究与其使用者整体服饰的搭配。下述各点,尤须重视:

其一,颜色搭配。公司员工所使用的皮包的颜色,一般应当使之与自己整体服饰的主色调相似。有时,亦可令其与自己所穿着的服装的颜色呈对比色。在特别正式的商务交往中,有一条特别的讲究,那就是公司员工所使用皮包的颜色,最好要与其同时穿着的皮鞋的颜色相一致。

其二,质地搭配。使用皮包时,应有意识地使自己同时使用的各类包袋皆为皮质,并且最好脚穿皮鞋。不然的话,就会有碍服饰的和谐统一。

其三,款式搭配。使用皮包时,还应同时使其与自己的其他服饰在款式上较为一致。要么都是商务款,要么同为休闲款。

其四,整体搭配。在任何情况下,选用皮包时,皆应使其服从于自己服饰上的整体搭配。对于使用者的性别、年龄、身份、身高等等,均应予以考虑。

三是使用皮包讲究内容分类。有人曾经讲过:了解一个人为人处世严谨与否的捷径,就是打开他的皮包,去看一看里面摆放的物品是否井然有序,各就各位。因此,公司员工对使用于正式场合的各类皮包,均应注意以下三点:

其一,减少内容。没有必要把自己有用没用的物品一股脑地塞入皮包之内。对使用于正式场合的皮包,一定要提前进行删繁就简的整理,以求轻装上阵。

其二,分类摆放。在皮包里,常用之物均应分类放置。这样一来,使用时便会一目了然。

其三,固定位置。常用的物品既要分类放置,更要固定其摆放位置,以求寻找之时"手到擒来"。

四是皮包要携带有方。携带皮包时,对一些基本的礼仪规范均应认真遵守。

其一,不要乱用皮包。外出之际,该用什么样的皮包就用什么样的皮包。诸如谈判时系腰包,逛街时拎皮箱,只会令人讥笑。

其二,不要乱拿皮包。皮包的带法颇有讲究。旅行箱应当拉着,公文包应当提着,电脑包则应当背着。反其道而行之,通常是不允许的。

其三,不带多只皮包。若非外出旅行,随身携带的大型皮包不宜多于一只。必要时,宁肯选用一只更大一些的皮包。

其四,不要乱放皮包。上门做客时,皮包不应乱放。在一般情况下,可将其交由主人存放,存入专用的衣帽厅,也可以放在自己脚边的地板上。

2. 皮夹。皮夹,在此特指某些较小的皮包。依据皮夹的用途,公司员工最为常用的皮夹有钱夹、碎银夹、钥匙夹、名片夹、笔记夹、护照夹等等。使用皮夹时,通常要求公司员工重视以下三点。

一是内容专一。皮夹通常容积较小,因此其具体内容越是专一越好。以钱夹为例,其中只宜放置钱币与信用卡。若是里面既放硬币又放名片,再放上电话卡,弄得乱七八糟,非常有碍观瞻。

二是外形美观。皮夹虽小,但因使用较多,故备受瞩目。使用于正规场合的皮夹,应外观优美。外观出了问题的皮夹,诸如褪色、残破、缺损、开线等等,最好不用。

三是放置到位。在正常情况下,公司员工所使用的皮夹,应存放在公文包或办公桌内。在其他地方乱摆乱放,均属不当。即使有时将其放在衣服口袋内,也不甚合适。

3. 皮带。皮带又叫腰带。除了可以束腰,系住裤子与裙子之外,皮带有时亦可作为饰品。比较而言,在公司男职员身上,皮带所发挥的装饰作用尤其突出。

选用皮带时,公司员工一般应注意皮带的颜色、图案、尺寸、环扣与系法等几点。

一是皮带的颜色。公司员工使用于正式场合的皮带,在颜色上有三点讲究。

其一,宜为单色。使用多色皮带通常是不允许的。

其二,宜为深色。公司员工所使用的皮带,一般应为深色,并且以墨色、棕色皮带为首选。

其三,宜重视搭配。众所周知,皮带的颜色,宜与同时所使用的皮鞋、皮包的颜色保持一致。

二是皮带的图案。除商标之外,正式场合所使用的皮带应当没有任何图案。它宜为光面,而非压花、磨砂之类。

三是皮带的尺寸。皮带在尺寸上,主要有下述两个方面的具体要求:

其一,宽度。皮带的宽度男女有别。正式场合所使用的皮带,男式宜宽 3 厘米,女式宜宽 2.5 厘米。皮带过宽或过窄都是不允许的。

其二,长度。皮带的长度,应为系好之后长过皮带环扣约 10 厘米左右。

四是皮带的环扣。环扣是皮带上最醒目之处,它一般应为金属制品,并且多为单一的金色、银色或黑色。除商标之外,皮带环扣上不宜出现其他任何文字、图案。

五是皮带的系法。系皮带时,下述各点均为既定之规,应予以遵守:

其一,自右而左。一般而言,系皮带时,皮带头大都应当自右而左。

其二,进入襻带。系皮带时,大都应当认真将其穿入裤子、裙子上的每一个襻带之内。

其三,不挂他物。在正规场合,皮带上不宜挂放诸如手机、钥匙、打火机等任何物品。

（五）围巾

围巾,在传统意义上一般指的是围在脖子上保暖的针织品或纺织品。在现代生活中，许多公司员工，尤其是公司女职员，往往喜欢选用围巾作为自己重要的装饰之物。对公司员工而言，不论是选择还是使用围巾，都有一些既定的规则。

1. 围巾的选择。选择围巾时，其质地、颜色、图案、规格、品牌等等，均需予以注意。

一是质地。围巾的质地，往往多种多样。人们公认为真丝或羊绒质地的围巾乃是上品。

二是颜色。围巾的颜色，在选择时可兼顾三点：个人偏好，整体风格，流行时尚。应当注意的是，一条围巾上的颜色总量最好别多过三种。

三是图案。图案往往是白领丽人选择围巾时关心的重点。从总体上讲，使用于正式场合的围巾，可以没有任何图案。喜欢有图案的围巾的人，亦可选择具有典雅、庄重等特点的图案。

四是规格。围巾的具体尺寸往往多种多样。具体选择时，可以根据个人的具体需要而定。

五是品牌。围巾的知名品牌甚多。国外的爱马仕、古姿，国内的雪莲、鹿王，都是其中的佼佼者。

2. 围巾的使用。使用围巾时，一般要求公司员工对下列四点予以注意。

一是男女有别。比较而言，男职员使用围巾时，大都依旧偏重于"围脖"这一传统功能。女职员使用围巾时，则往往偏重于装饰或点缀。例如，不少女职员喜欢选用围巾束发、束腰、束腕、披肩。

二是季节有别。有一般情况下，公司员工在选用围巾时，往往会首先考虑到所处具体季节的差异。在冬季，人们青睐羊毛、羊绒围巾，而在其他季节里，真丝、纯麻的围巾则是大多数人的首选。

三是场合有别。一般来讲，在较为正式的场合里，公司员工使用围巾时宜注意庄重、大方；而在轻松愉快的场合里，公司员工使用围巾则应讲究其时尚、俏丽、别致。

四是形状有别。就围巾的基本形状而论，围巾有正方形、长方形、三角形三种基本形状。此外，还有不规则形状的围巾。具体使用时，长方形围巾使用最广，并且可以形成多种变化，因此最受白领丽人的喜爱，有人甚至称长方形围巾为围巾的"基本型"。

五、化妆

在日常工作与生活里，公司员工尤其是白领丽人，往往对化妆的问题极其重视。化妆是指人们采用专门的化妆品来打扮自己,从而使自己的容颜更加靓丽可人。

一般来讲,在正常的人际交往中,成年人特别是成年妇女进行适度的化妆,通常是非常必要的。这样做,既是本人自尊自爱的一种显著表现,也是对交往对象重视的直接体现。在国际交往中,不论是上班还是参与社交活动,一名成年妇女如果不化妆,往往便会被视为不懂得礼仪。

公司员工在化妆方面必须遵守一些专门的规定。其基本要求是:化妆上岗,提倡淡妆。

此项要求主要包含两层意思:一方面,公司员工上班时通常应当化妆;另一方面,最好是以化淡妆为宜。因为化淡妆与公司员工的身份最是相称,而浓妆艳抹则会显得不务正业。

总而言之,在化妆问题上,有着一系列的礼仪规范必须认真遵守。只有认真遵守相关的礼仪规范,才会使自己的化妆达到良好的效果。

一般而言,有关公司员工化妆的礼仪规范,主要包括化妆的守则、化妆的方法和化妆的禁忌等三个具体方面的内容。掌握这些基本的化妆礼仪,对于公司员工是很有必要的。

(一)化妆的守则

公司员工如果有必要化妆的话,就一定要遵守化妆守则。所谓化妆守则,就是人们在化妆时所必须遵守的共同规则。它对于人们的化妆发挥着指导性、规范性的重要作用。

从总体上来看,公司员工平时所进行的化妆主要是一种工作妆。由于受其特殊身份及特殊氛围所限制,公司员工的工作妆,与常人的生活妆存在着显著的不同。公司员工的化妆守则主要包括以下五个方面的内容。应当说明的是,这些内容不仅是公司员工们化妆时应当认真恪守的,而且也必须全面兼顾,不可以任意偏废某一方面。

1. 淡雅。公司员工平日的化妆应当以淡妆为主。换而言之,淡妆,即指淡雅的化妆,是公司员工化妆时的优先选择。

化淡妆,一般都是相对于化浓妆而言的。它的主要风格是真实、自然。因此,也叫自然妆。所谓浓妆,则以夸张、抢眼为主要风格,它多适用于新娘、主妇或演员,往往类似于舞台妆,在一般活动里并不一定适用。

公司员工要做到化妆淡雅,主要讲究妆面的自然、素净、雅致,而不宜刻意进行雕琢或强调。若是做到了"妆成有却无",化妆之后看不出明显的痕迹,而是本人天然若此一般美丽,才是真正高水准的化妆。

2. 庄重。精明强干、朝气蓬勃、好学上进,通常都是社会对于公司员工所提出来的基本要求。在进行个人化妆时,尤其是为参加正式活动而进行化妆时,公司员工有必要谨记社会对自己所提出的基本要求,通过化妆使自己显得更加庄重大方。

欲使自己的化妆具有庄重的特征,关键是在化妆时要认真恪守成规,符合传统,与公众的审美标准相吻合。不要在化妆时标新立异,借题发挥,过分地张扬个性,过度地追求稀奇古怪与前卫。

公司员工平时的化妆,切勿显得轻浮、随便,从而给人以华而不实、不务正业之感。一些在社会上流行一时的化妆方式,诸如金粉妆、印花妆、晒伤妆、鬼魅妆、乞丐妆、玩偶妆等,都不应为公司员工所取。

3. 简洁。就一般情况而言,公司员工日常工作中的化妆,应当以简单明了为本。也就是说,平日公司员工的化妆应当是一种简妆。如果动辄盛妆而出,只要化妆就非得搞一次全套化妆不可,既浪费时间又与身份不相称。

要求公司员工们化妆简洁,是遵守淡雅、庄重等两项守则的必然。一个人的化妆要做到淡雅而庄重,往往就必须以简洁为主。反过来说,一个人的化妆若是真正地做到了简洁,通常就会给人以淡雅、庄重之感。

要求公司员工们化妆简洁,主要的操作方法,就是化妆时应抓住重点,应以眼睛、嘴唇、面颊为化妆的主要部位,而不必讲究面面俱到,无一遗漏。与此同时,化妆的手法应当简单易行,风格应当简单明快。

4. 协调。从根本上来讲,能够真正反映出公司员工化妆水平高低的,是其化妆是否重视协调。具体而论,化妆的协调与否,又体现在下述四个方面:

一是化妆与身份是否协调。在任何情况下,公司员工在化妆时都必须牢记自己的身份,不要因为化妆不慎而有失身份。

二是化妆与场合是否协调。在不同场合里,化妆的具体要求往往有所不同。在学习、工作时,宜化淡妆;在社交场合,化妆可稍许偏浓;而在参加休闲活动时,则不必化妆。

三是化妆与服饰是否协调。化妆的时候,亦须考虑自己同时穿戴的具体服饰的款式、档次。令二者彼此和谐、般配,方为得体。

四是化妆的各部位是否协调。在化妆时,应当有意识地使一些醒目部位的妆面在色彩、浓淡上遥相呼应。

5. 避短。公司员工平时所化的工作妆,当然以美化自身形象为主要目的。要在化妆时美化自身形象,关键是要善于凭借化妆手段,为自己扬长避短。

扬长避短,是人们化妆时必须恪守的基本原则。所谓扬长,就是要在化妆时强调自己在形象上的主要长处,适当地展示自身的优势。所谓避短,则是指在化妆时应当努力回避自己在形象上的突出短处,通过化妆掩饰自身的不足。显而易见,扬长与避短相辅相成,是常人化妆时均须兼顾的。

在化妆时扬长避短的问题上,公司员工必须清醒地意识到:自己化妆的重点应当是避短,而不应当是扬长。在化妆时着意避短,是为了不使自己形象受损,见笑于人,因而非常必要。而在化妆时过度扬长,则有过度炫耀之嫌,所以是不合适的。

(二)化妆的方法

进行正式的化妆,事先需要掌握正确的化妆方法。只有掌握了正确的化妆方法,才有可能使自己的化妆达到预期的目的,并为他人所接受。必须予以强调的是,化妆非同儿戏,千万不要自由发挥,任意而为。在掌握正确的化妆方法的问题上,指望无师自通,自修成才,或者临阵磨枪,一蹴而就,都是错误的认识。不论目前是否打算化妆,公司员工都有必要了解其基本方法。

在正常情况下,全套的工作妆大体上可以分为打粉底、画眼线、施眼影、描眉型、上腮红、涂唇彩、抹香水等七个具体的步骤。在这些具体步骤中,均有一定的方法必须认真加以掌握。

1. 打粉底。打粉底又称为敷底粉或者打底。它是利用粉底霜,以调整面部皮肤色泽为主要目的的一种基础化妆。它也是人们进行进一步化妆的前提。打粉底时,有四点注意事项。

一是提前做好面部清洗。打粉底前,务必要对面部认真进行清洗,并且拍上适量的化妆水、乳液。这一步骤,通常都是必不可少的。

二是选择粉底霜的颜色。一般而言,面部肤色不同的人,应当选用不同色彩的粉底霜。粉底霜的颜色,一定要接近于自己面部的肤色,不宜使二者反差过大,不然看起来就会有失真的感觉。

三是打粉底应借助于海绵。在打粉底时,切勿直接下手,而是应当利用专用的海绵块。利用海绵块打粉底时,要做到取用适量,涂抹细致,薄厚均匀。

四是打粉底应顾及到脖颈。打粉底时,既要态度认真,又要面面俱到。特别是不要忘记在自己的脖颈部位打上一些粉底,这样才不至于使自己的面部与颈部"泾渭分明",对比强烈。

2. 画眼线。人们在打量别人时,首当其冲的部位通常都是对方的眼睛。因此,眼睛是人们化妆时应予关注的重点。对眼睛进行化妆时,最好不要省去画眼线这一重要步骤。画眼线的最大好处,是可以使化妆者的双眼生动而精神,并且富有光泽。

画眼线的正确方法是应该把眼线画得紧贴于眼睫毛。具体而言,在画上眼线与下眼线时,要求又各有差异。画上眼线时,应当是从内眼角朝着外眼角的方向画。而画下眼线时,则应当从外眼角朝着内眼角的方向画,并且应当在距离内眼角约1/3处收笔。这样,才会造型生动,衔接自然。

应当强调的是,在画眼线时,务必要重视笔法的运用。最佳的笔法,应当是先粗后细,由浓而淡,线条流畅。一定要避免将眼线画得呆滞、锐利、粗俗或者曲里拐弯。另外,画完以后的上下眼线,在外眼角处一般不应当直接交合。上眼线通常看上去要比下眼线稍长一些,如此才会使双眼显得又大又充满活力。

3. 施眼影。现代女性在为自己化妆时,通常都不会缺少施眼影这一重要环节。施眼影的主要目的,意在强化化妆者面部的立体感,以其凹眼去反衬其隆鼻,并且使其双眼显得更加明亮和传神。在必要之时,公司员工们可在化妆时酌情为自己施眼影。

公司员工在化妆中为自己施眼影时,有下述两个方面的问题必须予以注意:

一是慎选眼影的颜色。当前,可供选择的眼影制品颜色极多。但是,公司员工在化工作妆时并非什么颜色的眼影都可以一试。过分鲜艳的眼影,通常仅适用于晚妆,而不适用于工作妆。对中国人而言,化工作妆时选用浅咖啡色的眼影,往往收效较好。

二是施出眼影的层次感。施眼影讲究的是层次感,所以施眼影时最忌讳的是看上去漆黑一团,好似被人打成了“乌眼青”,而没有厚薄、深浅、浓淡之分。在施眼影时,若是注意使之有厚有薄、由浅而深、浓淡有致、层次分明,才会真正有助于强化化妆者眼部的鲜明轮廓。

4. 描眉型。每个人眉毛的具体形状,对其容貌具有一定的烘托作用。眉型又细又弯,会使人平添妩媚;眉型既尖且竖,会使人显得精明强干;眉型粗大平直,会让人看起来诚实稳重;眉型蜿蜒崎岖,则会给人以猥琐低俗之感……故此,有经验的化妆者都会重视眉型的修饰。

在描眉型时,一般有下述四个方面的问题应当予以注意:

一是需要细心修眉。描眉型前,一定要认真地修眉。修眉的重点是用专用的镊子或修眉刀,清除那些杂乱无章、有碍描眉的眉毛。

二是兼顾本人特点。在为自己选择所要描绘的眉型时,必须正视并兼顾本人的主要特点。对于自己的性别、年纪、身份、脸型等,更是应当充分予以考虑。

三是逐根认真描绘。在描眉型的具体过程中,千万不要一画而过,或是反反复复。对眉毛逐根进行细致的描绘,才会使眉型生动而自然。

四是要具有立体感。描眉型,讲究给人以真实之感,所以应当突出眉型的立体感。要做好这一点,在描眉型的具体手法上应注意两侧淡,中间浓;上边浅,下边深。

5. 上腮红。上腮红是成熟女性化妆时颇为青睐的一种方法。所谓上腮红，又称搽胭脂，它是指在面颊上涂抹适量的胭脂。上腮红可以使化妆者的面颊更加红润，面部轮廓更加优美，并且能够充分地显现化妆者健康与活力。

在上腮红时，通常有以下四点不容忽视的重要注意事项：

一是要选择优质的腮红。化妆时所上的腮红质量如何，往往直接关系到化妆的效果，所以务必要选用质优的腮红。

二是要考虑妆面的和谐。要保证这一点，就要力求使化妆时所上的腮红与唇膏及眼影属于同一色系，这样看起来会给人以协调之感。

三是要使腮红自然过渡。上腮红时，一定要使之与面部的肤色过渡自然。为此，最好以小刷蘸取腮红后，先在颧骨下方，即高不及眼睛、低不过嘴角、长不到眼长的1/2处上色。然后，才可略作延展。

四是以扑粉进行定妆。上好腮红以后，即应采用定妆粉进行定妆以便吸取汗液、皮脂，并且避免妆面脱落。扑粉时，用量不宜过多，并且不要忘记在颈部扑上一些。

6. 涂唇彩。一个人在化妆时，其唇部的重要程度仅次于眼部。涂唇彩，便是人们对唇部进行化妆的常规手段。涂唇彩时采用正确的方式、方法，既可以改变原本不甚理想的唇形，又可以使自己的双唇更加娇美迷人。

一般来说，在涂唇彩时，主要有下列三个方面的问题应当加以注意：

一是描好唇线。涂唇彩之前，一定要先用唇线笔描好唇线，为自己确定理想的唇形。根据惯例，唇线笔的颜色通常应当略深于将要使用唇膏的颜色。描唇线时，嘴巴应当自然放松，并且张开。一般应该先描上唇，后描下唇。描唇线应从唇部的左右两侧分别沿着其原有的轮廓线描向中央。上唇角要描细，下唇角则要略去。

二是涂好唇膏。以唇线笔描定唇形后，才能涂唇膏。实际上，涂唇膏是对先行描好的唇形所进行的填充。要涂好唇膏，应注意两点：其一，选好唇膏的颜色。用以美唇的唇膏，既可选彩色，也可选无色。但是，应要求其安全无害，适合本人的客观条件，并且避免选择过于古怪、鲜艳的颜色。女职员通常宜选用棕色、橙色或紫色的唇膏；男职员则可以选用无色唇膏。其二，注意唇膏的涂法。涂唇膏时，一般应当从嘴唇的两侧涂向中央。要努力使唇膏涂得细致均匀，但又不可使之超出早已描好的唇形。

三是仔细检查。涂好唇膏后，应对唇部认真检查一番。通常，可用干净的纸巾轻轻吸去多余的唇膏，但切忌用嘴唇去抿，用舌尖去舔。一定要细心察看一下牙齿上有无唇膏的痕迹，否则就好像"牙龈出血"一样难看。

7. 抹香水。有些时候，人们可以根据个人的需要，在自己身上抹上一些香水。抹香水的目的,一方面是为了掩盖自己身上可能出现的不雅的体味,另一方面则是为了使自己在公共场合芳香宜人。

在抹香水时,应当对如下三个方面的问题有所考虑:

一是选择香水的品种。香水不仅有品牌之分,而且还有香型与浓淡之别。因此,对其要认真选择。公司员工所选用的香水,一般应注意淡雅清新、男女有别、价格适中等几点要求。此外,还须避免它在香型上与同时所使用的其他化妆品产生矛盾。

二是香水要涂抹到位。香水无论如何都不能抹遍全身,也不能够随处乱涂。衣服上、头发上、面孔上以及平时易于出汗的地方,都不宜直接涂抹香水。耳后、颌下、腕部、膝后、踝骨等处,才适宜涂抹香水。

三是香水使用要适量。使用香水,切勿过量。过量地使用香水,既是一种浪费,又会有碍他人呼吸顺畅,而且有时还会令人怀疑自己矫枉过正,有意以之去掩盖身上浓重的体味。他人在三米开外仍能明显地闻到自己身上的香味,便算是使用香水过量。

在学习上述化妆的具体方法时,一定要重视化妆时男女的区别。这一区别,不但体现在化妆品和化妆部位的选择上,而且也体现在化妆方法的选择上。

(三)化妆的禁忌

既然要化妆,就要防止使自己的化妆出现差错。人们在化妆时经常有可能出现的严重差错,即化妆者所必须努力避免的化妆的禁忌。

对于公司员工来说,化妆时所必须避免的禁忌,主要包括以下五点:

1. 技法出错。正常人所进行的正常化妆,一定要遵守正规的化妆方法。否则,其化妆便难于为他人所接受。假使一位公司员工不谙化妆之道,那么即便不化妆,也比自己贸然化妆而在化妆时出错,最后贻笑大方要好得多。

之所以强调此点,主要是因为一个人不化妆时,顶多是其个人形象欠佳一些而已,而要是化妆时在技法上出现了显著的错误,则必然会暴露出其自身素质方面的严重不足。

例如,上班时,一名公司女职员若是以粗黑的眼线、鲜红的唇彩、满颊的腮红、厚重的妆粉、袭人的香气示人,则不仅不会提升其个人的品位,反而会给人以粗鄙之感。

2. 离奇古怪。就一般状况来讲,公司员工平常所化的妆,最重要的是要与其朝气蓬勃、好学上进的精神风貌协调一致,进而有助于塑造出其英姿勃发、仪表堂堂、光彩照人的良好形象。有鉴于此,公司员工通常所进行的化妆,绝对不应该以怪异、另类、出位的风格而见长。

不论社会上正在流行何种化妆风格,公司员工都应该对其保持冷静的态度,切切不可全盘照搬,使自己的化妆完完全全地为时尚流行所左右。

在正常情况下,公司员工的化妆十分忌讳离奇古怪这一点。也就是说,公司员工的化妆如果有意地偏离了社会对其的角色定位,而专门去追求自己妆容的荒诞、怪谲、神秘与异化,或者存心使自己的化妆出格,从而达到令人侧目的目的,甚至产生令人咋舌和毛骨悚然的效果,都有损于公司员工的个人与群体形象,因而根本不应当提倡。

3. 残妆示人。公司员工一旦化妆,就要做到有始有终,努力维护妆面的完整性。具体而言,就是要时常对妆面进行检查,并且及时进行补妆。所谓补妆,就是指化妆者在发现妆面出现问题时,适时适度地对其进行局部性的修补与复原。如果疏忽了这一点,化妆者的妆容就可能出现残缺,并且随着时间的推移而进一步扩大,从而使其化妆效果乃至个人形象受损。

因此,化了妆的公司员工无论如何都不应该以残妆示人。在此问题上,有四条事项值得注意:

一是化妆后常做检查。化妆后,需要对自己的妆容经常进行检查,免得其出现明显的残缺而自己却未能察觉。休息之后、用餐之后、饮水之后、出汗之后、更衣之后,尤其应该及时地自查妆容。

二是妆残时马上补妆。发现自己的妆容出现残缺以后,化妆者即应立刻抽身进行补妆。切莫长时间地以残妆示人,更不能索性对其不管不顾。

三是补妆时回避他人。补妆之际,化妆者一定要选择无人在场之处进行。切不可随时发现随时补妆,而置在场的其他人士于不顾。

四是补妆时方法得当。补妆虽为临时性措施,但也不可马虎大意。正确的补妆,既非重新进行一次化妆,亦非在原有的妆面上进行重描,不然化妆就有可能变成化"脏"。补妆必须以补为主,重在弥补原有妆面的残损之处。

4. 当众化妆。根据礼仪规范,化妆是一种私人行为,只适于在无人在场之际悄然进行。要是在大庭广众之前旁若无人地进行化妆,显然是一种犯规之举。喜欢经常化妆的人,一定要谨记这一点。

不要当众化妆,具体包括以下三方面的内容:

一是不在公共场合化妆。在公共场合化妆,是一种既不尊重自己,也不尊重其他在场者的表现。在某些特殊的公共场合当众化妆,有时还会招惹是非,甚至有辱自身。

二是不在熟人面前化妆。有人认为,在外人面前化妆属于失礼,而在熟人面前化妆则未必不可,此种看法其实是错误的。当着熟人的面化妆,等于对自己漂亮起来的原因自行揭秘,因而会直接破坏自己化妆的效果。

三是不在异性面前化妆。面对异性,不论对方同自己的关系是近是远,都切切不可化妆。否则就会使对方产生自己是在搔首弄姿,吸引异性的不良印象。

5. 指教他人。公司员工在任何场合,不管是直接还是间接地对别人的化妆进行指教,都是不礼貌的。

不指教别人的化妆主要包括以下内容:

一是不议论别人的化妆。化妆与否,怎样化妆,都是纯粹的个人自由。因此,不允许随随便便地对别人的化妆指手画脚,说三道四。

二是不打探别人的化妆。正是由于化妆属于一种私人行为,所以对于其他化妆人士所用化妆品的品牌、价格以及化妆的具体手法等,都不允许贸然进行打听。

三是不批评别人的化妆。在一般情况下,如果其他化妆者未曾直接向自己进行讨教的话,通常都不允许对对方的化妆进行批评或否定。当众这样做,则更为不妥。

第六章

餐 饮 礼 仪

在日常生活中,人们都离不开饮食。在商务交往尤其是涉外商务交往中,遵守必要的餐饮礼仪规范,对每一位公司员工都会大有裨益。

学习与运用餐饮礼仪时,公司员工主要应当从总体上把握下列四点:

第一,照顾他人。不论是以主人的身份款待客人,还是陪同他人一道赴宴,公司员工都要在两厢情愿的前提下,悉心照料在场的其他人士。

第二,餐饮适量。在安排或享用餐饮时,要厉行节约,适当控制。不搞大吃大喝,在享用餐饮时不应表现得"欲壑难填"。

第三,突出特色。负责为他人安排餐饮时,在条件允许的前提下,应努力突出国家特色、地方特色、民族特色,使对方通过享用饮食来"品尝"文化。

第四,客不责主。身为客人时,对主人为之安排的餐饮只宜接受,不宜随意评论、非议,尤其是不允许寻衅滋事,借题发挥。

一、西餐

西餐是对西式饭菜的一种约定俗成的称呼。客观地讲,西餐其实是一个十分笼统的概念,因为不论从形式上还是从内容上来看,西方各国的饭菜都存在着很大的差异,难以一概而论。然而在中国人眼里,除了与中餐在口味上相去甚远之外,西餐仍然具有两个基本的共性:一方面,它们都源自西方国家的饮食文化;另一方面,它们都必须使用刀、叉取食。凡具备此两点者,在国内皆可以西餐相称。

随着中西文化交流的深入发展,西餐目前已经逐渐进入了中国人的生活,并且受到了一些公司员工的欢迎。现在,不论公司员工本人究竟爱不爱吃西餐,都有可能与之"狭路相逢"。所以,公司员工学习、掌握一些有关西餐的基本常识是有必要的。

具体而言,西餐的菜序、西餐的餐具、西餐的品尝、西餐的要求等四个方面的礼仪问题,都是公司员工所应当知晓的。

(一)西餐的菜序

品尝西餐,少不了需要弄明白它的菜序问题。所谓西餐的菜序,在此是指享用西餐时正规的上菜顺序。与中餐相比,西餐的菜序具有明显的不同。例如,在中餐里,汤是用餐的标准的"结束曲";在吃西餐时,汤则往往是被用来"打头阵"的。

对中国人而言,了解西餐的菜序,至少有两大好处:第一,自己点菜时,可以加以参照,进行适当的、合理的组合与搭配。第二,在用餐时,可以成竹在胸,依次品尝,而不至于顾此失彼。

应当说明的是,西餐亦有正餐与便餐之别。在菜序方面,二者是有很大差异的。

1. 正餐的菜序。西餐的正餐,特别是较为正规的正餐,其菜序不仅复杂多样,而且具体讲究甚多。在大多数情况下,西餐正餐的菜序往往会由七八道菜肴所构成。一顿完整的正餐,一般需要用餐者吃上一两个小时。

一是开胃菜。所谓开胃菜,即用来为进餐者开胃的菜肴。因为在西餐里它首先上桌,所以亦称为头盆。在西餐的正餐里,有时它并不列入正式的菜序,而仅仅用来充当其"前奏曲"。在绝大多数情况下,开胃菜都是由蔬菜、水果、肉食、海鲜所组成的拼盘或小吃。它大多以各种调味汁凉拌而成,不但色泽悦目,而且口味宜人。

二是汤。西餐中的汤大都必不可缺,它的口感芬芳浓郁,具有极好的开胃作用。依据传统的讲法,汤才是西餐之中的"开路先锋"。只有开始喝汤时,才可以算是正式开始吃西餐了。在西餐里,常用的汤类有白汤、红汤、清汤等。享用西餐时,仅可上一种汤。

三是主菜。主菜是西餐的核心内容。西餐里的主菜通常有冷有热,但大都应当以热菜作为主角。在比较正规的西餐上,一般都要上一份冷盘和两份热菜。在上桌的两份热菜中,往往还讲究一份是鱼菜,另一份是肉菜,有时还会添加上一份海味菜。在西餐的主菜里,肉菜不仅必不可少,而且往往还被用以代表本次用餐的档次与水平。相对而言,冷盘则算是主菜中的配角,它一般多为各类泥子、冻子。

四是点心。吃过西餐的主菜后,一般会马上上一些诸如蛋糕、饼干、吐司、馅饼、三明治之类的小点心,使那些还没有吃饱的人借以填满自己的肚子。要是已经吃饱了的话,也可以不吃任何点心。

五是甜品。甜品会紧接着点心上桌。最为常见的甜品有布丁、冰淇淋等。

在西餐正餐上,它们被视为一道例菜。因此,就餐者应当尽可能地加以品尝。

六是果品。在西餐正餐里,各种干、鲜果品是一定要上桌待客的。上桌的干果主要为核桃、榛子、杏仁、腰果、开心果等。草莓、菠萝、苹果、香蕉、橙子、葡萄等,则是在西餐上所供应的主要鲜果。

七是热饮。西餐用餐结束之前,应为就餐者供应热饮,以此作为其"压轴戏"。最正规的热饮,是红茶或者不加任何东西的黑咖啡。但是,二者只可选择其一,不宜同时享用。它们的主要作用都是要帮助就餐者消化。西餐的热饮,循例可在餐桌上饮用,也可以换上一个地方,转往休息厅或者客厅之内饮用。

2. 便餐的菜序。西餐的正餐,多见于宴会或者其他重要的节假日。它虽然较为隆重,但往往耗资、耗时颇多。在一般情况下,出于节约金钱与时间等方面的考虑,人们并不总是天天、顿顿都要去吃全套的西餐正餐。假如不是为了尝鲜或者犒劳自己,而只是打算填饱肚子,那么在吃西餐时,合理地点上几道有特色、有代表性的菜肴也就足够了,此种享用西餐的方式,称为西餐便餐。它是相对于西餐正餐而言的。实际上,西餐便餐是西餐正餐的简化。

通常来说,西餐便餐在内容上要少而精,在形式上要尽量从简。它的基本内容,主要由开胃菜、汤、主菜(只供应一份)、甜品、热饮等等所构成。

(二)西餐的餐具

学习西餐礼仪时,掌握西餐餐具的使用方法是其重点内容之一。在所有的西餐餐具之中,餐刀、餐叉、餐匙以及餐巾是最具代表性的。以下分别对其加以介绍。

1. 刀叉。刀叉是人们对于餐刀、餐叉这两种西餐餐具所采用的统称。二者既可以配合使用,也可以单独使用。不过在更多的情况下,刀叉都是共同使用的。因此,人们在提及西餐的餐具时,大都喜欢将二者相提并论。

学习刀叉的使用,需要具体掌握刀叉的类别、刀叉的用法、刀叉的暗示等三个方面的问题。

一是刀叉的类别。在正规的西餐宴会上,通常讲究菜肴应一道一道地分别上桌;而每吃一道菜肴时,都需要更换一副刀叉。也就是说,吃每一道菜肴时,都要使用专用的、不同类别的刀叉。既不可以从头至尾只使用一副刀叉,也不可以不加区分地胡拿乱用刀叉。

享用西餐正餐时,在每一位就餐者面前的餐桌上,都会摆放上专门供其个人使用的吃黄油所用的餐刀、吃鱼所用的刀叉、吃肉所用的刀叉、吃甜品所用的刀叉等。这些刀叉除了形状各异之外,它们在桌面上所摆放的具体位置往往也大有不同。掌握不同刀叉的具体摆放位置,对于正确地区分它们尤为重要。

吃黄油所用的餐刀是没有与之相匹配的餐叉的。它的正确位置,是横放在就餐者左手的正前方。

吃鱼所用的刀叉与吃肉所用的刀叉通常应当被刀右、叉左地分别纵向摆放在就餐者面前的餐盘两侧。有时,它们会达三副之多。对其加以区别,其实一点都不困难。关键是要牢记,应当依次分别从两边由外侧向内侧取用。

吃甜品所用的刀叉一般应在最后使用。它们一般会被横向摆放在每人所用的餐盘的正上方。

二是刀叉的使用。中国人在使用刀叉时,主要有两个基本问题应予注意。

其一,使用方式。具体使用刀叉时,主要有两种通行的基本方式。

方式之一,英国式。它要求就餐者在使用刀叉时,始终右手持刀,左手持叉,一边进行切割,一边叉而食之。一般认为,此种刀叉的使用方式比较文雅。

方式之二,美国式。它的具体做法是:先是右刀左叉,一鼓作气将要吃的食物全部切好,然后再把右手的餐刀斜放于餐盘的前面,将左手的餐叉换到右手,最后右手执叉就餐。此种方式的好处,是较为省事。

其二,使用要诀。使用刀叉就餐时,不论具体采用哪种方式,下述使用要诀都应被切记。具体要诀如下:

切割食物时,不要弄得铿锵作响。

切割食物时,应当从左侧开始,由而而右逐步而行。

切割食物时,应当双肘下沉,前后移动,切勿左右开弓。否则,既"吃相"不佳,又有碍于人,而且还有可能使正在被切割的东西"脱逃而去"。

每块被切割好的食物,应当入口刚刚合适,不大不小。一般应当以餐叉铲而食之,不可以用餐刀扎着吃,也不可以用餐叉叉起之后一口一口地咬而食之。

刀叉的朝向有其一定的讲究。双手同时使用刀叉时,叉齿应当朝下。右手持叉进食时,则应使叉齿朝上。临时将餐刀放下时,切勿使刀刃朝外。

如果刀叉掉落地上,一般不应继续使用,而应请侍者另换一副。

三是刀叉的暗示。通过刀叉的不同放置形式,可以由就餐者向侍者暗示本人是否还想再吃某一道菜肴。其具体形式有二。

其一,暗示尚未吃完。在进餐期间,就餐者如果将刀右叉左,刀刃朝内、叉齿向下,二者呈"八"字形状摆放在餐盘之上,这一做法就是暗示侍者:此菜尚未用毕。但是,切勿把刀叉交叉摆放成"十"字形状,它被西方人认为是一种十分晦气的图案。

其二,暗示可以收掉。就餐者如果吃完了某一道菜肴,或者因其不合口味而不想再吃,则可以刀右叉左,刀刃朝内、叉齿向上并排纵放在餐盘之上,或是刀上叉下并排横放在餐盘上。这种做法则是在暗示侍者,可以将刀叉连同餐盘一道撤下桌去。

2. **餐匙**。餐匙又叫做调羹。品尝西餐时,餐匙是一种不可或缺的主要餐具。学习餐匙的使用时,重点应当掌握其类别与用法等两个问题。

一是餐匙的类别。在西餐的正餐里,一般至少会出现两把餐匙,它们形状不一、用途各异,摆放的具体位置也各不相同。

其一,汤匙。汤匙形状较大。它通常被摆放在就餐者右侧餐刀的最外端,并且与餐刀并列纵放。

其二,甜品匙。在一般情况下,它被横放在吃甜品所使用的刀叉的正上方,并且与之并列。如果用餐时不安排甜品的话,甜品匙往往会被同样形状较小的茶匙所取代。

二是餐匙的用法。使用餐匙时,有下列五点技巧性的要求务必予以遵守。

其一,餐匙除了可以饮汤、用甜品外,绝对不可以直接去舀取红茶、咖啡以及其他任何主食、菜肴。

其二,以餐匙取食时,务必不要过量。一旦以之入口,就要一次用完,不要把一匙的东西反复品尝多次。使用餐匙时,应当将其前端入口,而不可全部含入口中。

其三,使用餐匙的动作应当干净利索,切勿以之在汤、甜品或者红茶、咖啡之中搅拌不已。以匙舀汤时,应自距自己较近处向距自己较远处舀起,而不是反其道而行之。

其四,应当保持餐匙的整洁干净,不要将其周身上下搞得"披红戴绿","四处挂彩"。

其五,已经使用的餐匙不可再次放回原处,也不可将其插入菜肴或是令其"立正"于汤盘、红茶杯、咖啡杯之中。正确的做法,是可以将其暂放于餐盘之上。有时,以匙柄正对着就餐者,还可以暗示其用餐已经完毕。

3. **餐巾**。其貌不扬的餐巾,在西餐里发挥着多重重要作用。它的铺放方法与禁忌,与中餐的讲究基本类似。以下,具体介绍一下餐巾在西餐里所发挥的作用。

一是用来保洁服装。西餐里的许多菜肴,不但汁水丰富,而且色彩颇多。把餐巾事先铺在大腿上,就可以用其"迎接"用餐时溢出或者掉落的菜肴、汤汁,使之不会弄脏自己的服装。

二是用来揩拭口部。女士在进餐前,可使用餐巾轻印一下本人的口部,以去掉唇膏。在用餐期间意欲与旁人交谈时,亦可先用餐巾揩一揩嘴,以防交谈时的尴尬。但是,不要使用餐巾乱擦、乱抹,尤其是不要以之擦脸、擦汗。特别是不要用它擦拭餐具,那样做等于提醒主人餐具不洁,要求马上调换。

三是用来掩口遮羞。在西餐的进餐过程中,最好不要当众随口乱吐东西,也尽量不要剔牙。万不得已非做不可时,则应以左手拿起餐巾遮掩住本人的口部,以防将自己"清污"的动作公之于众。

四是用来进行暗示。在西餐里,餐巾的一大特殊作用,是可以用来做出某种众所周知的暗示。具体而言,其暗示内容通常有三点:

其一,暗示用餐开始。按惯例,享用西餐时,众人皆须向女主人自觉看齐,唯其马首是瞻。当女主人为自己铺上餐巾时,一般等于正式宣布用餐就此开始。

其二,暗示暂时离开。用餐时若需要中途暂时告退,一会儿还会去而复返,往往不必大张旗鼓地向他人通报,而只要把本人的餐巾置于自己座椅的椅面之上则可。见此暗示,侍者便不会动手撤席,而会维持现状不变。

其三,暗示用餐结束。按惯例,当主人尤其是女主人把自己的餐巾放在餐桌之上时,意在宣告此次用餐结束,大家见此情景均应自觉地告退。其他用餐者吃饱之后,亦可采用此法做出示意。

(三)西餐的品尝

西餐里的各道菜肴,具体的品尝方法均有所不同,若不掌握各种菜肴的具体品尝方法是难以享用好西餐的。

1. 开胃菜。在一般情况下,西餐上的开胃菜多以色拉为主,个别的时候也会上一些海鲜。

一是色拉。品尝色拉时,通常必须使用餐叉。这主要是因为色拉在上桌之前,业已被切割完毕,故而不再需要就餐者煞有介事地"大动干戈",对其持刀大切特切了。

二是海鲜。用做西餐开胃菜的海鲜,主要有鲜虾、牡蛎和蜗牛。对它们的品尝方法稍有不同。

其一,鲜虾。鲜虾有大小之别。吃小虾时,可以用餐叉直接取食。吃大虾时,则应先用手剥壳,再送入口中。有时亦以叉取用大虾,但不必对其进行切割。

其二,牡蛎。吃牡蛎时,通常必须使用专用的餐叉,一只一只地慢慢品尝。

其三,蜗牛。蜗牛有带壳与去壳之分。吃带壳的蜗牛,应以专用的夹子将肉夹出食用,然后再吮吸一下壳内的汤汁。若上桌的蜗牛已被去壳,则可直接以叉取用。

2. 面包。西餐上所供应的面包,主要有鲜面包、烤面包等两种。在吃法上,二者小有差别。

一是鲜面包。吃未曾烤过的鲜面包,不能一次取用过多。正确的吃法是,用左手取过大小适当、刚巧一次可以入口的一小块,涂上黄油、果酱或者蜂蜜后,再送入口中。不能像吃汉堡包那样双手捧着吃,或者取过一大块后一口接一口地咬着吃。吃未烤过的切片面包时,则允许一小块、一小块地撕着吃。

二是烤面包。吃已烤过的面包,不可以撕着食用,否则将导致面包屑纷飞。慢慢地咬着吃,则是许可的。吃烤面包时,可配以黄油、鱼子酱,或者再挤上一些柠檬汁,滋味会更佳。不管是吃哪一种面包,都不能以之沾汤或者擦盘子。

3. 汤。在西餐里,汤是一道名副其实的菜。因此,在饮汤时,必须熟悉自己应当如何"有所为"与"有所不为"。

一是正确的方法。饮汤时,必须以右手执匙,由近而远,向外侧将汤舀起,然后将汤匙的一侧就嘴而饮。若汤盆之内的汤所剩无几时,可用左手由内侧托起汤盆,使其向外侧倾斜,然后再用右手执匙舀而饮之。

二是主要的禁忌。在西餐上饮汤有三条禁忌:不能端起汤盆、汤盘饮汤;不能俯身趴到汤盆、汤盘上吸食;不能用口吹汤或者使用盆、盘、汤匙反复折汤,以图为之降温。

4. 主菜。西餐的主菜花样甚多,其中以泥子、冻子、鱼、鸡、肉最为多见。对这些主菜加以品尝时,切勿出现差错。

一是泥子。泥子通常指的是以虾、蟹或者动物的肝、脑为主料,配以鸡蛋、西芹,加上佐料,搅拌而成的一种需要冷吃的菜肴。品尝泥子时,主要应当使用餐叉。

二是冻子。冻子,是西餐中使煮熟的食物和汤汁冷却凝结而成的一种冷菜。常见的冻子有肉冻、鱼冻和果冻。品尝冻子时,必须以刀切割之后,再用叉来取用。

三是鱼。西餐上所供应的鱼,一般均为海鱼,大都骨、刺较少,并且往往会被提前剔除。在必要时,可先用餐刀将鱼切开,慢慢剥出骨、刺之后,再把它切成小块,以叉入口。对不想吃的鱼皮,亦可照此办理。若是鱼的腥味太重,吃前可挤上一些柠檬汁。

四是鸡。品尝鸡肉时,一般不允许直接下手操练。应当首先设法去掉鸡骨之后,再用餐刀将其切成小块,随后分别叉而食之。

五是肉。西餐里的肉菜,往往指的是以牛肉、羊肉、猪肉为主要内容的菜肴。严格地讲,西餐的主菜只能与肉菜划上等号。在所有肉菜里,牛排、羊排、猪排,尤其是牛排,属于"重中之重"的主角。吃肉菜时,务必刀叉并用。

5. 点心。享用西餐时,多多少少总要品尝一些点心。吃点心时,亦须讲究吃相。

一是饼干。吃饼干时,通常应当用右手单独拿起来吃。吃蛋糕时,也可以照此办理。

二是馅饼。在吃馅饼时,一般需要先用餐刀将其切成大小适度的小块,然后再用右手托起来品尝。

三是三明治。吃三明治时,往往可以双手捧着它吃。要是它并不太大,也可以只用右手捏着它来吃。

四是通心粉。通心粉又称意大利面条。食用通心粉时,不可以一根一根地挑着吃,或是用力吸食。标准的吃法是右手持叉,在左手所拿的汤匙的帮助下,将其缠绕到餐叉上,随后入口而食。

五是土豆片。油炸土豆片,在西餐中多被当做点心。吃土豆片时,可以用右手取食。但每次所取的不要过量,也不要把它捏碎了再吃。

六是烤土豆。烤土豆大都连皮一起上桌。食用的时候,应当用左手轻轻按住,右手持刀先切上一个口子,令其散热。过上一会儿,再用餐叉从口子内取食。如果必要,还可先对其略做切割。吃的时候,还可以先浇上一些专用的肉汁。

6. 甜品。在西餐里,甜品也算是一道名正言顺的菜肴,故其品尝方式多有讲究。

一是布丁。吃西餐时,上桌的布丁通常是流质的,所以不宜直接下手取食,或是利用刀叉助餐。正确的方法,是用专门的餐匙取而食之。

二是冰淇淋。在西方国家里,冰淇淋一般都是正餐所必备的主要甜品,而非可有可无的一种冷饮。上桌时,它通常会被置于专用的高脚杯之内,需要借助于餐匙取用。

7. 果品。吃西餐所提供的果品,一般有干果与新鲜水果之分。不过,以下几种新鲜水果最为常见。

一是草莓。普通的草莓,均可直接用手取食。若是蘸上一些砂糖或者酸奶油,味道或许更佳。吃带有调味汁的草莓,则必须使用餐匙。

二是菠萝。供就餐者品尝的菠萝,应当首先被分割为适当的小块儿,然后再用餐叉取食。它的外皮,上桌前应被去掉。不可用手抓食菠萝,也不宜举而咬之。

三是苹果。最为正规的苹果的吃法,是取过一只苹果,先将其切成大小相仿的四块,然后逐块去皮,再用刀叉分而食之。不过,现在绝大多数人都已习惯于用手拿起去皮的小块苹果直接食用。

四是香蕉。食用整只的香蕉,一般应当首先剥除它的外皮,再使用刀叉把它分成小段,以餐叉逐段取食。一边用手剥,一边用手拿着慢慢地咬着吃,则是不允许的。

五是橙子。吃橙子的常见方式有两种:正规的吃法是,先用餐刀去掉外皮,再以刀叉剥离其内皮,最后以刀叉分瓣而食。大众化的吃法,则是用餐刀将其去皮后,首先切为小块,然后用手取用。

六是葡萄。葡萄在餐桌上也有两种不同的吃法:吃成串的葡萄,可取过一小串,一粒一粒地用手揪下来食用,葡萄的皮、核,可先悄然吐入手中,然后再移至餐盘之内。在吃单粒不成串的葡萄时,则宜用餐叉相助取食。

（四）西餐的要求

吃西餐时,特别是在参加正式的西餐宴会时,礼仪方面的具体要求既繁多又严格。扼要地讲,任何人在品尝西餐时,都必须使自己的所作所为在下述三个方面完全合乎既定的要求。

1. 举止高雅。由于正统的西餐礼仪出自古代的欧洲宫廷,并且相沿已久,故此其程式化的规定极多。其中最重要者,是要求全体就餐者严格约束本人在餐桌上的举止,力求使之优雅脱俗。有人曾就此指出:吃中餐,主要吃的是美味佳肴。吃西餐,则主要"吃"的是就餐者本人的举止风度。对中国人而言,品尝西餐时,在下述五个方面必须注意。

一是进食噤声。品尝西餐时,不论吃东西还是喝东西,都绝对不要搞出响声来,尤其是不要搞得响声大作、经久不息。在西方人看来,唯独缺乏教养者才会在进食时出声作响。

二是防止异响。除用餐外,每一位就餐者还须控制本人体内所发出来的任何不雅之声。例如,打嗝、放屁、咳嗽、打喷嚏、清嗓子、吸鼻涕等。此外,在用餐和就座、离座时,也不要把餐具、座椅或者餐桌弄出怪异、刺耳之声。

三是慎用餐具。享用西餐,一定要首先学会正确地使用餐具。不仅要懂得餐具在什么时候该用、什么时候不该用,而且还要明了每一种餐具的具体使用方法。万一不会使用某一种餐具,切勿贸然行动,弄巧成拙。必要时,可在现场观摩其他人尤其是女主人的具体做法,然后悄然跟进。除有所规定外,切勿把餐具挪作他用。

四是正襟危坐。在餐桌旁就座时,应使身体与餐桌之间保持两拳左右的距离。上身宜呈挺拔之态,而不可东倒西歪、或俯或仰。双手应扶住桌沿,既不要支在桌上,也不要藏于桌下。双腿切勿乱伸、乱踢、乱蹬,或者乱动不止。餐具万一跌落地上,不要自己弯腰去捡拾。切勿忘记在进食西餐时,自己的对面与两侧通常皆为异性。

五是吃相干净。就餐者在用餐时,不但需要维护环境卫生,而且也需要努力保持个人卫生。在用餐的具体过程里,动作一定要时刻小心细致,不要吃得"满身挂彩",脸上、手上、身上处处留痕。也不要只顾个人卫生而祸及周围,把餐盘、餐桌、地上以及四周搞得一塌糊涂。

2. 衣着考究。吃西餐时,不论是外出赴宴还是前往西餐厅就餐,个人的衣着都应当非常讲究。若是不明此理,或者明知故犯,都会招致批评。根据西餐的规模、档次不同,用餐时的衣着打扮有着不同的要求。大体上讲,赴宴者的衣着有礼服、正装与便装之分,下面分别介绍。

一是礼服。在隆重的西式宴会上,赴宴者往往被要求身着礼服。西式的礼服,男装为黑色燕尾服,并且扎领结,系腰封;女装则为袒胸、露背、拖地的长裙,并且配长统薄纱手套。此外,也可以本民族的盛装,例如,我国的唐装、中山装、旗袍等,替代西式礼服。

二是正装。普通的西餐宴会,通常要求赴宴者身着正装。一般而言,在此正装是指深色,特别是黑色、藏蓝色的西服套装、套裙。它的基本要求是、男装不可以色彩过淡、过艳,女装则切勿过短、过小。

三是便装。在比较一般的聚餐时,赴宴者可以身着便装。所谓便装,在此是指男士穿浅色西装套装、单件西装上衣,或者长衫与长裤;女士则可以穿时装,或者以长西裤代替裙装。但是,切莫将便装理解为随便着装,随心所欲地乱穿一气。

3. 尊重妇女。如果说中餐礼仪讲究的是尊重长者,那么完全可以说尊重妇女是西餐礼仪的一大特征。西餐礼仪里所讲究的尊重妇女,并非纸上谈兵,而是广泛地融入了以下几个方面的可操作手法。

一是礼待女主人。在较为正式的西式宴会上,女主人通常处于所谓"第一顺序"。其具体表现为:要由女主人在主位上就座,由女主人"宣布"用餐的开始或者结束,所有来宾均须向女主人致敬等。在西餐宴会上,女主人忙里忙外,四处张罗,甚至无暇入席用餐的情景,都是绝对难以出现的。

二是照顾女宾客。在吃西餐时,不论彼此相识与否,男士们都有义务自觉地充当殷勤备至的"护花使者",对其周围的女士多加照顾。例如,在用餐之前,应当帮助女士存放外套,或是寻找座位。在用餐期间,则应当帮助女士取菜,取调味品,陪伴其交谈,为其化解"窘境"等。重要的是,男士对周围女士的主动照顾,应当不分生疏,一律平等对待。

三是忌用女侍者。正规的西餐厅里,绝对是讲究"女尊男卑"的。根据传统,为了体现对于女士的尊重,西餐厅里一概不得雇用女侍者。因此,除了个别的女性领位员之外,在西餐馆里,尤其是在正式的西餐宴会上,人们往往只能见到清一色的男侍者迎来送往,忙忙碌碌,却难得见到辛勤服务的女侍者。不遵守此项惯例,往往会受到公众舆论的谴责。

二、自助餐

目前,在国内外许多大型商务活动中,多以自助餐作为常规的就餐方式。所谓自助餐,是指就餐者在用餐时,可在既定的范围之内,自主选择、享用自己所中意的任何菜肴,而不受数量、时间上的限制。自己动手,自我帮助,自选菜肴,数量不限,是自助餐最为显著的特征。

一般而言,自助餐虽然可供应一些热菜,但其主角多为冷食、冷菜,因此国外亦称之为冷餐会。

平时,不论内部活动还是对外接待,不少公司都喜欢以自助餐作为基本的就餐方式,这主要是因为自助餐具有其他用餐方式所难以替代的一些明显的长处。

第一,它适合于多方、多人就餐。当用餐者人数较多,尤其是当来宾方不止一家时,接待方为之安排正式宴会往往勉为其难。以自助餐待客,通常就不存在类似问题。

第二,它可以节省不少饮食开销。一般的自助餐,均不提供高档的菜肴、酒水,因而可令主办者节约许多开支,并避免浪费。

第三,它可以免除席次与座次排列的难题。在自助餐上,就餐者用餐时可坐、可站。但是,主办方却没有必要为之安排正式的席次与座次。这样一来,便可省去不少麻烦。

第四,它可以方便就餐之人各取所需。正规宴会上,不管是实行分餐还是一道接一道地上菜,就餐者遇上任何菜肴均应略加品尝。万一碰上忌食之物或厌食之物,往往便会陷入尴尬境地。而在自助餐上,人们完全可以各取所需,这方面的难题,一下子便迎刃而解了。

第五,它可令在场之人自主交际。在享用自助餐时,所有用餐之人不仅可以自寻方位、自定饮食,而且可以自选现场的交际对象,甚至还可以不与任何人进行应酬。

总而言之,自助餐的最大优点是简便易行,可使所有就餐之人节省时间、费用或精力。

关于自助餐,公司员工通常所需要掌握的礼仪规范主要涉及备餐与用餐等两个方面,下面分别予以具体介绍。

(一) 自助餐的备餐

有些时候,公司员工需要以主人的身份来筹备、主办自助餐。准备自助餐时,大体上应对备餐的时机、用餐的时间、就餐的地点、食物的预备、来宾的招待等五大问题予以认真关注。

1. 备餐的时机。 自助餐在严格意义上并非正式宴会,故此它大多作为公司重大活动中的一个附属环节,而很少独立出来。

在实践中,诸如庆典、仪式、会议、参观等活动进行之后,为参加者准备自助餐,往往都是恰到好处的。但是,一般不应以自助餐作为商务活动的焦点。

在一些大公司里,以自助餐作为日常待客的工作餐或内部员工的就餐方式,当前也时有所见。

2. 用餐的时间。 在商务交往中,自助餐大都不会像正式宴会一样,对用餐的具体时间做出正式的通知。按照惯例,自助餐并无正式的起止时间,就餐者通常可以随到随吃,而不必等候"统一行动"的号令。用餐完毕后,就餐者亦可随时离开,而不必恭候大家集体退场,或是专门要向主人辞行。在一般情况下,就餐者在享用自助餐时并无时间方面的任何特殊限制。

若自助餐作为大型活动的附属项目,通常应安排于活动之后举行,其具体时间可比照人们平时所习惯的就餐时间。为了衔接顺利,可规定大型活动结束后,为之配套的自助餐即告开始,万勿拖延过久。

3. 就餐的地点。 选择自助餐的就餐地点时,不必像举办正式宴会一样反复推敲。一般而言,本公司内部餐厅、单位的内部花园、宾馆的内设餐厅或是营业性自助餐餐厅,都是很好的选择。

负责选择具体的就餐地点的公司员工,往往应当注意下列四点:

一是提供一定的活动空间。除就餐区域之外,还应在用餐现场酌情布置好一块专用的交际区或休息区,以供就餐者届时进行必要的交往应酬。

二是关注现场的通风状况。由于自助餐就餐者较多,倘若现场通风状况不佳,不仅会破坏大家的食欲,而且会大大降低自助餐本身的档次。

三是注意届时的气候变化。主办自助餐,尤其是拟在室外举办较大规模的自助餐时,雨、雪、风、雹,冷、热、干、湿,都有可能构成干扰,所以对当地届时的气候不可不知,对天气的变化不可不防。

四是预备足量的用餐位置。在用餐现场,一定要保证就餐者位置稍有空余。为此不仅要提前了解大体的就餐人数,而且还应多备一些桌椅以应不时之需。

4. 食物的预备。 在为自助餐准备食物时,对下列要点必须一一加以明确。

一是原则性要求。准备自助餐的食物时,首先要了解以下几项原则性的要求:

其一,安全卫生。食物的安全卫生,可谓准备自助餐食物时必须高度重视的头等大事。

其二,体现特色。条件允许时,自助餐上的食物应当有其一定的特色。

其三,中西兼顾。为了适应就餐者的不同需求,自助餐上所供应的食物可以中西并举。

其四,配合时令。假若自助餐上的食物因季节而有所变化,往往都会大受欢迎。

其五,分类摆放。在正规的自助餐上,食物均应一目了然地分类摆放。

其六,保证供应。在一般情况下,自助餐上所供应的食物不宜出现短缺。

其七,品种多多。可能的话,应尽量令食物在其品种上能多有几种选择。

二是程序化规定。按照惯例,标准的自助餐以冷菜、汤、热菜、点心、甜品、水果为规范的取食先后顺序,上述品种以及饮料在自助餐上往往均不可或缺。

5. 来宾的招待。普通的自助餐上,都会有专门的服务生提供必要的服务。在一般情况下,由服务生为来宾服务即可。

倘若现场找不到服务生,或是没有服务生进行服务时,身为主人的公司员工亦可主动对来宾加以关照。大体上讲,在自助餐上,主人可以为来宾做四件事:一是安排坐席;二是介绍菜肴;三是引见他人;四是照看衣物。未经要求,切莫越俎代庖,擅自为客人选取菜肴。

(二)自助餐的用餐

享用自助餐时,公司员工对下列八条基本的礼仪规则必须认真遵守。越是正式的自助餐,越应当对此认真重视。

1. 排队选取。享用自助餐时,虽说要求就餐者自己关照自己,但这并不意味着届时完全可以肆意妄为。不论只身前往,还是与大家结队成行,公司员工均应在选取菜肴时自觉地遵守公共秩序,讲究先来后到、老老实实地排队。不允许出现争抢、乱挤,或是不排队、乱插队等不文明的情形。

一般而言,排队时应与前后之人保持一定间隔。取菜时最好与其他人同向行进。行进的标准方向应为顺时针方向,排队时切忌逆行。取菜时不应瞻前顾后、挑三拣四,而应从快从速,取菜之后即应迅速离去。

2. 循序取用。在正规的自助餐上,想要做到既吃饱又吃好,最好的方法就是要依照合理的取菜顺序选取菜肴。那样去做,还可以防止食物彼此相克或就餐者当众出丑。下述两点,一定要在取用时加以牢记。

一是至少取菜三次。取菜时,切勿乱七八糟胡装一气。通常在享用自助餐时,至少应分三次分门别类地取菜。头一次宜取冷菜,接下来宜取热菜,最后才宜取点心、甜品或水果之类。将其本末倒置,冷热杂陈,往往会令人见笑。

二是先行掌握情况。有经验的人在取菜时并非每道菜都不放过,一一加以取用,而是先要绕场一周,对全局有所了解后,再酌情加以取舍。

3. 量力而行。享用自助餐时,完全可以爱吃什么吃什么、能吃多少吃多少。这是自助餐给予每一位就餐者的权利,也是其大受欢迎之处。但是,就餐者亦应牢记,取用任何菜肴均应量力而行。切忌贪多,选取过量甚至造成盘内堆积如山的情形出现,到头来却力不从心,从而导致浪费。严格地讲,取用菜肴时多吃无可厚非,浪费则绝不允许。这一条规则通常称为"每次少取",亦称"少取"规则。

4. 多次取菜。多次取菜,亦称"多次"规则,指的是就餐者在享用自助餐时如果偏爱某一种类的菜肴,完全可以一而再、再而三地反复去取,直至自己吃得满意为止。但是每次只宜适可而止,而不该一下子装得盘满杯溢,更不可将同一品种的菜肴同时装上几盘,甚至将其包干。

在自助餐上,遵守"多次"规则与遵守"少取"规则实际上应当是同步并举的。"少取"是为了防止浪费,"多次"亦是为了量力而行。在享用自助餐时,"多次少取"是人人须知的一项最基本的规则。

5. 文明用餐。享用自助餐时,每一名公司员工均应表现得文明得体。以下各点,尤应注意。

一是使用公用餐具取菜。切切不可直接使用自己的餐具选取菜肴。使用公用餐具时,亦应注意其定向专用。

二是自觉远离餐台就餐。站在摆放菜肴的餐台附近就餐,不但有碍观瞻,而且还会影响他人。

三是废弃之物不宜乱扔。废弃之物应置于自己餐盘的一端,切莫乱吐、乱放、乱扔。

四是用餐完毕送回餐具。餐毕,可将自己的餐具送到指定之处,亦可稍加整理之后放在原处。

6. 禁止外带。所有的自助餐都有一条不成文的规定:向就餐者所供应的所有菜肴,只可在用餐现场自行享用,而绝对不允许将其带出场外。即便提出此类要求,同样也是失礼的表现。

在任何情况下,自己在自助餐上选取的菜肴务必要自己负责彻底解决。剩下来不可以,指望"打包"带回家去亦为不妥。

7. 关照他人。与他人一同参加自助餐时,尤其是身为主人之时,公司员工理当对对方主动加以关照。倘若对方对自助餐的具体就餐方式或是对自助餐上所供应的菜肴不甚熟悉,公司员工可向对方扼要加以介绍。在对方不反感的前提下,亦可向对方提出一些有关选取菜肴的建议。

在一般情况下,陪同他人一起享用自助餐时,应与对方一同就座。与对方适当地交谈是允许的,但不应因此而有碍对方用餐。

8. 适度交际。在自助餐上,人们应当利用机会,及时而恰到好处地联络老朋友,结交新朋友,积极地进行交际。以下两点,在交际时尤须注意。

一是要扩大自己的交际圈。倘若时间允许,气氛适宜,参加自助餐的公司员工不妨多转换几个交际圈,以多交朋友、广结善缘。

二是要介入陌生的交际圈。可能的话,应积极介入陌生的交际圈。其具体方法有三：求人引见，毛遂自荐或是借机加入。

三、洋酒

在社交场合，尤其是在欧美国家的社交场合，洋酒都会频频出现。在诸如酒会、酒吧、家庭聚会一类的活动中，洋酒更是会大出风头，往往充当主角。如果对洋酒不了解、不接受，不仅可能会让人见笑，而且还有可能会有碍于自己的交际应酬。

所谓洋酒，实际上是国人对各种外国酒的一种统称。在海外，除了华人社交圈，此种叫法并不流行。但是，站在中国人的角度来看，洋酒与国酒的确多有不同之处。

在交际应酬尤其是涉外交往中，对洋酒多有接触的公司员工有必要掌握一些有关洋酒的基本礼仪规范。对于洋酒的具体品种与饮用方式，应有系统的了解。

（一）洋酒的品种

作为外国酒在国人之中的一种统称，洋酒的具体品种其实不可胜数。不过在一般场合，人们所经常见到的洋酒也不过只有数十种。以下，将择其最为常见的一些主要品种，诸如葡萄酒、香槟酒、白兰地酒、威士忌酒、伏特加酒、朗姆酒、杜松子酒、苦艾酒、鸡尾酒等，加以系统的介绍。

1. 葡萄酒。在国外，葡萄酒是一种最常见的酒，它以葡萄酿制而成。按其色泽，可将它分为白葡萄酒、红葡萄酒、桃红葡萄酒等三种。含糖的葡萄酒叫做甜葡萄酒，不含糖的葡萄酒则称为干葡萄酒，后者目前更受人们的青睐。产地与品种的差异，对葡萄酒的质量影响甚大。目前，人们公认，法国生产的葡萄酒，尤其是法国波尔多、勃艮第地区所生产的葡萄酒最佳。在国外，波尔多葡萄酒称为"葡萄酒之王"，勃艮第葡萄酒则被叫做"葡萄酒王后"。拉菲拉图、玛歌、木桐、奥比昂等"五大名庄"葡萄酒，均产自波尔多地区。此外，德国、葡萄牙、西班牙所产的葡萄酒也大有名气。

在一般情况下，葡萄酒的酒精含量为9%~14%。它的贮藏期，通常以10年为限。在西方国家里，葡萄酒是典型的餐桌酒，往往被用做佐餐酒。此外，它亦可净饮。

2. 香槟酒。香槟酒，其实是葡萄酒的一个分支。它叫做"爆塞酒"或"葡萄汽酒"，实际上属于一种发泡型的葡萄酒。严格地讲，唯有法国香槟地区所生产的葡萄酒，才可算做正宗的香槟酒。它色泽纯正，泡沫白爽，口感酸涩、清凉且带有一定的果香味。根据含糖度的不同,香槟亦可分为特干、干、半干、微干、微甜、半甜、甜等几种。最著名的香槟酒品牌,有酩悦、白雪、凯歌、路易王妃、巴黎之花等等。

香槟酒的酒精含量通常为 10% 左右。一般而言,它均贮藏 4~10 年左右。香槟酒最经典的用途,是用于宴会上的祝酒干杯,故此称为"干杯酒"。在庆典、仪式等喜庆活动中,它亦被常用。

3. 白兰地酒。白兰地酒实际上是一种经过蒸馏精制而成的葡萄酒。在法文里,白兰地的含义是"生命之火"。人们公认,产自法国的白兰地酒,尤其是产自法国干邑地区的白兰地酒最为名贵。法国政府规定,只有干邑地区所生产的白兰地酒,才准许在其商标上标注"干邑"(COGNAC)字样,以示正宗。上等的白兰地酒必定色泽金黄,具有香甜醇美的特色。根据传统,放入橡木桶,在地窖内贮存时间越久的白兰地酒才越名贵。当前,最为著名的法国干邑白兰地酒品牌有轩尼诗、人头马、马爹利、拿破仑,它们被叫做"白兰地四强"。

白兰地酒的酒精含量一般为 40% 左右。其贮藏年代越久,价格越是昂贵。在洋酒大家族里,白兰地酒既是一种烈酒,又是一种最名贵的酒。通常,它都被作为餐后酒,充当宴会"压轴戏"的角色。

4. 威士忌酒。在国外,威士忌酒是一种与白兰地酒齐名的洋酒。严格地讲,它是一种用谷物发酵酿造而成的蒸馏酒。迄今为止,尽管世界上生产威士忌酒的国家与地区甚多,但独领风骚者却一直是英国苏格兰地区所生产的威士忌酒。久而久之,在不少人的心目中,苏格兰威士忌酒才算真正的威士忌酒。正宗的威士忌酒色泽纯正,液体透明,香气扑鼻,味醇甘烈。最为著名的威士忌酒有尊尼获加、格兰菲迪、格兰特、百龄坛、芝华士、珍宝、威雀、占边等等。

威士忌酒的酒精含量多为 40%。在英国,有关法律专门规定:刚生产出来的威士忌,至少要放入橡木桶并在地窖内贮藏三年以上,方可出售。在一般情况下,人们大都喜欢净饮威士忌酒。在酒吧里,它向来都是当仁不让的主角。

5. 伏特加酒。伏特加酒又叫俄德克酒,它是由俄文"水"一词派生而来。作为一种白酒,它既可以用小麦、大麦、黑麦酿制,又可以把玉米、土豆当做原料。人们公认,世界上最好的伏特加酒来自其故乡俄罗斯。从总体上来看,伏特加酒的最大特色是无色、无味。著名的伏特加酒有绿牌、红牌、皇冠、绝对等等。目前,其他一些欧美国家也在生产伏特加酒。

伏特加酒是最著名的烈酒之一,其酒精含量可高达 60%。它对贮存年代讲究不多,通常既可以净饮,又可以兑入其他饮料一同饮用。不少知名的鸡尾酒,都以伏特加酒作为基酒,例如,螺丝刀、敢死队、甜瓜球、血腥玛丽、飞天蚱蜢等等。

6. 朗姆酒。朗姆酒通常都是用甘蔗制糖的副产品——糖蜜作为原料,经过发酵、蒸馏、陈酿、调配而成的。上乘的朗姆酒都产自盛产蔗糖的西印度群岛,其中以牙买加所生产的朗姆酒名气最大。从口感上讲,朗姆酒富有甜味,但有厚重、清淡与适中之分。从色彩上看,由于具体酿造方式的不同,则有无色、褐色、琥珀色之分,但大都看起来清澈可人。名牌的朗姆酒,有慕兰潭、老寿星、百家地、哈瓦那俱乐部等等。

朗姆酒的酒精含量大多在40%～50%之间。讲究的朗姆酒一般都要在特制的美洲橡木桶内贮存10年之上。在各国,人们一般喜欢将朗姆酒掺入其他饮料中饮用。以之充当基酒的鸡尾酒,有飓风、虎奶、小艇、库拉达、代基里、巴卡迪、自由古巴等等。

7. 杜松子酒。杜松子酒亦称金酒或琴酒,它是一种以黑麦和大麦芽为原料,发酵后蒸馏而成的酒。因其在酿造过程里加入了杜松子,故称杜松子酒。在世界上,最著名的杜松子酒生产国是荷兰,英国所生产的杜松子酒也大有名气。从口感上说,杜松子酒清爽、芬芳,充满了杜松子的味道。就糖分来说,它则分为不含糖分的干型与含有糖分的甜型两类。著名的杜松子酒品牌有皇牌、哥顿、钻石、英国卫兵、孟马宝蓝等等。

杜松子酒的酒精含量约在40%左右。它在贮存时间方面要求不高。作为一种可调制性最广的洋酒,它既可作为开胃酒在餐前饮用,又可与其他酒水进行广泛的组合搭配。著名的红粉佳人、修道院、百慕大、橘子花等鸡尾酒,均以杜松子酒作为其基酒。

8. 苦艾酒。苦艾酒,在我国称做味美思。它是用以艾叶为主的草本香料与白葡萄酒一道制作而成的,所以俗称苦艾酒。实际上,用以酿造苦艾酒的香料多达20余种。不同品牌的苦艾酒所具体选用的香料并不一致,并非一定都要使用艾叶不可。世界上最好的苦艾酒产自意大利与法国,我国亦可生产。它具有芳香、刺激、舒筋活血等特点,深受一些人的欢迎。知名品牌的苦艾酒,有马天尼、仙山露、卡帕诺、康西亚、金巴利等等。

苦艾酒的酒精含量多在10%～20%之间。它的贮存时间不宜过久,可充当餐前主要的开胃酒饮用,亦可与其他酒水调配之后饮用。

9. 鸡尾酒。鸡尾酒其实是一种以洋酒为主要配料的混合型饮料。具体而言,它是以蒸馏酒作为基酒,与糖浆、果汁、冰块、苏打水等辅料调配而成的。换而言之,任何鸡尾酒至少都由两种或两种以上酒水组合而成。一份精制而成的鸡尾酒不但口味独特、风格清新,而且层次分明、异彩纷呈,犹如雄鸡的鸡尾一般,故称之为鸡尾酒。制作鸡尾酒,既讲究工具、手法,更讲究配料、比例。当前,已经成名的鸡尾酒有3 000多种。它的典型代表有马丁尼、曼哈顿、血腥玛丽、红粉佳人、长滩冰茶等等。

不同的鸡尾酒因其配方各异,酒精含量自然大有差异。在国外,鸡尾酒不仅是酒会上的主角,而且在酒吧、社交聚会之中也广受欢迎。

(二)洋酒的品尝

品尝洋酒有一定之规,不遵守与此相关的重要规范,品尝洋酒时就会错误百出,直接影响到品尝的效果。

一般而言,品尝洋酒时,大体上应当对以下六个方面的具体要求予以重视。

1. 酒具的要求。饮用洋酒的一大讲究,是品尝不同品种的洋酒应当选择不同式样的酒杯。比方说饮香槟酒要选择香槟酒杯,饮白葡萄酒要选择白葡萄酒杯,饮用冰水要选择冰水杯,饮用果汁则要选择果汁杯。

不同式样的洋酒酒杯,不仅外观各异,而且容积有别。假如张冠李戴地取用酒杯,不但影响洋酒的品尝,而且还会见笑于人。

选择洋酒酒杯,有下述三种方法可行。

一是提前系统地学习一些有关的知识。

二是在宴会上依次取用。在餐桌上,酒杯通常都放在就餐者右前方,并呈一字排列。取用时,可由右向左依次取用。

三是效仿他人。选取酒杯,可跟随他人之后进行,此所谓"紧跟"法则。跟着行家走,或者跟着大家走,出错的几率自然小些。

2. 酒杯的拿法。在正式场合,洋酒酒杯的具体持握方法颇有讲究。具体而言,下述两点尤须注意。

一是不同类型的酒杯有不同的拿法。拿握酒杯不仅与姿势优美与否直接相关,而且涉及酒温等多种制约因素。例如,饮用冰镇的香槟酒或加入冰块的白葡萄酒时,应手持酒杯杯腿。饮用要求常温的红葡萄酒时,应手握杯身;饮用温度要求稍高的白兰地酒时,则应手托杯底。

二是应当避免错误或者不雅的拿法。在稍正式一些的场合,手握洋酒酒杯时,均应有意地避免错误或者不雅的方法。例如,双手持杯、手托杯腿、手指搭在杯口,或者用手捂住酒杯,均为不当之法。

3. 酒水的搭配。饮用洋酒,有一些固定的搭配不可不知。下列三个方面的固定搭配,尤须恪守。

一是酒水与酒具的搭配。此点前面已有介绍,在此不再赘述。

二是酒水与菜肴的搭配。许多洋酒,均可作为餐桌酒在宴会上饮用。如果说菜肴是中餐宴会上的主角,那么则可以说洋酒是西餐宴会上的重点。在正规的西餐宴会上,人们讲究上一道菜需要换一种洋酒,不同菜肴与酒水有着既定的搭配。比如,吃鸡、鸭、鱼等"白肉"时,讲究饮用白葡萄酒;吃牛、羊、猪等"红肉"时,则讲究饮用红葡萄酒等等。

三是酒水自身所要求的搭配。一些洋酒本身要求某些酒水与之进行搭配。例如,饮威士忌酒时,应添加一些苏打水;饮用白葡萄酒时,可以加入一些冰块等等。但是,也有一些洋酒,像是红葡萄酒,饮用时则不宜加入任何东西。

4. 洋酒的温度。绝大多数的洋酒,饮用时都有温度方面的专门要求。不符合这些要求,洋酒在饮用时口感上就往往会大打折扣。一般而言,饮用洋酒时,对其酒温应当注意下列两点。

一是了解温度方面的具体要求。饮用洋酒前,务必应了解它在饮用温度上有无具体要求。应当说明的是,绝大多数洋酒在此方面均有规定。例如,香槟酒适宜4℃~6℃左右饮用;白葡萄酒适宜10℃左右饮用;红葡萄酒适宜15℃左右饮用;白兰地酒则适宜18℃~20℃左右饮用。

二是调控洋酒温度的基本方法。调控洋酒的温度,目前主要采用两种具体方法:其一,物理方法,即采用冰镇或加入冰块等方式来降低酒温;其二,人工方法,即用手托杯底等方法来略增酒温。

5. 饮用宜适量。饮用洋酒,适量是一个基本的要求。具体而言,适量这一要求应体现在以下两个不同的方面。

一是装杯应当定量。业已指出,容积各不相同是洋酒酒杯的基本特征之一。斟倒洋酒时,务必要注意装杯具体定量方面的要求。比较而言,在中餐宴会上饮酒,人们讲究"酒满敬人";而在西餐宴会上,主要的饮酒禁忌则是切忌满杯。大致来说,斟倒洋酒,应当注意以"七分满"为限,杯满而溢是绝不允许的。

二是饮用应当限量。饮用洋酒时,对人对己均应限量。对自己来讲,切莫贪杯,甚至酒醉误事。对他人而言,则应讲究"祝酒不劝酒",万万不可强人所难。

6. 场合的限制。饮用洋酒,既要注意量力而行,自尊自爱,又要讲究善待他人,关心他人。具体来讲,在不同的场合,饮用洋酒又有一些不同的要求。

一是居家饮酒。居家饮酒,图的是自得其乐。只要不会伤害身体,不会有碍自己正常的工作,饮酒时大可不必墨守成规,自我约束过多。

二是酒吧饮酒。外出在酒吧里饮酒,主要讲究的是休闲与消遣。独自一人时,不要闷闷不乐、借酒浇愁、一醉方休;友人聚会时,更不要借题发挥、大吵大闹、有碍别人。

三是仪式饮酒。在庆典或仪式上,往往需要饮用洋酒。此时此刻,最重要的是要遵守与之相关的程序,并且坚持适可而止。

四是宴会饮酒。在正式的宴会上饮酒,关键是要以之助兴。自己酗酒,或者试图灌醉别人,都是没有教养的表现。在宴会上,不要仅仅注意自己"干杯"。其实,最重要的是要学会品酒,并且懂得以之烘托现场热烈而喜庆的气氛。

四、咖啡

长期以来,咖啡一直是欧美国家诸多饮料之中的主角。在那里,咖啡不仅被用来提神、解渴,而且还频频现身于各种各样的社交聚会。它所受欢迎的程度,绝对不亚于茶水在中国的地位。

近年来,随着对外交流的深入与扩大,作为世界三大饮品之一的咖啡逐渐步入了中国人的日常生活,并已成为国人尤其是文化程度较高的公司员工所喜爱的一种时尚饮品。

由于中国人过去对咖啡这种纯西式的饮料接触不多,所以一些人只知道饮咖啡时髦,却不晓得如何饮用咖啡方为得体。实际上,饮用咖啡,除了其作为饮料自身的功能之外,更重要的是要借以促进人与人之间的交际,并展现自身的教养与素质。也就是说,饮咖啡在很大程度上是一种礼仪活动,而且越是正式的场合越是如此。

根据惯例,饮用咖啡,需要特别注意饮用的时机、咖啡的种类、饮时的举止等三个方面的问题。

(一)饮用的时机

饮用咖啡应当把握适当的时机,具体而言,饮用咖啡的时机包括饮用咖啡的时间与饮用咖啡的地点等两个方面的问题。

1. 饮用的时间。饮用咖啡通常是一种礼仪活动,所以在具体时间的安排与选择上,有必要细心斟酌,切勿贸然而行。一般而言,饮用咖啡的时间应当根据以下几种具体情况而有所不同。

一是自己饮用。自己饮用咖啡,原则上不必受到时间的限制。若想饮用的话,随时可以,悉听尊便。只要记住,不要饮用过量,不要因饮用咖啡而过度兴奋,从而影响休息即可。

二是公司待客。在公司中以咖啡待客,不论是以饮用咖啡这种形式会友,还是纯粹将其视做饮料,在时间上都不应当超过下午四点钟。因为有很多人在此时间之后不习惯再饮咖啡。

三是外出会客。邀人外出在咖啡厅会面时饮用咖啡,一般应当避开上午。最佳的时间一是周末,二是午后。可根据具体情况协商安排。

四是宴会待客。在正式的西式宴会上,往往以咖啡作为其"压轴戏"。由于正式一些的西式宴会大都在晚间举行,所以在宴会上饮用咖啡通常是在晚上。

不过为了照顾个人嗜好,在宴会上供应咖啡的同时往往还会备有红茶,以供来宾自由选择。

2. 饮用的地点。饮用咖啡,讲究具体地点的选择。具体地点不同,饮用咖啡时的礼仪要求往往也会有所不同。一般而言,饮用咖啡最常见的地点有:会议厅、办公室、花园、餐厅、咖啡厅、咖啡座等等。

一是会议厅。在会议厅内饮用咖啡,主要适用于招待客人。

二是办公室。在办公室里饮用咖啡,主要是在工作间歇自己享用,此时要求不多。

三是花园。在自家花园里饮用咖啡,固然适合于自己与家人消闲休息。此外,也适于招待客人。西方有一种专供女士社交的咖啡会,就是在主人家的花园或庭院中举行的。它不排列位次,时间不长,重在交际与沟通,饮用咖啡只不过是一种表面形式。

四是餐厅。在西方,咖啡往往是正餐中最后出现的一道"菜肴"。在餐厅里用餐时,人们往往会选用咖啡佐餐助兴。

五是咖啡厅。咖啡厅有时又叫咖啡屋、咖啡室,它是一种装饰高档、气氛温馨的饮食服务点。除供应咖啡外,还可提供其他餐饮。在此处饮用咖啡,往往与鲜花、乐曲、红烛相伴,故经常有一些人选择来此会友。

六是咖啡座。它是一种露天的"咖啡厅",多设于街道两侧,仅为客人提供桌椅与遮阳伞,适合于自我休息或与友人聊天。在西方国家里,它随处可见,讲究的主要是自由自在、休息观景。

(二)咖啡的种类

与茶叶一样,咖啡的种类也非常之多。在非正式场合,公司员工选择何种咖啡自然悉听尊便。但在正式场合,它却不仅是一个人的习惯问题,而且也是一个涉及身份、教养、见识的问题,故此应当对它充分了解,认真对待。

由于依据的标准不同,咖啡可被分为许多不同种类。目前,区分咖啡的种类,主要依据的是配料的添加与制作的方法。以下,将对此进行简单介绍。

1. 根据配料区分。依据饮用咖啡时添加配料的不同,咖啡可被分为多个品种。其中,最为常见的有下述六种:

一是黑咖啡。它指的是既不加糖,也不加牛奶的纯咖啡。在正统的西餐里压轴的,就是此种宜于化解油腻的咖啡。直至今日,饮用这种咖啡,仍被西方人视为身份高贵或出身于上流社会的一个标志。

二是白咖啡。它是指饮用之前加入牛奶、奶油或特制的植物粉末的咖啡。饮用这种咖啡时,加糖与否完全可以自便。它适合在各种情况下尤其是在非正式场合饮用。单纯加入牛奶的咖啡,有时又叫法国式咖啡。

三是浓黑咖啡。它的全名叫意大利式浓黑咖啡。它以特殊的蒸汽加压的方法制作,既黑又浓,不宜多饮。在饮用时,可加入糖或少量的茴香酒,但不宜加入牛奶或奶油。

四是浓白咖啡。它的全名叫意大利式浓白咖啡。其制作方法基本上与浓黑咖啡相类似,只是加入了用牛奶制成的奶油或奶皮,故此显得又稠又浓,口味甚佳。在饮用时,不宜再添加牛奶,加入少许用柠檬皮榨取的汁液则是允许的。至于是否加糖,则完全由饮用者自己决定。

五是爱尔兰式咖啡。爱尔兰式咖啡的最大特点,是在饮用咖啡之前不加牛奶,而是加入一定数量的威士忌酒。加不加糖则请君自便。它的味道浓烈,刺激提神。

六是土耳其式咖啡。土耳其式咖啡大致与白咖啡类似,在咖啡之中可以酌情加入适量的牛奶与糖。但是,与其他种类所不同的是,它的咖啡渣并未除去,而是与咖啡一起被装入甚大的杯中上桌,供人饮用。土耳其式咖啡稍显浑浊,深受中东地区人民的喜爱。在阿拉伯世界里,它亦称阿拉伯式咖啡。

2. 根据制作区分。根据制作方法的不同,咖啡大体上可被分为现煮的咖啡、速溶的咖啡以及罐装的咖啡等三种。

一是现煮的咖啡。现煮的咖啡,这里所指的是当场将一定数量的咖啡豆放入特制的咖啡具,现磨现煮的咖啡。与速溶咖啡相比,它费时费力,并且不好把握火候,技术水平要求较高。

在习惯饮用咖啡的西方国家里,会不会煮咖啡是一位家庭主妇是否称职的一大标准。因此,西方人有一个习惯,家里来了客人,若有可能,一定要待之以现磨现煮的咖啡,并且由女主人亲自为客人煮咖啡、上咖啡。这既是一种礼遇,又体现着一种档次。所以,遇上女主人这般厚待时,来宾无论如何都不能忘记当面称道一声女主人为自己所煮的咖啡"味道好极了",否则是极不礼貌的。

二是速溶的咖啡。它是以现代工艺将咖啡提纯、结晶、装罐,饮用时只须冲入适量的热水即可,因此非常方便省事,深受快节奏的现代人士的欢迎。不过,它属于一种方便食品,口味比较单一,档次上难与现煮的咖啡相提并论。在较为正式的场合,一般难觅其身影。

应当切记,自己喝速溶咖啡与否无可非议。但在款待重要客人时,却最好不要上这种咖啡,尤其是不要把它视为一种高档咖啡而正式介绍给客人。

三是罐装的咖啡。它是指以专门的技术,将已煮好的咖啡液体装入特制的易拉罐之中。需要时,可以开罐即饮。它的优点是携带方便,易于饮用,干净卫生。在举行会议、外出游览时,罐装咖啡均为不错的选择。它的主要缺点:第一是口味较差;第二是只宜冷饮。

除上述两种区别方式之外,有时人们还习惯于以磨制咖啡时所选择的咖啡豆的具体品种来区分咖啡。在西方,特别是讲究饮用咖啡的行家里手,提起产于拉美的蓝山咖啡、圣多斯咖啡,产于东南亚的曼特宁咖啡、爪哇咖啡、猫屎咖啡或者产于非洲的摩卡咖啡,往往都令人啧啧称羡。

(三)饮时的举止

在较为正式的场合,特别是在大庭广众之前、众目睽睽之下饮用咖啡时,务必要在个人举止方面好自为之,处处谨慎,依礼而行。其中最主要的是要在饮用的数量、配料的添加、饮用时的方法等三个具体方面多加注意。

1. 饮用的数量。关于饮用咖啡的具体数量,在正式的场合应注意如下两点讲究。

一是饮用的杯数要少。在正式场合饮用咖啡,与其说咖啡是一种饮料,不如说它是一种休闲或交际的陪衬,所以完全可以说人们饮用咖啡时多是"醉翁之意不在酒"。在一般情况下,饮咖啡一杯足矣,至多亦不应多于三杯。

二是饮用时入口要少。饮用咖啡既然不是为了充饥解渴,那么在饮用时切勿饮相粗鲁,令人见笑。端起咖啡杯扬脖一饮而尽,或是大口吞咽咖啡,甚至饮用时响声大作,都是典型的失礼之举。饮用咖啡时,一杯咖啡总要喝上十来分钟,并应小口饮用。唯有一小口一小口慢慢地品尝咖啡,才能悟出其中妙处,并且显得自己举止优雅脱俗。

2. 配料的添加。在某些情况下饮用咖啡时,需要饮用者自己动手,根据个人需要和偏好,往咖啡里面添加一些诸如牛奶、方糖之类的配料。遇到此类情况,一定要牢记自主添加、文明添加等两项基本要求。

一是自主添加。在添加咖啡的配料时自主添加,就是要求大家自己对自己负责,完全自主,不要越俎代庖,为他人添加配料。因为个人的需要与偏好往往相去甚远,只有自己才最了解自己的口味。自作主张地为他人添加配料,往往会强人所难,令对方反感或者不快。当然,若他人为自己添加配料时,还是应当真诚地向其道谢,而不宜责怪对方多事。

二是文明添加。在添加咖啡的配料时文明添加,就是要求大家在具体操作时自然大方,温文尔雅,尽量避免不卫生、不得体的做法。比如,若大家同时需要添加配料,彼此要相互谦让,不要你争我抢。若某种配料用完需要补充时,不要大呼大叫,责备侍者。需要加牛奶时,动作要稳重,不要倒得满桌都是。打算加方糖时,应用专用的糖夹或糖匙去取,而不要用自己所用的咖啡匙去取,更不要直接下手去取。

3. 饮用的方法。饮用咖啡时有许多讲究与禁忌。其中,在礼仪方面要求最多的,有咖啡杯的持握、咖啡匙的使用、取食甜点、交谈须知等四个方面的具体问题。

一是咖啡杯的持握。饮用咖啡时,不可以双手握杯,不可以用手托着杯底,不可以俯身就近杯子去喝,不可以用手端着碟子而去吸食放置于其上杯中的咖啡。

持握咖啡杯的得体方法是应当伸出右手,用拇指与食指握住杯耳之后,再轻缓地端起杯子。若是用一只大手把握住杯身、杯口,或者将手指穿过杯耳之后再握住杯身,都是不正确的方法。

在正式场合,咖啡都是盛入杯中,然后放在碟子上一起端上桌的。碟子的作用,主要是用来放置咖啡匙,并接收溢出杯子的咖啡。若碟中已有溢出的咖啡,切勿泼在地上或倒入口中,可用纸巾将其吸干。

饮咖啡时,是否需要同时端起碟子是不好一概而论的。若坐在桌子附近饮咖啡,通常只需端杯子,而不必端碟子。若距桌子较远,或站立、走动时饮咖啡,则应用左手将杯、碟一起端起至齐胸高度,再以右手持杯而饮。这种方法既高雅,又安全。说它高雅,是因为姿势好看;说它安全,则是可以防止溢出杯子的咖啡弄脏衣服。

二是咖啡匙的使用。作为咖啡具大家族中的一员,在正式场合饮用咖啡时,人手一只的咖啡匙其实作用不大。如果穷尽其极,它只能够做如下三件小事。

其一,加入牛奶或奶油后,可用咖啡匙轻轻搅动,使之与咖啡相互融合。

其二,加入方糖之后,可用咖啡匙略加搅拌,促使其迅速溶化。

其三,若嫌咖啡太烫,可待其自然冷却,或以匙稍作搅动,促使咖啡变凉。

咖啡匙在使用时,有两条非常重要的禁忌。首先,不可以用咖啡匙舀起咖啡来饮用。在公共场合这么做,定会令人瞠目。其次,不可以让咖啡匙在咖啡杯中竖立。不用它的时候,可将其平放在咖啡碟里。

三是取食甜点。在饮用咖啡时,为了不伤肠胃,往往会同时备有一些糕点、果仁、水果之类的小食品,供饮用者自行取用。

需要取食甜点时,首先要放下咖啡杯。在饮用咖啡时,手中也不宜同时拿着甜点品尝。切勿双手左右开弓,一边大吃,一边猛喝。这种做法,会显得吃相不雅。此外,切勿只吃不喝,使得本末倒置。

四是交谈须知。在饮用咖啡时,应适时地与交往对象进行交谈。在交谈时,务必要细语柔声,千万不要大声喧哗,乱开玩笑,更不要与人动手动脚,追追打打。那样做,会破坏饮用咖啡的现场氛围。

不要在他人饮用咖啡时向其提出问题。自己饮过咖啡后若要讲话,最好先用纸巾揩一揩嘴,免得咖啡顺嘴流淌,或弄脏嘴角,使得自己出丑。

五、品茶

茶,是中国各族人民最喜爱的一种日常饮料。它在中国的种植与利用,至今至少已有 4 000 多年的历史。在世界上,它同样深受许多国家人民的欢迎,并且与咖啡、可可一道并称世界三大饮料。

与其他饮料相比,茶水具有物美价廉、饮用方便、生津止渴、消暑开胃、健身祛病等多种优点。因此,在日常生活之中,它最为普及,并且已成为我国人民平日不可或缺的家庭生活必需品,民间早有"开门七件事,柴、米、油、盐、酱、醋、茶"之说。

所谓品茶,亦称饮茶,即茶的饮用与品尝。由于我国人民饮茶的历史源远流长,饮茶的品位也已逐渐提升,形成了独具中国特色的品茶文化,并进而影响到日本、英国以及其他许多国家。当前,讲究品茶者崇尚饮茶之道,亦称茶道。

平时,公司员工在工作单位或是在家中接待来访的客人时,沏茶、上茶已经成为一项不能缺少的待客礼节。若是缺少这一礼节,或是在这方面掉以轻心,就是明显地对来宾有失恭敬。中国有句老话,叫做"茶是话博士",说的就是以茶待客可以活跃交际气氛,增加宾主交谈的兴致。

在比较正式的情况下,不论是自饮还是待客,品茶都颇有讲究。至少,在茶叶的品种、泡茶的用水、沏茶的水温、饮茶的茶具等方面,都丝毫马虎不得。以茶待客时,对这些方面尤须注意。

就以茶待客而论,品茶的礼仪主要涉及茶叶的品种、茶具的选择、敬茶的程序、品茶的方法等四个具体方面。

(一)茶叶的品种

品茶,首先需要区别茶叶的品种。不同的地区、不同的民族、不同的饮茶者,对茶叶的品种往往会有不同的偏好。

区分茶叶的品种,可以采取多种方法。不过,目前在我国采用最广的方法,是根据加工、制作方式的不同来区分茶叶的品种。根据这一标准,茶叶可分为绿茶、红茶、乌龙茶、花茶、砖茶、袋茶等品种。以下,分别对其略作介绍。

1. 绿茶。绿茶是对新鲜茶叶进行炒制,利用高温破坏其中所含的酶,在制止其发酵之后制作而成的。饮用绿茶,讲究要选用当年的新茶,尤其是要选用"明前茶",即清明之前所采用的茶叶。

精心沏出来的绿茶,茶叶碧绿,茶汤清澈,入口之后,饱含沁人心脾的清香,并且爽口宜人。在夏日饮用,还可以消暑降温。

我国所生产的绿茶品种甚多,其中闻名遐迩的有:产于浙江杭州的龙井茶,产于江苏太湖洞庭山的碧螺春,产于安徽黄山的黄山毛峰,产于湖南洞庭湖青螺岛的君山银针,产于安徽齐云山的六安瓜片,产于河南信阳大别山区的信阳毛尖,产于贵州都匀山区的都匀毛尖,产于四川峨眉山区的竹叶青等等。

2. 红茶。红茶的加工制作方法恰好与绿茶相反,它是以新鲜的茶叶经过控制,使之完全发酵之后制作而成的。在冲泡沏水之前,它的色泽油润乌黑;在冲泡沏水之后,它则具有独特的浓香与爽口的滋味,并且暖胃补气,提神益智。

一般而言,红茶性温热,故适宜在冬天饮用,而不宜作为夏日饮品。

我国所生产的红茶品种不少,其中最著名的当推产于安徽祁门的祁门红茶。此外,还有产于福建武夷山的正山小种、云南西双版纳的滇红,产于广东英德的英红等等。

3. 乌龙茶。乌龙茶的制作加工方法介乎绿茶、红茶二者之间。准确地说,它是一种半发酵的茶叶。其外形粗硕、松散,茶叶边缘发酵,中央不发酵,整体外观上呈黑褐色。乌龙茶的别名,叫做青茶。

沏水冲泡后的乌龙茶色泽凝重鲜亮,芳香宜人。喝过之后,不仅可以化解油腻,而且健胃提神,令人心旷神怡。

我国著名的乌龙茶多产于福建省,其中大名鼎鼎的有产于闽南安溪县的铁观音,产于闽北武夷山区的武夷岩茶等等。我国台湾省所出产的冻顶乌龙茶,也非常有名。

4. 花茶。花茶又叫香片,它是以绿茶经过各种香花熏制而成的茶叶。它的最大特点,是冲泡沏水之后芳香扑鼻,口感浓郁,味道鲜嫩。一年四季之中,都可以饮用花茶。

5. 砖茶。砖茶又叫茶砖。它是特意将茶叶压紧之后制作而成的一种类似砖块形状的茶叶品种。目前所流行的普洱茶与黑茶,都是比较精制的砖茶。它颇受一些少数民族与养生达人的喜爱,多用于煮饮,尤其是添加奶、糖等之后煮饮。

6. 袋茶。袋茶并不是茶叶的某一个品种,而是为了饮用方便,将绿茶、红茶、乌龙茶或花茶分别装入纸袋之内。饮用时只需将纸袋置于杯内,然后冲泡即可。袋茶是一种茶的方便饮品。

概括地讲,生活于不同地区的人们对茶叶品种的偏好往往大相径庭。在一般情况下,江浙人爱喝绿茶,北京人、四川人爱喝花茶,东南沿海一带的人爱喝乌龙茶,而欧美人则爱喝红茶,尤其是袋装红茶。因此,在以茶待客时,理当因人而异,投其所好。

（二）茶具的选择

饮茶是一种文化，所以在选择茶具时，既要干净、卫生、实用，又要美观、大方、悦目。

饮茶之时，根据所选茶叶的具体品种不同，所用茶具的品种也会相应有所变化，不过在一般情况下，饮茶大都少不了储茶用具、泡茶用具、饮茶用具等三种茶具。下面，简单介绍一下选择这些茶具时应注意的要点。

1. 储茶用具。 储茶用具，指的是平日存放茶叶的专用器皿。它的基本要求是：防潮、避光、隔热、无味。因此，存放上佳的茶叶时最好选用特制的茶叶罐，如铝罐、锡罐、竹罐，尽量不要使用不符合要求的玻璃罐、塑料罐，更不要长时间以纸张包装、存放茶叶。

待客饮茶之际，最好不要当着客人的面从储茶用具之内取茶冲泡。万一非此不可，则切记不要直接下手抓取茶叶，而应以匙去取，或是直接以茶罐将茶叶倒入茶壶、茶杯之中。

2. 泡茶用具。 讲究饮茶的人，对泡茶用具是十分挑剔的。在比较正规的情况下，泡茶用具与饮茶用具往往一分为二，以确保饮茶有滋有味，有模有样。

在正规的泡茶用具之中，最常见的是茶壶。其大小各异、外观不同，但多以有助于茶水味道纯正的紫砂陶、陶瓷制成。

使用茶壶泡茶之前，应将茶壶洗涮干净，不要使茶垢遍布茶壶之上。不要使用浑身伤残的茶壶去招待尊贵的客人。特别需要注意的是，不要使用茶壶内剩余的旧茶待客。

3. 饮茶用具。 饮茶用具，这里所指的是饮茶时所用的茶具。在大多数情况下，饮茶用具主要是茶杯、茶碗。就目前而言，以茶杯饮茶较以茶碗饮茶显得更为常见，也更加正规一些。使用茶碗饮茶，则多见于古色古香的茶馆之内。

最好的茶杯应当有助于茶水纯正味道的发挥，符合这一要求的当首推紫砂陶茶杯和陶瓷茶杯。若为了欣赏茶叶的形状与茶水的清澈，也可以选用玻璃茶杯。搪瓷茶杯，则一般不应选用。

出于美观与和谐的目的，若饮茶时同时使用茶壶，则最好使茶杯与茶壶配套，尽量不要东拼西凑，使二者质地不一，造型各异，风格有别。若同时使用多个茶杯，也应注意其配套问题，不要搞得"千差万别"。

若非自己使用，千万不要选用破损、残缺、带有裂纹的茶杯，尤其切勿以带有茶锈或污垢的茶杯装茶待客。

（三）敬茶的程序

自古以来，中国人待客时就有"坐，请坐，请上座；茶，上茶，上好茶"的说法。

由此可见,以茶敬客在待客之际是一种绝不可缺少的重要礼仪。

以茶敬客时,最重要的是要注意客人的嗜好、上茶的规矩、敬茶的方法、续水的时机等几个要点。

1. 客人的嗜好。由于各人的口味不同,有人喜欢喝绿茶,有人喜欢喝花茶;有人喜欢喝热茶,有人喜欢喝凉茶;有人喜欢喝甜茶,有人喜欢喝奶茶。所以在以茶待客时,若有可能,应尽可能照顾来宾,尤其是主宾的偏好。

有可能的话,应多备几种茶叶,使客人可以从中自己选择。在上茶之前,应首先询问一下客人喜欢用哪一种茶,并为其提供几种可能的选择。不要自以为是,强人所难。当然,若只有一种茶叶,则务必实事求是地说清楚,不要客套过了头。若客人点出自己没有的茶叶品种,就难以下台了。

与此同时,还应考虑到,有一些人出于各种原因不喜欢饮茶。尤其是一些西方人不喜欢红茶之外的其他茶类。因此,如有可能,在上茶前应征询一下来宾个人的意见:"请问您想喝一点什么饮料?"并随即为之提供自己力所能及的几种选择,如白开水、矿泉水、咖啡、麦乳精、果茶、果珍、可口可乐、雪碧、芬达等等。

一般认为,饮茶不宜过浓,否则极可能使饮用者"醉茶"——因摄入过量的咖啡因而令人神经过度兴奋,甚至惊厥、抽搐。所以,若客人没有特殊要求,所上的茶水不应过浓。通常,民间以茶待客讲究要上热茶,而且还有"茶满欺人"、"七茶八酒"之说,其含义是说斟茶不可过满,而以七分满为佳。这样,热茶便不会从杯中溢出来烫伤客人了。

2. 上茶的规矩。上茶时有许多相关的讲究,其中有两个要点。

一是对奉茶之人的要求。以茶待客时,由何人为来宾奉茶,往往涉及对来宾的重视程度。在家中待客时,通常可由家中的晚辈或是家庭服务员为客人上茶。接待重要的客人时,则应由女主人,甚至由主人自己为之亲自奉茶。

在公司待客时,一般应由秘书、接待人员、专职服务人员为来宾上茶。接待重要的客人时,则应由本公司在场的职位最高者亲自为之上茶。

二是奉茶的顺序。若来访的客人较多时,上茶的先后顺序一定要慎重对待,切不可肆意而为。合乎礼仪的做法是:先为客人上茶,后为主人上茶;先为主宾上茶,后为次宾上茶;先为上司上茶,后为部下上茶;先为女士上茶,后为男士上茶;先为长辈上茶,后为晚辈上茶。

如果来宾甚多,且其彼此之间差别不大时,可采取下列四种顺序上茶:

其一,以上茶者为起点,由近而远地依次上茶。

其二,以进入客厅之门为起点,按顺时针方向依次上茶。

其三,在上茶时,以客人的先来后到为先后顺序。

其四,上茶时不讲顺序,或者由饮用者自己取用。

3. 敬茶的方法。以茶待客时，一般应当事先将茶沏好，装入茶杯，然后放在茶盘之内端入客厅。如果来宾较多时，务必要多备上几个茶杯，以防届时"僧多粥少"，供不应求。

在上茶时，应当借机会向客人表达自己的谦恭与敬意。标准的上茶步骤是：双手端着茶盘进入客厅，首先将茶盘放在临近客人的茶几上或备用桌上，然后右手拿着茶杯的杯托，左手附在杯托附近，从客人的左后侧双手将茶杯递上去。茶杯放置到位之后，杯耳应朝向外侧。若使用无杯托的茶杯上茶时，亦应双手捧上茶杯。

从客人左后侧为之上茶，意在不妨碍其工作或交谈的思绪。万一条件不允许时，至少也要从其右侧上茶，而尽量不要从其正前方上茶。

有时，为了提醒客人注意，可在为之上茶的同时，轻声告之："请您用茶"。若对方向自己道谢，不要忘记回答一声"不客气"。如果自己的上茶打扰了客人，应对其道一声"对不起"。

为客人敬茶时，尽量不要用一只手上茶，尤其是不要只用左手上茶。双手奉茶时，切勿将手指搭在茶杯杯口上，或是将其浸入茶水。

在放置茶杯时，千万不要随意搁在任何一个地方，不要以之直撞客人，也不要把茶杯放在客人的文件上，或是客人行动时容易撞翻的地方。将茶杯放在客人右手附近是最适当的做法。

4. 续水的时机。为客人端上头一杯茶时，通常不宜斟得过满，更不允许动辄使茶水外溢。得体的做法是，应当斟到杯身的 2/3 处，不然就有厌客或逐客之嫌。

主人若是真心诚意地以茶待客，最适当的做法就是要为客人勤斟茶，勤续水。一般来讲，客人喝过几口茶后，即应为之续水，绝不可让其杯中茶水见底。这种做法的寓意是：茶水不尽，慢慢饮来，慢慢道来。

当然，为来宾斟茶续水一定要讲主随客便，切勿神态做作，再三以斟茶续水搪塞客人，自己却始终一言不发。以前，中国人待客有"上茶不过三杯"一说：第一杯叫做敬客茶，第二杯叫做续水茶，第三杯则叫做送客茶。如果一再劝人用茶而无话可讲，则往往意味着提醒来宾此刻"应该打道回府了"。有鉴于此，以茶招待较为守旧的老年人或海外华人时，切勿再三为之斟茶。

在为客人斟茶续水时以不妨碍对方为佳。如有可能，最好不要在其前面进行操作。非得如此时，则应一手拿起茶杯，使之远离客人身体、座位、桌子，另一只手将水续入。

在续水时，不要续得过满，也不要使自己的手指、茶壶或者水瓶弄脏茶杯。如有可能，应在续水时在茶壶或水瓶的口部附上一块洁净的毛巾，以防止茶水

"自由泛滥"。

(四)品茶的方法

在正式的社交场合,饮茶应当文明、礼貌。具体而言,需要在下述两个方面特别加以注意。

1. 态度谦恭。既然以茶待客是一种礼仪,那么在主人以茶待客时,作为接受款待的一方在饮茶之际,也应对主人投桃报李,勿失谦恭与敬意。

当主人上茶之前,向自己征求意见,询问大家"想喝什么"的时候,如果没有什么特别的禁忌,可以在对方所提供的几种选择之中任选一种,或告之以"随便"。在一般情况下,向主人提出过高的要求是很不礼貌的。

如果自己不习惯饮茶,应及时向主人说明。若自己尚未说明而茶水已上,可以不饮用。千万不要面露不快,直接因此而责怪主人或为自己上茶的人。

若主人,特别是女主人或者长辈为自己上茶时,在可能的情况下,应当立即起身站立,双手捧接,并道以"多谢"。不要视若不见,不理不睬。当其为自己续水时,亦应以礼相还。其他人员为自己上茶、续水时,也应及时以适当的方式向其答谢。

如果对方为自己上茶、续水时,自己难以起身站立、双手捧接或答以"多谢"时,至少应向其面含微笑,点头致意,或者欠身施礼。不喝的凉茶、剩茶,千万不要随手泼洒在地上。

在社交活动中,与交往对象正在交谈之时,最好不要饮茶。交谈对象正在讲话时,自己要是突然转而饮茶,不但会打断谈话,而且也会显得自己用心不专。只有在自己不是主要的交谈对象时,或是与他人的交谈告一段落之后,才可以借此机会喝上一口茶水润润嗓子。

2. 认真品味。在饮茶时,要懂得悉心品味。这样做,不仅体现着自身的教养,而且也是待人的一种礼貌做法。

在饮茶之时,应当一小口、一小口地细心品尝。每饮一口茶水后,应使其在口中稍作停留,再慢慢地咽下去,这样才能达到品茶的要求。无论如何,饮茶时都不要大口吞咽,一饮而尽,或是喝得口中"咕咚咕咚"直响,茶水顺着腮帮子直流。以那种方法喝茶,只能解渴,却丝毫谈不上对茶水美妙之处的品味。

在端起茶杯时,应以右手手持杯耳。端无杯耳的茶杯时,则应以右手手握茶杯的中部。不要双手捧杯,以手端起杯底,或是用手握住茶杯杯口。那样做,或是显得动作粗鲁,或是不够卫生。

使用带杯托的茶杯时,可以只用右手端起茶杯,不动杯托。也可以用左手将杯托连茶杯托至胸前,然后以右手端起茶杯饮之。

　　饮茶的时候,忌将茶水带茶叶一并吞入口中,更不能下手自茶杯中取出茶叶放入口中食之。

　　饮盖碗茶时,可用杯盖轻轻将飘浮于茶水之上的茶叶拂去,不要用口去吹。茶若太烫的话,也不要去吹,最好是待其自然冷却。

　　饮用红茶或奶茶时,不要用茶匙舀茶,也不要将其插放在茶杯中。不用时,将其放在杯托上即可。

　　若主人告之所饮的是名茶,则饮用前应仔细观赏一下茶水,并在饮用后加以赞赏。不要不予理睬,或是随口加以贬低。

第七章

社交礼仪

在工作之余,许多公司员工时常为了公司发展业务的需要而参与各式各样的社交活动。所谓社交,在此指的是人们在业余时间所从事的交际应酬。它的目的,是多交朋友、广结善缘、开阔视野、丰富信息。它的特点,则是置身于公共场所或私人居所,多人共同活动。

参加社交活动,尤其是参加涉外性质的社交活动时,对下述礼仪规则,必须认真恪守。

第一,遵守公德。在社交活动中,每一名公司员工除了要遵守某项具体活动的具体规则之外,更要自觉地严格遵守现行的社会公德。在外地或外国活动时,还须自觉遵守当地主流社会的规范。

第二,律己慎独。不论集体活动还是只身一人,公司员工在参与社交活动时,均应严于律己。当自己一人独处时,尤须始终如一地严格要求自己。

第三,和睦共处。社交活动,重在参与,意在交流。要使自己从中有所收获,与他人的和睦相处便至关重要。不论对主人或客人、熟人或生人、男人或女人、本地人或外地人、中国人或外国人,都应当平等相待、热情友善、和睦共处。

一、宴会

所谓宴会,通常是指由机关、团体、社会组织或者企事业单位等出面组织的,具有一定目的,以用餐为活动形式的正式聚会。有时,它亦可由个人或者以个人的名义举办。宴会的具体名目繁多。从规格方面进行划分,可将其分为国宴、正式宴会、便宴和家宴。从餐别方面进行划分,可将其分为中式宴会、日式宴会、俄式宴会、法式宴会等等。从时间方面进行划分,可将其分为早宴、午宴或者晚宴。从性质方面进行划分,则又可以将其分为工作宴会、私人宴会、欢迎宴会、告别宴会等。

从礼仪的角度上说,宴会实际上是一种典型的社交活动。人们举办宴会、参加宴会的主要目的,往往不是为了满足口腹之欲,而是希望以宴会友,通过宴会这种深受欢迎的交际形式拓展自己的人际关系。

孔子曾经指出:夫礼之初,始于饮食。在现实生活中,人们不仅重视宴会,而且对宴会的礼仪颇为讲究,赴宴已被公认为是最高档次的社交活动之一。

总体而言,公司员工出席宴会的礼仪主要涉及用餐规范与席间举止这两个方面。

(一)用餐规范

参加宴会时,不论主人还是客人,都必须自觉地遵守用餐规范。所谓用餐规范,在此主要是指就餐的标准做法和具体的要求。在宴会上遵守约定俗成的用餐规范,不仅可以使自己自如地享用餐饮,而且还往往会因此赢得他人的好感。

用餐规范主要适用于正式的宴会。具体而言,不同形式、不同餐别的宴会,又有着不同的用餐规范。以下,主要介绍一下公司员工平时接触最多的中餐的用餐规范。

中餐的用餐规范,主要适用于中式宴会,它是人们涉及最多的一种用餐规范。具体而论,中餐的用餐规范主要包括下列三个基本方面。

1. 上菜的顺序。在正规的中餐宴会上,上菜的具体顺序是万万不可本末倒置的。中餐上菜的正确顺序是:先上冷盘,接下来上热菜,最后再上甜食与水果。即使宴会上的桌数再多,通常各桌也要讲究照此顺序同时上菜。

根据常规,中餐宴会上菜的具体方法一共分为三种:一是使用小碟盛放,每人一样一份;二是使用大盘盛放,直接上桌,然后听凭各人取用;三是使用大盘统一盛放各式菜肴,上菜时由侍者依次为每个人进行适量的分配。

赴宴时,切勿在其他桌或同桌其他人的菜肴尚未上毕时,便迫不及待地动手取菜,目无他人。

由侍者负责上菜时,在具体顺序上往往讲究先客人,后主人;先主角,后配角;或沿着顺时针的方向逐人进行。此时,其他人宜静候其便,万勿"越位"争抢。

2. 餐具的使用。对绝大多数人而言,享用菜肴时,都有必要注意餐具的使用。品尝中餐时,当然不可对中餐餐具一无所知。

在正规的中餐宴会上,人们所接触到的餐具主要有筷子、汤匙、食盘、饭碗、水盂、牙签、湿毛巾以及餐巾等。它们各有各的用途,各有各的正确使用方法。在宴会上不注意餐具的使用,不管是有意还是无意,都是一种失礼的行为。

一是筷子。吃中餐时,筷子是最主要的餐具。中国人使用筷子,讲究的是成双成对,不得单用一只。在一般情况下,取用菜肴时应以筷子夹取为主,并辅之以汤匙,直接下手去取的做法是非常错误的。

在宴会上使用筷子,主要有下列五条禁忌:其一,忌舔筷子。不论是取菜之前还是取菜之后,都不宜对筷子又舔又嘬。其二,忌插筷子。取菜时,不得以筷子插而取之,暂时不用筷子,亦不得将其插在饭菜之上。其三,忌舞筷子。使用筷子切不可挥来舞去,尤其是不可以之直接指向别人。其四,忌敲筷子。用筷子互相敲击,或者以之击打碗、盘、杯、碟、桌面,通常都是不允许的。其五,忌扔筷子。用餐期间,不允许乱扔、乱放筷子,把它们放在桌面上,或者搭在杯上、碗上,也是不合适的。

二是汤匙。在中餐的餐具之中,汤匙主要是用以饮汤的。在取用菜肴时,以汤匙对筷子加以辅助是允许的,但尽量不要直接用汤匙去舀取菜肴。

使用汤匙时,有着下列五点特殊的讲究:其一,使用汤匙舀取汤汁饮用时,不得将其全部含入口内,对其反复吸吮。其二,一次舀取的汤汁可分数口饮用,但是不可将尚未饮毕的汤汁再倒回去。其三,汤汁如果过于烫口,可稍后再饮,不要使用汤匙将汤汁折来折去,尤其是不宜咧开嘴向汤匙内的汤汁猛吹。其四,除了饮汤之外,汤匙不宜再做他用,即便以之取用主食,亦为不当。其五,汤匙在不用时,应被平放于食盘之上,不可将其直接放在餐桌上、搭在汤碗上,更不可令其在杯、碗之中"立正"。

三是食盘。在正式宴会上所使用的各色餐具中,食盘通常都必不可少。它的主要作用是用来暂时搁放从公用菜盘之内取用的菜肴,另外还可用以存放进餐时的放弃物。

使用食盘时,有四点重要的注意事项:其一,每一次取来暂放的菜肴数量不宜过多。否则,取食时既不方便,又有可能惹来非议。其二,每次取来暂放的菜肴应当只是一种。如果一下子取来多种菜肴,它们彼此之间便很可能会"串味"。其三,进餐时的废弃之物,不可乱放。它可被置于食盘之上距离自己较远的一端,不要将其直接吐在尚未品尝的菜肴上,更不要搞得杯盘狼藉。其四,适时更换食盘。食盘存放的废弃之物较多而不便放置菜肴时,可请侍者替自己换上一只干净的食盘。

四是饭碗。在所有的中餐餐具里,饭碗的用途最为明确。在用餐时,只宜用其盛饭。在正规的中餐宴会上使用饭碗时,有五点基本要求务必要认真注意:其一,不得端起饭碗。在取用碗内的食物时,不允许直接将其捧端起来。其二,不得抿舔饭碗。取食饭碗之内存放的食物,通常只宜借助于筷子,直接用嘴去又抿又舔是不合适的,抿舔饭碗则更为不妥。其三,不得盛放他物。除盛放主食外,饭碗内只可放入少许菜肴,此外不得再去盛放汤汁和其他废弃之物。其四,不得将其倒扣。在用餐期间,客人不得倒扣饭碗,不然就是对主人的大不敬。其五,不得将其叠放。在用餐时,每个人的饭碗大都不必更换,将两只饭碗叠放在一起是不许可的。

五是水盂。中餐餐具之中的水盂,主要是供用餐者在有必要直接下手取用食物时,洗涤手指之用的。因此,它有时又被叫做洗手钵。一般来讲,水盂之中应当盛放适量的清水。必要时可对其进行更换。有时,为了增加其美感,往往还可在清水之上撒上一些鲜花的花瓣。

使用水盂时,必须重点注意两个问题:其一,切勿误饮水盂中的清水。要是将水盂内的清水当做高汤饮用,就闹出笑话了。其二,使用水盂时切勿大洗。水盂不同于脸盆或水池,在其中只可轻轻涮洗手指,而切切不可大洗特洗,甚至乱甩乱抖。

六是牙签。牙签是供用餐者剔牙之用的。在宴会上,只有在万不得已时,才可以使用牙签。有必要以牙签剔牙时,应有意回避别人的注意。最好是采用以手掌或餐巾掩口遮挡的方式悄然进行,以防他人旁观自己的"血盆大口"。当然,最好是别在餐桌上剔牙,尤其是不要直接下手去抠,甚至还将抠出之物"观赏"一番。

使用牙签时,有三点应予注意:其一,一支牙签只宜使用一次,切勿反复使用。其二,牙签不宜挪作他用,以之扎取食物或者剔指甲缝都是不允许的。其三,不宜长时间地将牙签叼在口里,餐后尤其不允许这样做。

七是湿毛巾。为用餐者上湿毛巾,是中餐宴会所独具的一个特点。因为担心毁坏化妆,西餐宴会上绝不会有此程序。根据惯例,当中餐宴会开始时,侍者会为每一位就餐者各上一块湿毛巾。应当注意的是,它只可用以擦净手部,却万万不宜用来擦脸或者擦嘴。

当中餐宴会即将结束时,侍者通常会再次送上一条较前者稍小一些的湿毛巾,这块湿毛巾才是专供擦嘴之用的,不能用来擦脸或者擦汗。

八是餐巾。目前,许多正规的中餐宴会都会为用餐者每人提供一块大小不等的餐巾。它的基本作用是替用餐者保证服装的整洁,所以必须将它平铺于并拢之后的大腿上,而不允许把它围在脖子上,或是披在衣领上、腰带上。它的标准铺法,是应以其折缝向内,或者以大三角的顶端朝外。在用餐期间,可用餐巾的不同部位擦嘴或者擦手,但是不得以之擦脸、擦汗或者擦餐具。有时,铺放餐巾可由侍者代劳,此时恭敬不如从命,不过不要忘记向侍者道谢。

在有的宴会上,会向每一位就餐者提供一些餐巾纸,它通常是专供擦嘴或者擦手的。因此,不要以之去擦脸或者擦拭身体的其他部位。餐巾纸一般都是一次性用品。当其用完时,可向侍者索要,不要代之以自己的其他纸张,尤其是不可用卫生纸取而代之。

3. 特殊的讲究。在正规的中餐宴会上,用餐者还须掌握下述几个方面的特殊的讲究。

一是开始用餐要有待主人示意。凡是宴会上的用餐,都有待统一行动。通常只有当主人举手示意"请用餐",或者带头举筷夹菜时,其他人方可动手取食。

二是对宾主的致词要洗耳恭听。有的宴会在正式用餐前,往往会安排宾主先后致词。当宾主致词时,应专心聆听,而切切不可埋头大吃大喝。

三是取用菜肴应讲究先来后到。在取用菜肴时,切勿与其他人同时行动,争先恐后。此刻,既要遵守先来后到的规矩,又要懂得礼让别人。

四是可向他人让菜但不得布菜。用餐时,主人可以劝他人多用一些,或者主动向客人们介绍一些桌上菜肴的典故、特色,然而为别人布菜(即替别人夹菜)则是不允许的,特别是不得将本人所吃剩的饭菜拨让给别人。

五是取用菜肴时不得挑三拣四。从公用的菜盘里取菜时,必须看准之后再夹,夹住即应取走,不要翻来覆去地挑肥拣瘦,或者盯着菜盘举棋不定。已经夹住的菜,一般不宜再放回去。

六是饮酒自愿而不得酗酒、灌酒。为了祝酒或者活跃气氛,宴会上会提供一些酒水供用餐者自愿选用。但是,最好不上烈性酒,并且禁止酗酒、划拳。集体起哄,猛灌某人而令其"一醉方休"的做法,是极不文明的。

(二)席间举止

出席正式宴会时,每一位公司员工都有必要认真地约束自己的举止行为。其中最重要的是要认真了解宴会对于赴宴者举止行为方面的特殊规定,并且努力克服自己在席间有可能出现的、有关举止行为方面的一切不良习惯。只有如此,才有可能使自己以良好的教养得到别人的认同。

在国外,人们在筹备、参加宴会时,通常必须恪守"六M原则"。所谓"六M原则",指的是对宴会时的菜单、举止、会面、环境、费用、音乐等六大基本问题必须予以高度的重视。因为这六个词汇的英文拼写均以"M"作为其第一个字母,故称之为"六M原则"。举止被列为宴会的六大基本问题之一,足见它是赴宴者不可掉以轻心的重要问题。

结合中餐宴会的基本特点,赴宴者需要在席间重点注意以下两大方面的问题。

1. 举止自律。参加中餐宴会时,每一名公司员工均应对自己的举止加以自律,使之既符合规范,又无碍于人。

一是减少走动。除自助餐、酒会等允许赴宴者自由行动之外,绝大多数宴会,特别是正式、高档次的宴会,都不提倡赴宴者随意四处走动。在属于自己的坐席上一旦落座,赴宴者往往就必须坚持到宴会宣告结束。想要同熟人打上一个招呼,可以等待祝酒之际,或者散宴以后。即使想去"方便"一下,也要快去快回。在出席宴会时中途不告而别是极失礼的。用餐时,在席间独自串来串去,甚至高声喧哗,也非常不合适。

二是放好手足。在餐桌旁正式就座后,用餐者应置自己的手足于适当之处。一般而言,双手应当放在餐桌上,或者是在相握之后放在自己腹前。不要把手插入口袋,或者在桌上桌下摸来摸去,把双手抱在脑后也是不允许的。双脚最好尽量地收拢,放在自己的座椅之下。不要四处乱伸,叉开双腿。尤其是不要架起"二郎腿"乱抖乱摇,或者是把腿、脚蹬放在自己、别人的座椅上面。

三是限制打扮。在宴会举行期间,一般不宜进行个人的打扮。通常,可在步入宴会厅之前,利用衣帽间、休息厅等处收拾、打扮一下自己。然而一旦在餐桌旁坐定后,就不要"拾掇"自己了。比如说,在用餐期间,不准宽衣解带,不准松领带、挽袖口、卷裤管、脱袜子、脱鞋子。在餐桌上当众梳理自己的头发,或者是描眉、画眼、涂口红、照镜子,亦在禁止之列。

四是适度交谈。举行宴会的一大初衷,就是要给赴宴者创造得以扩大本人交际面的机会。因此,每一位赴宴者都要充分利用参加宴会的机会,多与其他人士进行接触。有可能的话,要寻找各种机会与旧友新朋进行适度的交谈。至少,在宴会开始前和结束后,要前去向主人夫妇打上一个招呼,告一下别。在餐桌旁与休息厅内,不妨主动与身边之人交谈两句。碰到老朋友,不要忘记与对方聊一会儿天。当别人主动与自己交谈时,则一定要予以呼应。不要坚持"只食不言",从而给人以"为吃而来"的印象。

五是广泛交际。参加宴会期间,有经验的人一定会千方百计地扩大自己交际的范围。既要不忘记老朋友,又要力争多结交一些新朋友。在宴会举行前后以及举行期间与他人进行交际时,不要仅仅局限于某一个人或者某一个小圈子。若有可能,不妨主动转换几个"阵地",多去接触一下其他人或者其他交际圈。不要眼里只有名人、熟人、异性或者地位显赫之人,而不肯去接触其他自己无求于对方的人士。

2. 用餐文明。参加宴会时,赴宴者用餐时的具体行为最为引人注意。从总体上来讲,必须使自己的用餐行为文明有度。具体来讲,则应重点关注下述九点事项。

一是安安静静。在进餐时,每一位赴宴者都要努力做到安安静静,尽可能地不使自己发出任何声响。要达到上述要求,最重要的就是要使自己进餐的具体动作不慌不忙,吃喝之时细嚼慢咽,不要忘乎所以,动作过猛,狼吞虎咽。在品尝某些易于发出声响的食物或者饮料时,更是要有意识地加以自我克制,尽量不使自己的吃喝之声、餐具使用声以及身体内部所发出来的声响被别人听到。在世界各国,进餐时不得弄出任何声响都是一条普遍适用的宴会礼仪。

二是保持卫生。在宴会上与他人同桌用餐时,一定要充分地考虑对方的内心感受,自觉地讲究用餐卫生。一般而言,不应当在餐桌上直接下手取菜,不允许吸吮自己的手指,不可以捡拾桌上、地上的食物后再次入口。还必须注意,不要在用餐时猛然咳嗽、打喷嚏、擤鼻涕、清嗓子,尤其是不要随地吐痰。万一有此需要时,应立即离开餐桌,赶往无人之处进行处理。实在来不及的话,则应先以纸巾或者手帕掩住口鼻,并且在事后要向周围之人道歉。

三是取菜文雅。在餐桌上当众取用菜肴时,一定要使自己的举动表现得文雅、大方、轻松、自然。要注意每一次所取用的食物不宜过多。在取菜时,动作宜轻、宜慢,不要贸然下手,东碰西撞。衣袖、领带、发梢等处,无论如何都不可触及菜肴。够不到较远之处的菜肴,可请侍者或附近之人帮忙,但万万不要起身去够或者走过去一端了之。他人帮忙递过来的菜肴,可在拨上一些之后,将其归于原处。不要全部包揽自己偏爱的菜肴,而应注意与大家共同享用。

四是入口适量。赴宴者在宴会上用餐时,要有意识地做到在总体上入口适量和在具体上入口适量。所谓在总体上入口适量,就是要求进餐者限制自己的食量,不要"欲壑难填",暴饮暴食。所谓在具体上入口适量,则是要求进餐者有必要控制自己每一次入口之物的分量,不要一时使自己难以下咽,而且还令自己吃相不雅。总之,每一回入口的食物,都要块小、量少,这样既方便于自己细嚼慢咽,又会使自己的吃相温文尔雅。

五是只进不出。用餐的时候,所有的入口之物原则上都应该只进不出。除去菜梗、骨渣、鱼刺等少有的例外,当着外人的面把已经入口的东西再次吐出来是一种失礼的表现。因为食物一旦入口之后,往往会被嚼成面目全非的一团,将其"拖泥带水"地再吐出来,实在令人作呕。所以,在进食前应认真地对菜肴进行必要的剔除清理。还有一点应当明确,若是他人口中明显地含有食物,或是正在进行咀嚼之时,切勿主动找其攀谈。否则会使对方处于进退两难的境地。

六是干净利索。要想在餐桌上保持自己的风度,就一定要在用餐的过程中做到吃得干净,喝得利索,不留任何痕迹。具体而言,每当自己吃完一道菜、喝完一杯饮料之后,或是预备与人交谈时,均应先用餐巾或餐巾纸擦净嘴角、手指,以防止自己的脸上、手上甚至身上粘附食物。发觉自己汗流浃背,或者是吃相不雅时,亦应采取一定的处理措施,以防自己的尊容受损。

七是少做指点。与其他公共场合进行活动时的要求一样,在宴会上用餐时,同样也是禁止以任何方式对别人指指点点的。赴宴者必须牢记,万万不可因为自己吃得开心、谈得高兴,而在餐桌上当众手舞足蹈,指手画脚,尤其是不要将本人的手臂挥来挥去。在宴会上还要注意,不论是介绍菜肴还是向别人让菜,都千万不要用自己的食指、筷子、汤匙或者餐刀、餐叉之类的东西去直接指向别人。那种做法,是失敬于人的。

八是禁烟少酒。在一般情况下,宴会举行期间都是禁止吸烟的。这样规定的目的是要维护环境,保护赴宴者的健康。在赴宴时,切切不可破戒,一边吃饭一边吸烟。即使无此规定,也要自觉禁烟,坚决不在用餐期间吞云吐雾。与此同时,还应有意识地抵制美酒的诱惑,自觉地限制自己酒量。不要在宴会上酗酒、醉酒,使自己酒后失态。通常在赴宴时提倡滴酒不沾,即使饮酒,也应将酒量限制在本人平时酒量的 1/3 以下。

九是勿作非议。作为客人赴宴时,不论他人要求自己发表高见,还是本人顺便提及,在具体涉及上桌的各式菜肴及其味道时,都不应当大张旗鼓地进行非议。就算是宴会上的菜肴的确存在一些明显的不足之处,也不宜当众对其说长道短,更不能拿其与其他餐馆进行比较鉴别。对自己正在享用的菜肴进行批评,或者谴责厨师的手艺欠佳,往往会被人们视为对主人不满的一种间接表示。

二、舞会

在各式各样的社交性聚会当中,若以号召力、受欢迎的程度而论,恐怕就要首推舞会了。实际上,舞会也的确是人际交往,特别是异性之间进行交往的一种轻松、愉快、文明的方式。

舞会,一般是指以参加者自愿相邀共舞为主要内容的一种娱乐性社交聚会。参加舞会时,在优美的乐曲、五彩的灯光、高雅的舞姿衬托之下,人们不仅可以从容自在地获得自我放松的效果,而且还可以联络老朋友,结识新朋友,进一步扩大自己的社交面。

从礼仪规范方面来讲,舞会的成败既取决于它的组织工作,又受制于舞会参加者的临场表现。

(一)舞会的组织

要使一场舞会获得圆满成功,舞会的组织工作能否中规中矩是至关重要的。在组织一般性的社交舞会时,应当注意的主要问题包括时间、场地、曲目、来宾、接待等等。

1. 时间。 举办舞会,首先必须选择适当的时间。举办舞会的时间问题,实际上又包括下述两点内容:

一是时机。举办任何一场舞会,都要"师出有名",为舞会找到一个恰当的名义,如庆祝开业、周年纪念、联欢活动、欢度佳节、款待贵宾等等。换而言之,碰上这些情况时,便是举办舞会的最佳时机。在一般情况下,周末和节假日,也非常适宜举办舞会。

二是长度。确定一次舞会的具体长度,应当兼顾各种因素。但是其中最重要的是既不要使人过度疲劳,又不要有碍正常的工作和生活。

在正常的情况下,舞会最适合于傍晚开始举行,以不超过午夜为佳。其最佳的长度通常被认为是两个小时。

2. 场地。舞会的场地问题,具体来说又分为举办地点与舞池的选择等两个方面。

一是举办地点的选择。确定舞会举行的具体地点时,既要考虑人数、交通、安全问题,更要注意地点的档次与气氛是否适宜举办舞会。与此同时,还须量力而行。

依照常规,举办小型舞会,可选择本公司的客厅、庭院或是花园、广场。而举办大型舞会,则宜租借外单位的俱乐部,或是营业性的舞厅。

二是舞池的选择。舞池,一般是指在舞会举办地点之内专供跳舞的地方。在举办大型、正式的舞会时,对于舞池的选择与布置,必须认真考虑。其中有五个细节尤须高度重视:其一,舞池的大小应当适度。它最好与跳舞的总人数大致相符,人均一平方米最佳。其二,舞池的地面务必干净平整。若其过脏、过滑、过糙,都会有碍于跳舞。其三,舞池的灯光应当正常。灯光在柔和之中要有所变化,灯光过强、过弱,都不合适。其四,舞池的音响需要认真调试。音量要适度,切勿出现噪声扰人的情形。其五,舞池的周围最好设置足够的桌椅。它专供跳舞者在舞会期间休息之用。

3. 曲目。舞曲是舞会的导向和灵魂。在为舞会选择舞曲曲目时,应主要考虑以下四点:

一是从众。选择的舞曲要符合大多数人的需要,切忌"曲高和寡"。在一般情况下,最好选择众人熟悉的,节奏鲜明、清晰的,旋律优美、动听的曲目作为舞曲。

二是交错。从总体上讲,曲目的安排应当有"快"有"慢",在节奏上一张一弛。可将不同国家、不同风格、不同节奏的曲目穿插安排,使舞曲时而婉转抒情,时而热烈奔放,好似波涛起伏一般,令人为之陶醉。

三是适量。在正式的舞会上,最好提前将选好的舞曲印成曲目单,届时发给在场人士。曲目单上所列的舞曲总数应与舞会的所定时间相呼应,并且一经确定后便不再增减。跳舞者一看到曲目单上的舞曲数量,便对舞会的时间长度略知一二了。

四是守例。选择舞曲曲目,还须遵守约定俗成的惯例。比如,一般的舞会均以《一路平安》作为最后一支舞曲。此曲一经演奏,等于是在宣布"舞会到此结束"。

4. 来宾。对于舞会的来宾,组织者要做的主要工作有邀请、限量、定比等等。

一是邀请。确定舞会参加者名单后,即应尽早以适当的方式,向对方发出正式邀请。在常用的口头邀请、电话邀请、书面邀请等几种方式中,书面邀请最为正规。要强调的是,为了便于被邀请者早做安排,在一般情况下,最好令对方在舞会举行的一周之前得到邀请。

二是限量。舞会的来宾绝非多多益善。来宾过多,不仅会使现场出现过于拥挤的情况,使舞者难以尽兴,而且还有可能危及来宾的人身安全。因此,在筹办舞会时,必须以舞池面积为重要依据,规定参加者的具体数量,并认真掌握。

三是定比。在较为正式的社交舞会上,相邀共舞之人不应当是同性,而必须是异性。要做到这一点,舞会的组织者就要采取一切可行的具体措施,以保证舞会的全体参加者在总量上做到男女人数大致相等,基本上保证各占一半。

5. 接待。要确保舞会的顺利进行,主人一方还有一些具体的接待工作需要认真做好。其中较为重要的工作,是要确定舞会的主持人、招待人员,并且准备好适量的茶点。

一是主持。在较为正式的舞会上,通常需要由一位经验丰富、具有组织才能的人士充当舞会主持人。在一般情况下,主持人应由女士担任。在家庭舞会上,女主人则是最佳人选。在公司的舞会上,主持人则可由具有文艺特长的女职员充当。主持人的主要任务是注意控制、调整场内来宾的情绪,使舞会始终保持欢快、热烈的气氛。

二是招待。在可能的情况下,主人一方还须组织一支精明强干的招待人员队伍。招待人员应由青年男女组成,穿着统一的服装或佩戴统一的标志。招待人员的职责包括:迎送、接待来宾;为来宾提供必要的服务;邀请单身前来的嘉宾共舞;为遭到异性纠缠的客人解围。

三是茶点。在时间较长、较为正式的大型舞会上,主方应为来宾提供适量的饮料、点心和果品,以供其选用。提供茶点的具体方式,可以是按桌定量供应,也可以是宾主两厢方便的自助方式。

(二)舞场的表现

公司员工在舞场上应检点个人的行为举止,注意自己的临场表现,时时处处地遵守舞会的礼仪规范。

对一般人而言,约束自己在舞场上的表现,主要是要注意修饰、邀人、拒绝、舞姿、交际等五个方面的基本问题。

1. 修饰。参加舞会之际,依礼必须先期进行必要的、合乎惯例的个人形象修饰。

参加舞会时的修饰主要有三点内容:

一是仪容。在仪容方面,舞会的参加者均应沐浴,并梳理适当的发型。男士务必要剃须,并剪短鼻毛。女士在穿短袖或无袖装时则须剃去腋毛。特别需要强调的是务必注意个人口腔卫生,认真清除口臭,并禁食气味刺激的食物。外伤患者、感冒患者以及其他传染病患者,应自觉地不要参加舞会,否则不仅有可能将疾病传染他人,而且还会影响大家的情绪。

二是化妆。参加舞会前,有条件的人都要根据个人的情况进行适度的化妆。男士化妆的重点,通常是美发、护肤和祛味。女士化妆的重点,则主要是美容和美发。与家居妆、上班妆相比,因舞会大都举行于晚间,舞者肯定难脱灯光的照耀,故舞会妆宜浓烈一些,但仍须讲究美观、自然,切勿搞得怪诞神秘,令人咋舌。

三是服装。在正常情况下,舞会的着装必须干净、整齐、美观、大方。有条件的话,可以穿格调高雅的礼服、时装、民族服装。若举办者对此有特殊要求,则须认真遵守。在舞会上,通常不允许戴帽子、墨镜,或者穿拖鞋、凉鞋、旅游鞋。在较为正式的民间社交舞会上,一般不允许穿外套、军装、工作服。穿的服装过露、过透、过短、过小、过紧,既不庄重也不合适。

2. 邀人。舞会礼仪规定,在邀人共舞时,特别要注意常规、方法、选择、顺序等几个要点。

一是常规。在舞会上,下述邀请舞伴的基本规范,是人人必须严格遵守的。不然的话,就会失敬于人,或是令人见笑。

请舞伴时,最好是邀请异性。通常讲究由男士邀请女士,不过女士可以拒绝。另外,女士亦可邀请男士,此时男士却不能拒绝。

在较为正式的舞会上,尤其是在涉外舞会上,同性之间切勿相邀共舞。两位男士一同跳舞,会给人以关系异乎寻常之感。而两位女士一起跳舞,则等于是在说明:"没有男士相邀",所以以此举请男士们"见义勇为"。

根据惯例,在舞会上一对舞伴只宜共舞一支曲子,接下来,需要通过交换舞伴去扩大自己的交际面。舞会上的第一支舞曲,一般讲究男士要去邀请与自己一同前来的女士共舞。如有必要,他们二人还可以在演奏舞会的结束曲时再同跳一次。

二是方法。邀请他人跳舞,应当力求文明、大方、自然,并且注意讲究礼貌。千万不要勉强对方,尤其是不要出言不逊,或是与其他人争抢舞伴。

一般来说,邀请舞伴时,有两种具体办法可行。一种是直接邀请舞伴,即自己主动上前邀请舞伴,先向被邀请者的同伴含笑致意,然后再彬彬有礼地询问被邀请者:"能否有幸请您跳舞?"另一种则是间接邀请舞伴,即如果自觉相邀不便,或是把握不是很大时,可以托请与彼此双方相熟的人士代为引见介绍,牵线搭桥。

不论采用何种方法邀请舞伴,万一自己来到被邀请者面前,已有他人捷足先登时,则须保持风度,遵守先来后到的顺序,礼让对方,下一次再去邀请。

三是选择。在自行选择舞伴时,舞会上亦有规可循。有可能的话,不要急于行事,而最好先适应一下四周的气氛,进行一下细心的观察。

一般说来,以下八类对象,是自选舞伴时最理智的选择。

其一,年龄相仿之人。如果双方年龄相近的话,一般是容易进行合作的。

其二,身高相当之人。如果双方身高差距过大,未免会令人感到尴尬难堪。

其三,气质相同之人。邀气质、秉性相近的人一同共舞,往往容易相互产生好感,从而和睦相处,配合默契。

其四,舞技相近之人。在舞场上,选择"舞艺"相近者为舞伴可以"棋逢对手",相得益彰,有助于双方更好地发挥技艺,从而产生愉悦感与满足。

其五,少人邀请之人。邀请较少被人邀请之人,既是对其表示的一种重视,也不易遭到回绝。

其六,未带舞伴之人。邀请未带舞伴的人共舞,成功的机会往往是较大的。

其七,希望结识之人。如果想结识某人的话,不妨找机会邀请对方或是其同伴共舞一曲,以舞为"桥",接近对方。

其八,打算联络之人。在舞会上碰上久未谋面的旧交,最好请其或其同伴跳一支曲子,以便加强联络。

除以上几种情况之外,在舞会上倘若发现有人遇上异性的纠缠骚扰,最得体的做法是应当挺身而出,主动邀请被纠缠者跳一支曲子。

四是顺序。在较为正式的舞会上,根据舞会礼仪的规定,人们除了要与自己一起来的同伴同跳开始曲、结束曲,或是可以酌情自择舞伴之外,还须按照某些既定的顺序,去"毫无选择"地邀请其他一些舞伴。以下就简介一下男士邀请舞伴的合"礼"顺序。

就主人方面而言,自舞会上的第二支舞曲开始,男主人应当前去邀请男主宾的女伴跳舞,而男主宾则应回请女主人共舞。接下来,男主人还须依次邀请在礼宾序列上排位第二、第三的男士的女伴各跳一支舞曲,而那些被男主人依照礼宾序列相邀共舞的女士的男伴,则应同时回请女主人共舞。

就来宾方面而言,有下列一些女士,是男宾应当依礼相邀共舞一曲的。她们主要包括:舞会的女主人;被介绍相识的女士;早已相识的女士;所遇到旧交的女伴;坐在自己身旁的女士。这些女士若被男宾相邀后,与其同来的男伴最好回请该男宾的女伴跳上一曲。

3. 拒绝。在一般情况下,当本人在舞会上被人相邀时,通常不宜拒绝对方。万一非要回绝他人的邀请时,则务必要注意自己的态度和措辞,切勿伤害对方的自尊心。

一是态度。在拒绝他人邀舞的请求时,态度要友好、自然,表现要彬彬有礼。不要让对方"晾"在一旁下不了台,或者对其视而不见,置若罔闻。

口头拒绝对方时,最好起身相告具体原因,并且勿忘向对方致歉,说上一声:"实在对不起",或是"抱歉之至"。别人邀请自己跳舞是尊重自己的表现,所以千万别令其难堪或受到伤害。

被人拒绝后,要有自知之明,有台阶就下,千万不要自找没趣,胡搅蛮缠。

拒绝一个人的邀请之后,不要马上接受他人的邀请,尤其是不要当着前者的面堂而皇之地这样做。否则,会被前者视为一种侮辱。

二是托词。拒绝他人时,语言不宜僵硬、粗鲁。

通常,拒绝别人,应在说明原因时,使用委婉、暗示的托词。目前,在舞会上婉拒别人的托词,最常见的有下列六种。对此,拒绝者要会讲话,而被拒绝者则要善于"听话听音"、知难而退。

托词之一,"已经有人邀请我了。"

托词之二,"我累了,希望单独休息一会儿。"

托词之三,"我不会跳这种舞。"

托词之四,"我不喜欢跳这种舞。"

托词之五,"我不熟悉这首舞曲。"

托词之六,"我不喜欢这首舞曲。"

4. 舞姿。参加舞会时,人人重在参与。一个人的舞姿不一定优美,舞技也不必无可挑剔,但是在跳舞时的所作所为,却必须尽量达到合乎规范的标准,而且还必须文明大方。具体来讲,在舞姿方面应注意标准与文明等两项要求。

一是标准。在舞场上跳舞时,按规范,步入舞池时,须女先男后,由女士选择跳舞的具体方位。而在跳舞的具体过程中进行合作时,则应由男士带领在先,女士配合于后。

每个人在跳舞时,身体都应保持平衡,步法切勿零碎、杂乱。在需要前进或后退的时候,迈出的脚步、身体的重心、力量的分配,一定要认真、准确,并且要注意移动自如。

在跳舞时,要掌握运步方向的技巧。要记住,在变换各种方向时,均应以自己左脚或右脚的前脚掌为轴心进行转动。

跳舞时所有人的行进方向,都必须按照逆时针方向进行,唯有如此,方能确保舞池的正常秩序,不至于发生跳舞者相互碰撞拥挤的状况。

当有乐队演奏时,一曲舞毕,跳舞者应首先向乐队立正鼓掌,以示感谢,然后方可离去。

在一般情况下,男士应当将自己所请的女士送回其原来的休息之处,道谢告别之后,才能再去邀请其他女士。

有条件的话,平时对基本的舞姿可多做练习,以便熟能生巧。

二是文明。在舞场上跳舞时,每个人的舞姿均应符合文明的要求。跳舞时的具体动作要与届时演奏的舞曲协调一致,在任何时候,都不要自我发挥,乱跳一气。尤其是不允许有意采用夸张、怪异、粗野甚至色情的舞蹈动作去吸引他人的注意。

在跳舞时,要注意与其他跳舞之人保持适当的距离,以防相互影响。万一不慎碰撞或踩踏了别人,应当自觉地向对方道歉。若系他人因此而向自己道歉,则须大度地向对方表示"没关系"。

不论自己与一起跳舞的舞伴是何种关系,两个人在一起合作跳舞时,除必要的手部相互持握外,身体的其他部位都要保持大约一拳左右的间隔。男士不能借机对女士又拉又抱,女士则不宜主动贴向男士。双方都不应当在跳舞时贴面、贴胸、贴腹,有意粘在一起。

除交谈之外,在跳舞时切勿长时间地紧盯着舞伴的双眼。万一碰到了对方身体的其他部位,应立即为自己的不慎向对方说一声"对不起"。

5. 交际。 鉴于舞会多以交际为主要目的,因此舞会亦称交谊舞会。公司员工参加舞会时,不能只图跳舞尽兴而忘却了本应进行的交际活动。

一是叙旧。在舞会上碰到了老朋友,除了要争取邀请对方或其同伴共舞一曲之外,还要尽量抽时间找对方叙上一叙,致以必要的问候,并且传递适当的信息。千万不要在舞会上表现得"喜新厌旧",为了结交新朋友,而对旧交不屑一顾。

二是交友。在舞会上结识新朋友,通常有三种方法可行:主动把自己介绍给对方;通过邀请舞伴的方式直接或间接地认识对方;请主人或其他双方熟悉的人士代为介绍。在舞会上结交新朋友之后,一般不宜长时间深谈。可在此后适当的时间,主动打电话联络对方,以便进一步推进双方关系。

与互不相识的舞伴跳舞时,可略作交谈,其内容一般以称道对方的舞技、表扬乐队的演奏等等为主。有时,也可以进行简短的自我介绍。但是在交谈时不宜打探对方的个人隐私、贬低他人的舞技,或是胡侃一通。无论如何,都不要在跳舞时伺机向对方提出单独约会的请求,更不能风风火火、急不可耐地向其表白"一见钟情"的爱慕之意。

三、拜会

拜会，又称拜见或拜访。它一般是指前往他人的工作地点或私人居所，会晤对方，探望对方，或是与之进行各种接触。不论是在公务交往还是在私人交往中，拜会都是人们习以为常的一种社交方式。

拜会是一种双向的活动。在拜会中，访问、做客的一方为客，称为来宾；做东、待客的一方为主，又叫主人。对于宾主双方而言，在拜会中都必须恪守本分，依照相应的礼仪规范行事。下面就来分别介绍一下做客与待客的常规礼仪。

（一）做客

做客虽是正常人际交往中不可缺少的应酬，但若不谙做客之道，难免会使拜会不能尽如人意。就做客礼仪而言，其重要之点有三，核心之处则在于客随主便，礼待主人。

1. 有约在先。有约在先是做客礼仪之中最为重要的一条。它的基本含义是：拜访他人，一般均应提前约定。不提倡随意进行顺访，尤其是对待一般关系的交往对象，不宜充当不邀而至、打乱对方计划的不速之客。

从某种意义上讲，做客需要有约在先，这既体现着个人教养，更是对主人的尊重。对此，绝对不可予以省略。

预约拜会时，需要重视以下三个方面的具体问题。

一是约定时间。在约定拜会时，一定要在两厢情愿的前提下，协商议定到访的具体时间与停留的具体时间长度。对主人所提出的具体时间，应予以优先考虑。由客人自己提出方案时，则最好要给对方多提供几种选择方案。

在一般情况下，主人本人认为不方便的时间、工作较为忙碌的时间、难得一遇的节假日、不宜打扰他人休息的凌晨与深夜，以及常规的用餐时间和午休时间，都不宜作为拜会的时间。

二是约定人数。在预约拜会时，宾主双方均应事先向对方通报届时到场的具体人数及各自的身份。在公务拜会中，这一点尤其重要。宾主双方都要竭力避免使自己一方中出现对方所不欢迎甚至极为反感的人物。

通常，双方参与拜会的人员一经约定，便不宜随意进行变动。做客的一方特别需要注意，切勿任意扩大己方参与拜会的人数。在任何时候，来宾人数过多，都会令主人应接不暇，手忙脚乱，干扰其事先所作的安排和计划。

三是如约而至。约定拜会时间之后，必须认真遵守，不应轻易更改。万一有特殊原因需要推迟或者取消拜会，应当尽快打电话通知对方。不要若无其事，让对方空等。当下次与对方见面时,最好还要再次表示歉意,并说明一下具体原因。

登门进行拜访时,最好准时到达,既不要早到让对方措手不及,也不要迟到令对方望眼欲穿。

2.上门有礼。登门拜访做客时,有以下几条具体的礼仪规范是人人皆须认真遵从的。

一是先行通报。抵达主人办公室或私人居所门外后,应首先采用合乎礼仪的方法,向对方通报自己的到来。可请其秘书或家人转告,也可以敲门或摁门铃。敲门之时,宜以食指轻叩两三下即可;摁门铃的话,则让铃响两三声即可。若室内没有反应,过一会儿再做一次。千万不要用拳头擂门、用脚踢门、把门铃摁个不休,或者在门外大呼小叫、骚扰四邻。

即使与主人关系再好,也绝对不要不打任何招呼便推门而入,否则,极有可能遭遇让人尴尬的场面,从而令自己进退两难。

二是问候施礼。与主人相见,应当向对方主动问好,并且与对方握手为礼。假如与对方属于初次谋面,则还须略作自我介绍。遇到主人的同事、亲属时,应当主动向对方打招呼、问好,而不宜旁若无人、不搭不理。

前往亲朋好友的私人居所做客时,可为对方携带一些小礼物,诸如鲜花、糖果、书籍、光碟等等。在进门之初,一般即应向主人奉上自己的礼物,不要等到告辞时再说。

三是轻装上阵。做客之前,对个人的着装要进行认真的选择。越是正式的拜会,就越要注意这一点。在一般情况下,拜访时的着装应当干净、整洁、高雅、庄重,过分轻佻、随便的服装是不宜选择的。

务必要关注着装的某些重要细节,例如,袜子一定要无洞、无味,不然进门后一旦需要更换拖鞋,可能就要当众出丑了。

进门之后,按照常规,应当自动地脱下外套,并且摘下帽子、墨镜、手套,将其暂放于适当之处。如果携带了大一点的手袋,可在就座后将其放在右手下面的地板上。若将其置于桌椅上,则是不适宜的。这一做客的规范,通常被简称为"入室后的四除去与一放下"。

四是应邀就座。被主人邀请进入室内时,应主动随行于主人身后,切勿抢先一步,随意前行。在一般情况下,主人会邀请来客在其指定之处就座,届时恭敬不如从命。

在就座时要注意三点:其一,不要自行找座。其二,与他人同至时应相互进行谦让。其三,最好与其他人,尤其是要与主人一起落座,切勿抢先就座。

有的时候,拜访他人时未被主人相邀入室,则通常表明自己来的不合时宜,知难而退是此刻的最佳选择。切勿不邀而入,或是探头探脑向室内窥视。

3.为客有方。在他人的办公室或私人居所做客期间,需要注意围绕主题、限定范围、适时告退等三件要事。在这些方面,绝对不允许出现大的闪失。

一是围绕主题。任何一次登门拜访,都必然有其目的性。既然如此,那么在拜访做客之时,就应当使自己的所作所为紧密围绕着自己进行拜会的主旨而行,绝对不允许"跑题"。

在一般情况下,在拜会之时,宾主双方都要尽快地直奔主题,接触实质性的问题,并力争解决问题。不要临阵怯场,言不及义,或是随意变更主题,令双方无所适从。

二是限定范围。要使拜会围绕主题而行,一项得力的措施是,客人应当自觉地限定个人的交际范围与活动范围。

做客时限定交际范围,就是要求客人不要对主人的亲属、友人表现出过多的兴趣。比如,询问对方与主人的私人关系就未必合适。

做客时限定活动范围,则是要求客人尊重主人的个人隐私,切勿未经允许便在其室内到处乱窜,或是随便乱动、乱拿、乱翻主人的个人物品。

三是适时告退。拜会之时,务必要注意适可而止。如果客人与主人双方对会见的时间长度早已有约在先,则客人务必要谨记在心,并认真遵守。假如双方无此约定,通常一次一般性的拜访应以一小时为限。初次拜会,则不宜长于半个小时。

在拜会之中遇有他人到访,应适当缩减停留时间,不要有碍于主人,更不要硬找对方攀谈一番。

一旦提出告辞,便要"言必信,行必果"。任凭主人百般挽留,都要坚辞而去。不要一而再、再而三地拖延时间,赖着不走。

在出门以后,即应与主人握手作别,并对其表示感谢。不要听任对方"十八相送",或是长时间地在门外与主人恋恋不舍地大说特说"车轱辘话"。

(二)待客

作为主人,不可不学习待客之道。待客之道的核心是:主随客便,待客以礼,这一指导思想具体落实于以下三个方面。

1.细心安排。与来访者约定拜会之后,主人即应着手从事必要的准备工作,以便令客人到访时产生宾至如归之感。主人先期需要准备安排的,主要有以下四项具体的工作。

一是环境卫生。在客人到来之前,往往需要专门进行一次清洁卫生工作,以便创造出良好的待客环境,并借以完善个人的整体形象,同时体现出对来宾的重视。不要忘了"一室不扫,何以扫天下"的古训。

进行清洁卫生工作的重点,应当是门厅、走廊、客厅、餐厅、阳台、卫生间等来宾必经之处。此外,对于门外、楼梯等公众共享空间的卫生,亦须加以注意,不要只顾"自扫门前雪"。

二是待客用品。通常,有客来访之前,需要准备好必要的待客用品,以应客人之需。在一般情况下,必不可少的待客用品有以下四类:

其一,饮料、糖果、水果和点心。它们被人戏称为中国人款待来宾的"四大名旦",这些物品通常在待客时必须备好、备足,做到有备无患。

其二,香烟。鉴于吸烟影响健康,所以在待客时可以备有香烟,并相让于人,但是不要勉强对方。

其三,报刊、图书、玩具。它们可供客人尤其是随其而来的孩子使用。

其四,娱乐用品。有时间的话,宾主可以在一起进行娱乐活动,以同享欢乐。

三是膳食住宿。在一般情况下,接待来客时,均应为其预先准备好膳食,并且在会面之初便向对方表明留饭之意。千万不要忽略此事,尤其是不要只顾自己用餐,而不顾招待来客,让对方空腹而归。

假如"有朋自远方来",还须为其安排住宿。家中或本单位不具备留宿条件的话,事先须向对方说明,在这一问题上是含糊不得的。

四是交通工具。接待远道而来的客人时,一定要事先考虑其交通问题。如果力所能及,则最好主动为其安排或提供交通工具。

为来宾安排交通工具,讲究善始善终,不但来时要管,走时也要管。这样做,不仅是为客人排忧解难,而且往往也能体现出主人的待客之诚与善解人意。

2.迎送礼让。客人到来之时,对主人态度是否热情是十分敏感的。因此,在客人抵达之后,主人所要做的头一件事,就是要向对方表示热烈欢迎。当客人告辞时,亦须热情相送。以下几点,在迎送礼让活动中需要认真地加以重视。

一是迎候。对于重要的客人和初次来访的客人,主人在必要时要亲自或者派人前去迎候。迎候远道来访的客人,可恭候于其抵达本地的机场、港口、车站,或是其下榻之处,并要事先告知对方。

迎送本地的客人,宜在大门口、楼下、办公室或居所的门外,以及双方事先所约定之处。

对于常来常往的客人,虽不必事先恭候于室外,但一旦得知对方抵达,即应立即起身,相迎于室外。

二是致意。与来客相见之初,不论彼此熟悉与否,均应面含微笑,与对方热情握手。在此同时,还应当向对方真诚地表示欢迎,并致以亲切的问候。

在一般情况下,现代人在待客之初,握手、问候与表示欢迎,被视为必不可少的"迎宾三部曲"。随意对此有所删减,即为失礼。

假如客人到来时,自己这里还有家人、同事或其他客人在场,主人通常有义务为其进行相互介绍。要是任其互不搭理,或是自行进行接触,则只能说明主人考虑不周,或是怠慢客人。

三是让座。如约而来的客人到来之后,主人应尽快将其让入室内,并安排其就座。若是把客人拦在门口谈个没完,主人等于是在向客人暗示其不受欢迎。

中国民间在接待来宾时,有一条古老的规矩,叫做"坐,请坐,请上座",由此可见待客时让座位问题的重要性。处理这一问题时,一方面要注意把"上座"让给来宾就座。所谓"上座",在待客时通常是指:宾主并排就座时的右座;距离房门较远的位置;宾主对面就座时面对正门的位置;或是以进门者面向为准,位于其右侧的位置。此外,较高的座位或较为舒适的座位,往往也被当成"上座"来看待。另一方面,在就座之时,为了表示对客人的敬意,主人还应请客人先行入座。千万不要忘记让座,或是让错了座。

四是有序。有些时候,可能会在同一时间之内接待多方的来访者。碰上了这一情况,需要注意井然有序。具体而言:一是要注意待客有序;二是要注意一视同仁。

所谓待客有序,是指在与客人握手、问候以及让座、献茶时,要注意按照惯例"依次而行"。通常讲究女士先于男士,长者先于晚辈,位高者先于位低者。越是正规的场合,越需要注意这一点。

所谓一视同仁,则是要求主人在接待多方来宾时,在态度与行动上均要平等相待,切勿有意分亲疏、论贵贱,厚此而薄彼。

五是送别。告辞的要求,应由来客首先提出。届时,主人应热情加以挽留,倘若客人执意要走,主人方可起身送行。

送行的具体地点,对远道而来者,可以是机场、港口、车站或其下榻之处;对本地的客人,则应为大门口、楼下,或是其所乘车辆离去之处。至少,也应将客人送至室外或电梯门口,不然就算是对客人的失礼。

与客人告别时,要与之握手,并道以"再见"。对今后难以谋面的客人,还应请其"多多保重",并请其代向家人或同事致以问候。

在一般情况下,当客人离去时,应向其挥手致意。当对方离开之后,主人方可离开。前往机场、港口、车站为来宾送行时,对方所乘的交通工具若尚未开动,主人抢先离去是不应该的。

3. 热情相待。 在待客之时,主人一定要表现出自己的热情、真诚之意。做到了这一点,就会让客人更好地感觉到主人是真心实意欢迎他的。对客人热情相待,应当主要体现于一心一意、兴趣盎然、主次分明等三个具体方面。

一是一心一意。有客来访时，客人就是主人的"上帝"，待客就是主人的"工作重心"。因此，在接待客人时，一定要真正做到时时、处处、事事以客人为中心，切勿三心二意，有意或无意地冷落了客人。

面对客人的时候，爱答不理，闭目养神，大打哈欠，看书看报，听广播、看电视，忙于处理家务，打起电话没完，与家人大聊特聊，甚至抛下客人扬长而去，只能说明自己"身在曹营心在汉"，是一名不合格的主人。

二是兴致盎然。在宾主相处之际，相互之间自然要进行必要的交谈，以便沟通和交流。宾主进行交谈之时，主人不仅要准确无误地表达和接受信息，而且还要扮演一个称职的"主持人"和最佳的听众。作为"主持人"，主人需要为宾主之间的交谈引起话题，寻找话题，而不使大家相对静坐，无话可说。万一客人之间的交谈不甚融洽时，主人还需出面转移话题。作为听众，主人则需要在客人讲话时洗耳恭听，并对此抱有浓厚的兴趣，令对方谈兴骤增，有话可谈。

无论如何，主人都不宜使宾主之间的交谈冷场，或是对客人的谈吐明显地表现出毫无兴致。

三是主次分明。在待客之时，来宾即为主人活动的中心。主人的私人事务一般均应从属于来宾接待这一工作中心，这是待客时主次分明的第一层意思。

待客时主次分明的第二层意思，则是指在待客之时，此时此刻正在接待的客人，应被视为主人最重要的客人。也就是说，对于后到的客人既要接待，又不能为此转而抛弃目前正在接待的客人。可能的话，尽量不要让重要的客人同时到场。万一遇上了此种情况，可以将其合并在一起进行接待，或是先请他人代为接待一下后到的客人。

四、派对

派对，本来是英语中"Party"一词的音译。一般而言，它是指私人性聚会，尤其是小型的私人聚会。

目前派对在我国，尤其是在商界中非常流行。公司员工们看中派对这种社交的形式，主要是因为它形式自然、内容灵活、品位高雅，可以使渴望友谊、注重信息的人们正规而又轻松愉快地与其他人士进行交往。

在我国以社交为目的的专门性的室内聚会，一般都被称为派对。按照人们在聚会中所讨论的中心话题或所从事的主要活动来区别，派对又有许多种类。具体来讲，内容丰富，包罗万象的聚会，叫做综合型派对；亲朋好友、同事、同学相互之间以保持联络为目的的聚会，叫做交际型派对，主要是为了接待来访者，意在相互了解、加深认识的聚会，叫联谊型派对。主要由文学艺术爱好者发起、参加的聚会,叫做文艺型派对;以休闲、娱乐为主要活动形式的聚会,则叫做休闲型派对。

当前,公司员工在实际生活中,尽管对各种形式的派对均有不同程度的接触,但时下最流行,同时也是对公司员工的实际工作最有影响、最有帮助的,则当数交际型派对、联谊型派对和休闲型派对。其中,交际型派对与联谊型派对的差别,主要在于参加者有所不同,前者是老友聚会,后者则是新朋聚会,除此之外,在具体活动的内容与活动形式方面二者大体相似。因此,下面将根据目前公司员工的实际需要,重点介绍有关交际型派对和休闲型派对的基本礼仪。

(一)交际型派对

交际型派对的主要目的,是为了使参加者之间保持接触,进行交流。因此,它的具体活动形式可以灵活多样。公司员工经常有机会参加的座谈会、校友会、同乡会、聚餐会、庆祝会、联欢会、生日晚会、节日晚会、家庭舞会等等,实际上大都属于交际型派对。

1. 派对的组织。在通常情况下,交际型派对举办的地点、时间、形式以及主人和参加者,均需事先议定。它可以由一人发起、提议,也可以由全体参与者群策群力,共同讨论决定。

一是举办的地点。举办交际型派对的地点,应该选择条件较好的某家客厅、庭院,或是宾馆、饭店、餐馆、写字楼内的某一专用的房间。它至少应当有面积大、通风好、温度适中、照明正常、环境幽雅、没有噪音、不受外界的其他干扰等特点。

二是举办的时间。它一般应持续 2~3 小时,在具体执行上,则不必过分地拘泥于此项规定。只要大家意犹未尽,那么将其适当地延长一些是完全必要的。通常,为了不影响正常工作,交际型派对以在周末下午或晚间举行为好。

三是派对的形式。交际型派对的形式,应根据具体目的而加以选择。如果大家只想"见一见",或是"聚一聚",那么就应当选择较为轻松随便的同乡会、聚餐会、联欢会、节日晚会或家庭舞会。要是打算好好地"谈一谈"、"聊一聊",则不妨选择不宜分神的咖啡会、座谈会、讨论会等形式。当然,在具体操作上,这几种形式也可以彼此交叉或同时使用。有时,不确定交际型派对的具体程序或具体"议题",而听凭参与者们任意发挥,也是可行的。

四是派对的主人。如果交际型派对是在某家私宅内举行,其主人自然就是此次派对的主人。如果派对是在租用场地举行的,则一般应由其发起者或组织者担任主人。须注意的是,若派对的组织者或发起者独身未婚或配偶不在本地,则应由其父母、子女、同事或秘书来临时充任男主人或女主人。按惯例,派对的主人应当有男有女,以便"对口"去分别照顾男宾、女宾。

五是派对的参加者,交际型派对的参加者,应当事先大体上确定好。在某些较为正式的交际型派对上,参加者彼此之间应以相识者居多,这样才有助于大家多交流,少拘束。当然,它也不绝对地排斥"新人"加入,只不过"新人"的加入,应提前征得主人的首肯,并以不会同有前嫌的人在派对上"狭路相逢"为前提。

派对的既定参加者,按规定可以携带家人或秘书出席。此外,临时邀请其他人同往则是不适宜的。若无明确的要求,最好不要带着未成年的家人,尤其是幼童、婴儿去"见世面"。派对上的"议题"与他们距离太远不说,若是他们不听管教,则有碍于举行派对的初衷,影响参加者的相互沟通。

前去参加交际型派对之前,参加者应对自己的仪表、服饰进行必要的修饰。男士通常应当理发、剃须、穿西装套装或休闲型西装,女士则需要做发型、化淡妆,并选择旗袍、时装、连衣裙等式样的服装。若夫妇或情侣二人一同赴约,则其穿着打扮应彼此保持和谐一致,例如穿"情侣装",戴"情侣表",配相似款式的鞋子,服饰的色彩相互呼应等等。如果两个人的打扮相去甚远,一个人身着礼服、浓妆艳抹,另一个人却穿着随便、不修边幅,好像前者的一名"跟班",对于配偶以及本人的形象都有损害。

作为东道主,男女主人的穿戴应当尽可能地向自己的身份靠拢。应当指出的一点是,要求主人讲究着装并不是要求他们力求"高、大、全",非要超过参加派对的众多宾客。

2. 派对的规则。在交际型派对上有几条基本的礼仪规则,是公司员工在参加时不可不知的。

一是要恪守约定。所谓恪守约定,就是要求公司员工在参加派对时,遵守时间,按时赴约,不得无故迟到、早退或是失约。

即便是在社交场合,仍然要强调时间观念。无故迟到、早退或失约,不仅浪费他人的时间,也失敬于人。商界的人士惜时如金,守时守约是立身之本,在这一点上,公司员工绝不能无原则地宽容自己。

参加交际型派对,通常不宜早到。准时到场或迟到三、五分钟,是比较规范的。万一临时有事难以准点到达,或不能前往,应提前通知主人,并向大家表示歉意。迟到太久了,一定要向主人和大家说"对不起",不能以任何借口为自己的行为开脱。

二是要尊重妇女、尊重长者。公司员工在包括交际型派对在内的一切社交场合,都要主动自觉地尊重、照顾、体谅、帮助、保护妇女和长者,并积极地为其排忧解难。所谓绅士风度和高尚修养,在现实生活中是与尊重妇女、尊重长者紧密联系在一起的。

　　要尊重妇女、尊重长者，就不允许在他们面前胡言乱语，行为嚣张。不应当在妇女、长者面前口吐"脏"字，开无聊过分的玩笑，不准把"小妞"、"老头儿"之类失敬于人的称呼挂在嘴上。不允许对妇女、长者动手动脚，打打闹闹。在亲切与放肆、平等与辈份等等之间，公司员工一定要时刻把握分寸。

　　要尊重妇女、尊重长者，还需要公司员工在与他们相处时多留心，要尽可能地体谅、帮助、照顾他们；行走时，应请其优先；就座时，应让其为尊；携带物品时，应为其代劳；安排活动时，则应首先考虑他们的状况。

　　三是要体谅主人。所谓体谅主人，就是要求公司员工在参加派对活动时，应当设身处地地时时处处多替主人着想，并尽可能地在其需要时施以援手。至少，公司员工也应该做到不为主人忙中添乱。

　　参加派对之初，不要忘了去问候主人。在派对举办期间，可以找机会向主人询问一下"我能做一些什么"。在派对结束时，在向主人道别之后，方可告辞。

　　在派对举办期间，即使有些事情不一定尽如人意，也要保持克制，别说怪话。不要对主人所做的安排品头论足，说三道四。不要当着他人的面大谈让主人难堪的一些往事，或是指责、非议、侮辱主人。

　　在主人家中参加派对时，不要自以为与主人过从甚密，便可以不讲公德。比方说，不管主人有无要求，都不可吸烟、随地吐痰或乱扔东西。不允许擅自闯入非活动区域，例如书房、卧室、阳台、储藏室等处"参观访问"。不允许翻箱倒柜，随意取用主人的物品。

　　在非专题性的交际型派对上，自己的表现相对而言可以自由一些。然而，如果不与任何人交谈，有意显得与众不同，也未必合适。

　　参加此种派对时，同样需要自己主动与他人进行交流，可以主动地同身边的人进行攀谈，可以旁听他人的交谈，也可以加入他人的交谈。在同他人交谈时，应当表现得诚恳虚心。同时，有可能的话，还应当扩大一下自己的交际范围，除了与老朋友交谈之外，还应尽量借此良机去认识更多的新朋友。要注意在与他人接触时，不要"执著"地使自己的交往对象"一成不变"，特别是不要奉行"排他主义"——一味盯住熟人、上司、嘉宾等不放，而又不准其他人介入。介入异性的交际圈时，一般不应不邀而至。

　　参加专题性（即有既定的中心或主题）的交际型派对时，既要真实地发表自己的见解与主张，又要宽容大度，善于向他人学习和请教。在商界，专题性交际派对最受欢迎。人们参加它不仅是为了就某一问题进行座谈、讨论，以期明辨是非，更重要的是为了集思广益，取长补短，开阔视野，增长知识。

　　公司员工在参加此种派对时，应当记住两条规则：其一，应当以学习为主要目的。应该多听，多记，多向别人请教。有不明之处，能够提出来供大家讨论一番,也称得上是自己的一种贡献。其二,应当避免争强好胜。在与他人交谈、交流、发言时,应当三思而行,出口谨慎。不要在发言时条理不清,词不达意,更不要唯我独尊,在发言讨论时,为了取胜而"泄私愤,图报复",胡搅蛮缠,强词夺理。

(二)休闲型派对

对公司员工而言,除了八小时之内的兢兢业业、努力工作之外,其在日常生活中的人际交往、待人接物往往也会在无形之中对公司员工的本职工作助上一臂之力。因此,不少公司员工对休闲型派对极度重视。

休闲型派对这一名称,其实只是相对于交际型派对等其他类型的派对而言的。从本质上来说,作为一种社交方式,各种类型的派对都具有一定的交际目的,只不过不同类型的派对中交际、休闲、娱乐所占的比重有所不同而已。

休闲型派对有多种多样的具体形式,为人们所常见的有:游园联欢会、远足郊游会、家庭音乐会、小型运动会、俱乐部聚会等等。与交际型派对相比,它们同样也具有社交功能,只不过休闲性、娱乐性相对来说较为突出。假如称其为寓交际于休闲娱乐,可能更为贴切一些。有一位颇有成就的西方企业家曾经说过:我的成功,主要不是来自谈判桌上,而是来自乡间别墅里同对手的友好接触。他的话,对休闲型派对的功能做出了最通俗的正确表述。

事实上,邀请友人、同行或合作伙伴,利用闲暇时间来到自己的家里或乡间别墅中,从事打桥牌、欣赏音乐、合作演奏乐曲、卡拉 OK、游泳、钓鱼等多种休闲娱乐活动,可以达到放松身心、融洽关系、促进合作等多重效果。

由此可见,对公司员工来讲,休闲型派对里的应酬与正式场合的社交在实质上并无二致,然而既然休闲型派对不与交际型派对"合并"而保持其自身的独立地位,自然它自身的特色也十分鲜明。因此,公司员工在参加休闲型派对时的表现,必须与参加交际型派对时的表现有所区别。总的来讲,在参加休闲型派对时的表现,应当生动、随意、自然。具体来讲,则又分为三点:

1. 表现得"像玩"。所谓"像玩",就是要求休闲型派对的参加者轻装上阵,脱下西装套装、西装套裙、时装、礼服和皮鞋,卸下表明地位与身份的首饰,洗去脸上厚重的铅华,换上与休闲型派对具体环境相配的牛仔装、运动装、休闲装,实实在在地进入自己此时此地的角色之中。

反之,如果在休闲型派对上露面时依然一本正经,男的穿西装、打领带,女的着套裙、蹬高跟皮鞋,未免会让人觉得矫揉造作,影响别人愉悦的心情。

2. 表现得"会玩"。所谓"会玩",有两重含义:一方面是指玩的技巧;另一方面则是指对玩的内容的选择。不会玩,只要肯去学,又有人教,一般不难对待。然而若对玩的内容在选择上误入歧途,那可就因小失大,害己害人了。

在休闲型派对里所玩的内容,应当既高雅脱俗,又使人感觉轻松、愉快。一般来讲,打桥牌、下象棋、打网球,或是举办小型音乐演奏会,都是休闲型派对宜于优先选择的内容。

公司员工参加休闲派对,当然意在使自己和一同前去的伙伴们开心和放松,不过有一条界线不容逾越,那就是大家在玩的同时必须严守国家法律,严守社会公德。

3. 坚持以玩为主。 既然是休闲娱乐,在休闲型派对里,就要以玩为主要活动内容。不要表现得过分急功近利,那边请来的客人刚刚玩得渐入佳境,心情甚好,这里的主人就立即原形毕露,摊牌叫价了。

该办的事自然要办,该说的话当然要说,只不过一定要选择最佳的时机。若是活动结束之后,或是派对之后过上一两天再谈正事,往往可能比在玩的时候"转移话题"更易于奏效。

有经验的公司员工都知道"不懂得休息,就不懂得工作"这句的意思。因此,参加休闲型派对时,切勿忘记应当以"休闲"为主,以"交际"为辅,切勿将二者本末倒置。

五、运动

现代人对于工作与休息之间的辩证关系已有了越来越多的感悟。目前,不论是在社交应酬中还是在工作之余,不少公司员工都经常参加各种形式的运动。人们已经认识到:运动不仅是一种休闲活动,同时又可以用来进行社交应酬,从而促进自己的人际关系。

运动,一般是指体育活动。与常人参加的运动所不同的是,公司员工所参加的运动多半出自社交的目的。该类运动不但档次较高,而且对具体场地也多有要求。有鉴于此,在参加这类运动时,均要求参加者认真遵守其相关礼仪。

下面,就对公司员工有可能经常接触的健身、游泳、滑雪、网球、保龄球、高尔夫球等运动项目的礼仪规范略加介绍。

(一)健身

在日常生活中,许多公司员工都喜欢在自己方便的时刻前往健身房进行健身活动。

到健身房健身时,主要应当遵守下列六条礼仪规则:

1. 有所约定。 绝大多数正规的健身房,都设在高档的宾馆、俱乐部之内。前往这类健身房健身,可以购买会员证、年卡、月卡,也可以临时购票。无论如何,都必须缴付费用,凭证入内。为了确保自己有规律地定期健身,一定要提前约定,以便使自己的健身时间有所保证。

2. 讲究衣着。在健身房里健身,通常都要求身着正式的健身服。穿着健身服不仅有利于健身运动,而且与周围的环境相协调。在一般情况下,每一位健身者在健身时均应身着健身服。前往健身房健身时,切忌乱穿其他类型的服装,更不允许随便赤膊上阵。需要注意的是,公司员工若是在除健身房以外的其他场所身着专门的健身服,往往也会令人啼笑皆非。

3. 目标明确。在健身时,每一位健身者均应有一定的既定目标:要么是瘦身,要么是塑形,要么是美体,要么是放松。为了实现既定的目标,往往要制定专门的方案,并且一定要在健身时循序渐进。要是目标不明确或者不按照预定的计划进行,面对五花八门的健身项目或健身器械眼花缭乱,胡练一通,不但起不了任何作用,而且还有可能伤害自己的身体。

4. 服从管理。一般的健身房,不仅场地开阔,器材繁多,而且健身者众多。因此,一般都实行严格的管理:进门时,健身者要出示凭证;活动时,要注意限时;运动前后,要更换服装;占用场地时,要预先约定;使用器械时,要讲究先来后到;集体锻炼时,要听从口令,统一行动。对于上述合乎情理的要求,健身者必须认真遵守,对有关方面的管理者亦应认真服从。

5. 自练为主。进行健身活动时,一般讲究自得其乐。因此,在具体锻炼时,应当以自练为主。若非集体活动或参加集体项目,通常不必在健身时与他人保持一致。按照常规,在健身房不宜洽谈有关公务或生意上的事情。在健身时,不要随意围观、评价别人,同时也不要任意打断别人的健身,或者动辄向别人讨教健身之道。

6. 尊重教练。一些高档健身房,往往会为初学者安排某一项目或全方位锻炼的教练。对健身者而言,必须对教练加以尊重。在健身时尊重自己的教练,一是要虚心请教,不懂不要装懂;二是要保持耐心,不要指望一蹴而就;三是听从点拨,认真服从教练的合理化要求。不允许对教练不搭不理,吹毛求疵,呼来喝去,更不允许训斥、责骂、侮辱对方。

(二)游泳

在各种运动项目中,游泳可以说是最普及、最受欢迎的项目之一,许多公司员工往往乐此不疲。在游泳时,下列六条礼仪规则是每一名游泳者皆应自觉遵守的。

1. 安全第一。外出游泳时,不论在室内还是在室外,都要选择正规的游泳池或浴场。凡不熟悉具体情况的河流、湖泊、海域,尤其是明文禁止下水的地方,切勿擅自下水游泳。在游泳池或浴场游泳时,亦应量力而行,选择自己所适应的深度与长度。没有外人在场相助时,切勿冒险。

2. 讲究卫生。 在公用的游泳池或浴场游泳时,务必要注意个人卫生与环境卫生。患有皮肤病、红眼病以及其他传染病时,不应外出游泳。在游泳时,不应在水中洗浴,不应向水中随口吐痰,更不能在水中大小便。游泳之后,再到水边洗手、洗脚亦不应当。在水畔休息或者在更衣室、淋浴房活动时,不应乱扔废弃物,不应大吃大喝或者吸烟、酗酒。

3. 衣着得体。 进入公用的游泳池或浴场之前,应换着较为正规的泳装。按规定,最好还要戴上游泳帽。不穿正规的泳装或者裸体游泳,通常都是不被接受的。应当强调的是,泳装一定要大小合身、松紧合理,面料与色彩符合要求。若是泳装过于肥大、宽松,其面料单薄、色彩为白色或者其他浅色,那么一下水就可能令自己的身体袒露、曝光。

4. 活动适度。 游泳既然是一种运动,就应当注意活动适度。在游泳时,不要距离陌生之人过近,不要随意追逐、赶超别人。在水中万一不小心碰到了别人,一定要立刻向对方道歉。在水边休息时,不要围观、盯视别人。在外人面前,不要跟自己的恋人表现得过分亲热。在游泳池或浴场之外,不要身穿三角裤或"三点式"招摇过市。

5. 礼让他人。 在游泳时,要始终坚持以礼待人。使用更衣室、淋浴房时,应自觉地排队,依次而行。下水之后,尽量不要进入他人活动的水域。当他人进入自己正在活动的水域时,通常应以点头或微笑对对方表示欢迎。在水畔小憩时,切莫画地为牢,占据过多的位置或过大的地盘。凡公用的设施或区域,都应欢迎别人与自己一同使用。

6. 尊重异性。 在游泳时,一定要有意识地尊重异性。对于陌生的异性,更是要表现得尊重有加。入水之后,与异性务必要保持距离。对于任何异性尤其是陌生的异性,不要主动上前攀谈,不要尾随其后。未经要求,切勿对异性施以援手。万一异性要求自己提供正当的帮助,可尽力相助。得到异性的帮助之后,应主动向对方道谢。在异性面前,不论与对方是否相识,都切切不可以语言调戏对方,或者对对方动手动脚。

(三)滑雪

与游泳一样,滑雪是目前在国内最时尚、最受公司员工欢迎的运动项目之一。许多年轻的公司员工,对它更是情有独钟。

一般而言,参加滑雪运动均须前往正规的滑雪场。在滑雪场进行滑雪时,下述四条礼仪规则必须遵守。

1. 着装正规。滑雪运动的参加者必须注意:自己在滑雪时所穿的服装要符合有关规定。它既要外观醒目、紧身合体、适合运动,又要保暖、防风、防水,不要为了展示自己的个性而执意选择不适宜滑雪的服装。

滑雪时,应戴上滑雪帽、护目镜,并要选择易于辨识的艳色服装,白色、浅色服装最好别穿。

2. 器械专用。在正规的滑雪场滑雪时,通常都应使用专用的滑橇、滑雪杖与滑雪鞋。使用自制或替代之物,往往不安全,也是不允许的。必要时,应向滑雪场租用此类器械。

倘若自己是滑雪初学者,不会使用此类器械,最好先求助于专业教练或其他人士,自己不要不懂装懂。在滑雪时使用专用器械,也要审慎从事,切勿伤己伤人。

3. 礼待他人。在公共滑雪场上滑雪,难免会与他人有所接触。此刻,滑雪者不论对同行者、工作人员,还是其他滑雪者,都应以礼待之。

在滑雪时,如果与亲朋好友同往,务必要相互照应。对初学者,尤应重点予以关照。不要对同伴不闻不问,更不允许将其孤身一人扔在滑道上。

对滑雪场上的全体工作人员,滑雪者一方面要服从其管理,另一方面则要对其服务表示感谢。

滑雪时,应与其他滑雪者友善相处。使用滑道与运送车时,应当排队。滑雪时,要维持一定的间距。万一碰撞了其他人员,务须道歉。遇到求助者或需要帮助之人,则应立即援助。

4. 重视安全。在各类运动项目里,滑雪是一项危险性较高的项目。作为非专业人士,公司员工在滑雪时尤须时刻重视安全。

滑雪者尽量不要前往不正规的滑雪场,尤其不要在荒山野岭中滑雪。当自己对滑雪技术几乎一窍不通时,那样做无疑冒着极大风险。

在正常情况下,不论自己实际水准如何,都尽量不要一人独自滑雪。万一出现问题时无人相助,将十分危险。

滑雪时,一定要选择适宜于自己的滑道,不要在关闭的滑道或禁止滑雪之处滑雪。

滑雪时,自己前面的滑雪者自然拥有优先权,不要刻意催促、追逐对方。打算超越对方时,应以"走右边"或"走左边"来提前进行通报。

（四）网球

与保龄球、高尔夫球一道并称为"绅士运动三大球"之一的网球,近年来已在中国十分普及。人们发现,打网球不仅可以适度地运动健身,而且也可以借机开展适当的社交活动。

作为一项绅士运动,打网球时的礼仪规则要求甚多。以下五条,都是网球运动爱好者在打网球时必须自觉遵守的。

1. 预订场地。通常到正规的网球场打球前,都要预订场地。在预订场地时,往往需要说明自己打球的具体时间。如果邀请他人与自己同去打网球而又没有提前订好场地,到时再东找西寻,让"英雄没有用武之地",是很没有面子的。按预订时间到达场地后,若前边打球的人尚未结束,应当稍等片刻,不要催促对方或者出言不逊,应该让对方打完手头这一局。若自己预订的时间已用完,后边打球的人已到,则应尽快退场,不宜拖延。

2. 着装正规。打网球时,对着装要求很高,大都要求打球者穿着专门的网球装、网球鞋。此外,有人还喜欢使用特制的护腕与发箍。一些专门的网球俱乐部,通常还要求会员前往俱乐部打球时身着统一的俱乐部网球装。男式的网球装多为白色的 T 恤、短裤,女式的网球装则一般都是白色的连衣裙。打网球时身着正规的网球装,是一种网球场上最基本的礼仪。身着正规的网球装,不仅使打球者英姿飒爽,而且有助于打球与人身安全。在网球场上还有一些有关着装的戒律,赤膊、赤足打网球都是不允许的。

3. 场上谦恭。在网球场上运动时,一定要保持自身的风度。首先,要认真遵守比赛规则,不能为一个球的得失而与比赛对手大呼小叫。其次,不要任意自取或借用他人的球拍,因为人们往往只有使用自己的球拍打球才顺手。再次,如果在比赛时条件于己有利,比如风向或者阳光"照顾"自己等等,那么遇上奇数的赛局就要主动与对手交换场地。最后,当比赛开始与告终时,要以微笑或握手等方式向比赛对手致意,但是,没有必要在场上四处奔走、欢呼雀跃、脱衣乱舞,甚至跨越球网。

4. 以礼待人。在打网球的整个过程中,都要自始至终地以礼待人。由裁判裁定比赛时,不允许对裁判的裁决当众置疑。请教练或陪练帮助自己打球时,一定要尊重对方的劳动。如果有专门的工作人员在场上替自己拣球,不要忘记向对方道谢。打球时,如果不小心使球滚到别人的场地之内,一定要等对方打完一分时自己再去拣球。不管是自己要求对方帮自己拣球或者对方主动帮忙,都要当即感谢对方。别人的球滚到自己场地之内,切莫责备对方。方便的话,要尽快将球投回去。请别人与自己一起打网球,务必要提前几天预约,并且不要勉强对方。在网球场上,最好不要请陌生人帮助自己或与自己赛球。

5. 观看比赛。观看正规的网球比赛是不少公司员工的个人嗜好。网球比赛既热烈,又刺激,观赏比赛是一种很好的业余消遣方式。大凡正规的网球比赛,都要求观赛者身着正式的礼服,不允许其衣着过于随便。在观赛时,观赛者必须提前购票,凭票入场,并在指定的座位上就座。比赛进行期间,不允许观赛者乱动乱走。只有当一局结束或一场比赛告终时,观赛者方可鼓掌。观赛者需要暂时离座,一定要等到比赛者交换场地之时。随意离座、随便鼓掌,往往会有碍比赛者的情绪,并打扰比赛的连贯性。此外,坐在看台上大吃大喝、高谈阔论,都是不许可的。

（五）保龄球

作为一项老少咸宜的运动项目,打保龄球已经成为公司员工时下社交、休闲的时髦选择之一。人们普遍青睐打保龄球的主要原因,不仅在于其形式文明高雅,而且在于打保龄球时能够自主控制消费额度。此外,其对体能的要求也并不很高。

打保龄球时,一般有如下四条礼仪规则必须认真遵守:

1. 先来后到。任何一家保龄球馆都有固定数量的球道。自己准备前去打球时,尤其是当自己邀请别人一道前去打球时,最好先向球馆预订好球道,这样就可以避免在现场排队等候之苦。自己按规定时间到达预定的球道后,倘若前面打球的人尚未结束,千万不要打断、驱赶对方,而是应当适当地宽让对方一会儿。不过当自己后面有人等候球道时,打球者最好适可而止,尽早相让,而不要指望对方在时间上宽让自己。在任何时候,抢占别人球道或打完球后赖着不走,都会贻笑大方。

2. 更换鞋袜。打保龄时,必须提前更换自己的鞋袜。打球者要事先换上一双干净整洁、无异味、无污迹、无残破的袜子。上场打球前,为了维护球道寿命,球馆按常规均会要求打球者换上专用的保龄球鞋,以其他类型的运动鞋充当代用品是不允许的。一般而言,打保龄球时除了鞋袜,在其他方面对打球者的衣着并无任何要求,不过打球者一定要穿得整齐、端庄、利索。不论是所带的衣物还是其他随身之物,切勿过多。打球前,最好将大衣、外套、雨伞、提包、笔记本电脑等物品存入衣帽间或更衣柜。切勿在现场随处乱放私人物品,那样既容易丢失,又有可能妨碍别人。打完球后,应将租用的球鞋与球交回原处。

3. 保持安静。作为一项室内运动项目,在保龄球馆里每一个人都有义务自觉地保持绝对安静。在球馆之内,千万不要让自己随身携带的手机、呼机大声鸣叫。最好不要在别人打球时与其搭话,或者在一旁高谈阔论。需要与别人交流技艺或相互鼓励时,一定要压低讲话的音量。为他人的优异成绩欢呼鼓掌时,亦应点到为止,不要高声喧哗、乱喊乱叫,甚至吹口哨、发出嘘声。

4. 强调技巧。打保龄球时,非常讲究具体技巧,在这方面也要遵守一些基本的礼节。在每次掷球时,应使用自己所选定的同一个球,不要错拿错用别人所选定的球。掷球前,要拿好拿稳,以免失手伤人。在任何时候,都不应在助走道之外掷球,更不允许故意摔球或胡乱掷球。掷球时,切莫超过犯规线。当自己的右侧已有他人准备掷球或自己前面已有先上球道者,应当礼让别人。切莫在左右两侧球道上的人士掷球的同时,自己也去掷球,那样大家都可能会走神。在掷球时,切勿嬉皮笑脸,乱出怪样,更不要乱蹦乱跳或全身倒地。在任何情况下,都不要侵入别人正在使用的球道。掷球之后,即应转身返回球员席,不要在球道或助走道上停留过长时间,也不要倒行。

(六)高尔夫球

目前,打高尔夫球在商界已被公认为一项颇有情调、最上档次的运动。与此同时,随着社会的进步,它也日益变得普及化、平民化、年轻化。许多公司员工,都已有过在高尔夫球场上一试身手的经历。

在正规的高尔夫球俱乐部里打球时,以下五条礼仪规则被公认为是人人都要遵守的:

1. 目的明确。在商界,以往曾经有过一种很时髦的讲法:打高尔夫球时,是大人物敲定生意的最佳时机。实际上,这种讲法只是某些人的主观愿望而已。作为一项目前费用颇高的运动项目,人们邀请他人与自己去打高尔夫球当然不会无的放矢。但是,打高尔夫球其实只是为人们建立较为密切的私人关系创造一种机会,此外不能再指望过多,不要试图立竿见影地在球场上与别人达成交易。还应强调的一点是,邀请他人与自己一道去打高尔夫球,必须以本人精通此道为前提。要是自己缺乏自知之明,仅仅为了附庸风雅而在高人面前班门弄斧,很有可能会弄巧成拙。反之,倘若别人不擅此道并且无此要求,最好也不要强邀对方。

2. 装备齐全。打高尔夫球时的重要开支之一,就是专门使用的各项装备。打球时,对于球员的衣着并无过多的苛求。不过为了运动方便,人们都会自觉地放弃面料厚重、款式复杂、透气性差的服装。绝大多数人打球时都爱戴帽子,爱穿棉质的T恤衫和长裤。为了防止损坏场地,上场打球的球员都一定要穿专用的高尔夫球鞋。打球时使用的高尔夫球、球杆、球装、旗杆、球车,通常都是特制的。需要使用时,可向俱乐部借用,但应认真爱护,不可损坏或带走。

3. 保护场地。行家都清楚,要打好高尔夫球,场地的好坏至关重要。在打球时,每一名球员都有自觉维护场地的义务。在球场内驾驶球车时,只能在专用的车道上行驶,不得四处乱开,每车一般只宜坐两人,放置两个球袋。在一些区域,球车不宜乱停。不管是行进、击球还是休息时,都要爱惜场地上的草皮。在任何情况下,都要对球道、球洞倍加爱护。对于自己行进或击球时所留下的痕迹,可能的话,应在离去前补平或者填平。

4. 注意安全。 如同参加其他运动一样,打高尔夫球时应以保障安全作为基本前提。在试杆或者击球前,一定要提前检查周边地带。地面上的石块、树枝等硬物,都要捡走,不然就可能在挥杆击球时被顺势带起来伤人。与此同时,还应确信挥杆所及之处与落球之处无人活动,以防对方遭到球或杆的击打。打高尔夫球时的最大乐趣,并不在成绩如何,而在于陶冶心灵。因此,球员需要控制好个人情绪,不要因为击球时令球飞出界外或掉入沙坑、水池而抱怨场地,甚至挥手而去。

5. 遵守顺序。 打高尔夫球时,在优先权方面有着一定的规定。若无特殊约定,单独一人的球员没有优先权,应让其他比赛的球员优先通过。两人一组的比赛,一般较三人一组或四人一组的比赛有优先权。打 18 洞完整的比赛者优先。凡赢得前一洞者,对下一洞有先打的权利。成绩相同时,可选择赢得某一洞者先打。如某一组在球场上不能正常行进,并落后前一组超过一个洞以上,通常应让后一组先打。拥有发球优先权者,可在对手或同组球员之前发球。当球员打完一洞后,应立即离去,以让位于人。

六、娱乐

工作之余,许多公司员工都经常有机会参加一些各种形式的娱乐活动。不少时候,公司员工参加娱乐活动并非出自其个人偏好,而往往是为了交际应酬的需要。

所谓娱乐,通常是指人们在业余时间里所从事的轻松、愉快、有趣的活动。对现代人而言,参加娱乐活动的主要目的有三个:自我放松,闲暇消费;交际应酬。

从总体上来讲,每一名公司员工参加娱乐活动时,都要注意下列三条基本规则:第一,遵守社会公德;第二,遵守游戏规则;第三,无碍本人正业。

具体而言,不同类型的娱乐活动,往往又具有一些各自不同的礼仪规范,它们都是参加活动的公司员工必须自觉予以遵守的。下面,主要简介一下公司员工在歌厅、剧院、网吧、公园、游乐场、游戏厅参加娱乐活动时所应遵守的礼仪规范。

(一)歌厅

前往歌厅一展歌喉,是许多人所热衷的一项娱乐活动。去歌厅唱歌娱乐时,以下五条礼仪规范是公司员工所必须认真遵守的。

1. 挑选正规歌厅。前往歌厅唱歌时,歌厅的正规与否通常非常关键。大凡正规的歌厅,不但设备完善、环境幽雅、服务到位,而且收费比较合理。倘若在选择歌厅时道听途说,随意挑选,一旦选择失误,不仅可能令自己破财,而且还会破坏大家的雅兴。

2. 点歌礼让有序。不论在公共大厅里点歌,还是在单独的包间里点歌,都要遵守"先来后到"的顺序,并且注意礼让他人。在点歌时,一般应当请客人先点、女士先点、长辈先点或者上司先点,有时亦可由大家依次点歌,或是点上一首人人皆会的歌曲进行合唱。点歌时争先恐后,或者争夺话筒,是令人耻笑的。

3. 听歌聚精会神。当别人唱歌时,不管自己认识对方与否,都要洗耳恭听。当对方表现出色时,应以掌声进行鼓励。即使对方演唱并不在行,也不要发出嘘声嘲弄对方。在他人唱歌时,交头接耳、走来走去甚至公然退场,都是没有教养的表现。

4. 唱歌保持风度。当自己上台唱歌时,一定要保持个人的风度。唱歌之前,要首先问候大家。得到了在场者的掌声鼓励,要在下台前表达谢意。每次限唱一首歌。在唱歌的过程中,切莫忘乎所以,手舞足蹈或者胡言乱语。唱歌时,有意改动歌词、曲调都是不合适的。

5. 交往尊重异性。在歌厅进行娱乐活动时,必须自始至终对在场的异性表示尊重。与熟悉的异性相处时,不应当动手动脚,乱开过火的玩笑。对于现场不熟悉的异性,切莫上前打扰、纠缠。

(二)剧院

对许多公司员工来说,自己一人或者偕家人、三五知己一同前往剧院观看电影、戏剧或其他演出,乃是人生一大乐趣。前往剧院观看电影、戏剧或其他演出时,以下五条基本的礼仪必须遵守。

1. 预先购票。正规的剧院,为了保证观众的观看效果与人身安全,均会以发售定额入场券的方式来控制观众入场的具体人数。因此,观看正式演出之前,一定要提前购票。请人观看演出,此点尤须注意。无票入场、混入剧院,或者制作、购买假票,都是不允许的。

2. 提前入场。许多影剧院都规定:开演之后,立即禁止观众入场。中场休息时,迟到者方可入内。为了不影响自己和别人观看演出,提前入场绝对是必要的。此处所说的提前入场,并非指正点进入剧院,而是要求观众最好在演出正式开始前几分钟进场。

3. 对号入座。绝大多数演出,都要求观众完全对号入座,每一名观看演出者都要自觉遵守此项规定。与此同时还应注意:与别人一同观看演出,应将较好的位置让给对方。有人占了自己的座位,应有礼貌地请求对方相让。在任何情况下,都不要随意占据他人位置,也不要与别人挤占同一个座位。

4. 保持安静。不论是观看电影、戏剧,还是欣赏歌曲、演出,在其进行过程中,每一名观众都要自觉地保持安静。不允许自言自语或者与身边之人交头接耳,不允许使用通讯工具与外界进行联络,即使是自己悄悄地享用食物也是不允许的。

5. 遵守规定。前往正规的剧院观看演出,通常有一些比较特殊的规定必须遵守。它们主要包括下列内容:

一是穿着正装。观赏歌舞剧、音乐会时,往往要求观众衣着正规,有时还会要求观众穿着礼服。

二是禁止拍摄。出于版权等方面的考虑,一般的商业性演出,都不允许观众拍照、录像或录音。

三是不准吸烟。为维护观众健康,净化现场环境,几乎所有的剧院都禁止在场内吸烟。

四是限制走动。如果没有十分特殊的原因,观众在演出进行期间不准随意自由走动。

五是保持克制。不论演出实际水准如何,观众都应保持克制。只有没有教养的人,才会随便起哄、闹事。

六是最后退场。观看现场演出时,宜在演员谢幕后退场。陪同他人观看演出时,则不应独自退场或先行退场。

(三) 网吧

在工作之余,有不少人都喜欢去网吧"上网冲浪"。公司员工到网吧娱乐,对以下四条礼仪规范均应自觉地加以遵守。

1. 时间有限。在网吧里娱乐,不论是玩游戏、查信息、发邮件,还是参加网上讨论或是网上交友,均应适可而止。一定要对自己在网吧里娱乐的时间有所控制,不要让自己沉溺其中,难以自拔,尤其是不要因此而妨碍自己的正常工作与生活。

2. 活动有方。前往网吧娱乐,对一些基本的活动规则务必要了解。

一是非法网吧不宜前往。假如网吧自身不合法,那么消费者的权利与人身安全往往难以得到保障。

二是非法网站不宜访问。凡散布反动、不健康信息的非法网站,均不宜擅自进行访问。

三是非法活动不宜从事。在网上活动时,凡涉及危害国家安全、破坏企业形象、损害他人名誉、传播他人隐私等等内容,均应主动回避。

3. 交友有规。结交网友,是不少人上网活动的初衷之一,也是时下社会上的一大时尚。一般而言,对此应注意下列三点。

一是两厢情愿。结交任何网友,都需要当事者双方同意。在任何时候,都不应当勉强对方或对其软磨硬泡,使对方厌烦自己。

二是重在沟通。大家都清楚网络世界的虚拟性,所以,结交网友重在网上沟通,不要随便将现实生活中的觅友甚至择偶的希望寄托在网上世界,对此一定要保持清醒的认识。

三是经常联系。结交网友宜精不宜滥。与他人结为网友后,应经常进行联系。收到对方信息,宜在 24 小时之内答复。出门远行前,应给对方留言相告,不应不告而别。

4. 话题有度。人所共知,互联网作为一个虚拟世界,在网上畅游时,人们的姓名、性别、职业往往都可能是虚拟的。但即便如此,对网上交流的话题,也必须有所限制。一般而言,公司员工应对以下几种话题不要涉及:一是反动内容;二是下流内容;三是是非内容;四是虚假内容;五是涉密内容。

(四)公园

闲暇之时,人们大都喜欢前往公园休闲或小憩。有时,人们还会与亲朋好友一道前往公园进行集体娱乐。在公园里活动,俗称游园。公司员工游园时,应当遵守的礼仪规范主要有以下四条。

1. 轻装上阵。与上班、赴宴有所不同,公司员工游园时的着装应以简单、轻便、舒适为基本特征。若非集体活动的需要,通常不宜选择过分正式的套装或过于招摇的礼服、时装。但是,睡衣、背心之类过于随便的服装也不宜在众目睽睽之下曝光。

2. 保护环境。公园乃公共场所,每一个人在其中活动时,都要有意识地保护环境。对下述几点尤须注意:

一是不要乱扔废物。凡废弃之物,应自觉投入垃圾桶,或者随身带走,而不应信手乱丢。

二是不要损害公物。对于公园里的一山一水、一草一木,都应自觉爱护。

三是不要盗窃公物。未经许可,公园之内的任何物品,都不得擅自取用或带走。

3. 自娱有法。一般来看,人们游园主要属于自娱活动。游园时的自我娱乐应注意下列两点:

一是自得其乐。在游园时,人们不管是散步、健身、小憩、静坐、阅读,或是寻访名胜、观赏景致,都讲究自得其乐。

二是切勿扰人。在自得其乐的同时,游园者还须注意不要因此而骚扰他人。诸如在公园里高声喧哗、载歌载舞、袒胸露腹、当众酣睡或者大吃大喝,不但有损个人形象,而且有可能破坏别人游园的兴致。

4. 安全第一。 在公园里活动,尤其是独自一人游园时,一定要注意"安全第一"。下列四点,特别应予注意:

一是切莫擅闯禁区。凡禁止游人前往的地区、水域,都不要冒险前去。

二是切莫冒险运动。在游园时,不要擅自从事攀岩、滑翔、蹦极、跳水、跳岩等危险运动。

三是切莫随便野炊。万一野炊时"星火燎原",便会铸成大错。

四是切莫结交生人。在公园里,与陌生人随意往来,有时是极不安全的。

(五)游乐场

在现代化的大型游乐场内,各类游乐项目让人应接不暇,能满足不同类型人们的娱乐需求。在游乐场内进行娱乐时,对以下五条礼仪规范需要认真遵守。

1. 排队活动。 在游乐场里,凡新颖、刺激的项目,必定会有众多的爱好者。为了保证大家人人都有机会进行体验,届时自觉排队,依次而上,是完全必要的。在参加任何游乐项目时,都不允许公司员工不排队或者乱插队。

2. 掌握规则。 参加尚未尝试过的游乐项目之前,务必要耐心、认真地学习、了解有关的活动规则。那样做既是为了更好地享受此项活动所能带来的乐趣,更是为了保证自己的人身安全。

3. 服从管理。 在许多大型游乐场内,都有一些专业人士负责对游客进行管理,提供服务,或是给予技术指导。对于这些专业人士的工作,一定要予以应有的尊重和支持。

4. 爱惜设施。 游乐场里不少的设施,不仅科技含量较高,而且价格十分昂贵。因此,在使用游乐设施时,一定要对它们加倍爱惜,切莫对它们乱摸、乱碰、乱动、乱用,更不应有意对其进行毁坏。

5. 与人合作。 在游乐场里,有一些游乐设施往往要求多人合作使用。碰到此种情况时,应表现得积极而主动。寻找合作对象时,既可以自行选择,也可以听从管理人员的分配。不过组合一旦形成,就不宜再去要求变动。与他人合作游乐时,态度上要热情、友善,行动上要彼此配合、协调。合作之初,应问候对方。合作结束时,则应向对方告别或致谢。

(六)游戏厅

在一些营业性游戏厅里,通常有各种各样的游戏机可供人们选择。其游戏内容之美,形式之新,科技含量之高,往往出乎人们的想象。正因为如此,游戏厅也吸引了包括公司员工在内的广大游戏机爱好者。前去游戏厅娱乐时,既要讲究个人爱好,又要遵守下述三条礼仪规范。

1. 内容健康。尽管在游戏厅内进行娱乐时,拥有多种多样的选择,完全可以自作主张,但是此时此刻,公司员工仍须保持理智,选择既饶有趣味又内容健康的游戏。在任何情况下,不论是否有人进行监督检查,都不允许选择那些格调不高、内容不健康的游戏。至于那些内容反动、格调下流或者具有有辱国格、有碍国家交往、有损民族关系、有违宗教政策内容的游戏,更是不能选择或推荐于人。

2. 礼待他人。在游戏厅娱乐时,公司员工还应当对其他在场的一切人士以礼相待。与同伴一起游戏时,要相互合作,并礼让对方。假定大家一起选择游戏项目时,应优先考虑同行者的爱好、能力,或由对方优先选择。自己单独前去游戏厅娱乐时,在人多的游戏机前参加活动,一定要按顺序排队。其他人进行游戏时,最好不要在旁边围观,更不要起哄、滋事。

3. 控制情绪。在游戏厅内活动,务必要善于控制自身的情绪。不管自己是赢是输,参加游戏主要是为了令自己开心。因此,不要情绪失控,更不应为赌输赢而在游戏厅内流连忘返。在游戏厅里参与或组织违法的赌博活动,则更是不应该的。

后 记

2002 年 9 月，我曾在首都经济贸易大学出版社出版过一本《外事礼仪》。现在，又将依照预定计划出版与之配套的《公司礼仪》一书，在此有几件事情需要告之各位读者。

一是本书的定位。我所写的《公司礼仪》一书，是以国内公司的广大员工为读者对象的。在我国，广大公司员工不仅学历高、见识广，而且注重人脉，在交往艺术方面训练有素。因此，在本书中，我力求为之介绍高水准的、规范性的、国际化的公司礼仪。

二是本书的内容。在日常生活与工作中，公司员工的接触面甚广，所以公司礼仪的具体内容理当涉及方方面面。但是，为了避免内容过于宽泛、粗浅，本书在写作过程中坚持了三个原则：第一，求精不求全；第二，突出实用性、可操作性；第三，提供新信息、关注新领域。对这三个方面，我未必做得有多好，但自问已经尽心尽力了。

三是本书的成书。当前，尽管国内正式出版的礼仪类著述甚多，但以公司员工为对象的礼仪出版物仍较为短缺，而广大公司员工对礼仪方面却有着高度的重视与广泛的需求。为了适应社会需要，在首都经济贸易大学出版社，特别是本书的责任编辑田玉春先生的支持下，我自 2000 年 5 月开始，用一年多的时间，完成了本书的初稿。此后，在中国人民大学网络学院的网络课程与北京大学、清华大学、中国人民大学的 MBA 课程上，我先后对本书的主要章节进行过试讲。2002 年 9 月，以本书为主要蓝本、长达十多个小时的系列礼仪讲座曾在中国教育电视台山东台（CETV－SD）和全国各地有线台连续播出。在此基础上，我进一步了解到国内广大公司员工当前所关注的礼仪热点，并根据其建议与意见，对本书书稿多次进行了修改。客观地说，在本书成书过程中，我始终注意与读者进行互动，力求更好地为读者服务，为此我曾不遗余力。

当各位读者阅读本书的时候，我既要感谢大家的支持，又希望它能够切切实实地对大家有所帮助，并恳请各位读者对本书的不足之处多多指教。

再次感谢！

作者
2003 年 1 月 21 日于北京中国人民大学

再版后记

我所写的《公司礼仪》自 2003 年 5 月在首都经济贸易大学出版社初版之后，受到了广大读者的欢迎。其主要内容，除了在中央电视台《百家讲坛》栏目作过长达 20 讲的系列电视礼仪讲座节目外，还在《北京日报》、《竞报》等多家报刊进行过长篇的连载。

平心而论，此书的写作是我近 20 年来从事应用礼仪研究的一次认真总结，因而它也是我写作时十分用心的一部作品。虽则如此，自其面世之后，作者与读者还是从中发现了一些不足或错误之处。

有鉴于此，应本书责任编辑田玉春先生的要求，自 2005 年 6 月起，我用了大约半年左右的时间，对《公司礼仪》一书进行了一次全面而系统的修订。在纠正失误的同时，我又专门增补了一些章节，以便使本书可以更加完善、更加全面、更好地为广大读者服务。

再次对广大读者与首都经济贸易大学出版社的支持表示衷心的感谢！

作者
2006 年 1 月 2 日于北京

第三版后记

　　我所撰写的《外事礼仪》、《公司礼仪》,自 2002 年 9 月、2003 年 5 月分别由首都经济贸易大学出版社推出后,已相继出版过第三版、第二版。现在,我已完成了《外事礼仪》第四版、《公司礼仪》第三版的修订。

　　在此,除了对广大读者的支持表示感谢,对首都经贸大学出版社的领导与本书责任编辑田玉春先生的信任与鞭策表示感谢之外,我有必要强调以下两点,是为对两书此次修订的说明。

　　一方面,全社会重视礼仪,目前在我国已经蔚然成风。正所谓"衣食足而知礼仪",随着我国社会主义现代化建设的大踏步进展,中国社会与中国人民已经越来越普遍关注学礼、讲礼、懂礼、用礼。"人无礼则不立,事无礼则不成,国无礼则不宁",时下已是国人的一种共识。有鉴于此,本次修订更加关注生活与工作中礼仪细节的规范性,更加关注礼仪的实用性与可操作性。

　　另一方面,简化礼仪,目前亦是大势所趋、人心所向。有道是"大礼必简"。唯其如此,才能够进一步推广、传播、普及礼仪。必须承认,礼仪的简化与当前国人重实效、讲节俭的社会风气相辅相成。我一向认为:礼者,宜也。礼仪只有便于操作,才有其成效可言;而欲使礼仪便于操作,就不能搞繁琐哲学,而是必须令其简洁易行。这一点亦为本次修订中对象相关内容增删时所坚持的指导思想。

　　最后,再次感谢大家的体谅与爱护!

作　者
2013 年 4 月